普通高等教育旅游管理类专业“十二五”规划教材

旅游学概论

主　编　丁　林
副主编　潘　莉
参　编　张海涛　李　超

机械工业出版社

本书作为学生接触的第一门专业课，紧扣旅游业发展的新特点，坚持“理论为基础、应用为导向”的编写原则。主要特色如下：

1. 有较好的系统性和逻辑性。本书呈现给学生的是一种专业的总览图，为避免过多的知识重复，本书主要是列明学科分支体系及其地位和作用。本书提供了足够支撑这张结构图的概念、比较系统的理论和专门的方法。

2. 抓住旅游现象的特殊性，而非对资料的搜刮和简单移植。在编写中以旅游者获得心理上的经历为线索，突出旅游活动在时间上的暂时性和空间上的异地性两个特点。

3. 始终围绕旅游需求和供给展开，并对旅游产品的形式和独有特征进行深入研究。

4. 追求精致和创新。这主要体现在内容的精细化和新视角下认识旅游现象的本质属性的创新点上；同时，创新还体现在数据资料的时效性上。

5. 章节模块的设计上也有所创新。例如，添加相关较新的案例研究，推荐优秀的教学资源或链接，提炼关键概念等。

本书既可作为高等院校旅游管理类专业教材和旅游行业从业人员岗位培训的教材，也可作为广大旅游工作者的工作参考书。

图书在版编目（CIP）数据

旅游学概论/丁林主编．—北京：机械工业出版社，2013.8（2017.7重印）
普通高等教育旅游管理类专业“十二五”规划教材
ISBN 978-7-111-43220-3

Ⅰ.①旅…　Ⅱ.①丁…　Ⅲ.①旅游学—高等学校—教材　Ⅳ.①F590

中国版本图书馆 CIP 数据核字（2013）第160147号

机械工业出版社（北京市百万庄大街22号　邮政编码100037）
策划编辑：曹俊玲　王淑花　责任编辑：曹俊玲　王　慧
版式设计：霍永明　责任校对：赵　蕊
封面设计：鞠　杨　责任印制：常天培
涿州市京南印刷厂印刷
2017年7月第1版第3次印刷
169mm×239mm · 19.75印张 · 385千字
标准书号：ISBN 978-7-111-43220-3
定价：33.80元

凡购本书，如有缺页、倒页、脱页，由本社发行部调换
电话服务　网络服务
社服务中心：(010)88361066　教材网：http://www.cmpedu.com
销售一部：(010)68326294　机工官网：http://www.cmpbook.com
销售二部：(010)88379649　机工官博：http://weibo.com/cmp1952
读者购书热线：(010)88379203

普通高等教育旅游管理类专业“十二五”规划教材

编审委员会

序

旅游业是朝阳产业，发展前景广阔，在国民经济中的地位与作用日益显著。旅游管理类专业是随着我国旅游经济的发展、旅游产业的发育而建立的一个新学科。2012年9月，教育部公布了调整后的专业目录，其中旅游管理类专业从工商管理类专业中独立出来，成为与工商管理类专业平级的一级学科，其下包括旅游管理、酒店管理、会展经济与管理三个专业。旅游管理类专业就业前景较好，学生毕业后可以在旅行社、旅游景区、邮轮公司、邮轮接待港、酒店、旅游集散中心等相关旅游企业的服务和管理岗位就业，或者在城市公共交通系统、客运站场、航空地勤、高铁等交通企业的服务和管理岗位就业，就业范围很广。

近年来，为更好地培养旅游管理高层次应用型人才，旅游管理高等教育不断进行人才培养的改革探索。国内许多高等院校通过校企合作和国际交流，创新旅游管理高等教育的培养模式，在更加明确"理论与实践相结合"的同时，通过"课堂学习+校内实训+社会调查+专业综合实习"的培养方式，越来越突出应用型人才培养的目标。

建设一套满足高等院校旅游管理类专业应用型人才培养目标的课程体系和教材体系，是"旅游管理应用型人才培养"教学改革项目的核心内容之一，并成为旅游管理高等教育向应用型方向改革和发展的重要任务。为此，在机械工业出版社的大力支持下，海南大学、云南大学旅游文化学院、海口经济学院、三亚学院、琼州学院、海南师范大学等具有一定旅游管理高等教育基础和规模的院校联合起来，从我国旅游管理高等教育的实际情况出发，共同编写出版了本系列教材。

本系列教材以"高等院校应用型人才培养目标"为编写依据，以思想性、科学性、时代性为编写原则，以应用性、复合性、拓展性为编写要求，力求建立合理的教材结构，体现"高等教育"和"应用、实用、适用"的教学要求，培养旅游管理高层次应用型人才的创新精神和实践能力，满足社会对旅游管理人才的需要。

本系列教材的特色是特别强调实践性和可操作性，坚持做到理论与实践相结合、叙述与评价相结合、论证与个案相结合，具体体现在以下几点：

1. 教材内容“中国化”，有意识地把普遍原理与中国的旅游资源相结合，书中案例多采用国内案例。

2. 增设有特点的栏目，如“引例”“小资料”“观念应用”“阅读材料”等，以方便学生理解理论知识、扩大视野，做到知识性和趣味性相结合。

3. 加大案例的比例，做到微型案例、中型案例和大型案例三者结合，对案例进行理论分析，有益于老师进行案例教学，方便学生掌握知识并用于指导以后的实践工作。

本系列教材可作为高等院校旅游管理类专业教材，也可供高等院校相关专业师生和从事相关工作的人员进修或自学使用。

普通高等教育旅游管理类专业“十二五”规划教材编审委员会

前言

旅游业是现代服务业的重要组成部分，在现代服务业刺激着全球经济发生着巨变的同时，旅游业已成为全世界近年来最稳定的持续增长的产业之一，而且国际旅游业的持续发展前景似乎也很乐观。联合国世界旅游组织（UNWTO）2013年年初发布的2030年预测报告指出："国际旅游业的增长将继续，但步伐较为温和，国际入境旅游人数一年平均增加4300万，到2030年，国际入境旅游人数会达到18亿。在2015年，新兴经济体旅游目的地会超过发达国家，亚洲和太平洋地区将获得大部分新旅游者，亚洲和太平洋地区、中东和非洲地区会增加各自的市场份额，亚洲和太平洋地区将会成为增长最快的出境旅游目的地。"此外，许多国家的政府也都在更加积极地鼓励国内、国际旅游的发展，并以此作为创造就业机会、增加经济多样性、在国境内实现收入再分配以及创汇的方式。

旅游业对世界的贡献不仅是经济方面的。旅游在提升教育与媒体价值的同时，还能提高全世界许多地区的生活质量。联合国前秘书长加利（Boutros Boutros - Ghali）曾指出："旅游业能加强个体间的相互理解，不仅给人提供更多的世界知识，进而使人们对不同的思维方式和生活模式更为宽容，而且也是保卫和平的关键因素。"

我国的旅游业从改革开放以来迅速发展，中国旅游研究院发布的《2012年旅游经济运行分析与2013年发展预测暨中国旅游经济蓝皮书（No. 5）》表明：2012年我国旅游经济继续保持平稳较快增长，预计2012年全年旅游业总收入为2. 59万亿元，同比增长15. 1%。三大旅游市场呈"两增一平"格局，国内、出境旅游保持较快增长，入境旅游基本持平。预计国内旅游人数30. 0亿人次，同比增长13. 6%，国内旅游收入2. 3万亿元，同比增长19. 1%；出境旅游人数8200万人次，同比增长16. 7%，出境旅游花费980亿美元，同比增长35. 2%；入境旅游人数1. 33亿人次，同比下降1. 7%，入境旅游外汇收入483亿美元，同比下降0. 3%；旅游服务贸易逆差进一步扩大，预计近500亿美元。2013年我国旅游经济运行相对乐观。预计2013年我国旅游业总体上仍将实现平稳较快增长，其中，国内旅游稳定增长，出境旅游快速增长，入境旅游小幅增长，旅游服务贸易逆差进一步扩大。预计全年旅游总收入2. 96万亿元，同比增长14. 2 %。国内旅游人数 33 亿人次，同比增长 10%；国内旅游收入 2.65 万亿元，同比增长 15%。入境旅游人数 1.37 亿人次，同比增长 3%；入境旅游外汇收入 493 亿美元，同比增长 5%。出境旅游人数 9430 万人次，同比增长 15%；出境旅游花费 1176 亿美元，同比增长 20%。在政策建议方面，中国旅游研究院提出在扩大旅游消费的同时加快改革创新的步伐，将全面贯彻落实党的十八大精神和推动旅游业科学发展相结合，盯住“国民经济的战略性支柱产业和人民群众更加满意的现代服务业”两大战略目标，推动旅游业发展上新的台阶。旅游业发展方兴未艾。

“旅游学概论”是教育部高教司确定的全国普通高等学校旅游管理类专业的核心课程之一，本书是为该课程编写的。本书结合新时期我国旅游业发展的新特点，以“就业为导向、工学结合”为人才培养指导思想，以期为我国旅游业培养高素质、应用型旅游管理类专业人才。

“旅游学概论”是旅游管理类专业学生接触到的第一门专业课，通常是在大学一年级的上学期开设，这个时候的学生在旅游专业方面可以说是一张白纸，这门课可以帮助学生树立较为科学的专业观，其重要性是不言而喻的。

本书以培养实践应用型人才为目标，其特色体现在以下几个方面：

1. 有非常好的系统性和逻辑性。因为是概论课，呈现给学生的主要是一种专业的总览图，其实每一个分支部分在后面的专业课设计中都是独立的课程，因此为避免过多的知识重复，概论中列明这些分支在整个旅游专业中所处的地位和作用。能够表明概论作用的最佳工具就是一张内容结构图。同时，本书提供了足够支撑这张结构图的概念、比较系统的理论和专门的方法。

2. 抓住旅游现象的特殊性，不只是从其他相关图书中搜刮材料，进行简单移植。而是：①始终以人们出去旅游的目的是为了获得一种心理上的经历，一种不同于日常生活的感受为线索；②突出旅游有魅力的两个原因，即时间上的暂时性和空间上的异地性。

3. 始终围绕自己的核心矛盾展开，核心矛盾正是旅游学的研究对象。整个微观经济学其实是围绕着需求和供给展开的，而旅游的核心矛盾就是旅游的需求和供给，所以，本书正是围绕着旅游的需求和供给，以及旅游产品的形式和独有特征（无形、不可储存、生产与消费同步等）进行深入研究的。

4. 追求精致和创新。所谓精致，主要是针对内容的精细化程度而言。而创新则首先要有一个新的认识视角：首先要为旅游现象寻找一个共同的基础，一个内在的核心，也即旅游现象的本质属性；其次，创新还要体现到相关参考资料的时效性上。

5. 章节模块的设计上也有所创新。例如，添加相关较新的案例研究，推荐优秀的教学资源或链接，提炼关键概念等。

本书以云南大学旅游文化学院为主组织编写，丁林担任主编，潘莉担任副主编。第一、二、六章由丁林编写，第五、八章由潘莉编写，第三、四章由张海涛编写，第七章由李超编写。全书由丁林统纂定稿。兄弟旅游院校和旅游业界的资深前辈对本书的编写提出了十分精辟和有益的见解，在此表示诚挚的感谢。

本书可作为高等院校旅游管理类专业教材和旅游行业从业人员岗位培训的教材，也可作为广大旅游工作者的工作参考书。

本书在编写过程中参考了大量旅游管理类书籍和文献，在此向这些书籍和文献的作者以及在本书编写过程中给予支持和帮助的许多同志表示感谢。水平有限，书中缺陷错误在所难免，恳请专家、读者不吝指正。

编　者

目录

第一章 旅游与旅游学

[学习目标]

- ■ 了解旅游的基本概念
- ■ 掌握旅游的本质属性及特征
- ■ 理解旅游的主要类型
- ■ 把握旅游学的对象、内容和特点

◆[案例导入]

观“中国旅游日”的确立

中国旅游日（5月19日）是国务院于2011年批准的非法定节假日。该节日起源于2001年5月19日，浙江宁海人麻绍勤以宁海徐霞客旅游俱乐部的名义，向社会发出设立“中国旅游日”的倡议，建议将《徐霞客游记》开篇之日（5月19日）定名为“中国旅游日”。2009年12月1日，国务院下发了《关于加快发展旅游业的意见》，提出了要设立“中国旅游日”的要求。2009年12月4日，国家旅游局正式启动了设立“中国旅游日”的相关工作。2011年3月30日，国务院常务会议通过决议，自2011年起，每年5月19日为“中国旅游日”。

国家旅游局副局长祝善忠在国家旅游局召开的新闻发布会上说，设立“中国旅游日”工作从2009年12月4日正式启动以来，经历了征集方案、组织论证和提请审议3个阶段。其间国家旅游局共收到2010年全国人大代表、政协委员的建议和提案11份；各级党政机关和个人来函150份；通过新浪网公开征集的有效选票91.8万张。国家旅游局多次召开专家咨询会，听取了文化、体育、民俗、旅游、休闲等方面专家的意见，听取了国家发展和改革委员会、国家民委、教育部、文化部、体育总局5部门及全国总工会的意见。国务院法制办收到相关材料后，又征求了17个部委和6个地方政府的意见，2011年4月10日，国务院正式批复，同意自2011年起，每年的5月19日即《徐霞客游记》开篇日为“中国旅游日”。

众所周知，徐霞客是我国明代伟大的旅行家、地理学家、史学家、文学家，《徐霞客游记》既是系统考察祖国地貌地质的地理名著，又是描绘华夏风景资源的旅游巨篇，因此将5月19日《徐霞客游记》开篇日确定为“中国旅游日”，在文化内涵上与旅游联系密切，在时间上具有旅游的普适性。其时，全国大部分地区正值仲春和暮春，是旅游的黄金季节；在认识上具有广泛共识。无论是政府部门、人大代表、政协委员，还是专家学者、普通百姓，都对这个日期较为接受，有现实的基础。近年来，“徐霞客旅游带”节点城市组建了“中国旅游霞客联盟”，在5月19日开展各种纪念活动。

自中国旅游日确定以来，业界出现了诸多时兴大事，如：

(1)《中国旅游报》“高端对话”版的设立。它是中国旅游日主会场的重要配套主题活动，其创设于2010年，每期邀请政府官员、业界领袖和专家学者，对旅游业界热点话题进行深入探讨，旨在打造效率高、时效强的常设旅游论坛。

(2) 中国徐霞客游记文学奖。这是中国散文学会、中国徐霞客研究会、《中国旅游报》、江阴市人民政府联合设立的唯一一项全国性游记文学专业奖项，是我国具有最高荣誉的游记文学大奖。中国徐霞客游记文学奖于2011年8月在北京正式启动，每两年评选一次。

(3) 中国旅游日的活动主题。2011年，首个中国旅游日的主题是“读万卷书、行万里路”。2012年，第二个中国旅游日的主题是“爱旅游、爱生活”，活动主题是“健康生活，欢乐旅游”。2013年，第三个中国旅游日的主题是“休闲惠民、美丽中国”。

纵观中国旅游日的确定，可以肯定自旅游发展数十年来，人们对旅游的认识不再是泛泛而谈，而是更为谨慎精致、科学合理。在对旅游日的众多提议当中，没有人怀疑过徐霞客的游客身份，也没有听到要将鉴真东渡日本、郑和下西洋、张骞出使西域、李时珍外出寻找药草并撰写《本草纲目》的具体日期定为中国旅游日；更没有听到要将盘古开天地、神农氏尝百草、女娲补天等神话故事中的日期定为中国旅游日。也就是说，人们已经真正认识到，旅游不是从有了人类便开始出现的原始活动，也不是只要外出有了旅行，便成了旅游。这种认识上的进步注定会为旅游学术的发展作出贡献。

第一节　迁徙、旅行、旅游与休闲

迁徙、旅行和旅游都是人类的移动现象。但它们并不完全相同，且有着本质区别。而作为近年学界新的焦点，休闲与旅游虽同样都能满足人们追求精神快感的需要，却仍旧存在着本质的区别。

一、迁徙

迁徙是人们从一个地方到另一个地方的简单移动现象。初看，它和旅行、旅游差不多，但通过深入研究发现，它和旅游是有本质区别的。迁徙是人类的一种最原始、最古老的生存和生活方式。特别是人类还处于依赖天然食物的前提下，人们为了狩猎或采摘食物，而不得不从一个地方迁徙到另一个地方。

即使在人类有了原始的农业以后，最初的那种“刀耕火种”农业也属于“迁徙农业”。例如，我国古代多山地区，农民播种前，常先伐去林木，烧掉野草，以灰肥田。一般六七年后便因肥力不济而移居另地。所以古诗有“火耨刀耕六七年”的说法。同样，在美洲印第安人那里，人们叫它为“轮作农业”，即开垦的土地种了几年以后，因地力减弱，产粮减少，人们弃之不种。一些殖民者将它称做“印第安人的老地”，这种老地很多，有人形容它比“印第安人”还多。

古代的牧业，除了农业中的家庭畜牧业，主要的和大量的是“逐水草而迁徙”的游牧业，所以，“迁徙”不是人类简单的流动现象，而是人们的一种生存和生活方式。

关于人类迁徙的其他原因还有很多，除天然食物的供给缺乏外，还有火山爆发、地震、海啸、森林草原大火、瘟疫等自然灾害以及人类之间的战争和侵扰等。世界历史上从公元1世纪到3世纪由匈奴族西迁引起的“民族大迁徙”就是由战争引起的。

现代社会的移民可以看做人类迁徙现象的历史发展演变的结果，尽管移民的原因表面看来五花八门，但本质上却同样是为了生存、生活或发展。

总之，迁徙是人类的一种最原始、古老的生存和生活方式，是人们为生存而自愿或被迫长久地离开原住地而迁往另地的行动。它不属于旅行，更称不上是旅游。

二、旅行

旅行，一般是指离开家乡到外地的活动。古称羁旅或旅人，唐代孔颖达在解释《易经》的“旅卦”时称：“旅者，客寄之名，羁旅之称；失其本居，而寄他方，谓之为旅。”就是说，古代的旅行，首先要失其本居，而客寄他方。但这需要有一定的经济条件。所以，古代的旅行必须具有一定的经济基础。因此，它在人类历史上应是在社会生产有相当发展、社会财富有一定积累的情况下出现的。社会学家一般推定它是在原始社会末期和奴隶社会形成时出现的。当时，社会实现第三次大分工，即商业从农牧业和手工业中分离出来，使社会上有了专门从事商业活动的商人。他们为了贸易而从一地到另一地进行商业旅行。与商业旅行同时存在的还有君主、国王的巡行，以及随着社会政治经济发展出现的外交旅行、士宦旅行、科学考察旅行、宗教旅行、探亲访友旅行等。在当今社会，外出旅行的机会和需要就更加五花八门了，上述各种旅行的目的体现在社会各个阶层各种职业的人身上，但没有一种旅行是为了纯粹的游玩享乐，或许人们在旅行的过程中会抽出一定的时间和心境来观赏当地的风土民情、自然风貌，也可能因此而调整了疲惫的身心，但这些绝不是出行的首要目的。

三、旅游

旅游是近代社会的产物，是在产业革命之后，近代产业有重大发展和社会比较富裕的情况下产生的。它是人类的一种休闲享乐生活方式。

（一）关于“旅游”一词

中国古代的“旅”和“游”是两个各自独立的概念。“旅”是在外作客的意思，曰“旅行”。古有“行旅”和“商旅”等。中国人拥有强烈的乡土观念，明显表现出安土重迁的生存方式，因此“旅”便常常被涂抹上一层悲伤的色彩，如古诗中的“同是天涯沦落人”“夕阳西下几时回”。“游”为行走、游玩和游览的意思。《礼记》中有“游毋倨”；《庄子·秋水》中记有“庄子与惠子游于濠梁之上”。而受安土重迁的观念所制约，古人尽孝的一个基本原则便是“父母在，不远游”。总之，这里的游都具有行走、游览之意。古代离家远行的人，叫游子。如《古诗十九首》当中的“浮云又蔽日，游子不顾返”；唐人孟郊所作《游子吟》一诗中的“慈母手中线，游子身上衣”。值得一提的是，我国古代对“游”的理解还涵盖由旅游审美而达到的那种自由自在、逍遥无为的精神境界和由此而来的对待世界的审美态度，如庄子所著之《逍遥游》，尽管并非真实之举，但却是精神层面的丰实构想。细究之，我国古代对旅游的这种理解，是很有价值的。

历史上“旅”和“游”组成为一个词的时间大致在距今1500年的南朝。可以查到的最早资料源自南朝梁的一位文学家沈约，其在《悲哉行》中写道“旅游媚年春，年春媚游人”。但那时的旅游并不同于今日旅游之义，更近于今日“休闲”之义。那时“旅游”是人们的一种春游习俗，或称踏青活动。也可以说是今天休闲旅游的原始形态。我国三国曹魏以前农历三月上旬的巳日（曹魏后固定为三月三日）人们到水边嬉戏宴饮，以消除一年的不祥，叫“修禊”，又称“春禊”。中国书圣，东晋王羲之的《兰亭集序》中的“暮春之初，会于会稽（今绍兴）山阴之兰亭，修禊事也”即指此。古乐府《子夜吴歌·春歌》中有“画眉忘注口，游步散春情”等都是描写古代人们的春游情况。

唐代是中国封建社会的鼎盛时期，人们的春游习俗更盛。特别是京城长安（今西安）南郊的曲江更是人们春游的好去处。大诗人杜甫在《丽人行》一诗中写道：“三月三日天气新，长安水边多丽人。态浓意远淑且真，肌理细腻骨肉匀。绣罗衣裳照暮春，蹙金孔雀银麒麟。”此诗写的就是那些官宦贵族妇女春游的情况。由于当时春游及游览观光盛行，所以唐诗中不乏“旅游”一词。如大诗人白居易有“江海漂漂共旅游，一樽相劝散穷愁”（《宿桐庐馆同崔存度醉后作》）；韦应物有“上国旅游罢，故园生事微；风尘满路起，行人何处归”（《送姚孙还河中》）等。

现代的“国际旅游”类似于《周易》记载中的“观国之光”，即古代一些诸侯国举行礼仪盛典时，可以邀请外宾作观礼之行，而有这种经验的人，才能做君主的座上客，即书中的“利用宾于王”。今我国的台湾及受汉文化影响较深的韩国、日本等都将现今旅游与古代观光相提并论，最明显的体现便是他们将旅游管理机构命名为“观光局”，将学术团体称为“观光学会”等。国外广泛采用“旅游”一词是在第二次世界大战之后。现代英语中“Tourism”一词最早出现在1811年的牛津词典。以前采用的是“Travel”一词，该词由“Travail”转换而来，其本意系艰苦、困难和危险，即旅行在外是一件含有艰苦、困难和危险的事。

（二）旅行和旅游的关系

旅行和旅游都是人们离开常住地到外地停留一段时间，再回到原常住地的过程。但二者既有联系又有区别。

从联系上来看，旅游是在旅行活动的基础上发展起来的。正是人类早期的旅行活动为近现代旅游业奠定了基础。为进行贸易、出使他国、探险修学等各种目的的旅行使得人们在旅途过程中感受到旅行的魅力，进而出现了一种不掺杂任何功利性目的、纯粹以外出来享受旅行、满足自身审美需要的旅行，确切说来，这便是旅游。由此可知，旅行和旅游在形式上是完全一致的，二者都是人们在一定的短时间内离开自己熟悉的居住地而前往某一或某几个外地，在停留一段时间之后又重新返回自己的居住地。

两者的区别和不同，主要表现在产生的历史条件和历史背景以及在休闲享乐目的上的纯粹性和程度的不同。前者是在较低的生产条件和社会不甚富裕情况下产生的；后者是在机器大工业和现代产业条件下出现的。在消费层次上，前者低廉，后者相对昂贵；在条件上，前者简单，不看重享受性，后者条件优越，重视享乐。

（三）旅游的概念

有关旅游的概念可谓众说纷纭，见仁见智。但归结起来，不过是学者从纯粹学术视角进行的狭义界定以及官方组织为统计需要所进行的广义界定。

1. 艾斯特定义

艾斯特定义是 1942 年，由瑞士学者汉泽克尔（Hunziker）与克拉普夫（Krapf）在其合著的《旅游总论概要》一书中提出的。该定义指出：“旅游是非定居者的旅行和暂时居留所引起的现象和关系的总和。这些人不会导致永久定居，并且不从事任何赚钱的活动。”这一定义在 20 世纪 70 年代被“旅游科学专家国际联合会”（International Association of Scientific Experts in Tourism）所采用。因该联合会英文简写为“IASET”，所以称为艾斯特定义。

这个定义的突出优点是，它比较全面地反映了现代旅游的一些重要特征，即旅游的异地性、暂时性、综合性和非就业性等。具体而言：

（1）定义中用“非定居者的旅行”表述了旅游的异地性特征。因为旅游不是定居者的就地活动，而是非定居者在异地的活动。

（2）用“暂时居留”表示旅游活动的暂时性。旅游是在较短的时间内，由其常住地到旅游目的地观光、游览或休闲度假后，再回原常住地的过程。

（3）用“暂时居留所引起的现象和关系的总和”来表述旅游活动的综合性特征。因为人在旅游活动中要产生一系列的食、住、行、游、购、娱等行为现象，同时要和旅游产品和服务供给部门，如旅行社、宾馆酒店、餐馆、航空车船等运输部门、景区景点、商店等各方面发生经济关系，所以，旅游具有鲜明的综合性特征。

（4）用“不从事任何赚钱活动”来说明旅游的非就业性。到异地旅游不能在当地从事就业赚钱活动，就业不能算做旅游。但该定义这方面表述有欠严密，会将现代的商务旅游和会展旅游等排除在外。

笔者认为，该定义虽然比较全面地反映了现代旅游的一些最重要特征，但随着人们对旅游认识的深入，发现其对旅游特征的把握并非都是有益的，其中综合性特征就使得国内诸多旅游人士在刚刚涉猎旅游研究领域时走了不少弯路。正是这种对旅游概念的泛化导致了人们不能准确地把握旅游的本质属性，实际上该定义中并未涉及旅游的本质属性，这在概念界定上显然是个硬伤。

2. 李天元的定义

李天元教授是我国南开大学从事“旅游学概论”教学、科研的权威性专家。他编著的《旅游学概论》一书至 2004 年 4 月已出版印刷 26 次，累计发行 20 余万册，是我国同类教材销量最大、使用最广的教材。该书有关旅游的定义是在艾斯特定义基础上进行两次新概括得出的。一是在2003年6月前，其具体表述为："旅游是非定居者出于和平目的的旅行和逗留而引起的现象和关系的总和。这些人不会导致在旅游地定居和就业。"二是在2004年4月第26次印刷，第5版时改为："旅游是人们出于移民和就业任职以外的其他原因离开自己的常住地前往异国他乡的旅行和逗留活动，以及由此所引起的现象和关系的总和。"

第一次定义特别强调了旅游的和平目的，这点难能可贵，将古今一切军事行动排除在旅游之外。同时更加明确了旅游的非就业性。第二次定义又强调移民、定居、就业任职等不属于旅游范畴。可是不难看出，该定义依旧是泛化了的旅游概念，并且两次定义依旧没有涉及旅游的本质属性，也即旅游的目的性，当然这是有时代背景原因的，在国内刚刚展开旅游研究时，学者主要依托的还是国际上通用的定义。

3. 于光远的定义

于光远是我国现代著名经济学家。他在《旅游是现代人的特殊生活方式》一文中对旅游的概念是这样表述的："旅游是现代社会中居民的一种短期性的特殊生活方式。这种生活方式的特点是异地性、业余性和享受性。"该项定义虽然少了上述定义中的综合性、非就业性，但指出了旅游是现代人的一种特殊生活方式。笔者认为这种表述颇为深刻和具有高度，特别是指明享受性是旅游的特点。享受性、业余性（或休闲）不但是旅游的特点，更应是现代旅游的本质属性。（容后作专门阐述）。

4. 谢彦君的定义

谢彦君是我国旅游基础理论研究的学者大家，其专著《基础旅游学》是国内乃至国际上对旅游研究当中的诸多基本问题进行深入思考和逻辑关联的重要成果。在其专著中，他先是分析了国内外有代表性的旅游概念，在指出了各个概念的优劣之后，提出了自己的观点：旅游是个人以前往异地寻求愉悦为主要目的而度过的一种具有社会休闲和消费属性的短暂经历。这一概念凸显了如下几点：

（1）旅游的根本目的在于寻求愉悦体验，这是旅游本质的规定性，是所有旅游都具备的统一内核。

（2）旅游是一种个人的行为，至少在某个环节上表现为个人有目的、有计划、能加以决策的主动行为，也就是说，即使在某些被动的情况下，旅游者也有决定取舍或至少保持貌合神离的权力。"因为按通常的情况，旅游属于个人自由、自主范围，作为非固定性安排而进行"。

（3）旅游是一种经历，一种活动，是它本身，而不是它所引起的什么"关系"或"综合现象"。这种活动本身具有社会性、休闲性和消费性。

（4）旅游的两个最突出的外部特征是异地性和暂时性。

该概念明确指出了旅游的本质属性在于其出行的目的性——寻求愉悦，以及旅游的外在表现特征——异地性和暂时性。有了这两点，我们就可以轻而易举地判断出某一行为是否属于旅游的范畴，因此该概念在学术研究上具有极高的应用和参考价值，但由于“异地”和“暂时”都属模糊的定性词，因此在进行现实的旅游统计工作中，便不能直接充当判断的标尺，一条解决途径便是根据实际统计工作需要，对异地（也即离常住地多远）和暂时（也即离开常住地多久）进行量化。

综上所述，笔者认为对旅游的概念，可作如下表述：旅游是现代社会居民的一种异地、短暂的休闲享乐生活，这种生活不会导致定居和就业。

四、休闲

通过上述对旅游定义的探讨可以看出，出行旅游的必要条件之一便是相对宽裕的闲暇，并且这种闲暇是呈段状存在的。所谓**闲暇**，即可由人们自由支配的时间，通常是指除用于工作、正常休息和健身之外的时间。实际上，闲暇时间在人类发展史的各个阶段不仅存在量上的差异，而且也有不同的分布模式。从历史上闲暇时间的分布和变化趋势来看，人类社会所走过的历程就是一个解放生产力、增加自由时间、改变自由时间分布模式的历程。20 世纪迅猛发展的科学技术更是将人类从繁重的体力劳动中解放出来，使人们有了充裕的闲暇时间，较长的一段闲暇完全可以用于旅游，但每日余暇甚至每周余暇该如何消遣便越发引起人们的关注，这便是21 世纪最为火热的话题之一——休闲。所谓**休闲**，是指在非劳动及非工作时间内以各种“玩”的方式求得身心的调节与放松，达到生命保健、体能恢复、身心愉悦的目的的一种生活经历。

尽管休闲研究是近年来才变得热门的领域，但休闲本身却是一个很古老的话题。我国古代休闲的原意是指农田在一定时间内不事耕作而借以休养地力的措施，耕作者在农闲所构成的闲暇时空基础上衍生和创造了一系列节庆、集会活动。西方对休闲的一个经典观点来自杰弗瑞·戈比，他认为：“休闲是从文化环境和物质环境的外在压力中解脱出来的一种相对自由的生活，它使个体能够以自己所喜爱的、本能地感到有价值的方式，在内心之爱的驱动下行动，并为信仰提供一个基础。”国内张广瑞、宋瑞2004 年也提出，休闲是一种特定的生存状态，或是特定的生活方式，人们可以自由支配时间，可以自由地选择从事某些个人偏好性的活动，并从这些活动中享受到从惯常生活事物中所不能享受到的身心愉悦、精神满足和自我实现与发展。如今休闲已经成了体现一个国家生产力水平高低的标志和衡量社会文明的标尺。不少专家认定，发达国家将渐渐进入休闲时代，发展中国家也将紧随其后。

比较休闲和旅游可以发现，二者在目的上是一致的——放松身心，寻求愉悦，但由于闲暇时间相对较短，休闲便成为一种日常生活活动，甚至是一种日常生活习惯，也即休闲不存在异地性。与旅游相同的还有一点，即二者都是短暂的，是生活中的一个片段，是用来调剂枯燥生活的手段和途径。国外已有学者对休闲活动进行了分类，包括积极休闲和消极休闲两种。它涵盖多种活动的表达方式，这些方式可以是纯生理的，如睡觉，也可以是智力的、社会性的、艺术的和精神的。孰优孰劣，难以抉择，毕竟休闲方式并无对错之分，只是因人而异。休闲应具备四个要素：可自由支配时间、个人偏好性活动、可自由支配收入、精神满足的状态和自我实现与发展的结果。

纵观迁徙、旅行、旅游与休闲四者，它们之间既有联系又有区别，归纳如表 1-1 所示。

表 1-1 迁徙、旅行、旅游与休闲四者的联系与区别

概念	目的	空间	时间
迁徙	生存、生活	异地	可能是永久的
旅行	商业、贸易、科考、宗教、探亲访友等	异地	暂时（但停留时间不定）
旅游	休闲享乐、审美求知	异地	暂时（一般不超过 1 年）
休闲	休闲享乐、审美求知	非异地	暂时（通常连续时间不超过 1 天）

第二节 旅游活动的本质属性及特征

一、旅游活动的本质属性

任何事物都有它特有的本质属性。它是一种事物区别于其他事物的根据所在。哲学上称做质的“规定性”。例如：“思维”和“创造工具的能力”是人的本质属性，是所有其他动物不具备的。同样，现代旅游也有自己的本质属性。旅游的本质属性就在它的休闲和享乐性、审美和文化性。

（一）休闲和享乐属性

1. 近现代旅游从诞生伊始就是休闲享乐的

近现代旅游产生于 18 世纪 60 年代“工业革命”（又称“产业革命”）之后。工业革命为人类创造了空前无比丰富的物质财富。社会的富裕程度在深度和广度上都有空前扩张。社会上增加了新的富裕人群，如工业资本家、新的商业阶层、银行家等；由于机器的使用，人们闲暇时间增多，特别是后来的“带薪休假制度”的产生。工业革命还创造了快速和载容量大的火车、轮船等新式运输交通工具，从而为人们出行创造了极为方便的条件。正因为如此，近代旅游业先驱——托马斯·库克才能有条件组织大规模的旅游活动。这种活动具有鲜明的服务性和使旅游主体（游客）具有享乐属性。托马斯·库克为让游客欣赏到好的景点景物、休息好、玩好、省钱，曾事先亲自实地考察、确定沿途停留地点、寻找廉价旅馆等。他本人为旅游团担当陪同、导游，还为旅游团聘请当地解说和导游员等。这种使游客时时处处都受到关爱和照顾的旅游，其本质是休闲享乐的。它和古代的旅行是截然不同的。

2. 追求休闲享乐是人与生俱来的本性

人类的本质既有劳动创造、生存发展的一面，也有休闲享乐的一面。恩格斯曾将人类生活需求分为三类，即生存、享乐、发展三个类别。战国时期著名的思想家墨子有言："食必常饱，然后求美；衣必常暖，然后求丽；居必常安，然后求乐。"对应人的需求层次来看，旅游即是现代人类的一种特殊的生活方式——享受生活。它是人们在现代紧张生活、劳累生活后的一种必需补充，即休闲享乐生活。对于休闲和享乐是人类本性的追求这点，我国汉代史学家司马迁早在2000多年前就洞察得十分明白。他在《史记·货殖列传》中写道："夫神农以前，吾不知已。至若诗书所述虞夏以来，耳目欲极声色之好，口欲穷刍豢之味，身安逸乐，而心夸矜势能之荣。"是的，自古以来人的耳朵愿听最好的音乐，人的眼睛愿看最美的颜色和物体；而身体喜欢安逸快乐，人的内心深处则希望别人夸奖他有权势地位和能力。而旅游的休闲享乐正是人类本质属性的一种表现。

3. 各种旅游形式不同，但本质是享乐

现代旅游有各种形式，如观光旅游、度假旅游、商务旅游、公务旅游、宗教旅游、购物旅游、探亲访友、探险旅游、保健旅游等，其本质都是享乐的，只不过是享受的内容、享受的角度、享受的程度、享受的形式不同而已。有的旅游尽管旅游者的身体是劳累的、辛苦的，但其精神上仍是享受的。甚至有些旅游形式在精神上带给人们的都是痛苦的、心酸的，但却依旧吸引着众多的旅游者，黑色旅游即是该种旅游形式的典型代表，因为人们追求的享乐并不单单是纯粹的快乐，而是心理上的快感和精神上的升华。

旅游的这种休闲享乐属性深深植根于近现代经济之中。近现代经济是膏腴沃土，旅游则是这块沃土中培育出的美丽花朵。

（二）审美和文化属性

审美和文化是贯穿古代旅行和近现代旅游的一种本质属性。古代人们的旅行往往都是出于一种求知审美和了解异地文化的需求。人们在旅行中，不管是商业的、公务的、宗教的、科学考察的旅行还是探亲访友等，在遇到异地景物时，首先要对其进行观察、欣赏和审美的文化创造。例如，在异地看到一座山峰与河流，人们要对其观察、欣赏、品味，然后进行审美文化创造，即对自然现象进行审美加工，看其山形如马鞍，称马鞍山，看形如笔架，叫笔架山；这一过程也是文化源于自然资源的过程；特别如对桂林山水的描写，“江作青罗带，山如碧玉簪”（韩愈）。这是高级审美文化创造。此种事例不胜枚举，并且在中国的旅游资源命名和对外宣传当中扮演着至关重要的角色。

旅游一方面能求知审美和了解异地文化，体验感受异国他乡风情，另一方面也将本国本土本族的文化习俗等带到异国异地，从而形成文化的互动、审美的互动。不同的文化相互碰撞、交流、融合的过程即是新文化形成的过程。

旅游的审美和文化属性具体体现在食、住、行、游、购、娱等各个方面。例如，吃异国异地的风味餐了解其特有的饮食习惯和餐饮礼仪等；通过住宿人们可以体察异国的民居建筑、住宿设施、服务文化差异等；通过乘坐各类交通工具除可以实现旅游客源地和目的地之间的转移之外，有些交通工具本身便是一种旅游吸引物，如游艇、宇宙飞船等；游览观赏异地风物，购买当地工艺美术文化产品，参与当地的文化娱乐活动等。总之，审美和文化属性应是旅游的最根本的属性之一。

二、旅游活动的主要特征

由于旅游活动产生于非日常生活区域，因此，不同于日常生活活动，其主要特征可归纳为两点：一是异地性；二是暂时性。旅游的异地性特征是指旅游活动的发生要以行为主体的空间移动为前提。旅游行为的暂时性特征是指旅游是仅发生在旅游者人生时间中某一时段上的行为。旅游者按计划出游，也要按计划返回。所以，这段时间也往往被看做是对正常生活时间的一种逸出。

1. 异地性

旅是游的前提和必要条件，而旅导致的直接结果便是离开日常生活环境，从例行的日常生活规律当中逃逸出来，这是可以直接看到的空间距离，而异地性其实还有心理层面上的意味，也即空间上的距离不一定要很遥远，只要旅游者的常住地和其所到达的目的地在文化背景、民族风味、饮食特色等方面存有较大差异，也依旧是一种异地性的感受。因此可以说，异地性最为关键的不是空间距离有多远，而是心理上的差异感有多大。

2. 暂时性

暂时性是受旅游时间有限所限，而其本身又是旅游的魅力之一，它使得人们格外珍视这种短暂的从日常生活当中的逃逸。在西方旅游人类学研究中，有的学者认为旅游起源于宗教朝圣，有的学者认为旅游是一种“人生仪式”，还有学者认为旅游是一种“神圣旅程”，有的学者则提出了“旅游是一种现代朝圣”的观点等。不管是仪式还是朝圣，都是短暂而有限的，但值得一提的是，尽管时间上是短暂的，很多时候人的精神境界却能上升到很高。诸多旅游学者，尤其是有人类学背景的旅游研究人员如纳尔什·格雷本提出了“旅游仪式论”，在格雷本看来，旅游可分为“世俗（旅游前）——神圣（旅游过程）——世俗（旅游后）”三段，其结构恰与仪式的“阈限前——阈限期——阈限后”结构相对应。格雷本将旅游过程解释为“神圣的”与“阈限的”，而旅游前后的生活则是“日常的”与“世俗的”，旅游体验如仪式般“神圣”，而日常生活则如世俗般平凡与琐碎。

另外，旅游活动还具有非定居性、非就业性以及高消费性等特征。这些特征反过来也解释了旅游者的某些行为特征，如消费偏高、道德感弱化、文化干涉、物质摄取等。纳尔逊·格拉本（Nelson Graburn）在《旅游人类学》一文中指出“倒换生活体验的需要”是一种“全人类普遍存在的需要”，而旅游正是一种离开其日常工作和生活、外出体验变化的一种“非同一般”的人类行为。因而，“人在旅途”时的思想和行为也与平时呈现出不同程度的差异，甚至相对性，由此，一贯省吃俭用的游客往往也大吃阔用，平时严谨勤勉的旅游者也难免懒散放纵等。

第三节　旅游活动的类型

旅游活动从最初的参加人数极少、时空距离相对较短、活动类型较为单调发展成为参与人数庞大、时间与空间距离不断扩大、活动类型更是林林总总的全球性产业，换言之，旅游已经成为一种复杂的社会现象，其活动的差异性、多样性、特色性表现得越来越突出。并且随着科学技术的高速发展，旅游类型不但千差万别，而且还在不断地增添新的类型，如太空旅游等。目前，国内外对此依旧不能权威性地统一划分标准和分类方法，不过依照研究目的的不同，人们会从一些常用的划分方法中进行选择。

一、目前常用的一些划分方法

（1）按地域划分：包括国内旅游、国际旅游、边境旅游、洲际旅游、环球旅游等。

（2）按旅游目的划分：包括观光旅游、度假旅游、商务旅游、公务旅游、会议旅游、宗教旅游、购物旅游、探亲访友旅游、保健旅游等。

（3）按旅游活动距离划分：包括近程旅游、远程旅游。

（4）按组织形式划分：包括团体旅游、散客旅游、自助旅游、家庭旅游等。

（5）按计价方式划分：包括全包价旅游、半包价旅游、小包价旅游、零包价旅游等。

（6）按旅游方式划分：包括航空旅游、铁路旅游、汽车旅游、游船旅游、徒步旅游等。

(7) 按享受程度划分：包括豪华旅游、标准旅游、经济旅游等。

(8) 按旅游经费来源划分：包括自费旅游、公费旅游、奖励旅游、社会旅游等。

在上述旅游类型中人们经常应用的是按地域范围划分的类型和按旅游目的划分的类型。下面将对其进行重点阐述。而按照组织形式、计价方式以及享受程度进行的划分则在旅行社经营管理当中应用得更为频繁。确切地说，它们是旅行社经营业务的重要依据之一，本书侧重导论，不对它们进行重点描述。

二、按旅游地域范围划分的旅游类型

旅游活动在地域上的表现可以分为国内旅游和国际旅游两个基本类型。这种分类方法对考察了解旅游业的发展有重要意义。旅游活动在世界发展的一般规律是：先国内后国外，由近及远。这一规律也符合人们外出旅游的必备条件：首先，国内旅游的距离通常要小于国际旅游的距离，这意味着国内旅游比国际旅游的消费要低得多，花费的时间也会少一些；另外一个重要的原因则是，距离相对较小，两地的文化背景的差异度会小一些，这种相似度会降低人们对外出旅游的恐惧感，会提高人们的心理舒适感。

(一) 国内旅游

国内旅游是一个国家或地区旅游经济的重要基础。国内旅游是旅游者在其居住国境内，离开常住地到其他地方进行的旅游活动。注意：这里用的是“居住国”（或常住国）而不是“本国境内”。因此这里所说的“国内”不是以国籍来区分的；也就是说，在一个国家常住（一年以上）的外国人，如外国专家、留学生等，在该国进行的旅游，也算该国的国内旅游。根据旅游者离开其常住地的时间或范围的大小可进行如下划分：

(1) 地方性旅游。地方性旅游一般是指当地居民在本区、本县或本市范围内的旅游。其特点是：时间短，距离近，花费少。

(2) 区域性旅游。区域性旅游一般是指离开居住地到邻县、邻市或邻省进行的旅游。一般时间为2~3天，距离为200~300km，花费中等。

(3) 全国性旅游。全国性旅游多为跨数个省市区的旅游。例如，从吉林长春到山东济南、到陕西西安或到广西桂林等。一般路程较远，时间较长，花费较多。

(二) 国际旅游

国际旅游是指旅游者离开常住国到其他国家或地区进行的旅游活动。国际旅游一般分为跨国旅游、洲际旅游和环球旅游。

(1) 跨国旅游。跨国旅游一般是指离开居住地到另外一国或多国进行的旅游活动，以不跨洲界为限。如中国居民到朝鲜、越南、泰国等国的旅游。

（2）洲际旅游。洲际旅游是指跨越洲界而进行的旅游活动。如亚洲国家的居民到欧洲、到非洲等地的旅游活动，以及欧洲国家的居民和美洲国家的居民来亚洲而进行的旅游活动。

（3）环球旅游。环球旅游是指环绕地球跨越各大洲和大洋而进行的旅游活动。

三、按旅游目的划分的旅游类型

尽管人们外出旅游的目的可归结到一点，即休闲享乐、审美求知，也即对愉悦的寻求，但具体表现却不尽相同，或者说人们寻求愉悦的方式、途径并不是完全一样的，而且有些旅游可能是以其他某些目的为契机而形成的，也即旅游是捎带发生的，这种存有功利性目的的旅游不是纯而又纯的，但旅游在整个旅行过程中发挥着重要的作用。据此，按旅游目的可大致划分出的旅游类型有：观光旅游、度假旅游、商务旅游、公务旅游、会议和会展旅游、保健旅游、宗教旅游、个人和家庭事务旅游、购物旅游、探险旅游、生态旅游等。需要澄清的一点是，并非所有的商务、公务、会议、购物旅行都是旅游，只有那些除了商务、公务、会议、购物时间之外，还进行景点参观游览等旅游活动的旅行才可以视为旅游，否则，它们只能被视为纯粹的旅行。

（一）观光旅游

观光旅游在国内外旅游中是一种较为普遍的旅游形式。旅游者的主要目的是去异国他乡观览那里的自然风光、名胜古迹以及了解风土民情等。目前，我国的国内旅游和大多数来我国旅游的国际旅游者，仍属此类旅游。观光旅游在层次和深度上因人而异，有些旅游者喜欢的是蜻蜓点水般的走马观花，有些旅游者则观察得相对深入细致，体悟感受也深刻一些，但总体而言，旅游者的参与水平较低，参与面较广，停留时间相对较短。

观光旅游具有以下特点：

（1）在旅游层次上，属初级阶段的旅游，可供旅游者参与的机会较少，参与的程度较低。

（2）在规模上，由于适应性广，具有大众性；男女老幼、各种职业和各种身份的人皆宜，或者说人们的旅游心智在真正成熟之前，这种旅游活动类型是不可避免的熏陶过程。

（3）在旅游景区（景点）停留的时间较短，接待服务也较简单方便。

（二）度假旅游

度假旅游是观光旅游的延伸。所谓度假旅游，就是人们利用假期（特别是带薪假期）休息、疗养而进行的旅游活动。它是现代旅游的重要形式之一。随着现代生活节奏加快，精神紧张，在经过一段紧张的劳动之后，人们迫切需要休整，而最初为时较短的观光旅游已经不能彻底缓解人们的疲惫身心，并且高速发展的科技水平使得人们每天的工作时长得以大幅度缩短，再加上长时间的应用科技使得诸多工作较为枯燥、乏味，世界范围内大量工会都努力为工人争取更多休息的权利，所以双休日开始普及，带薪假期（Paid Vacation）越发普遍。于是，人们开始利用带薪假期去海滨、阳光地带、森林和温泉度假村等可以舒缓身心的地方进行休整、疗养旅游。

在度假旅游当中，选择温泉疗养至少可以追溯到古希腊和古罗马时期，比如英国巴斯镇的温泉。中世纪，奥斯曼帝国在其欧洲属地上建造了数百个内陆温泉疗养地，这些温泉疗养地到19世纪中期已接待了诸多欧洲大陆和英国的富有游客。甚至在当代，规模较大的酒店都尽可能地提供温泉类设施，它们是产品多样化的一种方式，且能够生成丰厚的收益源。而刺激海滨旅行的是18世纪中期流行起来的一种信念，即洗海澡，加上喝海水，会有效治疗某些疾病。

度假旅游具有以下特点：

（1）地点固定（如海滨疗养地、森林疗养地或温泉疗养地等），活动范围较小。

（2）目的性强，主要为休息疗养。

（3）重复性高，年年月月都需要休整疗养，人人都需要休息疗养。

（4）注重健康设施建设和娱乐设施建设。

（三）商务旅游

商务旅游是商务活动和旅游相结合的旅游形式，主要目的是经营商务，利用余暇时间进行旅游活动。例如，到新德里的商务旅游者很可能利用空闲时间去参观泰姬陵；到北京的商务旅游者很可能利用空闲时间去游览长城、颐和园和北京故宫博物院等。特别是在现代经贸发展的条件下，商务旅游更加频繁。商务旅游正向新的方向发展，主要以会议、贸易展览组织的旅游和奖励旅游的形式出现。商务旅游市场巨大，如欧洲作为全球最大的客源地之一，其出境旅游者中商务旅游者大约占1/7；每年商务出境旅游者都在3000万人以上；中国自2000年以来，来华海外游客中会议、商务旅游者占四成以上。商务旅游在现代旅游中的地位越来越重要且人均消费能力较强。原因是对大多数公司来讲，其销售代表的旅行是必要的消费而并非是奢侈的消费。

商务旅游具有以下特点：

（1）消费水平高。商务旅游者往往皆是商企负责人、采购销售人员，属于商企的外事活动，所以规格高、消费费用高，并且由于出行时间的明确性，他们一般不看重淡季的各种促销或折扣。他们外出办事可以乘坐公务舱，可以住能满足商务活动的饭店商务楼层或商务饭店。

（2）重复率高。因为商业联系一旦建立起来就会持续一段时间，而且往来人员不断。

（3）对服务设施和服务质量要求高。因商业业务的需要，不但需要宽敞华丽的休息室，还要有供会客、洽谈的场所，以及国际象棋、阅览报刊、享受美味、自助早餐、茶点、鸡尾酒会等设施；为便于工作需设有计算机、复印机、传真机、电话等。客房装饰需格调高雅，设施齐备，功能齐全，豪华舒适等。

（四）公务旅游

公务旅游一般是指政府机关、事业部门因公外出和在公务之余进行的旅游。这种旅游在各种旅游中所占比重较小，但接待规格高，甚至比商务旅游的消费水平还高。这类旅游对旅游企业影响大，特别是一些政府高官要员、社会名流等会给旅游企业带来很好的声誉和知名度，从而为企业带来更多利润和效益。因此，一些旅游企业，特别是宾馆、酒店都积极争取接待这些客人。公务旅游具有以下特点：

（1）消费水平高，影响大。公务旅行经费皆出自公费。一般规格高、消费层次高。如某某政府代表团，经贸、文化、教育、卫生等代表团，特别是由名人组成的文化、艺术代表团和由科学家组成的代表团更具影响力。

（2）专业性强。旅游团领导和成员一般都是行业专家，往往为对口访问、接待和交流。

（五）会议和会展旅游

会议和会展旅游是既有联系又有重要区别的两种旅游形式。**会议旅游**主要是指在开会之余而进行的旅游活动。如各种学术会、研讨会，一般在会议结束后安排一定的旅游娱乐活动。其特点是：时间较短，距会议地点较近，花费较少。

会展（MICE）旅游，顾名思义包括会议和展览两个方面。一般会议时间较短，主要目的是进行会展。会展旅游即人们借会展而进行的旅游。会展的内容很广泛，包括工业产品会展、农业产品会展、商品会展等，这些会展都带有交易和贸易的性质。特别是从 19 世纪中叶兴起的国际会展，如世界博览会，从 1851 年第一次伦敦世界博览会起，至 2010 年上海世界博览会，刚好是第五十届世界博览会。世界博览会一方面展示了全世界最为先进的技术和最具特色的文化，另一方面也吸引了大批的海内外旅游者前来游览。2010 年上海世界博览会，184 天的展会时间，接待了 7308 万人次的参观者。

欧洲是世界会展旅游的发源地，经过 100 多年的发展，占全球会展旅游的半壁江山。其中德国、意大利、法国都是世界级的会展旅游大国。

会展旅游具有以下特点：

（1）高投入。一次大的会展，特别是世界级的会展，从展馆建设到服务系统的建设与完善，一般需要几十亿美元。

（2）高收入，高盈利，而且带动作用强。一般的国际会展利润在20% ~25%之间，而且能带动服务、交通、旅游、餐饮等第三产业的发展。

（3）重服务。会展服务的好坏直接影响一个国家和地方的形象。所以场馆设施完善程度、对外宣传、便利程度、过程安排及总体服务水平和质量都要受到重视。

（4）重管理。会展作为国家或地方的经济和贸易的重要环节，历来受到各国政府和地方政府的重视。一些发达国家皆设有专门的会展管理局。如德国有国家展览委员会（AUMA），法国有海外展览委员会技术、工业和经济合作署（CFME—ACTIM）。

（六）保健旅游

保健旅游主要是指为治疗某种慢性疾病和老年人避寒避暑而进行的旅游活动。如慢性的肠胃病、风湿病、关节炎等患者需要到温泉度假村治疗疗养以增进健康。一些富裕和有地位的老年人冬季为避寒，夏季为消夏避暑，选择热带具有温暖阳光、森林的度假村及凉爽山地等进行避寒及消夏避暑。这种旅游的特点是：

（1）旅游者主要以老弱病者为主，旅游目的地主要是温泉、森林度假村、滨海和阳光地带。

（2）时间较长，一般少则2 ~3 个月，多则半年或1 年。

（3）消费较多，除交通餐饮，还有住宿和医疗费等。

（七）宗教旅游

宗教旅游是一种古老的旅游形式，主要是以朝圣、取经、拜佛求法、传教和宗教考察为目的的旅游活动。宗教旅游在世界三大宗教中都有表现。例如，信奉伊斯兰教的穆斯林，每年前往沙特阿拉伯麦加的朝觐者达200 多万人。拜佛取经，如中国古代著名高僧法显、玄奘等去古代天竺（今印度、巴基斯坦、尼泊尔等地）取经，日本古代一些高僧来中国求法，以及近现代大量海外华侨华人来祖国内地五台山、峨眉山、普陀山和九华山拜佛，每年人数也达数百万人。基督教（含天主教、东正教和新教）的一些神父、牧师们的传教活动古今未绝。

（八）个人和家庭事务旅游

个人和家庭事务旅游涉及的人群比较多，有探亲访友者（VFR），有寻根问祖者，有出席婚礼、探视病人者，也有佳节团聚者，等等。这类旅游者在整个旅游者人数中占10%左右。我国2000 年统计：在来华的外国游客中探亲访友旅游所占比例为11.9%；欧洲出境旅游（1990—1994 年）探亲访友及其他比例为10%，旅游人次达2200 万人。

这类旅游在时间选择上多利用节假日、周末双休日，我国的黄金周和西方一些国家的带薪假。这种旅游皆为因私出行，所以很注重交通工具的选择以及服务价格等。旅游目的是固定的，时间也受到限制。

（九）购物旅游

购物旅游是以去异地异国购物为主要目的的旅游活动。这种旅游活动的发展与社会经济发展和人民生活水平提高息息相关。中国的香港被誉为世界的“购物天堂”，因为这里对进口货物（除酒类、烟草、某些碳氢油类和甲醇）不征收关税，实施自由企业和自由贸易政策。世界各地物产大都麇集此地，以此招徕世界大量购物旅游者。据统计，每年进入香港的国际旅游者60%左右的人是为了购物。而购物费用也约占其全部旅游费用的60%。同样，在欧洲法国和西班牙之间的比利牛斯山脉中的“袖珍之国”安道尔公国，面积仅468km^2，人口约8.5万人（2011年），但每年接待的国际旅游者达200～300万人次。这里是登山、滑雪和休闲度假的理想场所，更重要的是它还是个零关税国家，购物特别便宜，如一瓶开胃酒在法国为12欧元，在安道尔公国则仅为3欧元。

香港回归后着力打造“缤纷香港，购物天堂”的城市形象，为香港经济的发展作出了巨大贡献。在2011年，内地游客赴港旅游达2810万人次，其购物开支高达1108亿港元，占香港零售业销售总额的28%，约占香港生产总值的6%，人均消费约为8200港元，较其他国家访港游客的人均消费高出30%。对许多人来说购物是访问旅游目的地的重要原因，购物支出和其他旅游花费相比，可直接注入当地经济，漏损较小，因而对旅游目的地有重要意义。

（十）探险旅游

探险旅游是一种富于挑战性和自我牺牲精神的旅游活动。它的最大特点在于使命感和成就感，令旅游者不顾一切艰难险阻完成旅游活动。如西方的哥伦布、麦哲伦等，以及近现代的“三极”（南极、北极和珠穆朗玛峰）探险等。现代的探险旅游内容很多，如海底探险、大漠深处探险、江河漂流、气球环球旅游等。

（十一）生态旅游

生态旅游，或者叫负责任旅游，是旅游者在以旅游区的自然景观和人文景观为观览对象时，特别要增强环境意识和以保护生态为目的的旅游活动。这一旅游形式自20世纪80年代兴起以来受到高度重视，在旅游市场中增速最快，每年以10%～30%的速度发展，代表着21世纪旅游发展的方向。其主要特点是：

(1) 以大自然为舞台，通过旅游考察观赏、探险认识自然规律，提高环境意识，促进生态平衡；

(2) 开发旅游景区时，以生态学思想为设计依据，以保持生态系统完整为原则，达到旅游和环境的和谐与可持续发展。

(3) 重视地方居民利益和保护环境是生态旅游的核心。它是旅游发展的高级产物，品位高雅，具有丰富的文化和科学内涵。

除此之外，常见的还有种族旅游、文化旅游、历史旅游等。

推荐阅读

太空旅游

随着世界航天技术的巨大发展，人类已经将旅游的领域由地球表面扩大到太空。2005年，美国太空探险公司又新推出“绕月之旅”，连同已有的“太空轨道旅游”和“亚轨道飞行”，目前太空旅游共有三个项目。所谓“太空轨道旅游”，是指游客可借助飞船进入距地表面约400km的国际空间站，在太空停留8天，环绕地球120周。而“亚轨道飞行”，是宇宙飞船进入太空后，离开地表大气层，最高距地面约100km处的一种飞行。这时飞船在太空边缘、速度和动力较低，不能围绕地球轨道飞行。游客在大气层外的太空边缘可观赏美丽的地球，体验失重感觉。此时飞船速度达4000km/h。

太空旅游能为旅游者带来无比巨大的精神享受。据世界第三位太空游客美国富豪奥尔森讲：“在太空中一天能看到10多次日出日落，火球一样的太阳在太空看来近在咫尺，有时能看到绚烂的彩虹；视觉效果非常好，像拍电影一样，场面非常壮美。”

但在目前条件下，浪漫的太空旅游一点也不使人轻松，而且还要忍受在太空中的种种不适。游客在太空飞行中必须蜷缩在狭窄的飞船内，在失重情况下生活7天。在太空中的吃、喝、上厕所也有很多不便。例如，食品要经过特殊加工和消毒，制成方圆等形状，口味要十分丰富。为此美国的一位酒店大亨——罗伯特·比奇洛，正筹备建造宇宙中第一座太空轨道宾馆，并准备在不久的将来发射到预定轨道。这个宾馆房间价格非常昂贵，最低价每人每天要100万美元。客人透过船窗将看到地球以每小时2.8万km的速度飞过自己身边。人们能感受到失重，还能亲近银河系的繁星点点。

当前，太空旅游会遇到三大难题：

一是价格昂贵，从几万到上亿美元不等。其中“绕月之旅”为1亿美元；时间是15天左右。太空轨道旅游2000万美元，时间8天左右。亚轨道飞行，报价10万美元，时间是90分钟左右。所以，这是一项超级富豪人的旅游活动。从2001年4月28日诞生第一名太空游客美国商人丹尼斯，到目前已有南非金融家沙特尔沃斯和美国企业家奥尔森三人完成了太空旅游。他们都是用2000万美元花费进行的太空轨道旅游。并且，作为一名太空游客除要拥有大量金钱外，还要具备良好的身心条件。太空游客入选要求为：

(1) 健康的身体。年满18周岁以上，系独立责任行为人，无高血压和心脏病，无传染性疾病和精神病等。

(2) 不会构成飞行安全隐患，对飞行器和其他人员无破坏或伤害倾向。

(3) 参加报名无不良目的。

(4) 个人具备良好的道德修养，注重社会公德。

二是火箭、飞船的操作过程十分复杂，太空旅游的危险性很高。

三是太阳系中存在大量流星体粒子，对飞船、火箭构成很大风险。

航天和太空旅游不但有无比巨大的经济价值，同时也将人们的旅游空间由地面扩大到浩瀚的太空。人们在地球表面上形成的许多旅游概念，也将重新改写。

第四节　旅游学的学科背景与研究对象

中国的旅游学学科起步较晚，不但相较于其他传统的较成熟学科要晚一些，而且相较于国外同时期的发展也晚了不少。

要认识一个学科的发展背景，首先要搞清楚如何才能成为一门独立的学科，也即学科独立的基本条件，在这里，便是指旅游学是否有独立作为一门学科而存在的必要和基础。

一、学科独立的基本条件

在国内，从20世纪90年代开始，“旅游学”一词才得到比较普遍的使用。而作为学科名称“旅游学”这一专有名词的出现则是在第二次世界大战以后。在我国，“旅游学”一词最早出现于1991年李天元主编的《旅游学概论》一书中。与其他学科相比，仅从名称出现的时间来说，旅游学就是新之又新。不少学者指出，学科的存在需具备一定的条件，存在一定的学科标志，因此旅游学是否可以作为一门独立的学科而存在从它出现之初便备受争议。笔者拟对照学科独立的基本条件来描述目前旅游学的学科现状，从而判定旅游学作为学科独立存在的必要性与合理性。学术界通常认为，要成为一门学科，需具备如下条件：人与组织；语言系统；理论与方法；公理性预设。具体表现在如下几个方面：

1. 独立的研究对象

作为一门独立的学科，其研究对象不能和相邻学科重叠，但是容许存在一定的交叉。其中，不与任何学科交叉的部分是自己独特的研究领域，这是一个十分重要的基础。在与相关学科的交叉领域内，可以形成交叉学科。针对旅游学的研究对象，传统的观点主要有三要素论：旅游主体（旅游者）、旅游客体（旅游资源和旅游产品）、旅游媒体（旅游业）；以及六要素论：食、住、行、游、娱、购——旅游活动链条和旅游产业要素；而著名学者谢彦君教授则提出旅游学的研究对象应当是旅游活动的内在矛盾。尽管对研究对象的切入视角不尽相同，但却明白无误地显示出：旅游学是具有独立的研究对象的。

2. 独特的研究方法

几乎所有成熟的学科，都有自己独特的研究方法，历史学的考据及历史研究法，地理学的空间分析方法体系，都是学科研究的标志。客观地说，旅游问题的研究，还没有形成自己独特的研究方法，现在还是利用相关学科的方法在进行分散的研究。例如，旅游地理学研究利用地理学的研究方法、旅游经济学研究利用经济学研究方法，但不可否认的是，旅游学者们正在致力于旅游科学独特方法的研究。目前，旅游学的理论（方法）主要是通过“解决问题”（Problem-solving）式的途径逐步从其他相关学科移植、渗透和融合而来的（谢彦君，2004）。方法的移植是指平行学科间一门学科的研究方法（包括概念、原理、思想甚至实验和技术方法）向另一门学科的转移。方法的渗透是指数学方法及系统论、控制论、信息论等横断科学方法和带头学科方法，向所有科学结构层次的横向拓展。而方法的融合则是指在跨学科研究中，实现多种知识、多种方法、多种研究手段的交叉与汇流，从而形成超越学科界限的跨学科研究方法。旅游学的研究方法正随着不同学术背景的研究人员的广泛参与和大胆思考而变得越来越多样，越来越具有独特性。

3. 独有的语言系统

在理论上，一门学科要有一套属于自己的学术话语体系，也就是说要有自己的核心概念体系。旅游学当中的旅游、旅游者、旅游资源、旅游业等基本概念范畴已经比较成熟，基本达成共识。同时，围绕自己的话语体系，构筑学术范畴，形成研究领域，统领一个内容体系。围绕这一方面，不少旅游学者作出了自己的贡献。如谢彦君教授对旅游体验的领头与深入研究正不断鼓舞着人们寻找旅游世界的“硬核”；王宁教授对旅游社会学的研究使得人们更加明白旅游者的不同动机、消费社会背景下人们的旅游消费观等。另外，人类学、心理学、统计学、营销学、传播学、信息科学等众多学科的渗透参与不断促成旅游的核心概念体系的全面与完善。

4. 人与组织

作为一门独立的学科，要有专业的组织从事有关的研究工作。这在发展了数十年的旅游产业领域，是绝对不成问题的。从数量上来看，中国的高等旅游院校（含开设专业）数在 2005 年仅普通本科就有 350 多家；高职高专更是超过 600 家。中国的旅游学术刊物有 5 种，其中创刊最早的在 20 世纪 80 年代中期。而成立于 2008 年的中国旅游研究院作为国家旅游局直属的专业研究机构促进了中国旅游产业的发展和国际交流，其重点开展影响旅游业发展的基础理论、政策和重点、难点问题的研究，参与旅游发展规划的研究、编制和论证工作，承担对地方报审的旅游发展规划审查的相关技术支持，开展旅游领域的高层次人才培养、专业人才培训和国际国内学术交流工作，称得上是政府的智库、业界的智囊和学术的高地。

由此可见，即便最初旅游学作为独立学科的条件尚未成熟，但时至今日，作为一门独立的学科，旅游学已经当之无愧，毋庸置疑。

二、旅游学的概念表述与研究对象

对旅游学学科的概念表述，业界尚无一致意见，笔者将在此筛选介绍一些有代表性的观点。

第一类观点认为，旅游学是研究旅游活动的科学。如林南枝认为：旅游学是研究旅游活动最一般规律的科学，是旅游活动的综合概括，包括了旅游史、旅游业、旅游文化、旅游经济等。

第二类观点认为，旅游学是研究旅游综合现象的科学。陈玉英、明庆忠认为：旅游学是以旅游现象为研究对象、以旅游业为依托，研究旅游有机体的形成发展规律、组成要素、运行关系，以及旅游开发与措施，最终实现其社会、经济、生态效益的一门学科。张进福、肖洪根指出：常见的旅游学研究对象有三个框架，即旅游现象、旅游活动、旅游实践。国外学者如 Jarfari 指出：旅游学研究的是满足旅游者需要的产业以及他们与这个产业给东道地区在文化、经济和环境等方面所带来的影响。上述两类观点的共同之处在于都将旅游学的研究领域尽可能地扩大泛化了，注重综合性，凡是与旅游沾边的都统统涵盖在旅游学的研究范畴之中。这种理解的优点在于不会排除任何重要的领域，但同时却也不能很好地突出重点，详略得当。

第三类观点认为，旅游学是研究旅游要素的科学。王德刚（1999）认为，旅游学是一门综合性的边缘学科，它是以研究旅游的三要素（旅游主体、旅游客体和旅游媒体）及其相互关系为核心，探讨旅游活动和旅游业发展规律的科学。李天元（1999）指出，旅游学作为一门学科，实为“研究旅游者、旅游业以及双方活动对旅游接待地区社会文化、经济和环境之影响的科学”。这类观点被当成是现今绝大多数《旅游学概论》教材设计的依据，也是旅游领域当中被广泛应用的要素说。要素说也是旅游学研究对象确定的一类依据，它认为旅游学的研究对象是从活动角度界定的六要素（食、住、行、游、娱、购），或者是从旅游综合体的角度界定的三要素（旅游主体、旅游客体和旅游媒体），这两种提法可以统称为“要素论”。它是从旅游业的视角来审视旅游现象的。在这种情况下，人们的认识就很自然地停留在现象层面上，关注的是物质构成，理解的是要素的性质及其关系，忘记了把这些要素有意义地联系到一起的旅游内在矛盾规定性。

还有一类观点系著名学者谢彦君教授所提，他认为，旅游学的研究对象应当是旅游活动的内在矛盾。而且旅游活动的矛盾是具有层次性的，其中最基本的矛盾便是旅游供给与需求的矛盾；次级矛盾则涉及旅游期望与感受，旅游容量与旅游流量，东道主与游客，旅游动机与旅游体验等。所以说，旅游学的任务就是要通过研究来认识这种矛盾的性质及其发生原因、形态结构、运动规律和它所产生的各种外部影响。其观点同从体验视角出发的北美体验派有异曲同工之妙。该学派认为，旅游学的研究对象就是旅游体验的内在矛盾及由此造成的影响，其中旅游者心理欲求与旅游场之间的矛盾，构成旅游体验的基本矛盾。旅游学的任务就是通过研究来认识这种矛盾的性质及其发生的原因、形态结构、运动规律和它所产生的影响。旅游学学科的首要目标，就是通过科学研究塑造一流的旅游场，以便提高旅游者的旅游体验质量，并使其具有可持续性。笔者也更倾向于认可这类观点，因此在对本书的内容编排上也充分考虑了这些不同层次矛盾之间的关联。

三、旅游学的学科现状

在国内，旅游学作为一门独立的学科，由于起步较晚，确实还存在着许多问题和缺陷。总体来说，对于学科现状存在着两种估计。

第一种是乐观的估计，这也是绝大多数旅游研究人员的立场。李天元（1999）在认真分析国内外有关的研究文献后指出：在经历了数十年的发展之后，旅游研究在学术上已经取得了一定程度的成熟。在世界上很多其他地区，特别是在欧美学术界，旅游学作为一门交叉学科的存在已然取得了它的“正统”地位。这主要表现在：①高等旅游教育的发展规模之大使得旅游科系的设立已成为众多高等院校中的常见现象；②在很多欧美高校中，旅游专业已经培养出新一代的博士学位获得者，国内设立旅游管理专业博士攻读点的学校也逐渐增多；③旅游学术界已经有了自己的专业队伍，并且已经出现了各种全国性乃至世界性的旅游学术团体；④旅游学术著作的出版已颇具规模，旅游学术刊物的数量有了相当大的发展，其中有些已经成为学术质量举世公认的代表性刊物，如《Annals of Tourism Research》《Journal of Travel Research》《Tourism Management》《Cornell Quarterly》等。

第二种则是严峻的估计。20 世纪末，旅游学界展开了对旅游学学科理论的大讨论，学者们普遍意识到旅游学学科理论研究的滞后，制约着旅游理论研究的发展。也有部分学者用忧患的意识审视，认为旅游学理论研究在时间、质量和业绩方面都表现出滞后性。①旅游基础理论研究薄弱，表现为：旅游科学的核心概念一直未能有效地建立，无法确立概念体系，已有的旅游学专业术语不规范，概念上的含混导致学术对话困难。②研究方法的独特性差，套用相关学科的方法的情况普遍。定性研究远远多于定量研究，并且定性研究的理论范式单一，研究方法不够系统。③旅游学的分支学科没有有效建立，研究力量在主要分支学科的分布严重不均，研究力量多集中在旅游经济学、旅游管理学、旅游地理学等领域。仔细考察各分支学科，专题研究的跟进程度和学术积累水平不理想，导致分支学科不能有效建立，“两张皮”的现象比较明显，即旅游学与相关学科交叉产生的分支学科，融合度不够，这直接影响旅游学作为综合性交叉学科的水平。④对单科的研究水平高于综合研究的水平，即相关学科凭借学科优势介入旅游领域的某一方面的研究较深入，但综合性研究不足。

事实上，这种忧虑其实是对旅游学发展的极大关怀，正是人们担心旅游学的发展不够，才将注意力集中放在那些学科发展过程中的问题和危机上。事实是大量学科在最初的建设和发展过程中都不可避免地要走一些弯路，出现一些问题，相较之下，旅游学的发展是迅速的，成果积累的速度、人才培养的规模、各类专业组织的设置等成绩都是有目共睹的。而且，自进入21世纪以来，很多之前的弊病，如概念体系的构建、研究方法的独特性和规范性、分支学科的建立等都慢慢有了改观。而若是将国外、国内旅游研究的状况进行比较，我们会发现：基础理论的欠缺问题在国内外旅游研究中都存在，只是因旅游研究所处阶段不同，在程度上有所差别。从国内外旅游学研究的成果来看，一个重要的区别在于分支学科，至于研究方法上的差异其实是与此相关的差异。分支学科的有效确立是旅游学研究类型化的结果。除了基础理论的成熟度——这一点已广受关注，分支学科的有效确立非常重要，这一点决定着旅游学作为交叉学科是独立的存在，不仅仅是别的学科工具来分析认识的对象。在旅游分支学科的成熟度上，国内研究和国外研究的差别较大。例如，国内旅游研究在旅游人类学、旅游社会学领域应该还只处于起步阶段，过于集中在经济角度、管理角度，旅游研究过多地囿于产业领域，在旅游分支学科研究现状的基础上开始出现各种形式的旅游学学科的科类构想。

总体说来，尽管同国外学术界相比，国内旅游学术研究的确存有不小的差距——不管是体现学术成果的各级各类期刊的数量和质量，还是研究者们容易出现的趋向“政府主导”的研究论题，以及对所研究领域的浅尝辄止，缺乏跟进及大面积展开的热情和持之以恒——事实上，目前国内的旅游学术研究基本可以同国外旅游学术研究接轨了，相关的学术成果积累已经很丰富，如果能够出现对现有研究成果进行集大成的学者，旅游学的发展定是势如破竹，突飞猛进。

四、旅游学的学科性质与特点

通观中国数十年来的旅游研究实践，审视国外旅游研究的历史，我们不能不承认，任何企图借助于原有的学科来引申或涵盖旅游研究的全部领域的努力都不会获得成功。这也是旅游研究赋予旅游学的一个必然使命。作为旅游学的研究者，理解旅游学的学科性质和体系，必须建立在这样的认识基点上。作为一个学科，特别是其独立地位还没有得到普遍认可的学科，这样的学术地位也是学科本身所具有的复杂性决定的。

对旅游学性质的认识，一般总是与这样几个词汇关联，综合性、交叉性、边缘性、跨学科等。事实上，这几个方面都是旅游学科所具有的基本属性。旅游活动和旅游业的开放性、社会性和综合性使旅游学具有多学科、多维度、跨学科和多交叉等特点。

1. 多学科的综合性

旅游现象本身带有综合色彩，旅游学的研究涉及许多学科，如社会学、经济学、美学、心理学、地理学、管理学、史学、法学、文化学、医学、教育学、生态学、环境学、行为学、建筑学、政治学、交通学等。旅游学横截了这些学科中可作为旅游现象和旅游过程的各种要素及有机体，加以综合分析研究，从而揭示出旅游现象和旅游过程的规律性，并运用这些规律去指导旅游开发和旅游活动，借此作为旅游业发展的科学支撑体系，支持旅游业持续发展。

2. 多维度的广泛性

旅游科学研究的内容广泛，涉及的相关学科众多，往往具有时空属性和要素属性的多维特征，不少研究内容表现出多变性、多面性，形成大量的研究视点，并且一些内容有机组合，形成复合视面。作为旅游学，一方面，可以从单一的视角对研究内容深入透析，这样自然形成众多的视角；另一方面，可以针对研究对象的多面性进行多视角透视，针对多变性进行跟踪研究。

3. 跨学科的复合性

旅游活动与旅游现象涉及众多复杂的关系，国外旅游学界试图用“旅游社会科学”实现对旅游研究的综合。“旅游社会科学”这个概念的提出，“反映了国外旅游学界对旅游现象的多元结构及旅游学作为一个学科具有的跨学科、多学科性质的确认”，“从跨学科、多学科性质来看，这个学科似乎已经具备了成为一个独立学科所应有的形态、结构和特征”。这里所使用的“跨学科”一词，其英文是 interdisciplinary，最初这个词只是在一般的字面意义上使用，随着研究的深入，它才开始逐渐具有较稳定的为大家所接受的科学意义。与这个词在使用上非常接近的另外两个词是“多学科”（Multidisciplinary）和“超学科”（Transdisciplinary），尽管三者之间有着诸多相同之处，但瑞士心理学家皮亚杰等人还是坚持认为：多学科是低层次的，利用多门学科进行的相对独立的研究；跨学科是中等层次的，多学科间相互作用、相互补充的合作研究；超学科则是高层次的不存在学科界限的统一研究。由此可见，跨学科强调学科间的协作，强调在解决问题时的各学科的相互补充作用。

4. 多交叉的复杂性

旅游学的研究与旅游活动明显的复杂性和极大的关联度有关。仅就旅游活动的经济性质来看，旅游业的产业关联度极大，与许多其他行业的发展密切相关，比如批发、零售业，饭店和餐馆业，交通、仓储和通信业，不动产、承租及经济活动，公共管理，其他社团、社会及个人服务等商业性行为或非商业性行为。很显然，这些活动特征方面的高关联性和复杂联系，仅依靠某一单一学科来解决问题，难以达到目的，要依靠系统理论，用多交叉的方法来解决。

第五节　旅游学的学科体系与内容框架

一、旅游学的学科体系

在20世纪90年代，旅游学的学科理论体系研究与其他基础理论问题一同被提到重要的位置。不同背景的研究者纷纷从不同的角度对旅游学学科的体系框架提出了不同的建构方法和见解。但由于在基本概念、方法和理论方面还存在诸多需要探讨和解决的问题，我国当前也并没有完全建立起旅游学的学科体系。在诸多的尝试当中，有两点值得关注：一是我国学者对 Neill Leiper 所提出的 Tourist Attraction Systems（旅游吸引物系统）的借鉴，结果使学者们纷纷以旅游现象中的客体作为理论体系建构的基础，却相对忽略了旅游活动的社会和文化属性。今日看来，这种忽略甚至称得上是舍本逐末。而且随着科技水平的不断提高，旅游产业中对科技应用的范围和深度的增大，最初的旅游吸引系统还在不断地扩张，出现更多的新的子系统。二是建构旅游学学科理论体系的另外一种方法——结合旅游教育开展旅游学和旅游相关学科关系的研究，一个典型表现就是“概论”等单本专著型的理论框架的确定。国内外以“旅游概论”“旅游学”等为名的书籍数量早已超过70册，而且还在继续增加，这些书籍的内容编排在很大程度上即反映出作者对旅游学的学科体系的观点与看法，其中对本书作者启发最大的是谢彦君教授提出的基于综合观点的旅游学学科体系。

在他看来，旅游学的综合体现在两个层面上：概念与理论（方法）。旅游学学科体系是在完成了这种综合的基础上确立起来的。

在概念的层面上，旅游学应该有它自己的概念系统，这个系统植根于对旅游现象的系统认识，也得益于相关学科的成熟概念。这些概念在旅游学理论领域中重新获得了独立的意义，成为构筑旅游学理论的基石。这些概念之间的关系，应该是借助于理论线索建立起来的，而不是简单检索的结果。这些概念应该包括：旅游、旅游现象、旅游者、旅游活动、旅游需要、旅游动机、旅游决策、旅游行为、旅游需求、旅游者需求、旅游供给、旅游资源、旅游地、旅游产品、旅游业、旅游体验、旅游愉悦、旅游期望、旅游感受、旅游满足、旅游观赏、旅游角色、旅游交往、旅游模仿、旅游消费、旅游者消费、旅游流、旅游效应、旅游容量、旅游规划和旅游发展等。对这些概念应该赋予旅游学的专门意义，这是旅游学完成综合的基础和表现。当然，这些基本概念下面，自然还会衍生出更为具体的概念，如旅游者本身就是一个概念系统，旅游产品也可以加以具体的区分；而在这些概念之外，还会有众多的与之相关的概念，如旅游经济、旅游文化、旅游环境和旅游法规等，由于这些概念常常是另一个相关或分支学科的基本概念，因此不宜作为旅游学的核心概念来看待。

在理论（方法）层面上，旅游学也同样应该有自己的理论。作为一门新兴的交叉学科，旅游学的理论（方法）主要是通过“解决问题”式的途径逐步从其他相关学科移植、渗透和融合而来的。这些理论进入旅游学领域之后，逐渐与旅游学中的特有概念、特有的研究对象、特有的问题类型相结合，经过一个相当长的过滤、积淀、整合过程，最后成为旅游学的独特的理论系统。不经过这个过程，就不会有旅游学产生。实现了这种理论积累和养成过程，旅游学就将以一种作为其他所有的旅游相关学科的基础学科的面貌出现，它所探讨的是旅游活动的基础、发生原因、运行机理、性质、形态结构和特征以及对社会的影响等范围广泛的问题，它所要解决的问题是这些旅游现象当中最基本、最共性的方面。这样一门基础理论学科，与它所统驭的相关的分支学科一起，构成了研究旅游现象的综合学科体系。在这个体系中，包含着有所不同但互相关联的三大模块。一个模块集中研究旅游者活动，这是旅游学的核心领域，旅游学作为一门交叉学科，学科的性质主要集中体现在这一模块当中，这一模块在方法论上也比较广泛地吸收了诸多人文学科的成果，对它的研究构成了旅游学的基础领域；另一个模块集中研究旅游产业活动，这是旅游学的扩展领域，在方法论上比较多地吸收了管理学和经济学的成果；还有一个模块是由一些研究旅游者需要（或需求）与旅游产业供给二者之间的关系的学科构成的。分支学科则是在研究旅游的两种活动及其关系上划分：依旅游者活动，可以分旅游社会学、旅游心理学、旅游人类学、旅游行为学等；依旅游产业活动，可以分旅游企业管理学、旅游企业会计学、旅游规划学、旅游市场营销学等；依供求关系，可以分旅游经济学、旅游美学、旅游生态学、旅游史学、旅游地理学等。

尽管这种体系的构建在课程设置上也存有某些纰漏，但整个旅游学学科中最为核心、基本的课程已经包含在内，尽管目前在旅游学研究中还存在许多新兴的领域，也还存在空白的领域，但这并不影响这种研究框架的科学性，因为在这种概念和理论的综合观念下，新的被发掘出的领域或课程都可以分门别类地落入相应的板块。本书作者倾向赞同这种学科体系的构架方法，这种赞同也体现在对本书内容的编排和详略处理上。

二、本书的内容框架

依照上述学科体系构架，本书在内容安排上主要涵盖如下内容：

（1）旅游活动的产生与发展。从历史演变的角度对国内外旅游展开论述。

（2）旅游的人，也即旅游者。在分析单个旅游者的出行动机、偏好等基础上探讨宏观层面的旅游者群体，即旅游流的各个特征。

（3）旅游的对象物。这里主要讨论的是旅游资源和旅游产品，它们各自的类型与级别、开发与评价、保护与发展等。

（4）旅游者的感受。这一部分本质而言是整本书的核心支点，因为整个旅游研究领域紧紧围绕的一个核心便是旅游者的体验、感受。笔者将探讨旅游者在真正体验之前的旅游期望、体验过程当中所用到的体验方式，以及体验的结果或体验的质量。

（5）旅游产业的构成。这一部分将展开论述广义上的旅游业的各个产业构成部分，换言之，即传统的旅游产业的“六要素说”——食、住、行、游、娱、购等。本书的独创之处在于将相关的旅游组织也列入产业范畴，无论是行政、行

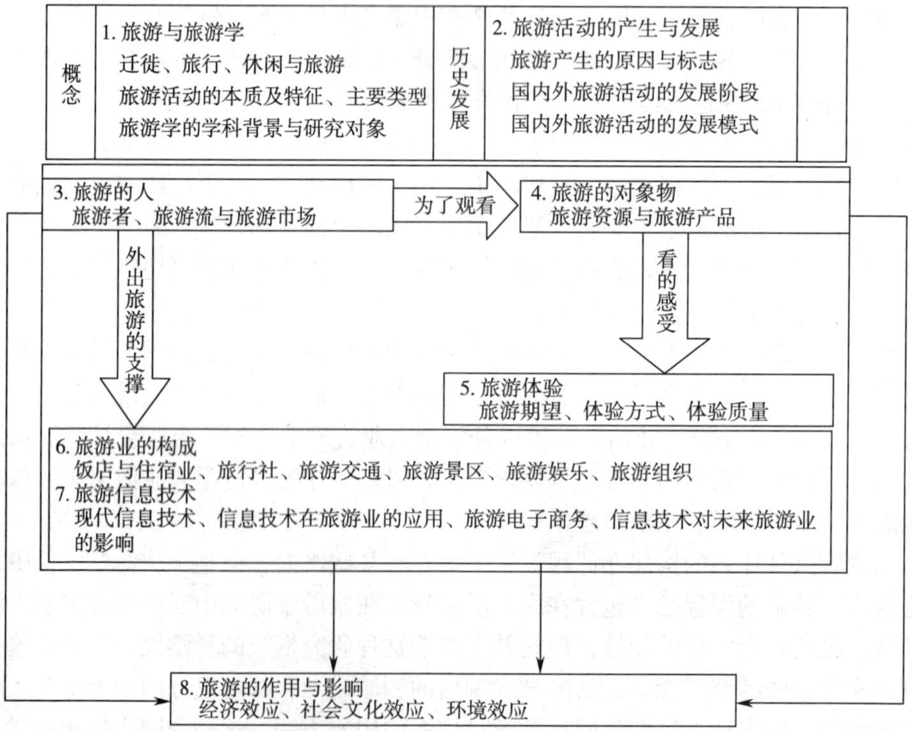

图 1-1　本书知识体系结构示意图

业类组织，还是教育、学术类团体，它们可能在政策制定方面发挥作用，也可能在不断地引导着相关产业的发展。

（6）旅游与现代科技，特别是与信息技术的关系。这是旅游业发展的一个重要支撑力量，如今正从多个层面影响着旅游业中的各种角色，无论是旅游企业的从业人员还是旅游者，都会受到越来越大的影响，甚至在很多时候，信息技术已经成为旅游者出行的必备指南，已经深入影响到旅游者对目的地选择的观念、消费观念等。

（7）旅游的作用与影响以及可持续发展问题。随着研究的科学性和规范性的不断提高，人们已经不再完全乐观地看待旅游所带来的正的经济效应，而是开始比较理性、全面地看待发展旅游的同时所带来的环境效应和社会文化效应，也正是因为这一点，全球开始呼吁要对旅游实施可持续发展的战略。

为清晰形象地列明本书的整个内容框架，特制作了一张系统的逻辑框架图，如图 1-1 所示。

本章回顾

本章主要从迁徙、旅行、旅游和休闲等几个极容易混淆的概念的辨析着手开始论述，除休闲之外，迁徙、旅行和旅游发生的场合都是异地，即都是人们的移动现象，但三者具有不同的出行目的，停留的时间也不尽相同：迁徙是为了生存、生活，所以大多数时候是永久地离开最初的居住地；旅行是外出办正经事务的，如商务、贸易、出使、修学等，所以事务办完之后通常是要返回常住地的；而旅游的出行目的很纯粹，就是为了审美求知、寻求愉悦，作为枯燥的日常生活的调剂品，旅游的结束自然是对日常生活的回归，也即旅游在时间上是暂时的，在空间上是异地的。休闲的目的与旅游如出一辙，只是休闲发生在日常生活当中的余暇时间，因此不具备空间上的异地性。在分清这几个概念的基础上，提出了目前国内外对旅游的几种较为认可的界定。之后，着墨于旅游活动的本质属性和主要特征，以及从不同角度进行划分的各种旅游活动类型，如观光旅游、商务旅游、公务旅游、会议旅游、冒险旅游、种族旅游、文化旅游等。本章的最后一部分是针对旅游学的学科背景、研究对象以及学科体系和内容框架展开的，本书汲取了国内外相关的研究成果，详细论述了旅游学作为一门独立学科的条件已经成熟，其研究对象正逐步明朗，该学科本身的特点也得到了普遍关注。整个旅游学的学科体系架构方法，本书参照了著名学者谢彦君教授的概念与理论二者皆综合的观点，最终落脚于一张展示本书内容编排的知识体系结构示意图上，该图可帮助读者了解整本书的逻辑展开思路，直观形象，简单易懂。

关键概念

旅游　闲暇　休闲　度假旅游　温泉疗养　会议旅游　会展（MICE）旅游　宗教旅游　购物旅游　生态旅游

复习与思考

1. 迁徙、旅行、旅游和休闲之间的关系是怎样的？
2. 对旅游概念的泛化理解产生了什么影响？
3. 旅游的本质规定和基本属性是什么？
4. 旅游的特征是什么？
5. 对旅游的典型定义有哪几种？
6. 按地域划分的旅游内容有哪些？国内旅游和国际旅游还包括哪些种类？
7. 按旅游目的可将旅游分为哪些类型？这些旅游类型的特点是什么？
8. 太空旅游现在有哪几个项目？它的巨大经济意义和科学意义是什么？
9. 你怎样看待旅游学的研究对象？旅游学的内容有哪些？它和哪些学科关联更大？

知识拓展（阅读导航）

[1] 伦纳德 J 利克里什，卡森 L 詹金斯. 旅游学通论 [M]. 程尽能，等译. 北京：中国旅游出版社，2002.
[2] 国家信息中心中国经济信息网. 中国行业发展报告·旅游业 [M]. 北京：中国经济出版社，2004.
[3] 马勇，周霄. 旅游学概论 [M]. 北京：旅游教育出版社，2004.
[4] 谢彦君. 基础旅游学 [M]. 北京：中国旅游出版社，2011.
[5] 许春晓. 旅游学概论 [M]. 长沙：湖南大学出版社，2007.
[6] T Davidson. What are Travel and Tourism: Are They Really an Industry? [M]. 3rd ed. Sydney: Elsevier, 2005.
[7] J Jafari. The Scientification of Tourism [M]. New York: Cognizant, 2001: 28-41.
[8] N Leiper. An Emerging Discipline [J]. Annals of Tourism Research, 2000 (27): 805-809.

第二章

旅游活动的产生与发展阶段

[学习目标]

- 了解人类旅行和旅游活动的产生过程
- 掌握人类旅行和旅游活动发展的发展阶段及其特点
- 掌握中国古代旅游活动的产生及其主要形式
- 掌握中国现代旅游业的诞生及其发展历程

[案例导入]

托马斯·库克和近代旅游业的诞生

托马斯·库克（1808—1892），出生于英格兰墨尔本，家境贫寒。他4岁丧父，10岁时不得不辍学在园艺主那里打工，不幸雇主因嗜酒而死；而后在姨父那里学徒，更不幸的是其姨父也因嗜酒身亡。所以，年幼的托马斯·库克从少年时代起便在心灵中深深埋下对酒的仇恨。后来他加入了浸礼教，因该教主张禁酒。

1841年，正值他兼任英国中部地区禁酒协会秘书长时，该地区禁酒协会决定在同年7月5日组织民众到洛赫伯勒参加禁酒示威大会，于是托马斯·库克便组织莱斯特570多人乘火车前往洛赫伯勒。这次活动包租了一列火车，往返行程22英里（1英里=1.61km），团体收费每人1先令，免费提供带火腿肉的午餐及小吃，还有一个唱赞美诗的乐队跟随。他组织的这次活动尽管是为了禁酒，但具有广泛的公众性，参加者来自各行各业；托马斯·库克不仅发起，还亲自组织了这一活动，而且自始至终随团陪同照顾，有如今天的全程陪同。所以，这次短途旅游活动被视为一次“伟大创举”，因此也被后世公认为近代旅游业的开端。

1845年8月，托马斯·库克在莱斯特正式创办了自己的旅行社，并第一次组织有350人参加的观光旅游，其目的地是利物浦。为保证服务周到，托马斯·库克亲自考察路线，确定旅游景点，安排食宿，印刷《旅游手册》，他不但自己充当导游、陪同，还雇用了当地导游，从而开展了真正的商业性旅游活动。

1851年，托马斯·库克又利用在伦敦召开第一届万国博览会的大好时机，大力组织1日郊游活动，使他的事业迅速发展。

1855年，利用巴黎万国博览会的有利时机，他组织了第一次欧洲大陆的包价旅游。到1864年，他的旅行社共接待100万人次。

1865年，他与儿子约翰·梅森·库克合作，成立托马斯父子公司，为当时最大的旅游公司（后来的通济隆公司）。

1872年，该公司组织了一次历时222天的9人的环球旅游。这一旷世之举被法国著名科幻小说家儒勒·凡尔纳作为题材，创制了轰动世界的小说《八十天环游地球》，后被拍成电影，广为流传。托马斯·库克为此受到世人的尊敬和称颂，他被誉为"世界上第一个旅游商"，也被称颂为"世界旅游业的创始人"。

20世纪初，世界旅游业发展更为迅猛，托马斯·库克的父子公司、美国的运通公司和比利时的铁路卧车公司被称做世界旅游业的三大公司。

托马斯·库克之所以被誉为"世界旅游业的创始人"，主要是因为：

(1) 他在世界上创办了第一个以营利为目的的旅行社。

(2) 在开展旅游业务时，他能先进行实地考察，了解沿途住宿的酒店设施、交通设施、观光景点、娱乐和购物设施等，力求使价格最合理。

(3) 在旅游活动中，托马斯·库克不仅本人担当陪同和导游，而且沿路游览和停留时，还聘请当地人为旅游团解说和导游，开创了今日陪同和地接导游的先例。

(4) 托马斯·库克当年不仅开创了单日游和多日游，同时创办了国内游、国际游和环球旅游。

(5) 在市场促销宣传方面，他创编了世界上第一本旅游指南（《利物浦之行手册》）。其内容包括全程旅游的时间安排、活动内容、停留地点、活动方式和有关要求与注意事项等。

托马斯·库克所组织的禁酒示威大会被公认为近代旅游业的开端，他本人也被认为是近代旅游业的鼻祖，这说明旅游的发展是阶段性的。在近代旅游业之前有古代旅游，更前面旅游业是空白，在其之后有现代旅游，即旅游的发展史和人类的发展史一样，是有其产生和发展的，是分不同的历史时期和历史阶段的。

任何事物的发展都有其内在规律，只有了解和把握了其内在规律，才能从根本上对事物的本质属性有一个清晰的认识，从整体上对事物有一个较好的把握。研究事物内在规律的基础方式就是从发生学做起，了解并理清其产生、发展的脉络，从现象上对事物有一个整体认识，然后才能更好地进一步深入研究了解。旅游学的研究也不例外。本章即从发生学和历史学的角度研究中国和世界旅游的产生与发展，以及各种旅行及旅行家的状况，从中了解旅游发生、发展的历史过程，即历史规律。

第一节 旅游活动的产生

对于旅游的产生时间，人们普遍认为是随着社会经济的发展，最早从旅行演化而来，而不是自有人类起就有旅游活动。那么，旅行活动始于何时？并且是如何产生的呢？旅行又是如何向旅游转变的呢？为了正确认识这一系列问题，我们有必要运用历史唯物主义的认识论，从历史学和发生学的角度追根溯源，来考察人类最早的迁徙活动和旅行活动。

一、原始社会的人类迁徙

虽然人们对旅游的开始时间看法不一，不过大部分人一般认为，原始社会没有旅游，只有迁徙活动。

在原始社会早期阶段，人类还处于旧石器时代，生产工具非常简单和粗糙，生产力水平十分低下，这时候人们活动的目的仅仅局限于求得生存。到了新石器时代，由于生产力的发展，生产工具有了很大进步。其中，人们制造石器的技术有了进一步的提高，并且发明了弓箭和制陶术。甚至在这一时期，出现了人类社会发展史中的第一次社会大分工，畜牧业从农业中分离出来。但这并没有彻底改变社会生产力落后的状况，人们的劳动除了供自己食用外，几乎没有多少剩余，人们经常陷入饥饿、寒冷以及大自然的各种灾难威胁之中。为了维持生存，当时人类活动的主要目的就是进行物质资料生产或者寻找新的适应生存定居点。如非洲原始人类向亚洲、欧洲迁徙；亚洲东北部的爱斯基摩人、印第安人通过白令海峡向美洲大陆迁移，成为那里的原始居民。而且这种活动时间也几乎完全占据了他们一生的活动和意识。因此，在这个时期没有旅游活动现象，人类还没有足够的自由时间和物资支撑自己外出旅游，也不存在有意识外出旅行的需求。

二、人类旅行需要的产生

人类社会发展到新石器时代后期，出现了金属工具，生产工具的进步和金属工具的应用，生产效率的提高，使农业和畜牧业进一步发展起来，同时出现了少量的劳动剩余物，为社会第二次大分工——手工业与农业以及畜牧业的分离和社会交换需求的产生提供了物质基础和可能。随着物品的生产和交换的频繁发生，到原始社会瓦解、奴隶社会形成时期，出现了专门从事物品交换的商人群体，这就是人类社会发展史中的第三次社会大分工，即商业从农业、畜牧业、手工业中分离出来。随着商品经济的发展和人类活动范围的扩大，商人们需要到其他地方去了解当地的生产和需求状况，需要到其他地方去交换产品，由此便产生了经商旅行活动。但这种旅行是商人群体为交换产品和了解其他地方产品需求和生产的一种活动，是一种经济活动，也是一种生存活动，而不是今天为了消遣、度假而外出的旅游活动。但是，商人的经商旅行活动却是人类最早的有目的的旅行活动。

因此，旅行作为一种经济活动产生于原始社会末期，它是伴随商业活动的兴起而产生的。原始社会末期和奴隶社会早期，商业从农业、畜牧业和手工业中分离出来，并逐步发展壮大，促使商人到处奔走，旅行活动由此而开始。

三、人类旅游活动的形成

奴隶社会是人类历史上第一个有阶级的社会，在当时的条件下，奴隶制的出现是一个巨大的进步。在奴隶社会，社会生产各行业之间实现分工，体力劳动和脑力劳动之间进一步分工，生产力水平有了进一步的提高，交换范围进一步扩大，商人阶级的经商旅行活动得到了进一步的发展，同时，艺术、科学、宗教等得以萌芽。

在奴隶社会，奴隶主完全占有奴隶生产的劳动剩余物。他们不需要参加物质劳动生产，却完全有权支配这些劳动剩余物。这样，奴隶主就拥有相对充足的闲暇时间和物质基础外出旅游；主观上奴隶主也有参加以消遣和享乐为目的的活动，如鉴赏艺术、观览庙宇、欣赏建筑、游历古迹、休闲疗养等。当这种条件、目的和旅行结合起来，就很近似于今天的旅游活动了，只不过这里的旅游者仅是少数人（包括贵族、官僚、僧侣等特权阶层）。英国北部星罗棋布的湖泊，希腊北部的顿伯河谷，以及尼罗河、第聂伯河、莱茵河和小亚细亚蜿蜒曲折的河流，都成了让他们流连忘返的旅游目的地。

在西方的奴隶社会时期，除了奴隶主的享乐旅游外，为数极少的自由民也开始旅游。在罗马帝国时代，人们往往沿着四通八达的交通要道旅行。人们在夏季到沿海地区旅游，一些富有者甚至远程到金字塔去刻他们的名字。据史料记载，当时意大利的沿海地带排列着大理石雕刻、浴馆、浴场、体育馆和寺庙等，足见以消遣为目的的旅游活动在当时社会上层已经相当流行。

由此可见，在奴隶社会时期，少数奴隶主等特权阶层的外出消遣活动已经有了现代旅游的意义。

第二节　国内外旅游活动的发展阶段

用历史的眼光看，人类的旅游活动大致经历了三个大的发展阶段：一是限定在有闲阶层中的古代旅游，其特征是以游乐为主，规模较小；二是开始普及到中产阶层的近代旅游，它源自人本主义意识和科学技术进步，并直接促成了现代旅游业的出现；三是社会大众共同参与的现代旅游。

一、国外旅游活动的发展阶段

（一）古代旅游活动阶段

1. *古代的旅游活动现象*

（1）帝王巡游。古埃及和古罗马就已经有旅游的记载。据记载，古埃及到新王国时期（前1576—前1085）已是世界闻名的旅游胜地。埃及女王荷赛特于公元前1490年访问了旁特地方（约为今索马里）。她的这次旅行被视为世界上第一次以和平观览为目的的旅游活动。埃及卢克索神庙墙上刻写着这次巡游的经过。

古罗马时期，由于征服获得了巨大物质财富，恺撒大帝和安东尼曾享受过骄奢淫逸的帝王之旅生活。他们经常在征服地区巡视旅游。艳妃克娄巴特拉坐在具有用黄金打造的舵楼的画舫上和安东尼相会，他们共同去亚历山大城戏游，乃至忘却军国大事，于公元前30年为屋大维击败，双双自杀。

罗马帝国（27—476）时期，还出现了声色旅游皇帝盖尤斯（37—41年在位），他荒淫无度，为在海上游玩，专门建造了一艘寻欢作乐的游船。船上有柱廊、客厅、浴室和美丽的花园、果树等，并宣布自己是“天神”。还有放荡皇帝尼禄（54—68年在位）。他自称是艺术家，热爱诗歌、音乐、艺术、戏剧和体育。公元66年为在奥运会故乡献艺，他离开罗马去希腊作旅行表演。他认为希腊人是唯一懂音乐的人。

（2）腓尼基人的商业旅行。在世界古代商业旅行中，腓尼基人的商业旅行是年代最早和最为著名的。腓尼基位于地中海东部叙利亚沿岸，东依黎巴嫩山，北为小亚细亚，南为巴勒斯坦。这里雨量充沛，园艺发达，种植葡萄、橄榄和椰枣等经济作物。当地人从一种海生介壳动物中提炼出一种紫红色染料，希腊人称此种染料为“腓尼基”。这个名字最早见于公元前3000年的古埃及文献中，叫

"腓尼赫"。在公元前3000年末腓尼基形成城市国家。它的手工业和商业都很发达，以所产纺织品和染料闻名于世。用紫红色染料染成的布，行销地中海各地。因此被古希腊人称为"紫红色之国"。腓尼基的酿酒业、制油业、玻璃制品和金属工业都很发达。其造船术长期居领先地位。腓尼基人在希腊人之前广泛经营地中海地区的贸易，并向海外运销产品，同时经营中介贸易及贩卖奴隶等。他们在地中海沿岸和岛屿上建立商业据点，然后又出大西洋，北至不列颠，西至亚速尔群岛进行商业贸易。因此腓尼基人的商业旅行在世界古代旅行中占有极为重要的地位。

（3）古希腊的宗教旅行。希腊位于巴尔干半岛南端，三面临海，境内多山，是欧洲的文明古国。历史上从公元前11世纪到公元前9—8世纪习称"荷马时代"，因《荷马史诗》而得名。希腊的宗教和神话传说也是这一时期形成的。古希腊人认为诸神都居住在奥林匹斯山上。宙斯是万神的首领，他用雷电作武器维持天地间的秩序，宙斯之后是希腊女神。她和宙斯一起生下赫费斯托火神和锻冶之神。在宙斯的儿女中，雅典娜女神最为奇特，她是从宙斯头脑中长出来的，因而是智慧之神。正是由于人们对宙斯这位最高神的崇拜，所以，古希腊人从公元前776年起，每四年要对奥林匹斯山上的宙斯神像进行一次大祭。届时，所有希腊的朝圣者要在一个月前从遥远的城市出发，来到奥林匹斯地方，进行大规模的宗教旅行。在祭祀之余，人们进行各种竞技运动，如裸体角斗、拳击、掷铁饼、竞走、赛车等，同时还进行各种技艺表演，如要球、吃火、吞剑等。这样就由四年一次宙斯大祭演变成四年一次的奥运会。古希腊的奥运会自公元前776年开始，到公元394年被罗马人废除，共延续1000多年。

（4）古代东西方两帝国间的外交旅行。在距今2000多年前的世纪之交，在世界的东方屹立着强大的汉王朝，在西方则矗立着罗马帝国（中国古籍称它为大秦）。这两个东西方强大的帝国都试图互相实现其政治、经济和文化方面的沟通。首先是中国的东汉王朝向西方的大秦派了使者。据《后汉书·西域传》记载：汉和帝永元九年（97年），当时东汉西域都护班超派甘英出使大秦。甘英率团西行至条支（古西域国名，在安息以西，当今伊拉克境内）临大海（今波斯湾）欲渡。而安息西界船人谓英曰："海水广大。往来者逢善风三月乃得度。若遇迟风，亦有二岁者，故入海人皆赍前三岁粮。海中善使人思土恋慕；数有死亡者。"甘英闻之乃止。这次东汉王朝使大秦因甘英的畏惧半途而废。

至东汉桓帝延熹九年（166年）西方大秦王安敦（即安敦尼王朝，96—192）派遣使臣自日南（今越南境内）徼外来中国东汉王朝贡献象牙、犀角、玳瑁等，才使东西方两大帝国产生第一次交往。这也是世界旅行史上的一次大壮举。

（5）中世纪的宗教朝圣旅行。"朝圣"是中世纪基督教徒在人间为进入天堂所做的最重要事情之一。基督教徒的圣地主要有耶路撒冷、罗马和圣地亚哥。在基督教世界中有所谓条条道路通罗马的说法，罗马在中世纪是朝圣旅行的最大目的地。罗马教廷当局为鼓励广大教徒去罗马进行朝圣旅行，曾颁布圣令说：“所有朝拜过彼得和保罗墓地者，以及罗马城内各教堂的信徒，都可以获得赎罪券。该赎罪券是基督教徒进入天堂的唯一证据。”因此，这项圣令极大地刺激了基督徒的朝圣热情。据估计，1299 年前往罗马的外乡人达 200 万之多。他们谦恭地带着祭物，将奉献的财物放在圣彼得的墓前。因朝圣者众多，有的人还借机出卖去罗马的导游手册等。

公元 7 世纪初创建的伊斯兰教，要求信徒必须身体力行“朝圣”，即有条件的穆斯林一生中都要到圣地麦加的克尔伯古庙朝圣一次。因此，随着伊斯兰国家的扩大，每年去麦加朝圣的人越来越多，路途也越来越远。有的来自中东，有的来自西亚、中亚、南亚和中国等地。穆罕默德还教导信徒说：“学问虽远在中国，亦当求之。”所以当年阿拉伯帝国兴起了求知和经商旅行，并出现了著名的商业旅行家苏莱曼和马苏第等。现今每年去麦加朝圣的穆斯林多达 200 余万人。

（6）15 世纪后西方的冒险和科学考察旅行。15 世纪后，由于资本主义生产关系的发展，以及《马可·波罗游记》在欧洲的广泛传播，一些渴求黄金的封建主贵族商人认为中国和印度遍地是黄金。正是这种“黄金渴望”驱使他们冒险航行。而此时通往东方的陆路已被奥斯曼帝国所控制，他们只有从海上另辟蹊径进行航行冒险。1492 年，意大利航海家克利斯托佛·哥伦布（1451—1506）受西班牙国王斐迪南二世委托，并被授予海军大将军衔，新发现土地“世袭总督”。他率 90 名水手，分乘三艘帆船，由西班牙南端的巴罗斯港出发。经过 70 天艰苦航行，横渡大西洋、到达巴哈马群岛和古巴、海地等岛，以后又三次向西航行到达牙买加、波多黎各诸岛及中美、南美大陆沿岸地带。他当年误认为到达的地方是东方的印度，故称当地居民为“印第安人”。这个错误的名称一直沿用至今。哥伦布发现的美洲，后因佛罗伦萨人阿美利哥·味斯普奇而得名为“阿美利加”。阿美利哥曾参加了 1499—1502 年西班牙人到新大陆的探险活动。1503 年他发表了一本游记。在游记中他证实这片新大陆根本不是欧洲人所要去的东方印度。

2. 古代的旅行家

（1）古希腊“旅行家之父”——希罗多德。古希腊是欧洲文明的发源地。在奴隶制城邦经济发展和繁荣时代，公元前 5—4 世纪，希腊文化臻于极盛。哲学、科学、史学均有卓越发展和进步。一些古希腊哲人既是哲学家、科学家、史学家又是旅行家。如毕达哥拉斯（前 580—前 500）、柏拉图（前 427—前 347）、亚里士多德（前 384—前 322）。其中最著名的旅行家要算历史学家兼旅行家希罗多德（前 484—前 425）。他被称做“历史学之父”和“旅行家之父”。他生于小亚细亚，曾游历过小亚细亚诸城；又以希腊为中心，遍访希腊本土，到过两河流域观览过巴比伦城。他盛赞巴比伦城的壮丽超过世界上任何城市。他还游历过马其顿、腓尼基、叙利亚、埃及、黑海沿岸、意大利南部和西西里岛等地。他优秀的《历史》著作共分九卷，记述的内容包括亚述、巴比伦、波斯、埃及、希腊和各邻国、希波战争和欧亚草原地带的斯基泰族等。其中有相当大的部分是根据他亲身经历和耳闻目睹写成的。

（2）日本宗教旅行家圆仁。圆仁，俗姓壬生氏。日本仁明朝（年代相当于中国唐代）著名高僧。自幼心慕佛乘，15 岁时师学日本天台宗创始人最澄。著有《金刚顶经疏》《显扬大戒论》和《入唐求法寻礼行记》等，它和《大唐西域记》《马可·波罗游记》并称“东方三大游记”。该人当年曾随日本遣唐使来中国。以其身历见闻写成《入唐求法寻礼行记》一书。他于日本仁明朝承和五年（唐开成三年，838 年）至承和十四年（唐宣宗大中元年，847 年），时达 9 年 7 个月在中国进行旅行求法。他曾游历中国现今的浙江、江苏、山东、河北、山西、陕西等省，曾长时间滞留扬州开元寺，曾到五台山佛教天台宗圣地巡礼、拜谒名僧，经历灵迹，抄录经卷等，再至唐代都城长安，最后回国。他是日本古代著名的学问僧、旅行家，为中日友好作出贡献。

（3）阿拉伯旅行家苏莱曼和马苏第。苏莱曼（约 9 世纪），阿拉伯商人。世界古代著名旅行家。他曾到过中国、印度等地经商旅行，回国后于公元 851 年（唐宣宗大中五年）记述其东游见闻，著有《中国印度见闻录》（穆根来等译，中华书局，1983）。该书为阿拉伯人关于中国与印度沿海的最早记载。书中列举自阿曼到我国所经海洋与岛屿情况。其中因广州是中国当年对外主要港口，阿拉伯商人聚居之地，所以记述尤详。

马苏第（？—956），又译做麻素提。阿拉伯著名历史学家兼旅行家。他生于今巴格达。曾游历过埃及、巴勒斯坦、印度、锡兰（今斯里兰卡）、中国等地，晚年定居在叙利亚与埃及，著有《编年史》30 卷。

（4）意大利旅行家马可·波罗与鄂多里克。马可·波罗（1254—1324），出生于意大利“水城”威尼斯，他的父亲和叔父都是威尼斯巨商。1271 年，马可·波罗年仅 17 岁便随其父亲和叔父来中国。他们一行三人从今意大利威尼斯出发，在地中海东岸登陆后，穿经叙利亚、两河流域、伊朗、中亚沙漠、翻越帕米尔高原，经我国新疆喀什和于田、甘肃敦煌、宁夏至内蒙古的多伦（元上都）。共历三年半时间。此时，马可·波罗已 21 岁，风华正茂，英俊洒脱。元世祖忽必烈特别喜欢这位白人少年。他聪明好学，很快学会了蒙古语、汉语，精通中国文化，受到忽必烈重用，经常派他巡视各省或出使外国。在他滞留中国的 17 年（1275—1292）之间，还担任扬州总督三年。公元 1292 年利用护送蒙古公主阔阔真出嫁波斯的机会，又历经艰险于 1295 年回到阔别 26 年的家乡威尼斯。

1298年在热那亚与威尼斯的战争中，他被俘入狱。经他口述，由狱友鲁思梯谦笔录成《马可·波罗游记》（又称《东方见闻录》）。该书被誉为“世界一大奇书”，给欧洲知识界开阔了眼界。著名探险家和旅行家哥伦布从中受到巨大鼓舞和启示，在冒险东航时，曾带着西班牙国王致中国大皇帝的书信。现我国“水城”苏州与马可·波罗故乡威尼斯已结为友好城市。

鄂多里克（1286—1331），日耳曼后裔，意大利人，幼年加入天主教圣方济会。1316年由君士坦丁堡（今伊斯坦布尔）出发，开始长达14年的东方旅行。他与马可·波罗不同，是从海上抵达中国。先抵印度、锡兰、苏门答腊、爪哇、占婆，最后到达中国广州，然后北上泉州、杭州、北京。他是位传教士，在北京建了两座教堂，发展数千名教徒。最后经我国西北、中亚回到家乡威尼斯。晚年多病，经他口述，别人笔录成《真福和德里传》一书，流传于意大利。

（5）摩洛哥旅行家伊本·巴图塔。巴图塔（1304—1377），北非摩洛哥丹吉尔人，故人又称他为丹吉尔。他被认做中世纪最伟大的旅行家兼史学家和伊斯兰教徒。他用26年时间，行程12万多公里，游历半个世界，足迹遍布亚、非、欧大地。他热爱旅行，22岁时参加了伊斯兰教的麦加朝圣活动，接触到许多东方伊斯兰教信徒，使他产生了游历东方的兴趣。他曾先访问过叙利亚、波斯、中亚，再到南亚印度，在印度国王摩哈美德身边当法官。1342年，中国元朝一位使者到印度，希望在喀拉巴乞山建一座佛寺，以便中印往来僧侣住宿。巴图塔趁机讨得这一美差，于当年7月率团来中国。因路遭盗匪多次抢劫，他不得不绕行海上来中国。他到过中国的泉州、杭州、北京等地，著有《伊本·巴图塔游记》，极赞中国泉州的丝绸、杭州的陶瓷和北京的工艺品，盛誉中国的社会和管理。1348年离开中国回到欧洲。1377年去世，归葬于故里丹吉尔。

（6）环球航行家麦哲伦。麦哲伦（1470—1521）是葡萄牙的贵族。他怀着和哥伦布同样的信念，认为地球是圆的，绕过南美洲直行便可达到盛产香料的摩鹿加群岛。在1519年9月20日，他率265名水手，驾五艘帆船由西班牙出发。船队在渡过大西洋后，沿巴西海岸南下，并绕过南美洲南端的海峡（后被称为麦哲伦海峡）。在他航行在太平洋时，因风平浪静，后称太平洋。1521年3月，他的船队到达菲律宾群岛。由于他干涉岛上人的内讧，在战斗中被杀。他的同伙继续航行，终于到达盛产香料的摩鹿加群岛（今马鲁古群岛）。然后他们满载香料经印度洋，绕过非洲于1522年9月回到西班牙。这时生还的水手仅有18人。他们这次航行，在实践上证明了地球是圆的，对以后的科学发展和人们的宇宙观念有重大意义。

3. 古代旅行的特点

综前所述，可以看出世界古代旅行有如下一些特点：

（1）古代旅行活动的发展与国家政治和经济条件密切相关。纵观古代旅行活动的发展历程，凡是一个国家或者地区，在政治安定、经济繁荣的时期，旅行活动便会发展，否则会停滞甚至倒退。

（2）旅行的产生需要有一定的经济基础。就整个社会发展而言，只有在社会农牧产品与手工业产品有了一定剩余时，才可以将其用做商品交易，这样才有人们最初的商业旅行。所以在整个人类社会发展中，最早产生的是商业贸易旅行形式。

（3）古代社会随着经济的发展，旅游的形式不断多样化，如帝王巡游、外交旅行、宗教旅行、求知的科学考察旅行、个人事务和探亲访友旅行，以及追求黄金的探险旅行等。

（4）古代旅行是近现代旅游的基础。近现代的一些重要景区景点都是由古代旅行审美发现和创建的。

（5）古代的各种冒险和探险旅行，使人们的旅游空间不断扩大，至15、16世纪扩大到全球。

（6）参加以消遣为目的的旅游活动的人数所占比例较小，这些人往往是社会的特权阶层，如王室、皇族、贵族、奴隶主等。他们占有被统治阶级的劳动剩余物，有充裕的闲暇时间，这为他们消遣享乐旅行提供了基础条件。

（7）在各种旅行的构成中，以商贸旅行和宗教旅行为主导，其次是个人事务及探亲访友旅行，再次为外交、探险和科学考察旅行等。

（二）近代旅游活动阶段

1. 近代旅游活动现象

近代旅游是指17世纪以来的大旅行活动。15、16世纪文艺复兴运动以后，17、18世纪是科学文化在欧洲的传播时代。旅行、探险、求知成为富贵人家子弟的时尚。他们往往带着一位仆人和学业指导教师，由父母送到国外游历一两年，主要学习新语言，了解新习俗，特别是熟悉美术和接人待物的礼节等。这种“大旅行”是年轻贵族教育的重要环节和内容。弗朗西斯·培根（1561—1626）在《论游历》一文中写道：“游历在年轻人是教育的一部分；在年长的人是经验的一部分。”游览观察的主要内容有：君主的朝廷，尤其是接见外国使臣；法庭开庭问案；宗教法院、教堂及僧院中的纪念品；城垣与堡垒；商埠与港湾；古物与遗址；图书馆、学院、辩论会和演讲；航业与海军、大城市的壮丽建筑物与花园；武库、兵工厂；货站及交易所等。这些都是做仆人和导师应当仔细考察访问的。

通过这种旅行，那些贵族子弟可增长知识，结交朋友。“大旅行”的主要目的地有荷兰的阿姆斯特丹，法国的巴黎、凡尔赛、里昂，意大利的罗马、佛罗伦萨，英国的牛津以及沙皇宫廷、丹麦与瑞典王宫等。

随着旅行的大发展，人们开始注重道路工程的修建。在巴黎和奥尔良的

“王道”上，车马畅通无阻。17个世纪后半叶英国有了公共马车；在法国，长途马车一天几班，按时抵达各站。1750年快速而有弹性的马车在英国得到普遍应用；在法国开始使用轻便双轮马车或四轮敞篷马车。

这一时期城市的旅馆业出现前所未有的兴旺。17世纪前，欧美国家城市旅店客栈设施均很简陋，服务也较差。此时期在伦敦兴起的最著名的萨伏伊饭店是贵族们经常光顾的地方，至今仍是饭店业的象征。1760年狄翁夏埃公爵第五世孙在伦敦兴建了一座月牙形旅馆，并用法语“Hôtel”命名。这可能是英国人将旅馆设施称为“旅馆”的最早记录。不知何时英国人将“Hôtel”改为“Hotel”广为使用，并沿用至今成为国际通用标准写法。1774年，在美国东部的波士顿建成拥有300间客房的纽约旅馆，配有专门服务员工，室内有卫生间、餐厅、宴会厅、舞厅和休息室等。特别是在1829年又在波士顿开业了特里蒙特饭店，它被视为当时最先进的饭店，有170套客房，并建有前厅（据称是世界上最早建有前厅的饭店），餐厅设200个席位，饭店还配有传呼服务系统。该饭店是世界饭店的里程碑。它的设备设施、服务、管理和技术被奉为当时欧美饭店的楷模。

2. 产业革命对近代旅游的巨大影响

18世纪60年代开始，至19世纪30年代已基本完成产业革命——机器大工业代替工场手工业，给欧美地区的生产技术和生产关系带来了巨大的变革。首先是纺织业，进而带动机器制造、冶金、采掘、运输等部门。这些变化也全面影响着旅游业的发展，促使近代旅游最终出现。其具体表现如下：

（1）社会富裕，富有人群增多。以前社会上的富有者主要是国王、君主、贵族、地主、中高级神职人员和商人；此时社会上又新增加了各种类型的工厂主、企业家、银行家、高级职员（白领阶层）等一大批富有人群，为近代旅游业的诞生创造了条件。

（2）城市化进程加快。产业革命使大量农民破产，加入城市劳动大军，改变了人们的生产和生活方式。这些人由农村转向城市。城市生活紧张、工作单调，居住拥挤、嘈杂，使人们又产生回归大自然的要求。

（3）先进技术，特别是蒸汽机的发明与应用，加速了交通运输业的发展。1807年，美国人富尔顿（1765—1815）发明蒸汽轮船；1814年，英国工程师史蒂芬孙（1781—1848）创造了新型蒸汽机车，实现了用蒸汽牵引的铁路运输；1825年，斯托克顿—达林顿铁路通车；1830年，曼彻斯特—利物浦铁路也正式通车。铁路的建设为人们旅游创造了良好条件，使人们对旅游的需求大增。铁路建设首先在英国，然后遍及欧洲其他国家和北美大陆。至1841年，英国铁路的年客运量达200万人次；1851年则达7900万人次。铁路运载量大，时速快，成为近代旅游业诞生的先决条件。

产业革命创造的巨大社会财富和富裕人群，交通条件的改善，人们闲暇时间的增多，这些都是催生近代旅游业的“产婆”。而当托马斯·库克利用这些良好条件，凭借自己的智慧组织了“禁酒大会”后，也就创造性地开辟了近代旅游产业。

3. 近代旅游的特点

（1）以消遣为目的的旅游人数超过经商旅行的人数，这是近代旅游的显著特点。产业革命带来了生产力的进步，社会总财富增加，新兴资产阶级的出现和壮大，使更多的人外出旅游成为可能；产业革命导致人们的生活环境、工作环境及工作性质发生变化，促使人们普遍有了外出旅游的需求。这些因素共同促使外出旅行者数量的增加。

（2）在旅游需求逐渐达到一定规模后，近代旅游业开始形成并发展起来。在世界范围内，旅游代理公司、旅游目的地和商业饭店也开始发展起来。

（3）人们外出旅游可选择多种交通工具。产业革命带来生产技术的进步，人们外出旅行可选择的交通工具逐渐具有多样化的特征，这些新型的交通工具使旅游者可以花较少的费用就能实现远距离的旅游活动，这给普通民众外出旅行提供了极大的便利。

（三）现代旅游活动阶段

1. 现代世界旅游业的大发展

1945 年第二次世界大战结束以后，科学技术革命进入了一个新的历史时期，有人将这次革命称为“第二次工业革命”，其结果是财富和可自由支配收入的急剧增长。这为现代旅游业的兴起创造了更为优越的条件。旅游业已成为世界上发展最强劲的产业，被誉为 20 世纪的“经济巨人”。据世界旅游组织统计，自 1950 年到 1998 年，国际旅游者人数从 2500 万人次，猛增至 6.35 亿人次，年平均增长率为 6.97%。其中 1983—1998 年的 15 年间，国际旅游业的增长率是同期世界 GDP 增长率的 1.5 倍。自 1992 年起，世界旅游业已取代石油工业、汽车工业成为世界第一大产业。其发展势头之强劲，速度之快，潜力之巨大是任何产业都无法比拟的。

2. 现代旅游业发展的原因

（1）和平与发展的国际环境。第二次世界大战结束以后，就整个世界而言，虽然局部战争时有发生，但世界的主流是和平与发展。这为国际经济发展，为旅游业的发展创造了良好的国际环境。世界旅游组织有关统计资料显示：全世界国际旅游客流量（旅游人次），1950 年为 2528 万人次，2000 年增至 69745.2 万人次，增长 28 倍；国际旅游收入由 1950 年的 21 亿美元，增至 2000 年的 4758 亿美元，增长 227 倍。这为现代旅游业的大发展提供了国际环境保障。

（2）科技进步的巨大推动力。科学技术是社会经济发展的第一推动力，是历史的火车头。第二次世界大战结束后，很多科学技术转为民用，特别是生产自动化、智能化，使劳动生产率大为提高，社会财富迅速增加，劳动时间得以缩短，人们的休闲时间增多。这为旅游业发展创造了非常良好的客观条件。尤其是20世纪下半叶出现的信息技术革命，对旅游业产生了巨大影响。在饭店行业中，1958年喜来登集团首先开始使用电子预订系统。60年代则出现了计算机预订系统，如假日饭店的Holidex-Ⅰ—Ⅱ系统。目前国内外的一些著名门户网站都建立起旅游预订的电子商务平台，旅游企业也积极利用网络开展旅游交易。旅游服务提供商或组织，如航空公司、饭店、旅行社和旅游目的地的网络系统，将允许其用户直接进入它们的预订系统，使旅游交易更加方便，成本大为降低。

（3）交通工具的进步带来旅游方式的革命。第二次世界大战后，旅游方式的革命，主要来自两个方面：一是航空业的兴起；二是汽车工业的发展和高速公路网的形成。第二次世界大战以后，一些航空和雷达导航技术很快用于民航，对旅游业产生巨大影响。20世纪50年代，由于航空旅行发展，出现了许多大型民用航空公司，如泛美航空公司、老鹰航空公司、福雷德湖人航空公司等。还有大批战斗机飞行员加入民航队伍。特别是战后不久，飞机速度突破音速更是加速了旅游业的发展。1958年波音707喷气客机问世标志着大众旅游时代的到来。航空旅游变得更加迅捷、舒适、安全。航空包价旅游的出现，有效降低了旅游成本，也是促进大众旅游发展的原因之一。1970年第一架宽体客机波音747投入运营，一次可运客400人，使机票价格又大大降低。而容纳乘客较少的小型飞机则转为包机旅游。这些都为大众旅游创造了条件。随航空旅游的快速发展，海运旅游则江河日下，至20世纪80年代海运常规旅游业务已基本终止。

战后，欧、美、日汽车工业的迅猛发展和高速公路网的建设，使自驾车旅游以惊人的速度取代了中短途火车旅游和客车旅游。20世纪70年代，美国平均每两人拥有一部小汽车。汽车在改变人们的旅游方式的同时，也促进了城市和郊区生活模式的发展。

（4）城市化的进程加快。所谓城市化，简言之就是城市人口占总人口的比重加大。城市化的进展有力地促进了休闲度假旅游的普及化。据统计，从1920—1975年的50多年中，城市人口的绝对数量增加5倍多。20世纪50年代以后，城市化发展更快。1965年，意大利、法国、日本、英国、美国的城市人口占总人口的比重分别为62%、67%、67%、87%和72%，而到80年代中期分别上升为71%、80%、70%、91%和74%。在英国这个城市化水平最高的国家，20世纪80年代仅带住宿设备的家用旅行小汽车就有60万辆，每逢假日便形成浩浩荡荡的旅游大军。七八月份的法国巴黎成为外国旅游者的巴黎，几乎到处都是各国到巴黎的度假者。

（5）带薪休假制度和奖励旅游的发展。自1936年法国第一个以立法形式规定就业员工实行带薪休假以来，至20世纪90年代西方经济发达国家，除个别国家外，几乎所有国家都制定了带薪休假制度，少则2周、多则4~5周。这一制度使广大劳动者有较充裕的休闲时间进行度假，休闲旅游，使旅游大众化有了时间保证。

奖励旅游最早出现于20世纪60年代的美国。当时，某些公司为表彰和奖励那些成绩突出的销售人员，届时组织他们携带配偶一起外出旅游。这种奖励要优于金钱和物质奖励，所以很快被推广开来。旅游时由公司主要领导出面作陪。旅游目的地要经过特别挑选，精心安排。公司首脑亲自出面组织座谈，共商公司发展大计等。

（6）各项旅游服务管理设施不断完善。随着旅游业的不断发展，旅游住宿业、餐饮业、娱乐业、旅游景区景点业、旅游交通业、旅行社业及导游、各级旅游管理组织及与之配套的旅游教育、相关的法律法规都在不断完善，这些都有力地促进了旅游事业的迅速发展。

3. 现代世界旅游业的主要特征

现代世界旅游业除自身固有的特征外，还有其发展特征。

（1）持续高速增长的特征。世界旅游组织曾出台《1995—2020世界旅游预测》，预计全球旅游业将保持较高的增长速度。当时预计世界旅游人数至2010年将达10亿人次，2020年将达16亿人次。1995—2020年世界旅游业年均增长率为4.3%，其中2000—2010年的年均增长率为4.2%，2010—2020年年均增长率为4.4%。随着航空运输业的发展，未来世界的远程旅游将有显著增长。区内旅游和洲际远程旅游将分别达4.0%和5.4%。自1992年在世界范围内旅游业取代石油、汽车工业成为世界第一大产业后，其发展势头之迅猛，潜力之巨大，迄今还没有其他产业可与之相比。预计在21世纪，旅游业仍将雄踞世界产业之首。

（2）旅游将成为人们新的生活方式。世界旅游组织1980年在《马尼拉宣言》中明确指出："旅游业是现代人类社会的基本需要之一。为了使旅游活动同其他社会基本需要一起协同发展，各国应将国民旅游纳入国家社会发展的内容之一，使旅游度假真正成为人人享有的权利。"作为与人们紧张工作、生活相补充的内容，休假度假理所当然地应成为人们的一种新的生活方式。又据该组织统计，现在每年参与各种形式旅游活动的人数近40亿人次。自20世纪90年代以来，国际旅游人数年均增长率超过5%。英国平均每年出国旅游达3~4次的人约占全国总人口的55%，法国平均每年外出度假3~4次的人占全国总人口的45%，瑞典则高达75%。由于旅游将成为人们的一种新的生活方式，越来越多的游客已不满足在旅游景点上的走马观花式观光旅游。而休闲度假旅游正开始盛行，休闲娱乐旅游将成为未来旅游的潮流。

（3）旅游将走向个性化和服务多样化。电子技术的发展，世界各地旅游设施的健全，交通通信设施的完善，预订网络的普及，英语在世界的通行，这些都为人类最大程度彰显个性创造了条件。旅游者不仅在性别、年龄、职业上进行细分，更进一步分化为对服务的兴趣、爱好的追求。旅游服务的内容将走上主题化，如主题线路、主题旅行社、主题旅游宾馆和度假村等。散客旅游、参与性旅游备受欢迎。因为散客具有灵活、自由的特点，更能彰显旅游者的个性特点。旅游者可根据自己的喜好随心所欲地安排旅游活动。据调查，美国 1998 年的散客旅游收入已占旅游营业收入的 41.2%，而团体旅游收入只占 5.7%，其他商务旅行占 53.1%。因此旅游服务也要满足旅游个性化的特点，要灵活、多样，要因人而异，不断改善服务质量满足旅游者的个性需求。一些新的旅游形式不断涌现，各种特色旅游，如绿色旅游、生态旅游、探险旅游、工业旅游、农业旅游、森林旅游、志愿者旅游、保健旅游、太空旅游、深海旅游等层出不穷。

（4）旅游经营的集团化。第二次世界大战以后，一些旅游企业与公司为了自身的生存与发展，为在市场上增强竞争实力，不仅在行业内部与其他企业联合，而且组建跨行业、跨国界的企业集团，实行集团化经营。例如，在饭店业方面，产生了饭店连锁集团。在旅行社行业则出现了世界著名的卡尔森和瓦根里特等大型洲际联合公司。特别是在 20 世纪 90 年代中后期，还出现了旅游企业和相关行业合并与合作的浪潮，如 1996 年英国航空公司和美利坚航空公司结成联盟，1997 年美国的麦当劳与迪士尼两大公司开始为期 10 年的促销合作，迪士尼通过麦当劳公司在世界 93 个国家和地区的 18.7 万家餐厅展示该公司的电影、主题公园和家庭录像，1997 年美国的波音公司与麦道公司合并，1998 年麦当劳、迪士尼和可口可乐又组成合作家庭等。

（5）“银色”和“家庭”旅游的新趋势。“银色”旅游市场是指老年人的旅游市场。按现行的世界标准，一个国家的 65 岁以上人口超过总人口的 7%，即为老年型国家。西方一些经济发达国家，如英国、德国、瑞士等国老年人的比例已超过总人口的 14%；像中国这样世界人口最多的国家，老年人口已占总人口的 10% 以上。经济发达国家的老年人一般都有钱，有时间，而且健康，具有较高文化素养，所以他们都有强烈的旅游欲望。据统计，英国 45 岁以上年龄组的人目前占英国出境度假旅游总人数的 40%；以滨海度假胜地为目的地的游客中，45 岁以上的人占 45%；长期到中国的外国旅游者中，50 岁以上的人占 30% 左右。

家庭旅游的新趋势。根据调查显示，父母携带子女进行度假旅游越来越成为人们新的旅游时尚。不管是在美国、德国、新西兰还是在亚太地区，家庭旅游均呈现出一派繁荣景象。现在很多酒店推出家庭价和照看婴儿服务项目，还有家庭客房和“家庭型公寓”等广招客人。

（6）生态旅游和可持续发展。生态旅游是 20 世纪 80 年代新兴的一种旅游形式。它的兴起是人们对自然环境的兴趣和环境保护意识增强的结果。它被看做现代大众旅游的代替品，是21世纪旅游发展的新方向。生态旅游不是简单的回归大自然。按生态旅游协会的定义：是有目的地了解自然区的旅游和文化，注意不破坏生态系统的和谐；同时为自然资源的保护和当地居民的福利创造经济条件。其核心是对生态环境的保护和造福当地居民。目的是达到“天人合一”的和谐。

从全球旅游发展的现状看，旅游一方面有促进社会经济和文化发展的功能，另一方面也加速了环境的损耗和地方特色的消失。特别是对旅游景区不合理的开发和旅游者的过量进入，必然使旅游环境质量下降，资源遭到破坏，地方人文色彩淡化，结果导致社会经济和文化衰落。所以发展旅游业在开展旅游活动的同时，要注重环境和资源保护，使其既能满足当代人的需求，又能不对后代人造成危害，使旅游业绿树常青。

旅游的可持续发展，关键在于处理好旅游与自然环境、人文资源和生态环境之间的关系，使旅游人数的增长、旅游业发展规模与环境承载力、资源保护同步，形成动态良性循环。

二、中国旅游活动的发展阶段

（一）中国古代旅游及旅游形式

1. 中国古代旅游概述

中国是具有5000年文明历史的古国，也是世界旅行活动产生最早的国家之一。据《尚书·尧典》记载，中国在尧舜时代就有了天子的巡行视察制度，每隔5年进行一次。规定在2月时天子巡视东方，并会集诸侯祭祀岱宗（今东岳泰山）；5月到南方巡行，按岱礼祭祀南岳；8月巡视西方，祭祀西岳；11月北巡狩，祭北岳。舜帝就是南巡时“崩于梧苍之野，葬于江南九嶷”（今湖南九嶷山）。古代帝王巡行四方时一般与封禅相结合。封禅即帝王祭拜天地的活动。古代帝王的这种巡行制度，实为一种考察地方官吏和“问民疾苦”的活动。此种制度有的明察，有的暗访，一直沿袭至清代。

中国古代的商品交易和商业旅行也起源久远。据《易经》记载：早在距今5600年前的“三皇”时代，中国已有了市场经济：“日中为市，致天下之民，聚天下之货，交易而退，各得其所。”到了商周时期中国则有了“通四方之珍异”的行商坐贾的“商旅”，即商业旅行者。《周礼·考工记》中还记载：当时各地的特产，如郑之刀、宋之斤、鲁之削、吴粤之剑、燕之角、荆之干等，都是商贾贸易的物质基础。特别是西周时已将商人作为“四民”之一。到春秋时，中国更有先从政，后经商的巨富范蠡（后称陶朱公）。他曾先协助越王勾践“雪会稽之耻”灭吴，然后弃官，“乘扁舟，浮于江湖，变姓易名”，到今山东定陶一带，更名为陶朱公，他利用“陶为天下中”的有利条件成为人间的“财神爷”。更值得一提的是战国时往来于秦赵之间的阳翟大贾吕不韦，他不但贱买贵卖一般货物，更将商业经营于政治领域，成为中国历史上赫赫有名的政治投机商。

中国古代旅行的有关旅行设施，交通道路、馆舍之类，《逸周书·大聚》有这样的记载：“辟关修道，五里有郊，十里有井，二十里有舍。远旅来至，关人易资，舍有委。市有五均，早暮如一。”即是说周代人们为迎接远方客人和商旅，要进行辟关修路，在通都大邑5里之内属近郊，10里要打上一口水井，供行人饮用，20里要建馆舍，供旅人居住，馆舍要备有粮食供人食用。远方的商旅与关人要进行交易。“市有五均”即市场中要有管理市场的官吏。“早暮如一”即价格要朝夕相同，市无二价。

秦始皇统一中国后，以“车同轨”为根据，以咸阳为中心大规模修建了通往全国各地的“驰道”和“直道”。这是中国历史上第一次大规模修建交通道路系统，为中国后来陆路交通网的形成奠定了基础，也为后世的各种旅行创造了良好条件。

总之，商业旅行在古今中外都是比较盛行的，而且人数也颇多。

2. 中国古代各种旅行方式及其代表

（1）帝王巡行（或巡狩）。中国古代帝王巡行是一种带有政治性的享乐旅行。其目的在于考察地方官吏和彰显其功德。《史记·五帝本纪》第一［正义］：“王者巡狩，以诸侯自专一国，威福任己，恐其壅遏上命，泽不下流，故巡行问人疾苦也。”同样古代帝王巡行也有为彰显其功德的一面，如秦始皇自当上始皇后曾6次出游，每到一处都要“刻石颂秦德”。在我国古帝王巡游的事迹中以周穆王、秦始皇、汉武帝、隋炀帝、康熙、乾隆等的事迹最为著名。这里仅择周穆王和秦始皇事迹作简单叙述。

周穆王，昭王之子（前1001—前947），西周的第五代君主，距今2900余年。战国魏王墓中出土的《穆天子传》记载他驾八骏西游的故事。有人考证他西游曾到过今青海、甘肃、新疆和中亚等地。他的雄心很大，想“周行天下”，将他的车辙马迹印到所有的道路上。

秦始皇是中国历史上最爱出游的皇帝，他在位12年中有过6次出游。曾到过今甘肃、宁夏、青海、内蒙古、河南、湖北、湖南、江西、浙江、江苏、安徽、山东、河北等地，最后死在回归的旅行途中。

（2）政治旅行。政治旅行是指怀有某种政治目的，为取得功名利禄，置身卿相而进行的旅行活动。这方面的代表人物，如春秋时的孔子，战国时的孟子和苏秦等。

孔子（前551—前479）是中国历史上最伟大的教育家、思想家、政治家，也是一位旅行家。为实现政治抱负，他34岁时带领众弟子周游列国达14年之久。他提出“知者乐水，仁者乐山；知者动，仁者静；知者乐，仁者寿”的旅游观。在游览泰山时遇一妇女痛哭，问其故，妇人说："舅（夫之父），死于虎，吾夫又死焉，今吾子又死焉。"孔子劝她离开此地。她说："此地虽有虎，但无苛捐杂税。"孔子感叹说："苛政猛于虎也。"今泰山王母池东虎丘因此得名。留有孔子登临的石坊及"登泰山而小天下"的赞语。

孟子（约前372—前289），战国时人，思想家、政治家、教育家。名轲，字子舆，今山东邹城市人。为实现他的"仁政"学说，不辞千辛万苦，游历过齐、宋、滕、魏等国，还曾一度任过齐宣王的客卿。他劝告当时的一些国君，要重视人民，提出"民贵君轻"学说，反对暴君，主张"仁政"。认为暴君是"独夫"，"要省刑薄赋"。后因他的学说不被采用，退而教书。他的学说被认为是对孔子学说的继承，被后人尊为"亚圣"。著有《孟子》一书，为"四书"之一。

苏秦，字季子，战国东周洛阳（今河南洛阳）人，合纵家，以口舌博富贵，曾游说于秦不成，转为赵肃侯合纵山东六国燕、韩、魏、齐、楚以抗强秦。他的足迹遍及中原大地，后合纵成功被尊为"纵约长"，佩六国相印。

（3）士宦旅游。士，古代的"四民"之一，旧为读书人的通称。宦，为官者。我国秦汉之前，读书人求职需要外出进行游说，直接面对一些国君讲述自己的政治主张和治国良策。而一些贵族封君为扩大自己的势力，则大兴养士之风。往往招募食客（即士）数千人。齐国的孟尝君、魏国的信陵君、赵国的平原君、楚国的春申君，被称为战国时代的"四君子"。

这里所称的"士宦旅游"，既包括求职的"士"，也包括为官者的"宦"。士人的漫游兼求职活动，即便在隋唐实行科举考试后仍在实行。其中我国唐代大诗人李白便是典型一例。

李白（701—762），字太白，家居四川彰明县的青莲乡，自号青莲居士，生于富商之家。他是个"十五游神仙"好剑术的少年。20岁后为实现理想"仗剑去国，辞亲远游"，先顺江而下，浮洞庭，历襄汉，上庐山，东至金陵（今南京）、扬州，复折返湖北，以安陆为中心，北游洛阳、嵩山、龙门、太原；又东游齐鲁，登泰山；再南游安徽、江苏、浙江等地，游踪遍及中原大地。在漫游中他采取纵横家的方式，想凭自己的才华博得知名人物推荐。天宝元年（742）经吴筠的推荐，李白被玄宗诏至长安。为"四明狂客"贺知章誉为"谪仙人"。唐玄宗对他"降辇步迎"，因命供奉翰林。天宝三年因他蔑视帝王权贵，离开长安再度漫游。即"一朝去京国，十载客梁园"（今开封）。在洛阳遇见诗人杜甫，在汴州（今开封）遇见高适，三人一同畅游梁园。与杜甫结下深厚情谊："醉眠秋共被，携手日同行。"

韩愈（768—824），字退之，贞元进士，是个为官者，曾官至监察御史，刑部侍郎。该人自幼聪慧，读书日记数千百言，及长尽通六经百家。他为官两次遭贬。他在《左迁兰关示侄孙湘》一诗中有"一封朝奏九重天，夕贬潮阳路八千"

的诗句。那时去岭南潮州必经古灵渠（今湘桂运河）漓江水道，所以对桂林山水留下千古名句："江作青罗带，山如碧玉簪。"他在游览今西岳华山苍龙岭时，自度生还无望，写下遗书，掷于岩下，现岩石上刻"韩愈投书处"即指此事。

苏轼（1037—1101），北宋文学家，书画家，字子瞻，号东坡居士，宋神宗时曾任祠部员外郎，后任密州（今山东诸城）、徐州、潮州等地知州。王安石变法时，因反对变法以"谤讪朝廷"罪被贬去黄州（今湖北黄冈）。宋哲宗时任翰林学士，又出任杭州、颍州等地知州，最高官至礼部尚书。后又被贬至惠州（今广东惠州）、儋州（今海南儋县）。最后北归，病死今上海附近的常州。他一生因出任各地地方官和屡遭贬谪而漫游各地。他是唐宋八大家之一，其父苏洵、弟苏辙都是宋代著名词作家，号称"一门父子三词客，千古文章四大家"。他在中国古官宦中是游历中国地方颇多的官宦之一。

（4）外交旅行。外交旅行是以完成某种外交使命为目的公务旅行，如我国历史上的张骞、苏武、王玄策、郑和等。

张骞（前175—前114），中国西汉杰出的外交家和探险旅行家。汉武帝为联合大月氏等西域民族夹击北方匈奴，派遣张骞率领使团100多人于公元前138年（武帝建元三年）从京城长安出发，过陇西（今六盘山西）不远便被匈奴擒获，匈奴采用各种手段想招降他，并为他娶妻生子。他在匈奴滞留10余年，持汉节不变，后趁匈奴不备逃出。在西行中历尽千辛万苦，有时几天吃不上饭，就猎鸟兽为食。他曾先后到达大宛、康居和大月氏、大夏等国。这时大月氏国王已无心报匈奴之仇。张骞在返回的途中又被匈奴俘获。公元前126年又乘匈奴内乱，回到长安。汉朝政府为表彰他的功绩封他为太中大夫，以后又封他为博望侯和中郎将。

张骞的探险和凿空行为，扩大了汉王朝的视野，打通了汉地与西域的通道"丝绸之路"，对促进我国与中亚、西亚各国友好往来具有重要意义。

王玄策，唐代著名的外交旅行家，曾多次出使印度。太宗朝曾任黄水（今广西罗城西北）县令。贞观十九年（645年）跟随朝散大夫李义表伴送摩揭陀国（今印度比哈尔邦南部）使者返回印度，在印度停留两年。贞观二十一年（647年）又以左卫率府长史衔出使中印度。

唐高宗显庆二年（657年）至龙朔元年（661年）又三次出使印度。还曾访问尼婆罗和罗宾国等，著有《中天竺国行记》。

郑和（1371—1435），明代伟大的航海家、外交家和旅行家。本姓马，祖籍云南昆阳。13岁时被送进皇宫当侍童。后因"靖难之役"有功，被收为太监，赐姓郑，人称"三宝太监"。他曾出使过日本、暹罗（今泰国）。明成祖为发展对外关系和寻找建文帝，派他率领庞大船队（共有船62艘，随员27000多人），自永乐三年（1405年）起，至宣德八年（1433年），历时28年，访问37国。

包括今东南亚、南亚、西亚和东非索马里与肯尼亚诸国。出访时他曾带去赠给各国国王的金、银、丝绸、茶叶和瓷器等；回国时带回各国回赠的珠宝珍玩、珍禽异兽及香料药材等。同时还有17国的使臣随船来中国。这种空前的外交活动极大地促进了中国和东南亚、南亚、西亚、东非各国的友好交往。

郑和的航海旅游活动在世界航海史上是空前的；其航程之远，船队之大，前所未有。公元1492年西班牙航海家哥伦布横渡大西洋时，他的船队只有3只小船，共88人。他的最大船长，仅5丈7尺；而郑和最大的宝船长44丈4尺。两者相比，前者仅及后者的1/8。在时间上，郑和要早于哥伦布80余年。

（5）学术考察旅行。中国是文明古国，在历史上不乏伟大的自然和人文方面的科学家。他们曾以辛勤的劳动和求实的科学精神，进行过各种科学考察旅游活动，为人们留下了极宝贵的精神财富。其中最具代表性的如西汉的司马迁，宋代的沈括，明代的徐霞客、李时珍和顾炎武等。

司马迁（前145—前87）是我国历史上一位伟大的历史学家、文学家和旅行家，汉左冯翊夏阳县（今陕西省韩城县）人，出生于一位博学的太史公家庭，从小受到良好的教育。为完成父亲的未竟事业，当时年仅20岁便开始科学旅行考察。他于公元前126年（武帝元朔三年），从京都长安出发，南出武关，经南阳至南郡，由洞庭再到屈原的故乡。在凭吊诗人所投汨罗江后，便南下九嶷山，考察帝舜南巡之迹；然后又北上过九江，登庐山；再东临会稽，探禹穴，览禹陵禹庙，登会稽山。又北上淮阴韩信故乡；再去山东曲阜访问孔子事迹，复北行齐国临淄，孟尝君家乡薛城和刘邦家乡丰、沛等地。在极为困窘的情况下，他完成了这次万里之行。回京后，他又随汉武帝巡视河东（今山西）；西过陇坂（今云盘山），登崆峒山，了解中国古帝——黄帝、尧、舜、禹、汤等传闻事迹。以后又奉使巴蜀、昆明等地。总计行程一万八千余里。他游历了今中原、中南、东南、西南、西北和华北等广大地区，为撰写《史记》搜集了极为丰富翔实的资料。

沈括（1031—1095），字存中，北宋钱塘（今杭州）人，是中国历史上一位博学多艺的科学家。《宋史·沈括传》称："括博学善文、于天文、方志、律历、音乐、医药、卜算无所不通。"他的著作有20多种，大都亡佚。现存《梦溪笔谈》一书在我国科技史上占有极其重要的地位。英国科技史家李约瑟称他是"中国整部科技史中最卓越的人物"，并盛赞《梦溪笔谈》一书为"中国科技史的里程碑"。他的科学成就和他的科学实践密切相关。他21岁前曾随父沈周游历大江南北。24岁步入仕途后，他又借公务宦游各地。宋神宗熙宁六年（1073年）他奉命考察两浙农田水利、差役，借机对浙东括苍山和雁荡山进行考察。他断定雁荡山诸峰的形成是流水侵蚀冲刷的结果。这种见解比英国"地质之父"赫登要早600多年。熙宁七年在他北行时又发现在太行山崖中衔有螺蚌壳及鹅卵石横亘如带。他断定这里原是海滨，而今已距海千里。他判定今华北大平原是各大河流泥沙淤积而成。特别是在陕西延州境内发现“火井油”，并取名“石油”，这一名称一直沿用至今。他还预言此物将“大行于世”。

徐霞客（1587—1641），名弘祖，号霞客，江苏江阴人，我国明末杰出的地理学家和旅行家，世界岩溶地貌研究的先驱。他自幼喜爱历史、地理及游记探险一类的书籍。他“性耽山水”，“厌弃世俗”“好奇书，侈博古今”。他22岁始游太湖，其志向得到了母亲的支持。万历三十六年（1609年）北上齐鲁，登泰山，游盘山及燕京、京郊诸名胜以及北岳恒山等；万历四十一年（1613年），他南游苏浙皖闽，登普陀、天台、雁荡、黄山和武夷诸名山；万历四十五、四十六年他游长江流域张公、善卷诸洞和九江、庐山、鄱阳等名山大湖。天启年间，他取道徐州、开封、郑州，登嵩岳，览伊阙、入潼关、游太华等。明末崇祯九年（1636年）后，他历时四年游及浙江、江西、湖南、广西、贵州、云南等地进行地理考察，对世界岩溶学研究作出杰出贡献。“峰林”一词就是他提出的。他对岩洞中的钟乳石、石笋也有生动记述。在世界同类研究中他比西方学者早一二百年。“黄山归来不问岳，五岳归来不看山”就是他比较后得出的。

（6）宗教旅行。宗教旅行是以取经、求法、朝圣和传教为目的的古老旅行活动形式。我国历史上有许多佛教高僧去过佛教发源地古印度，也有许多印度高僧来中国传教。在我国长期定居的伊斯兰教教徒众多，每年都有很多人去麦加朝圣。这种宗教旅行从古至今一直未曾间断过。其中历史上最著名的宗教旅行家有东晋的法显，唐代的玄奘、鉴真等。

法显（约337—约422），我国东晋著名高僧，佛经翻译家和旅行家。他为访求佛典，朝拜圣迹，以65岁高龄于公元399年由长安（今西安）出发，经今河西走廊，冒死穿越号称“八百里”瀚海的沙漠戈壁；再翻越雪山、葱岭（今帕米尔），到达古天竺（古印度）。在周游“五天竺”后，经狮子国（今斯里兰卡）和印度洋，耶婆提（今印度尼西亚），中国南海、东海于东晋义熙八年（412年）回到祖国。他往返14年，历经30余国，此时他已是79岁高龄的老人，归国后从事译经工作。同时将他自己途经见闻写成《佛国记》（或作《法显传》）。该书是一部记录我国西北、中亚、南亚地理、历史、风土人情等有重要科学价值的著作。

玄奘（602—664），俗名陈祎，河南缑（音沟）氏人。我国唐代著名高僧、佛经翻译家和宗教旅行家。唐贞观三年（629年）秋，他只身离开长安，经今河西走廊、新疆、中亚等地进入古天竺。在当时佛教最高学府那烂陀寺研习5年，又以3年时间周游五天竺。由于他研学精深，对大乘教义有独到的见解，受到戒贤大法师和众僧侣的尊敬。后在中印度戒日王的倡议下，于公元642年12月在曲女城（今印度卡季）召开有五天竺18国国王和6000多僧人参加的经典教义答辩大会。玄奘担任论主（主讲人）。他以破除异见的精辟论说赢得了完全胜利。事后被请坐在披有锦幢的大象上游行，旁有贵臣陪同，四周万众欢呼高唱："中国法师，立大乘义。"公元 643 年（贞观十七年）他满载荣誉和佛经回国。"进京之日，空城出观"，并受到唐太宗亲自召见。回国后他立志翻译佛经，历时 19 年，译佛经 130 万言。又口述，由弟子辩机完成《大唐西域记》一书 12 卷。

鉴真（668—763），俗姓淳于，唐广陵郡扬州人，唐代著名旅日高僧。14 岁出家，18 岁开始游历长安、洛阳等地名刹，专研佛学教义。唐玄宗天宝二年（743 年）应日本高僧邀请，经 5 次东渡不成。天宝十二年（753 年），他已 66 岁高龄，在日本遣唐使的帮助下抵达日本。鉴真受到日本大宰府和圣武太上天皇的欢迎并为其受戒。不久他在日京城奈良建唐招提寺。他将中国的中医药学传授给日本。他被日本尊为"医界始祖"。日本药袋上至今印有他的头像。他还将甘蔗、制糖术、缝纫、制豆腐技术等传给日本。他为中日友好作出杰出贡献。

（二）近代中国旅游业概述

1. 最早走向世界的中国人

清王朝长时期实行"闭关锁国"的政策，极大地限制了中国人的视野。直到 1840 年鸦片战争，洋人用大炮打开了中国的大门，也打开了中国人的眼界。历史学家范文澜称林则徐是"开眼看世界的第一人"。他为了解掌握世界情况，编了《四洲志》，当时还有著名学者魏源编了《海国图志》。在林、魏之后，中国才有人真正走出国门到欧美去学习、访问。其中最早的要算容闳（1828—1912），字纯甫，广东香山（今中山）县人，1847 年留学美国，1850 年入耶鲁大学学习，1855 年回国，曾受曾国藩委派，筹建江南机器制造总局。1867 年他向清政府建议：成立合资汽船公司、选派留学生和开采矿山。他还曾介绍孙中山向李鸿章上书等。后被清政府通缉，前往香港，最后移居美国。

林缄（1824—?），字景周，号留轩，原籍福州，自幼家境贫寒颇不好学，因在厦门（中国最早开放五口岸之一）口岸专习外语洋话，在洋商中担任翻译，教授中文。1847 年春，他受外国花旗（美国）聘请"舌耕海外"。由粤东潮州起程，历时 6 个月抵达美国。在美国滞留一年。1849 年回到福建，著有《西海纪游草》和自序。他的这次壮举，受到当时闽浙总督左宗棠、镇闽将军英桂和福建巡抚徐继等人褒奖，被称为"负奇气""涉溟洋九万余里"，"自汉纪、唐、元以来……以游之远且壮者"。他与容闳同是中国有记载最早到过美洲的人。

斌椿和张德彝，他俩是中国近代史上最早由政府派往西方考察的人。斌椿（1803—?），汉军旗人，曾任山西襄陵县（今属临汾市）知县。1864 年应洋员赫德的延请到"总税务司"办理文案。由于他和洋人接触较多，1866 年（同治五年）当恭亲王准备派遣第一批赴西方考察团的人员时，他与其子首被选中。

同行的还有同文馆（相当于今外语学校）优秀学员张德彝等3人。该团是中国近代史上最早以政府名义派出的，主要任务是了解“外国情形”“探其利弊，以期稍识端倪，借资筹计”。

张德彝（1847—1919），原名张德明，为同文馆优秀学员。他自同治五年（1866年）到光绪三十二年（1906年）8次出国，游历过今欧美各主要国家：英国、法国、德国、荷兰、丹麦、瑞典、俄国、日本、美国等。共撰写8部海外游记，即《航海述奇》《再述奇》（又称《欧美环游记》）、《三述奇》等8部，共200余万字。他是中国近代史上游历西方国家最多、行程最远、留下文字最多的人物。

2. “洋务运动”和“留学热潮”

1840年和1860年，经过两次鸦片战争，面对外来侵略日益加剧，清政府中一部分有见识的官员打起“自强”和“求富”的旗号，开始兴办“洋务”：创办新式军事工业，民用工业；建立新的海军和陆军以及各种新兴教育等。从事这些活动的官员被称为“洋务派”。其主要代表人物有恭亲王奕忻、曾国藩、李鸿章、左宗棠和张之洞等。兴办这些事务，其中最关键的是人才。“洋务派”为获得人才，一方面创办新式学堂自己培养。另一方面积极选派留学生去欧美学习。在中国第一位赴美留学生容闳建议下，1872年秋，中国首批留美学生（其中有詹天佑）抵达美国。至1875年先后派遣四批，共120余人，主要在美国的耶鲁大学和哥伦比亚大学等名牌大学深造。为加强海防，清政府从1875年起又陆续选派一批留学生赴欧洲的法国、英国、德国学习枪炮、火药、鱼雷制造及驾驶等。其中有著名爱国将领刘步蟾、林永升和资产阶级启蒙思想家严复。

严复（1854—1921），字又陵，福建侯官县人，早年留学英国，对西方社会政治学说了解较多，翻译了赫胥黎的《天演论》，强调“物竞天择”“优胜劣汰”。归国后任北洋水师学堂总教习，主持教务。1895年后积极主张维新变法，大声疾呼：“今日中国不变法必亡。”

另外在中国近代史上值得称道的旅游家还有黄遵宪和康有为。

黄遵宪（1848—1905），清末政治家和诗人，广东嘉应州（今梅州市）人，光绪举人。他“游东西洋十年”“游欧洲，历南洋，又四五年”。历任驻日、英两国外交参赞和美国旧金山、新加坡总领事。工作之余留心考察情况，对日本了解尤详，著有《日本国志》和《日本杂事诗》等。

康有为（1858—1927），字广厦，号长素，广东南海人，“变法”的倡导者和领导者。被镇压后，为寻求真理，“经三十一国，行六十万里”，是一位“恣意游思，天上人间”的大旅行家。1913年结束海外流亡生活，移居上海、杭州。1927年病逝。他的学习和旅行体会是：“故吾国人不可不读中国书，不可不游外国地也。以互证而两较之。”

3. 近代中国旅游业的诞生

1840年以后，中国沦为半封建半殖民地国家，在列强侵略和内外各种势力的盘剥下，积弱积贫，长时期无所谓旅游业。直到20世纪初期，先是西方如英国的通济隆旅行社、美国的运通公司等企业在上海、天津、广州等地开展一定的旅游业务。1923年8月，中国上海商业储蓄银行总经理陈光甫先生率先在银行内创建旅行部。1927年6月1日，该旅行部才从银行中正式独立出来，并领取营业执照，成立中国旅行社。这是我国第一家旅行社。在其后的10年间，至1938年该旅行社有较快发展。在全国各地共设58个分支社和办事处，还在纽约、伦敦、新加坡、加尔各答、河内、仰光、中国香港等地设立了办事机构。

随着旅游业的开展，近代旅馆、饭店和旅游交通也有较快发展，仅上海就有中西旅馆、饭店300多家，其中著名的有维多利亚饭店、圣乔治饭店、远东饭店和金门饭店等。加上地方交通旅馆，全国共有1057家。

1937年全国建成铁路2.4万多公里。1936年全国有公路97.4万km。民用航空有中国航空公司、欧亚航空公司和西南航空公司；远洋航运有轮船招商局、中国邮船公司和中国航业公司等。航线连接欧、美、亚各大洲。

（三）现代中国旅游业的发展

中华人民共和国成立后，中国旅游业的发展几经波折，直到20世纪80年代才走上健康发展的道路。从1949年到现在大致可以分为三个时期：初创期、停滞期和发展期。

1. 初创期（1949—1966年）

这一时期中国旅游业发展有三件重要事情：一是华侨服务社的建立；二是中国国际旅行社的创立；三是中国旅行游览事业管理局的诞生。

（1）华侨服务社的建立。1949年10月1日新中国建立，当时在福建侨乡厦门滞留大量华侨和侨眷。为方便他们出入境，于是成立了华侨服务社，它是新中国创建的第一家旅行社。以后又在广州、汕头等侨乡建立华侨服务分社。1957年4月22日在北京正式成立华侨服务总社。该旅行社的主要任务是服务于华侨、港澳同胞回国和回内地旅游观光或离境。

（2）中国国际旅行社的创立。1952年“亚洲及太平洋区域和平会议”在我国召开。由于我国国际地位日益提高，来华的外国友人日益增多。1953年王稼祥向当时政务院（今国务院）提交《关于筹组国际旅行社的报告》。1954年4月15日经周总理提议和政务院批准，中国国际旅行社正式成立。同时在上海、杭州、南京、广州、沈阳、大连等地设立分社。该社长期为一事业单位，直到1984年才改制为国有企业。

（3）中国旅行游览事业管理局的诞生。1964年，周恩来总理访问亚非14国，中法建交，中国和古巴通航，为我国旅游业发展提供契机。1964年2月，中央外事小组上报中央《关于开展我国旅游业的请示报告》。同年6月5日，国务院决定设立中国旅行游览事业管理局。12月1日，该局与中国国际旅行总社合署办公。该局的创立标志着我国旅游业进入了一个新的发展时期。

2. 停滞期（1966—1976年）

1966年“文革”开始，由于“四人帮”推行极“左”路线，旅游业受到极大破坏。华侨服务社被迫撤销，各地旅游机构停止工作。尽管1971年我国在联合国合法席位得到恢复，以及尼克松访华和中美、中日建交，中央批准恢复华侨旅行服务社总社（1974年改与中国旅行社联合经营），但这一时期来访的游客仍十分有限，国内旅游和出境旅游均无任何发展，旅游形不成产业。

3. 发展期（1978年至今）

1978年党中央召开了具有划时代意义的十一届三中全会，从根本上扭转了国家的发展路线，提出“以经济建设为中心的总方针”。在党中央和邓小平的高度关怀和重视下，中国旅游业进入了一个新的发展时期。其发展的主要表现为：

（1）建立健全组织。1978年，中国旅行游览事业管理局改名为中国旅行游览事业管理总局。各省、市、自治区建立相应的旅游局。1981年4月，国务院成立旅游工作领导小组。同年制定了我国旅游业发展的五年计划。1982年8月，中国旅行游览事业管理总局正式更名为中华人民共和国旅游局，作为国务院主管旅游事业的直属机构。其主要职责包括：研究拟定旅游业发展方针、政策、规划、各项旅游法规；研究拟定国内外旅游市场开发战略，资源普查、重点区划、旅游规划，旅游景区景点建设，旅游行业发展与管理等。

（2）破除阻碍旅游业发展的体制，实行政企分开。20世纪80年代以前阻碍旅游业发展的主要问题是：行政管理，政企不分。长期以来，中国旅游业靠行政管理，由国家垄断，缺乏竞争机制。从80年代开始转向多元化经营，即以国有企业为主，集体企业、中外合资、合作企业、独资企业、私有企业等多种形式并存。在资金筹集方面，实行国家、地方、部门、集体、个人“五个一起上”的方针。特别是1984年真正实现了政企分开，扩大了企业的自主权，推行责任制，提高了企业经营管理的积极性。

（3）推行现代企业制度，实行股份制。20世纪90年代，随着改革的不断深入，我国一些旅游企业向集团化、公司化方向发展。一些国有企业实行股份制，建立大公司。例如，首旅集团、港中旅集团、海航旅业、开元旅业集团、中旅集团总公司、上海华亭（集团）公司等。一些饭店也组建大型饭店管理集团。例如，上海锦江饭店集团、金陵饭店集团、世纪金源酒店集团等。有些旅游企业集团已经成功上市。

我国旅游业经过30多年的发展，已经使中国成为世界旅游大国。根据国家旅游局《2011年中国旅游业统计公报》可知，2011年，我国旅游业保持平稳较快发展。国内旅游市场保持较快增长，入境旅游市场实现平稳增长，出境旅游市场继续快速增长。全年共接待入境游客1.35亿人次，实现国际旅游（外汇）收入484.64亿美元；国内旅游人数近26.41亿人次，收入19 305.39亿元人民币；中国公民出境人数达7025.00万人次；旅游业总收入2.25万亿元人民币。

截至2011年年底，全国纳入星级饭店统计管理系统的星级饭店共计13 513家，其中，完成2011年财务报表的11 676家星级饭店拥有客房147.49万间，床位258.63万张；拥有固定资产原值4587.13亿元；实现营业收入总额2314.82亿元；全年平均客房出租率为61.1%。在11 676家星级饭店中：五星级饭店615家，四星级饭店2148家，三星级饭店5473家，二星级饭店3276家，一星级饭店164家。截至2011年年底，全国纳入统计范围的旅行社共有23 690家，旅行社资产总额711.17亿元，各类旅行社共实现营业收入2871.77亿元。全国经旅行社接待的入境游客为2280.81万人次，经旅行社接待的国内过夜游客为16 900.50万人次。截至2012年年底，全国5A级旅游景区共有155家。

本 章 回 顾

本章通过案例导入告诉我们，旅游不是从来就有的，它和人类的历史一样，是有其产生和发展过程的，它的发展具有阶段性，根据不同的历史时期分为不同的阶段。然后，根据这一命题，运用发生学和历史学的研究方法，追根溯源，分别依次推理分析了旅游活动的前身——迁徙和旅行产生的需要，以及两者中部分行为是如何逐步演变为旅游的。接着，根据历史记载，运用翔实的历史现象、人物和故事等，分别论述了国外和国内旅游活动的发展阶段。整章内容连贯，资料丰富，通俗易懂。

关键概念

旅行　近代旅游　现代旅游

复习与思考

1. 15世纪后西方为什么会出现冒险旅行？其著名冒险旅行家是谁？其事迹如何？
2. 古代旅行的特点是什么？
3. 近代旅游业产生的历史背景和条件是什么？
4. 托马斯·库克是怎样成为近现代旅游业创始人的？其主要业绩有哪些？

5. 试分析现代旅游业及大发展的原因。
6. 世界现代旅游业发展的主要特征有哪些？
7. 中国古代有哪些旅行形式？简述其代表人物及其事迹。
8. 中国近现代旅游是怎样产生的？简述其发展特点。

知识拓展（阅读导航）

[1] 赵长华. 旅游概论［M］. 3版. 北京：旅游教育出版社，2008.
[2] 王永忠. 西方旅游史［M］. 南京：东南大学出版社，2005.
[3] 国家信息中心中国经济信息网. 中国行业发展报告·旅游业［M］. 北京：中国经济出版社，2004.
[4] 张文奎. 人文地理学概论［M］. 大连：东北师范大学出版社，1987.
[5] 伦纳德·丁·利克里什. 旅游学通论［M］. 程尽能，等译. 北京：中国旅游出版社，2002.
[6] 李肇荣，曹华盛. 旅游学概论［M］. 北京：清华大学出版社，2006.
[7] 唐宇. 旅游学概论［M］. 北京：北京大学出版社，2007.
[8] 李天元. 旅游学概论［M］. 6版. 天津：南开大学出版社，2009.
[9] 谢彦君. 基础旅游学［M］. 3版. 北京：中国旅游出版社，2011.
[10] 苏勤. 旅游学概论［M］. 北京：高等教育出版社，2001.
[11] J C 霍洛. 论旅游业：二十一世纪旅游教程［M］. 孔祥义，等译. 北京：中国大百科全书出版社，1997.

第三章

旅游者、旅游流与旅游市场

[学习目标]

- 重点掌握国际联盟、罗马会议及联合国统计委员会对国际旅游者的定义
- 掌握我国关于“海外游客”的定义
- 掌握世界不同国家和我国对国内旅游者的定义
- 掌握旅游者形成的客观条件和主观条件
- 掌握旅游者类型的划分标准、划分类型及各类旅游者的需求特点

◆[案例导入]

国际旅游者统计标准的更新

2008年2月，联合国统计署批准通过了新版的“2008旅游统计国际推荐标准（IRTS 2008）”，修订更新了联合国曾于1993年采纳的旅游统计标准的推荐版本（1993 RTS）。在IRTS 2008重新修订的内容中，其中两条是：①IRTS 2008对游客定义重新进行了修订，把那些被当地居民雇佣工作的外来人排除在游客之外；②对游客范围进行了修订，包括了所有的过境游客，只有那些没有进入合法和经济领土的人被排除在外。

上述变动说明，旅游者或者说游客并不是一个已有定论的概念，它的内容和范围一直在变动着，不同的人、不同的时间对它有不同的理解。然而，旅游者作为旅游活动的主体，我们对它的概念和内涵进行考察是非常必要的。

第一节 旅 游 者

一、国际与国内旅游者的界定

旅游活动的实施者是作为旅游者的人。一般认为，旅游者是暂时离开常住地到异国他乡旅行的人。研究旅游者，首先接触到的就是旅游者的概念和界定问题，即什么样的人才能称之为旅游者?

对旅游者的定义问题，不同的学科背景，不同的研究视角，不同的研究目的，不同的研究主体都会得出不同的结论。旅游者的定义也可以分为两类：一类是概念性定义（Conceptual Definition），即对旅游者概念提供一般性描述。19世纪初，英文版的《牛津词典》中，第一次出现了旅游者（Tourist）一词，其意为“以观光游览为目的的外来旅客”。另外，也有人将旅游者解释为处于一种好奇心，为了使自己愉快而进行旅行的人。这种认识比较简单，它未将非消遣性的旅游者包括进去。随着社会的发展，商务旅行、宗教旅行、军事旅行、科学考察旅行等非消遣性旅游的规模逐渐扩大，人们对旅游者也有了新的认识。简单地说，旅游者就是离家外出到异国他乡旅行访问的人。以上这些定义都属于概念性定义。

另外一类就是关于旅游者的技术性定义（Technological Definition），即为了满足实际工作的需要，如国家为旅游统计工作的需要而作出的。早在第二次世界大战之前，就有许多学者对如何从技术上对旅游者进行界定进行了关注和探讨。例如，英国人F. W. 奥格威尔在其1933年所著的《旅游活动》一书中曾提出，从对到访地区的经济影响着眼，旅游者应是指符合以下两个条件的人：①离开自己的居住地到外面任何地方去旅行，在目的地连续停留时间不超过一年；②在离开居住地期间，把他们的钱花在他们所到访的地方，而不是在所到访的地方挣钱。

显然，我们在此例当中可以看出，旅游者的技术性界定标准应包括：①离开居住地；②非定居或非移民目的；③非就业目的。世界上许多学者对旅游者的技术性界定，大都具有这三个含义。

与概念性定义比较起来，技术性定义具有较高的可操作性。同时，依照一个为世界各国所共同认可的技术性定义统计出来的旅游数据，也具有更高的国际间可比性。基于这一原因，国际联盟（the League of Nations）、联合国（UN）、世界旅游组织（WTO）等国际组织乃至各国的旅游组织从很早就开始了对这一问题的研究，进行了大量的工作。目前，对于国际旅游者的界定，国际上已经基本形成了统一的认识。

（一）国际旅游者

1. 国际联盟的定义

1937年，国际联盟的统计专家委员会（Committee of Statistics Experts of the League of Nations）对国际旅游者解释如下：国际旅游者是指“离开定居国到其他国家访问超过24小时的人”。

可列入国际旅游者统计范围的人员包括：

（1）为消遣、家庭事务或健康原因而出国旅行的人。

（2）为出席国际会议或作为公务代表而出国旅行的人（包括科学、行政、外交、宗教、体育等会议或公务）。

（3）为工商业务原因而出国旅行的人。

（4）在海上巡游途中停靠某国，登岸访问的人员，即使其停留时间不足24小时的人（停留时间不足24小时的应另外分为一类，必要时可不管其长居何处）。

不可列为旅游者的人员包括：

（1）到某国就业谋职的人，不管其是否订有合同。

（2）到国外定居者。

（3）到国外学习、寄宿在校的学生。

（4）居住在边境地区、日常跨越国境到邻国工作的人。

（5）临时过境但不作为法律意义上停留的人，即使在境内时间超过24小时。

2. 罗马会议的定义

1963年，联合国在罗马举行的国际旅行与旅游会议上，对上述定义进行了修改和补充，对旅游统计中来访人员的范围作了新的规范。这就是通常所说的界定旅游者的罗马会议定义。具体内容如下：

凡纳入旅游统计中的来访人员统称为“游客”（Visitor），是指除为获得有报酬的职业外，基于任何目的到一个不是自己常住国家访问的人。

游客又分两大类，一类是在目的地停留过夜的游客，称为“旅游者”（Tourist），是指到一个国家短期访问至少逗留24小时的游客。其旅行目的可为以下之一：

（1）消遣（包括娱乐、度假、疗养、保健、学习、宗教、体育活动等）。

（2）工商业务、家务、公务出使、出席会议。

另一类是不在目的地停留过夜，当日往返的游客，称为“短程游览者”（Excursionist），又称“一日游游客”，是指到一个国家作短暂访问，停留时间不足24小时的游客（包括海上巡游中的来访者）。

这一定义不包括那些在法律意义上并未进入所在国的过境旅客（例如未离

开机场中转区域的航空旅客)。国际联盟的统计专家委员会界定的不属于旅游者的五种人员继续适用。

这一定义的基本特征是:

(1) 所有纳入旅游统计的人员统称为游客, 并具体规定包括消遣和工商事务两种目的的旅游者, 从而使得旅游 (Tourism) 和旅行 (Travel) 这两个含义原本不同的术语趋于同化。扩大了旅游者的外延, 有利于发展旅游产业。

(2) 对游客的界定不是根据其国籍进行的, 而是依据其定居国或常住国界定的。

(3) 根据其在访问地的停留时间是否超过 24 小时, 即是否过夜为标准, 将游客划分为旅游者和短程游览者, 在旅游统计中分别进行统计。

(4) 根据来访者的目的界定其是否应该纳入旅游统计之中。

1967 年, 联合国统计委员会召集的专家统计小组采纳了 1963 年罗马会议的定义, 并建议各国都采用这一定义。世界旅游者组织 (WTO) 成立后, 也将罗马会议的定义作为本组织对应纳入旅游统计人员的解释。因此, 在学术界又将其称为世界旅游组织的解释。

3. 我国关于"海外游客"的定义

随着 1978 年中国对外开放政策的实施, 为适应我国接待入境旅游迅猛发展的形势, 旅游统计工作也纳入政府的工作范畴。在我国的旅游统计工作中, 1979 年, 国家统计局和国家旅游局曾对应纳入统计范围的人员做过一系列的界定和规定。目前在我国来华旅游人次统计方面, 现行界定如下:

凡纳入我国旅游统计的来华旅游入境人员统称为 (来华) 海外游客。

海外游客是指来我国大陆观光、度假、探亲访友、就医疗养、购物、参加会议或从事经济、文化、体育、宗教活动的外国人、华侨、港澳台同胞。

海外游客是指因上述原因或目的, 离开其常住国 (或地区) 到我国大陆访问, 连续停留时间不超过 12 个月, 并且在我国大陆活动的主要目的不是通过所从事的活动获取报酬的人。其中, 常住国 (或地区) 是指一个人在近一年的大部分时间所居住的国家 (或地区), 或者虽然在一个国家 (或地区) 只居住了较短时间, 但在 12 个月内仍将返回的这一国家 (或地区)。

按照在我国大陆访问期间停留时间的差别, 海外游客划分为以下两类:

(1) 海外旅游者, 即在我国大陆旅游住宿设施内停留至少一夜的海外游客, 又称为过夜游客。

(2) 海外一日游游客, 即未在我国大陆旅游住宿设施内过夜, 而是当日往返的海外游客, 又称为不过夜游客。

下列人员不属于海外游客:

(1) 应邀来华访问的政府部长以上官员及随从人员。

（2）外国驻华使（领）馆官员、外交人员及随行的家庭服务人员和受赡养者。

（3）在我国驻期已达一年以上的外国专家、留学生、记者、商务机构人员等。

（4）乘坐国际航班过境，不需要通过护照检查进入我国口岸的中转旅客。

（5）边境地区（因日常工作和生活而出入境）往来的边民。

（6）回大陆定居的华侨、港澳台同胞。

（7）已经在我国大陆定居的外国人和原已出境又返回我国大陆定居的外国侨民。

（8）归国的我国出国人员。

对比前述国际组织对应纳入旅游统计人员的界定和我国对来华海外游客的现行解释可以看出，除了在各自的表述以及对某些术语的解释有所不同之外（如我国界定的海外游客实际将在亲友家过夜的来华旅游者排除于统计范围之外），这些定义及解释的内容都大致相同。世界各国的情况也大都如此。可以说，世界上目前对国际旅游者的界定原则上已经有了统一的认识。

当然，在旅游统计的具体工作中，不同的国家可能会有不同的执行标准。以西班牙为例，西班牙接待的绝大部分旅游者都来自欧洲，由于交通便利等因素，当日往返的游客在其中占了很大部分，因此在其旅游统计中，采用的标准并非过夜与否，而是以入境为标准。

（二）国内旅游者

1. 不同国家对于“国内旅游者”定义的诠释

与国际旅游者的定义全世界基本趋于认识统一相比，国内旅游者的概念解释更多。世界上不同国家所给出的定义，多是依照本国的理解，按本国的情况给出的，可以说各不相同。

加拿大政府部门对国内旅游者的定义是：国内旅游者是指到离开其所居社区边界至少25英里以外的地方去旅行的人。这个定义同美国劳工统计局（USBLS）在其“消费者开支调查”中所使用的国内旅游者概念基本一致。

美国使用较广的国内旅游者定义是1978年美国国家旅游资源评审委员会（the National Tourism Resource Review Commission）提出的定义：国内旅游者是指为了出差、消遣、个人事务或者出于工作上下班之外的其他任何原因而离家外出旅行至少50英里（单程）的人。而不管其是否在外过夜。

世界旅游组织关于国内旅游者的定义，是其在1984年参照国际旅游者的定义作出的，采用的界定标准与国际旅游者的界定标准基本一致。在这一定义中，与国际游客的划分类似，国内游客也被区分为国内旅游者（Domestic Tourists）和国内短程游览者（Domestic Excursionists）。国内旅游者是指在其居住国国内旅行超过24小时，但不足一年的人，其目的可以为消遣、度假、体育、商务、公务、会议、疗养、学习和宗教等。此后又补充规定，国内旅游者不包括那些外出就业的人。国内短程游览者是指基于任何以上目的在访问地逗留不足24小时的人。

虽然有这样一个参考，但各国在进行统计时，采用的界定标准及解释仍然存在较大区别。目前这一区别主要在于，区分国内旅游者所采用的是时间标准还是距离标准。北美的加拿大和美国以出行距离为标准衡量其是否属于国内旅游者。而在其国内，不同的部门采用的标准也有不同。美国旅游数据资料中心和美国调查统计局（US Travel Data Center and the US Bureau of the Census）用的标准也是80km，并规定下列人员不能列为国内旅游者：

（1）火车、飞机、货车、长途汽车和船舶的驾驶及乘务人员的工作旅行。

（2）因上下班而往返于某地的旅行。

（3）学生上学或放学的日常旅行。

而在阿拉斯加州，“旅游者是指以娱乐或文化而非其他目的到阿拉斯加旅行的非当地居民”；在内华达州，“旅游者是指不论其目的如何，访问本州或途径本州在某处逗留的非内华达州居民”。其他州的定义还有不同。

但是这些定义有一个共同点，即都不考虑是否在外过夜。

以英国为代表的一些欧洲国家采用的标准则是旅游者在异地逗留的时间。英格兰旅游局在其进行的英国旅游调查（British Tourism Survey）中规定，国内旅游者是指基于上下班以外的任何原因，离开居住地外出旅行过夜至少一次的人。该定义对外出旅行的距离未作规定。法国旅游总署对国内旅游者的定义则是，基于消遣、健康、会议、商务或修学目的，离开其主要居所外出旅行超过24小时但不足4个月的人。

考察以上各种定义方法，主要是为了分析比较旅游者外出的旅游形成的经济影响。对于国内旅游而言，其经济影响主要发生在居住地以外的地区才有计量的意义。以外出旅行的里程作为区分的标准，虽然一般而言80km的单程已经到达其日常居住的社区或城市之外，但是，对于居住在行政区划边缘地带的人而言其可能无须达到80km的标准便可以到达其他行政区域，并完成其旅游活动，而在以这样的标准进行统计时，这类人员难免会被排除在外。这是这种方法不足的地方。而以外出时间或是否在外过夜为标准进行划分，则基本上可以比较全面地反映真实情况。因为它虽然没有涉及外出距离，但是一般而言，在外过夜的旅游者，其外出距离应该已经足够远，即到达其日常居住区域以外的地区。就此而论，以是否在外过夜为标准进行划分，显然也有其合理的地方。

问题是，以是否在外过夜为标准进行划分，显然将当日往返的一日游游客排斥于旅游统计的范围之外。而无论是对于整个国家还是对于某些地区来说，一日游游客都可能是十分重要的市场。

实际上，国际旅游者与国内旅游者，除了是否跨越国界，并没有本质的不同。因此，在国内旅游者的界定方面，采用与国际旅游者的统计标准相一致的标准，是一种较为理想的做法，同时也便于人们就国内旅游的发展情况进行国际或地区间的比较。世界旅游组织给出的定义便是采用的这类标准。

虽然如此，各国在进行统计时，仍然各行其是。不过，在概念性定义上，对旅游者的认识并未有大的差异。可以说，无论是国际旅游者还是国内旅游者，都是出于就业和移民以外的任何原因，暂时离开常住地到异乡访问的人。

2. 我国对于“国内旅游者”的定义

在我国的国内旅游统计中，国内旅游者是指任何因休闲、娱乐、观光、度假、探亲访友、就医疗养、购物、参加会议或从事经济、文化、体育、宗教活动而离开常住地到我国境内其他地方访问，连续停留时间不超过 6 个月，并且访问的主要目的不是通过所从事的活动获取报酬的人。在这一定义中，所谓常住地指的是在近一年的大部分时间内所居住的城镇（乡村），或者虽然在这一城镇（乡村）只居住了较短时间，但在 12 个月内仍将返回的这一城镇（乡村）。

国内游客分为以下两类：

（1）国内旅游者，是指我国大陆居民离开常住地，在我国境内其他地方的旅游住宿设施内停留至少一夜，最长不超过 6 个月的国内游客。

（2）国内一日游游客，是指我国大陆居民离开常住地 10km 以外，出游时间超过 6h 但又不足 24h，并未在我国境内其他地方的旅游住宿设施内过夜的国内游客。

下列人员不属于国内游客：

（1）到各地巡视工作的部级以上领导。

（2）驻外地办事机构的临时工作人员。

（3）调遣的武装人员。

（4）到外地学习的学生。

（5）到基层锻炼的干部。

（6）到其他地区定居的人员。

（7）无固定居住地的无业游民。

我国对国内游客的定义和世界旅游组织的定义基本一致，但是我国在国际旅游统计方面所作的统计并未将在亲友家过夜的国内旅游者包括进去。所以，我国关于国内游客人次的统计数字可能低于实际规模。

二、旅游者形成的条件

从前面的章节讨论中可以知道，旅游不是人类社会一开始就有的，它是随着人类社会经济的发展而发展的。因此，旅游者也不是随意产生的，它是有着自身的主客观条件存在的，以这些条件为前提，并受这些条件的制约。

（一）旅游者形成的客观条件

旅游活动是人类社会发展到一定阶段的产物。影响旅游需求的因素很多，就产生旅游需求、实现旅游活动的条件来看，这些影响因素至少可以划分为两大部分：一是旅游者本身即需求方面所具备的条件，二是旅游目的地方面即供给方面的影响因素。而对于旅游者、尤其是今天，以休闲、消遣为目的的旅游者而言，除了出游的主观需要之外，还必须具备诸多客观条件。换言之，一个人只有具备了一定的客观条件，才有可能外出进行旅游活动。

加法利教授将日常生活和工作称做普通的、世俗的世界，而将不受日常工作约束在异地旅游称做新奇和充满活力的神圣世界。因此，旅游又被比喻为“朝圣历程”。为什么称为“朝圣历程”？因为它不仅是未知的、神秘的、令人向往的，也应该是感受深切的一段特殊的人生经历。旅游者离开常住地外出旅行，在目的地逗留后返回常住地，在这一段时间内进行的旅游活动，具有异地性和非就业性。因此，可以说旅游活动的实现，集中表现为旅游者金钱的耗费和对时间的占用。就这一意义而言，一个人要想实现旅游活动，必须具备两个基本的客观条件：足够的可用于旅游的收入和时间，也就是俗语所言的“有钱又有闲”。旅游的发展史也告诉我们，第二次世界大战后现代旅游业的快速发展，与当时的社会经济迅速发展有关；国际性大众旅游在西欧和北美国家首先兴起，与其国家收入水平的提高和带薪假期的增加也是分不开的。具体到本章讨论的旅游者的个人层面，决定一个人能否成为旅游者的两个最重要的客观条件就是其支付能力和余暇时间，这也是其能否实现旅游活动的客观条件和决定因素。

1. 足够可自由支配的收入

从需求方面看，一个人能否成为旅游者并实现旅游活动，往往取决于多种社会经济因素的影响。旅游活动发展的历史证明，国际性大众旅游的兴起是同世界各国，特别是与西欧和北美各国国民收入水平的提高分不开的。因而收入水平是影响一个人能否成为旅游者最重要的因素，也是实现旅游活动的首要条件。

一个人的收入水平，或者更确切地说其家庭的收入水平和富裕程度，决定了他能否外出旅游及其外出旅游消费水平的高低，这是其外出旅游活动实现的重要物质基础。首先，一个人能不能成为现实的旅游者，取决于一个人的旅游消费水平是高还是低，消费结构处于什么样的状况，取决于他的支付能力的高低。而旅游支付能力又与其收入水平，尤其是可自由支配收入直接相关。

（1）可自由支配的收入。个人或家庭的可自由支配收入可以说是旅游支付能力的前提条件，与之相关的概念是可支配收入（Disposable Income）。可支配收入是指个人或家庭的总收入扣除全部纳税后的部分。可自由支配收入，或者说可随意支配收入（Discretionary Income）是指个人或家庭的总收入扣除全部纳税、社会保障性消费（人寿保险、退休金、失业补贴的预支等）以及日常生活所必需的消费部分（衣、食、住、行）之后余下的部分。一个家庭的收入首先需要支付的是必需的生活基本消费。在其收入尚不足以支付这一部分的消费时，外出旅游的可能性是很小的。

一个家庭的可自由支配收入可以通过恩格尔系数进行相对衡量。恩格尔系数是一个家庭或个人收入中用于购买食物支出总额占个人或者家庭消费支出总额的比例。显然，恩格尔系数越低，表明可自由支配收入水平越高，旅游者可能选择的旅游活动的距离越远，旅游消费额也越高。反之，则呈相反方向变化。国际上常用恩格尔系数来衡量一个国家和地区人民生活水平的状况。根据联合国粮食及农业组织提出的标准，恩格尔系数在59%以上为贫困，50%～59%为温饱，40%～50%为小康，30%～40%为富裕，低于30%为很富裕。例如，2000年，我国居民的恩格尔系数首次低于50%，2001年我国的恩格尔系数为46%。其中，城镇居民消费的恩格尔系数已从1990年的54.2%下降至2002年的37.9%，农村地区的这一数值也从58.8%下降至47.7%。由此可见，我国居民的可自由支配收入逐步增多，生活条件不断改善，已经进入小康社会。

恩格尔系数的降低标志着家庭可自由支配收入的增加。当居民家庭收入超出购买生活基本必需品的需要这一临界点时，该家庭用于旅游的消费便会增加。在不同国家及不同收入、消费水平下，这一临界点会有所不同。在20世纪80年代的美国，这一临界点收入大约为15 000美元，年收入在15 000美元以上的家庭外出旅游的可能性比年收入低于这一水平的家庭大两倍，年收入在25 000美元以上的家庭外出旅游的更多，大约为年收入在5000美元以下家庭的5倍。因此，关于家庭或个人可自由支配收入的统计数据，在进行市场分析和预测时是十分重要的指标之一。

由于时代的差异，国情的区别，地区的不同，对临界点的认定各有不同。根据我国的实情，有人曾经用通俗的语言阐释农民的小康生活：“吃有肉，穿有绸，住有楼，还有余钱去旅游。”这里说的余钱就是“可自由支配收入”。

（2）收入水平与消费行为的影响

1）收入水平影响消费水平。收入水平还决定着家庭或个人外出旅游时的消费水平。显然，具有较高收入水平的人，外出旅游的消费水平也会比低收入水平的人高。收入水平的重要性，不仅表现在一个家庭外出旅游的经济条件，而且还在于超出这一临界水平后，每增加一定比例的收入，旅游消费便会以更大的比例增加。据英国有关方面估计，旅游消费这种收入弹性系数为1.5。国际官方旅游组织联盟则估计这一系数为1.88。即在临界收入之上，家庭收入每增加1%，旅游消费便会增加1.88%。

2）收入水平影响着消费结构。收入水平还会影响到人们外出旅游消费的结构。在一个家庭的日常消费中，随着其收入水平的提高，在食品上的消费比例也会逐渐降低。旅游消费中情况也与此类似。不同的是，外出旅游时必须首先支付的是交通费用。因此，富裕的家庭在外出旅游时，会在食、住、游、购、娱方面花费较多，从而使得交通费用在总消费中的比例降低。而在收入水平较低的家庭的外出旅游消费结构中，交通费用所占的比例通常较大。收入与旅游消费支出不是简单的正比例关系，而是“结构性”的增长。

总之，旅游支付能力的高低取决于收入水平，尤其是可自由支配收入的水平。收入水平的高低影响着旅游活动能否实现，影响着外出旅游时的消费水平及消费结构，也影响着对旅游目的地和旅行方式的选择等。所以，可自由支配收入水平是决定个人旅游消费的重要经济因素。

2. 足够的余暇时间

“工业化使工作变得更加有秩序，而时间便是安排这一秩序的工具。因而对大部分人来说，生活中工作之余的部分时间便成了‘自由时间’；它就像是一个空箱子，单凭典型的农民生活中的旧式游戏和礼拜活动是无法填满这个空箱子的。”㊀

拥有足够的支付能力，只是决定人们能够外出旅游的经济方面的因素。事实上，即使是在公民出游率很高的国家，也有一些人即使收入水平相当高，也未必能够实现外出旅游。原因是多方面的，其中非常重要的一个原因就是还未满足前文所提到的另一个客观条件，即有足够的余暇时间。

一般地说，人的时间可以分为工作时间、生活时间、余暇时间三大部分。

工作时间是指人们为了维持生存出外工作以赚取货币的时间。生活时间是指为了满足人们生理需要如吃饭、睡觉以及处理日常琐事等而花费的时间。余暇时间是指可用于自由支配从事娱乐、社交、消遣或其他自己感兴趣的事情的时间。

（1）余（闲）暇时间的含义。余（闲）暇时间也称自由时间或可随意支配时间。了解余（闲）暇时间，首先要从人生时间的构成谈起。一般认为，一个人的人生时间由以下几部分时间构成：

1）法定的就业工作时间。例如，我国目前实行的每周五天、每天8小时的工作制。

2）必需的附加工作时间。例如，必要的加班加点、必要的第二职业等。

3）用于满足生理需要的生活时间。例如，用于吃饭、睡觉、家务等的时间。

㊀ 杰弗瑞·戈比. 21世纪的休闲与休闲服务［M］. 张春波，等译. 昆明：云南人民出版社，2008.

4）必需的社会活动时间。例如，出席必要的社交场合、参加必要的社会活动等的时间。

5）余（闲）暇时间。即所有时间扣除以上各部分后的剩余部分。

也有人将1）和2）部分的时间合称为谋生需要的时间。不管如何称呼，总的说来，我们可以将人生的所有时间划分为工作时间和非工作时间。如果把人在这些时间内的活动划分为必需的限制性活动和自由活动两类，并与时间的划分放在一起进行对比，则可以得到如下关系，如表3-1所示。

表3-1　活动与时间的关系

活动 时间	限制性活动	自由活动
工作时间	法定就业时间里的劳动，附加劳动	（工间休息）
非工作时间	生理生存活动，必需的社会活动	休闲活动

从表3-1我们可以看出，一个人休闲活动占用的时间并非所有的非工作时间，而仅仅是其中的一部分。这也说明了余（闲）暇时间并非通常所说的“8小时以外的时间”，而是指可由人随意支配的，用于任何目的，从事任何想要从事的活动的时间。可以说，余（闲）暇时间就是在日常工作、生活、学习及其他必需的时间之外，可以自由支配，从事消遣娱乐或自己乐于从事的其他任何事情的时间。

（2）余（闲）暇时间的构成。当然，也并非所有的闲暇时间都可以用来旅游。这与余（闲）暇时间分布的集中程度有关。余（闲）暇时间有四种分布：每日余暇、每周余暇、公共假日和带薪假期。

1）每日余暇。顾名思义，即在每日的工作及生活等必需时间之外的部分。这部分时间很零散，基本上不可能用来作为旅游时间，只可以用来进行一般的娱乐和休息。

2）每周余暇。即周末公休时间。我国已实行每周5天工作制，周末公休时间有2天。这为我国公民利用周末时间外出旅游创造了必要的时间条件。目前全世界大多数国家都实行了5天工作制。在有的国家，如美国，有的法案还规定，每年有4次为期3天的周末假日。这段较为集中的闲暇时间就可以用来外出作短途的旅游度假。

3）公共假日。即通常所说的节假日。由于各国不同的历史文化和宗教信仰方面的原因，其传统节日的分布状况也有所不同。西方国家比较重要的公共假日是复活节和圣诞节。我国的公共节假日包括元旦、春节、“五一”国际劳动节和“十一”国庆节等。国家通过政府调控，使前述几个公共假日与前后周末组合在一块，组成旅游的“黄金周”，这往往会成为家庭外出旅游的高峰时期。

4）带薪假期。目前经济发达的工业化国家当中大都规定对就业人员实行带薪休假制度，这是产业革命完成后工人阶级不断斗争争取的结果。法国1936年第一个以立法形式规定就业人员每年享有至少6天的带薪假期。现在，世界上很多国家都实行了带薪休假制度，但各国实行带薪假期的情况各有不同。例如，在瑞典，每年有5~8周的带薪假期，而在美国，一般为2~4周，西欧国家平均每年4周。在我国，教育部门每年的寒暑假为10周，离家在外的单身职工和夫妻分居职工的探亲假每年有3~4周，已婚职工4年一次探亲假，对先进人物以不定期的旅游假期作为奖励，等等。带薪假期时间长而且集中，是人们借以外出旅游的最佳时机。

3. 其他客观条件

一定的支付能力和足够的余（闲）暇时间是实现旅游活动的两个最重要的客观条件，但是并非全部条件。事实上，一个人能否外出旅游，还会受到其他客观因素的影响和制约。这些因素可以分为两类，如表3-2所示。

表3-2 旅游倾向同各种因素关系表

社会经济因素和个人因素	对旅游倾向的影响
收入	积极影响
家庭户主学历	积极影响
家庭户主职业	积极影响（就职业的社会地位而言）
带薪假期	积极影响
户主年龄	消极影响
生命周期	消极影响（就婴儿的拖累而言）
种族	有色人种不如白种人积极
性别	男性比女性积极

资料来源：Arthur D. Little，Inc.，Tourism and Recreation，Oct 1967.

（1）社会因素。社会因素中，科学技术的发展水平和政治因素对旅游者有很大的影响。众所周知，交通运输技术的发展极大地缩短了旅行，特别是长途旅行的时空距离，从而使得更多的人可以在闲暇时外出旅游，因此在一定程度上推动了现代旅游的快速发展。而社会的科技发展水平，在某种程度上也决定了人们在一定时期内旅游的极限范围。举一个比较极端的例子，太空旅行是许多人的梦想，但是由于技术等因素的限制，真正能够实现这一梦想的人到目前为止是极少数的。社会政治方面的因素也会影响到旅游活动的实现。政府的外交政策和外交状况如何，往往可以决定出境旅游的可能性。政府对待旅游的态度，是鼓励其发展并提供尽可能的方便，还是提倡甚至限制，以及一国或地区的政局是动荡不安还是和平稳定，都可以成为影响旅游活动的因素。类似的因素还有很多，由于并非本章讨论的重点，在此就不一一列举了。

（2）个人因素。人口统计因素，如年龄、性别、种族、受教育程度等都可能影响到一个人的旅游活动的实现，但具体分析起来，其中两个因素是特别重要的。首先是一个人的身体状况。参阅我国历年来的旅游统计年鉴可以发现，每一时期的来华入境旅游者中，处于20～45岁这一年龄段的人在外出旅游者中所占比例最高。就一般意义而言，老年人，特别是65岁以上的老年人在外出旅游者中所占的比例则不高。但是实际上，年龄并非造成这一情况的根本原因。老年人外出旅游比例偏小的真正原因之一是伴随年龄而来的身体状况问题。许多老年人是由于体力不支或行动不便，才不能参加旅游活动的，这才是实质的影响因素。而年轻人年富力强，身体状况良好，当然没有这一方面的限制。值得注意的是，随着人们生活水平的提高，医疗和保健技术的发展，人类平均寿命也在增长。当今老年人的身体能力状况与二三十年前的处于同一年龄段的老年人相比，已经有了显著的提高。进入20世纪90年代后，老年人参加旅游活动的比例不断增长，已经形成了旅游业中令人瞩目的重要的市场组成部分，这一点就是证明。

其次，一个人的家庭状况也是主要的个人方面的影响因素。很多调查资料表明，家中有4岁以下婴儿的家庭外出旅游的可能性很小。这一方面是由于婴幼儿需要特别的照顾，比较麻烦。另一方面也是因为外出旅行时，很不容易找到适合婴儿生活所需要的特殊接待设施。因此，一个人所处的生命周期阶段或者说一个人所处的家庭人口状况成了影响其旅游需求的客观因素之一。结合上述分析可以得知，45岁以下的未婚成年人由于身强力壮，无牵无挂，加上收入等因素的影响，外出旅游的可能性最大。

综上所述，一个人的身体能力状况和家庭状况，以及收入水平和余（闲）暇时间一起构成了影响旅游需求的个人方面的客观因素。当然，如果从它们在促成一个人成为旅游者所起的作用来看，这四个因素又是相互联系，相互作用，缺一不可的。

最后需要说明的是，同国内外旅游研究领域内的普遍做法一样，本节主要对决定个人旅游需求的有关客观因素进行讨论，针对的是非差旅型旅游者的需求。至于以商务旅游为代表的各种差旅型的事务旅游者，从根本上是由于工作需要而导致的活动，因此这种性质的旅游需求与上述决定因素之间不存在必然的联系。

（二）旅游者形成的主观条件

从哲学的观点来看，外因是通过内因起作用的。任何事物的变化，内因都是起决定性作用的。所以，如果一个人主观上没有旅游的动机和愿望，即使具备上述客观条件，也不可能成为旅游者。因此，本节主要就实现旅游活动所必须具备的主观条件展开讨论。而这一主观条件，指的就是旅游需要推动的旅游动机。

1. 旅游需求

旅游者的行为决策是一个复杂的心理过程。在旅游系列行为决策动因系统中，旅游行为的基本原因是旅游需求，当旅游需求与旅游目标相遇时，动机就是旅游行为的直接推动力量。可见，需求、动机、行为既是旅游行为的形成过程，也是旅游者产生主观决定的过程。

旅游是人类社会发展到一定阶段的产物，它虽不是人类生存的基本需求，但已经逐渐成为人们现代生活中必不可少的一种生活方式。而且，它是人们在特定生活和特定经济条件下对旅游活动的愿望和对旅游产品的需求。这种愿望和需求是人们对高层次生活标准和生活方式的追求。这种追求是多种多样的。它是人们旅游行为的最基本、最核心的诱发因素。

（1）需求层次理论。关于人的需求学说，最具有影响力的是马斯洛（Maslow）的需求层次理论。

马斯洛是美国著名的社会心理学家、人格理论家和比较心理学家，是人本主义运动的发起者之一和人本主义心理学的重要代表，也是需求层次理论的创始人。他的需求层次理论和自我实现理论是人本主义心理学的重要理论，对心理学尤其是管理心理学有重要影响。他于1967年被选为美国心理学会主席。

马斯洛在1943年发表的《人类动机的理论》（A Theory of Human Motivation Psychological Review）一书中首次提出了需求层次论。这种理论的构成根据三个基本假设：第一，人要生存，他的需求能够影响他的行为。只有未满足的需求能够影响行为，满足了的需求不能充当激励工具。第二，人的需求按重要性和层次性排成一定的次序，从基本的（如食物和住房）到复杂的（如自我实现）。第三，当人的某一级的需求得到最低限度满足后，才会追求高一级的需求，如此逐级上升，成为推动继续努力的内在动力。

马斯洛提出人类需求的五个层次如下：

1）生理需求。这是个人生存的基本需求，如吃、喝、住处。

2）安全需求。安全需求包括心理上与物质上的安全保障，如不受盗窃的威胁，预防危险事故，职业有保障，有保险和退休基金等。

3）社交需求。人是社会的一员，需求友谊和群体的归宿感，人际交往需求彼此同情、互助和赞许。

4）尊重需求。尊重需求包括要求受到别人的尊重和自己具有内在的自尊心。

5）自我实现需求。这是指通过自己的努力，实现自己对生活的期望，从而对生活和工作真正感到很有意义。

马斯洛的需求层次论认为，需求是人类内在的、天生的、下意识存在的，而且是按先后顺序发展的，满足了的需求不再是激励因素等。他的需求层次理论将人的需求从低到高按金字塔式结构排列。人的最基本的需求是生理需求，其次是安全需求，第三是社交需求，第四是尊重需求，最高层是自我实现需求，如图3-1所示。

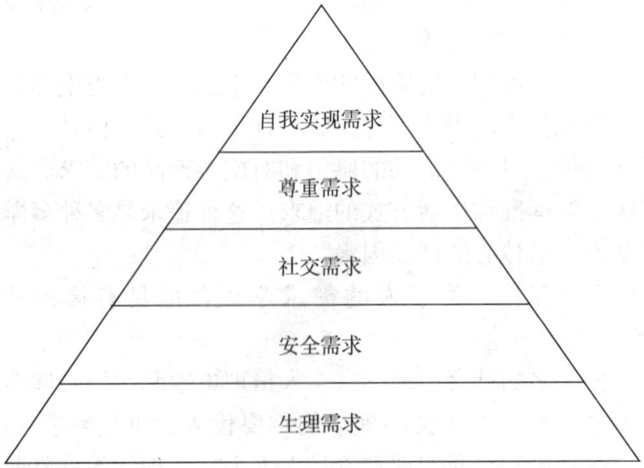

图3-1　马斯洛的需求层次理论

在马斯洛看来，人类价值体系存在两类不同的需求：一类是沿生物谱系上升方向逐渐变弱的本能或冲动，称为低级需求和生理需求；一类是随生物进化而逐渐显现的潜能或需求，称为高级需求。

人都潜藏着这五种不同层次的需求，但在不同的时期表现出来的各种需求的迫切程度是不同的。人的最迫切的需求才是激励人行动的主要原因和动力。人的需求是从外部得来的满足逐渐向内在得到的满足转化。

在高层次的需求充分出现之前，低层次的需求必须得到适当的满足。

低层次的需求基本得到满足以后，它的激励作用就会降低，其优势地位将不再保持下去，高层次的需求会取代它成为推动行为的主要原因。有的需求一经满足，便不能成为激发人们行为的起因，于是被其他需求取而代之。

这五种需求不可能完全满足，愈到上层，满足的百分比愈小。

任何一种需求并不因为下一个高层次需求的发展而告消失，各层次的需求相互依赖与重叠，高层次的需求发展后，低层次的需求仍然存在，只是对行为影响的比重减轻而已。

高层次的需求比低层次的需求具有更大的价值。热情是由高层次的需求激发出来的。人的最高需求即自我实现就是以最有效和最完整的方式表现自己的潜力，唯此才能使人得到高峰体验。

人的五种基本需求在一般人身上往往是无意识的。对于个体来说，无意识的动机比有意识的动机更重要。有丰富经验的人，通过适当的技巧，可以把无意识的需求转变为有意识的需求。

马斯洛还认为：在人自我实现的创造性过程中，产生出一种所谓的高峰体验的情感，这个时候人处于最激荡人心的时刻，是人的存在的最高、最完美、最和谐的状态，这时的人具有一种欣喜若狂、如醉如痴、销魂的感觉。

试验证明：当人待在漂亮的房间里面就显得比在简陋的房间里更富有生气、更活泼、更健康；一个善良、真诚、美好的人比其他人更能体会到存在于外界中的真善美。当人们在外界发现了最高价值时，就可能同时在自己的内心产生或加强这种价值。总之，较好的人和处于较好环境中的人更容易产生高峰体验。

（2）最适刺激理论。西方学者在解释旅游动机时采用一种新的旅游需要学说——最适刺激理论。这种理论认为，人有追求单一性和复杂性的需要。单一性需要，即人们需求平衡、和谐、无冲突、可预见的需要。心理上缺乏单一性会引起心理上的不安全感。但过分单一性，又会使人感到厌倦乏味。复杂性需要，是指人们需要新奇、出乎意料、变化与不可预见性（刺激、新奇），但过分复杂会使人感到不安。总之，人们在单一性中寻找复杂性，复杂性过多又能用单一性来平衡。旅游活动自由自在的状态、旅途中丰富的内容和活跃的形式是纠正日常生活单一性与复杂性失衡的良药。这从另一个角度说明了旅游的需要属于精神文化的范畴。

（3）旅游是高层次的文化需要。旅游需要是旅游者出游的内在驱动力。人的需要分为生理的需要和心理的需要，也可说是物质的需要和精神的需要。旅游属于心理的、精神的需要。生理上的需要主要表现在人们对维持生理平衡状态所产生的欲望和要求。这种需要是先天的，是自然的需要，如肚子饿了要吃饭，天气冷了要添衣。生理的需要只需要直接的满足。而心理上、精神上的需要则是维持人们认知、感情、意识等方面平衡的产物。它是后天的，可以通过人的素质提高而改变，它所引起的需要可以通过补偿和代替的方式获得间接的满足。例如，友谊可以抚慰心灵的创伤；看电视可以宣泄心理的郁闷；旅游可以缓解精神的压力。

旅游是高层次的精神文化需要，是超脱一般生理需要的高级需求形式，是社会发展到现代文明阶段的产物。“原始人和从前较为传统的人们只有在极端情况的驱使下才会离开自己的出生地。然而现代人对自身环境的依附已有了很大的松动，他们更愿意改变环境，尤其是暂时性的，并且有更强的能力去适应新环境。他们对新鲜的事物、景观、习俗和文化很感兴趣，只是因为这些与他们熟知的一切截然不同。逐渐地，一个新价值观形成了，即崇尚新奇的经历。这种经历使今天的人们感到兴奋、愉快、满足，而过去它只能引起人们的恐慌。”

旅游所满足的需求应属于心理需求的范畴。只有社会的文化水平在精神和物质方面提高到一定档次后，才能为人们创造出生活富裕、时间充裕和信息发达的旅游条件，旅游才能真正以需要的形式在人们的心理上成为一种追求的对象。

2. 旅游动机

当一个人产生旅游需要时，旅游动机就推动他为实现旅游需要满足的心理指向。动机是一个心理学名词，指的是促进和维持人的活动，并促使活动指向一定目的的心理倾向。通俗地讲，动机就是激励人们行动的主观因素。因此，简单地说，旅游动机指的是促发一个人有意于旅游以及确定到何处去、做何种旅游的内在驱动力。

（1）动机与需要。人本主义心理学认为，动机产生于人的某种需要，这种需要使人的心理产生紧张不安，从而产生内在驱动力，即动机，进而确定行动目标，进行行动，使需要得到满足。需要得到满足，心理紧张随即解除，然后进入下一个行为。不同的需要产生不同的动机，因此，研究人的动机，必须首先研究人的需要。旅游动机也是如此。

促发旅游动机产生的精神需要主要有以下两种：

1）探新求异的需要，或者说好奇心的需要。早在 18 世纪，以教育为目的的修学旅行即在欧洲流行。人们普遍认为，旅行可以增加一个人对异乡事物的了解并开阔眼界。而现代这一需要仍然在旅游中占重要地位。人们渴望到异国他乡体验与日常居住和生活的环境不同的乡土人情、事物风光、地方文化传统和习俗，这种情况逐渐在社会中形成了一种新的价值观念，即喜欢探索并赞赏探索。尤其是随着教育的发展和信息技术的进步，人们愈加了解世界上的其他地区，这就更加促使人们渴望亲自到那些地方旅行游览，以满足自己的好奇心和求知欲，而非单纯地依靠书报图片或他人的介绍等间接手段了解外界。大众旅游的发展实践也证明，相当大一部分旅游者的动机中都有这种探新求异的需要。

2）逃避现实的需要。19 世纪的产业革命带来了城市化和工业化，也使人们的工作环境和生活方式发生了巨大改变，也使得旅游有了突破性的发展。现代也是如此。尤其是在高度城市化和工业化的社会，由于人们的生活环境远离自然，喧嚣而沉闷，工作繁忙而又单调重复，公式化而缺乏灵活变化，加上越来越快的生活节奏不断加大着人们的精神压力，使人在精神上产生了一种单调的紧张和疲倦。为了摆脱这种生活方式和节奏带来的身心紧张和疲倦，人们常常需要暂时性地脱离日常环境和生活节奏，逃避这种现实。旅游就是暂时躲避现实的一种很有效的方式。在外旅游期间，人们摆脱了日常身份的束缚，新奇的环境又带来了新的刺激，舒缓着原来紧绷的神经，从而可以有效地缓解人们的紧张情绪和精神压力。随着旅游活动的日益普及，越来越多的人把旅游看做从日常喧哗紧张的生活中解脱出来，消除紧张的一种手段。

由此可见，人们外出消遣或度假旅游主要是为了满足这两种精神上的需要。

(2) 旅游动机的基本类型。精神需要是旅游活动产生的主观条件。它可以以各种不同的具体方式反映出来。这类具体需要可能是为了扩大视野、开阔眼界，也可能是为了接触和了解异国他乡的民族与风俗，也可能是为了探亲访友，也可能是为了消遣度假等。一旦这些需要被人们认识到，就会以动机的形式表现出来。但是，不同的需要产生不同的动机，即使相同的需要也可能因为人们的民族、性别、年龄、职业和文化程度等不同而以不同的动机表现出来。因此，促使人们外出旅游的直接旅游动机也是多种多样的。历史上曾经有过帝王巡游、商人旅行、为健康目的而进行的旅行以及修学等多种旅游形式。在现代，由于旅游的参加者范围更加广泛，动机的类型也更加多样化。例如，美国学者约翰 A. 托马斯曾提出促使人们外出旅游的 18 种动机。而日本学者田中喜一在 1950 年出版的《旅游事业论》一书中将旅游动机分为四大类，即心情的动机、身体的动机、精神的动机和经济的动机，如表 3-3 所示。

表 3-3　旅游动机分类

心情的动机	身体的动机	精神的动机	经济的动机
思乡之心	治疗需求	知识的需求	购物目的
交友之心	保养需求	见闻的需求	商业目的
信仰之心	运动需求	欢乐的需求	

美国著名的旅游学教授罗伯特 W. 麦金托什则提出，因具体需要而产生的旅游动机可划分为下列四种基本类型：

1）身体方面的动机。该动机包括为了调节生活规律，促进健康而进行的度假休息、体育活动、海滩消遣、娱乐活动以及其他直接与保健有关的活动。此外，还包括遵医嘱或建议做异地疗法、洗温泉浴、饮矿泉、作医疗检查以及类似的疗养活动。属于这方面的动机都有一个共同特点，即通过与身体有关的活动来消除紧张。

2）文化方面的动机。人们为了认识、了解自己生活环境和知识范围以外的事物而产生的动机，其最大特点是希望了解异国他乡的情况，包括了解其音乐、艺术、民俗、舞蹈、绘画及宗教等。

3）人际（社会交往）方面的动机。人们通过各种形式的社会交往，保持与社会的接触，包括希望接触他乡人民、探亲访友、逃避日常的琐事及惯常的社会环境、结交新友等。

4）地位和声望方面的动机。这方面的动机主要与个人成就和个人发展的需要有关。属于这类动机的旅游包括事务、会议、考察研究、追求业余癖好以及求学等类型的旅游。旅游者可以通过旅游实现自己受人尊重、引人注意、被人赏识、获得声望的愿望。

事实上，由于人们的旅游活动是一种综合性的活动，能够满足人们多方面的需要，而人们外出旅游时，也很少说是仅仅出于一个方面的动机。因此，人们的旅游往往是多种动机共同作用的结果，只是有时是某一动机为主导动机，其他动机为辅助动机，而有时则是有的动机被意识到了，而有的动机未被意识到而已。但是，不管如何，旅游动机是人们对认识到的旅游需要的表现形式，并直接指向旅游活动。人们的需要的形式是多种因素共同作用的结果，由于外因总是通过内因起作用，因此，人们不同动机的形成从根本上说是个人方面的因素影响的结果。

（3）旅游动机的影响因素。影响旅游动机的因素是十分复杂的。既有个人的因素，也有环境的因素；既有社会的因素，也有文化的因素。

1）个人因素。在影响旅游动机的个人方面的因素中，个性心理特征起着重要的作用。具有不同个性心理特征的人有着不同的旅游动机，进而产生不同的旅游行为。在这一领域的研究中，美国的心理学家坦利 C. 帕洛格的研究较有代表性。

帕洛格以数千美国人为调查样本，对他们的个性心理特征进行了详细的研究，发现人们的心理可以分为如下五种类型，如图 3-2 所示。

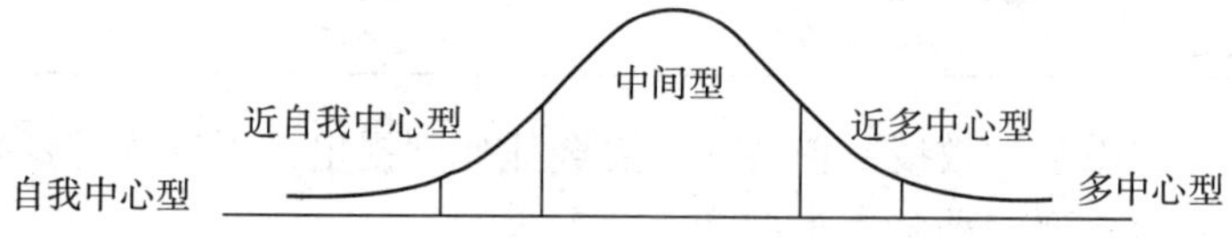

图 3-2　人的五种心理类型

资料来源：Stanley Plog, *Why Destination Areas Rise and Fall in Popularity*, a Paper Presented to the Southern California Chapter of the Travel Research Association, October 10, 1972.

这五种心理类型分别被称为自我中心型（Psycho-centric）、近自我中心型（Near Psycho-centric）、中间型（Mid-centric）、近多中心型（Near Allo-centric）、多中心型（Allo-centric）。自我中心型和多中心型代表处于两端的两种对立的性格。

心理类型属于自我中心型的人，其特点是思想谨小慎微，多忧多虑，不爱冒险。他最强烈的旅游动机是休息和轻松。在行为表现上，这一类型的人喜安逸，好轻松，活动量少，喜欢熟悉的气氛和活动，理想的旅游是一切都事先安排好，比较欣赏团体旅游的方式，旅游的习惯做法是乘车到他所熟悉的旅游地。

处于另一端的属多中心型的人，其特点是思想开放，兴趣广泛多变。在行为表现上，喜新奇，好冒险，活动量大，不愿随大流，喜欢与不同文化背景的人相处，喜欢到那些偏僻的、不为人知的旅游地体验全新的经历，喜欢飞往目的地。这类人虽然也需要旅游业为其提供某些基本的旅游服务，如交通和住宿，但是更乐于有较大的自主性和灵活性，有些人甚至会尽量不使用或少使用旅游企业的服务和产品。

除了这两个极端类型外，中间型属于表现不明显的混合型，近自我中心和近多中心型则分别属于两个极端类型和中间型中间略倾向于各极端特点的过渡类型。帕洛格的这一模型，虽然大体将人按个性心理特征划分为这五种类型，但是划分并非绝对。他也肯定了人在心理上存在着某种连续性，表现在行为上就是人的行为具有明显的弹性或灵活性。

这一模型也显示，属于中间型心理类型的人占大多数，而属于两个极端心理类型的人在总人口中只占很小的比例，呈两头小中间大的正态分布。

不同的心理类型对人们旅游活动的影响，除了前面提到的那些，也可以看出，越靠近多中心型的人，外出旅游的可能性就越大。帕洛格还发现，不同心理类型的旅游者，在旅游活动中扮演的角色也不同。多中心型心理类型的人往往是新旅游地的发现者和开拓者，是旅游者大军的先行者和侦察兵。其他心理类型的旅游者随后陆续跟进，自我中心型的人也会在很长时间后到追求新奇的多中心型心理类型的人曾经到过的地方旅游。在这一过程中，该地渐成旅游热点。此时，多中心型的旅游者也逐渐失去对该地的兴趣，而转向其他地区。

但是，个性心理特征只是影响旅游动机的个人因素中的一个。除此之外，还有很多个人因素会影响人们旅游动机的形成。这些个人因素主要有：年龄、性别、个人的文化程度与修养。年龄和性别决定了一个人的生理特点，也影响着一个人在社会和家庭中的角色和地位，在考虑旅游时，这些必然会影响到其旅游决策。个人的文化程度与修养显然与一个人的受教育程度有关。受过较高程度教育的人，掌握的知识和关于外界的信息也相对较多，从而更有亲自了解外部世界的兴趣和热情，同时，其掌握的知识和关于外界的信息也有助于克服对陌生环境的不安和恐惧。

2）社会因素。除了旅游者的个人因素，某些外部因素，如社会历史条件、社会环境条件（即个人所属的社会团体及阶层、周围的人际关系等）、家庭或个人的收入状况等也会对人的旅游动机产生或大或小、或正或负的影响。对于经济收入较低的人而言，即使他属于多中心型，喜欢到遥远的、新奇而又不常为世人所到的地方旅行，但是受到其支付能力的限制，也只好在比较近的、花费较低、可能也不会有什么新意的旅游地进行消遣。对一个自我中心型的人而言，情况则可能正好相反。如果他所属群体中的大部分人都要去某地进行某种旅游活动，那么，受到相关群体的影响，他也可能到这个他并不熟悉的地方旅行度假。

社会因素主要是指人们在一定的社会阶层、社会集团中所处的地位与角色。一般而言，处于较高的社会阶层的人，更加开放和自信，愿意接受外界的新鲜事物，对旅游持积极的态度。而处于较低社会阶层的人，一般相对封闭，不愿意冒险，并且往往认为外部世界比较凶险，不愿意更多地参加旅游活动。

3）文化因素

① 民族风俗。一般而言，欧美国家的人把度假、娱乐作为文化生活中的重要组成部分，他们往往爱好四处周游、探险、欣赏异域文化。而在一些经济发展水平较低的国家，人们则崇尚勤劳、节俭、乡情浓郁、故土难离，往往视旅游为游手好闲、浪费钱财。

② 宗教的影响。主要是指不同的宗教有不同的价值观和行为准则，从而导致不同的消费模式。

上一节关于实现旅游活动的客观条件，如支付能力和闲暇时间等，以及本节所讨论的实现旅游活动的主观条件，即旅游动机，共同影响着一个人的旅游决策和旅游活动。一个人只有同时具备这两个方面的条件，才能外出旅行。而一个人的旅行方式和旅行消费，也始终要受到这两方面因素的影响和制约。从这一角度而言，这两方面的条件也是限制因素，它们构成了一个人的外出障碍。只有这些障碍得到克服，一个人才能真正出行。

了解这一点对于旅游业而言是很重要的。客观条件满足与否，是细分市场以及选择目标市场时需要重点考虑的因素，而了解了旅游者旅游动机的类型及希望获得满足的需要，就可以更有针对性地进行规划和开发，并在宣传和促销时找准人们的需求刺激点，更有效地激发起人们的兴趣，促使其产生旅游动机，大大提高工作效率。

三、旅游者的类型及其需求特点

旅游者是旅游产品的消费者。旅游者在需求的基础上产生购买动机，再在动机的支配下实施购买行为。但这些个体或团体的旅游者，由于其需求的差异性，形成了不同类型的旅游者和不同的需求特点。

将旅游者按照不同的标准进行分类，是旅游研究的重要手段之一，也是旅游开发、营销、经营工作的重要一环。本节主要就旅游者类型划分的问题进行讨论，并重点分析按旅游目的归属划分的三种旅游者类型的不同需求特点。

（一）旅游者类型划分的标准和意义

旅游者是旅游活动的主体，有什么样的旅游活动，就有什么样的旅游者。因此，同旅游活动的划分一样，旅游者的类型划分也没有固定的标准，我们可以根据实际需要选择不同的划分方法。那么，对旅游者进行类型划分，意义何在呢?

（1）理论研究需要。实现旅游活动的客观条件和主观条件，或者说影响旅游活动的客观因素和主观因素，将影响旅游者的类型和特征。我们研究旅游者，就需要研究旅游者形成的条件。对旅游者的分类，就是研究不同旅游者形成的各种因素和条件，以此为标准将旅游者划分为不同的类别，对比各细类之间的行为方式、特点等。

（2）实际工作需要。对于一个旅游地而言，来访的旅游者在全国乃至世界各地并非平均分布，而是有客源地和非客源地之分，主要的客源地和次要的客源地之分。因此，在进行宣传促销时，不可能也没必要针对所有的客源地区平均分配资金和投入人力资源，进行千篇一律的宣传，而要有重点地针对主要客源地或潜在客源地进行宣传。那么，如何确定主要客源地及潜在客源地，这就需要根据旅游者来自地区的不同，进行分类统计，对比找出对自己最有利的客源市场，也可以根据各分类型需要、兴趣的不同，有针对性地开展宣传活动。只有这样，才能够收到最理想的效果，而不至于无的放矢，空耗资源。

根据旅游活动类型的划分可以看出，按照不同的划分标准区分出的旅游者类型，彼此之间都互有交叉。因此，在实际工作中，有时我们也可以根据需要，采用两种及以上的标准对旅游者进行划分。我们需要认识清楚的是，划分旅游者类型应该是出于实际工作需要进行的，并非为了划分而划分，类型划分只是为一定的研究目的服务的手段。

（二）旅游者的分类及主要类型

1. 世界旅游组织对旅行者的分类

世界旅游组织首先把旅游者分为纳入旅游统计的旅行者——游客，和不纳入旅游统计的旅行人员——其他旅行者两部分。又将游客根据是否过夜分为（过夜）旅游者和一日游游客。这两类又根据是否是本地区居民而区分为居民和非居民两类，具体如图 3-3 所示。

来访者的目的可以分为以下几个类型：

（1）休闲、娱乐和度假。

（2）探亲和访友（家庭事务）。

（3）商务和专业活动。

（4）医疗保健。

（5）宗教活动或朝觐。

（6）求学。

（7）公务会议。

（8）文化体育活动。

（9）其他（公共运输工具上的乘务人员，过境或其他，或未知的活动）。

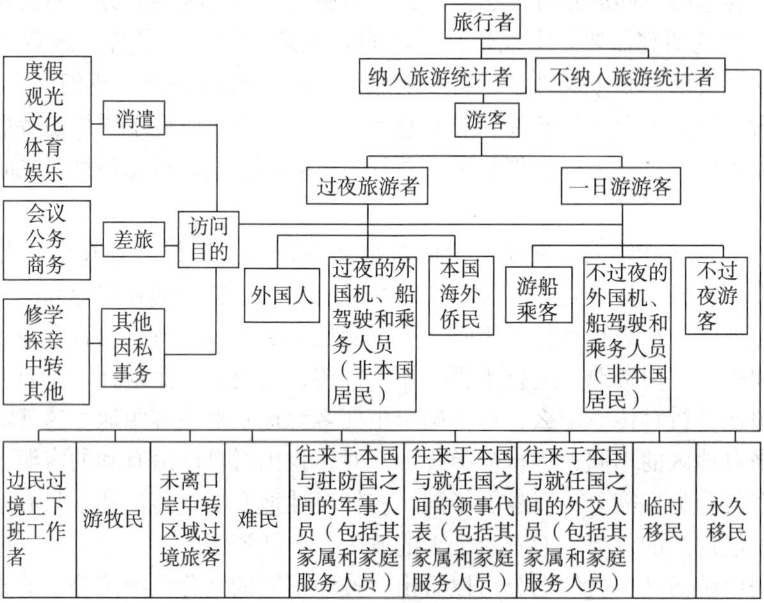

图 3-3　旅行者分类

资料来源：世界旅游组织有关资料。

2. 根据旅游者访问目的的归属进行分类

按外出旅游的目的归属划分，可以把旅游者分为以下三种类型：

（1）消遣型旅游者，即以消遣为主要目的的旅游者。

（2）事务型旅游者，包括商务旅游者、公务旅游者和会议旅游者。

（3）个人和家庭事务型旅游者，主要是指探亲访友旅游者和求学旅游者。

（三）不同类型旅游者的基本特点

1. 消遣型旅游者的特点

消遣型旅游者具有以下特点：

（1）人数多，比例大。消遣型旅游者在全部外出旅游人数中所占的比例最大。现代旅游活动，或者说大众旅游活动的最大特点就是快速发展，其主要原因之一就是旅游度假已经成为人们现代生活方式的必要组成部分，人们借此缓解紧张的生活和工作带来的压力，并满足自己的好奇心和求知欲。因此，不难设想以消遣为目的的这类旅游者在世界旅游业中所占的重要地位。

（2）季节性强。消遣型旅游者外出旅游的季节性很强。原因有两方面：从需求角度讲，因为旅游者中大多数属于在职人员，他们的旅游度假几乎都是借助带薪假期实现的。带薪假期的集中造成了出游时期的集中，也就形成了出游的季节性。从供给的角度讲，目的地的气候以及景观如果受季节的影响较大，也会助长消遣型旅游者来访的季节性。

(3) 行为自由。消遣型旅游者在对旅游目的地和旅行方式的选择以及出发时间的选择方面，拥有较大程度的选择自由。例如，如果在旅游者出行前得知某个旅游目的地的不安全因素增加或者旅游产品质量下降或提价过高，旅游者就可能临时改变原来的计划，取消旅行或者改到其他地区旅游度假。对于动身时间，消遣型旅游者（尤其是散客）的选择空间也较大。因此，有的人外出时宁肯花时间等待飞机临起飞前的廉价剩余机票，而不愿意预订机票。如果遇到其他天气变化，也可能会改变出发时间。当然，这种选择的自由并非是无限的，而是在其时间及收入等限制条件范围之内的。正是由于这一类型的旅游者自由度较大，才成为各旅游目的地和旅游行业中同类企业争夺最激烈的市场部分。

(4) 停留时间长。消遣型旅游者在旅游目的地的停留时间一般比较长。例如，这类旅游者在来华旅游时很少只参观一个城市或景点，而是要到各地领略一下不同的风光景致。即使主要逗留于某一旅游胜地，由于消遣度假的原因，逗留时间也会相对较长。

(5) 对价格敏感。消遣型旅游者大多对价格较为敏感，这是由于消遣型旅游者多为自费旅游。因此，如果某地的旅游产品过于昂贵，超出了其承受范围，他就会改往其他地区旅游。对旅行方式的选择也是如此，如果时间的限制不是太紧，而航空机票又过高的话，他会选择其他的旅行方式。

总之，消遣型旅游者对旅游产品，更关心的是货真价实，物有所值。

2. 事务型旅游者的特点

现代大众旅游时代到来以前，商务旅游者是旅游活动的主体。在当代，尤其随着世界全球化的进程，任何一个国家或地区都不可能脱离与其他国家或地区经济、文化、政治等的联系与合作。而对于一个走向国际化的企业或组织而言，在全世界范围内获取资源与信息，开拓市场与客源，寻找可能的发展机会与空间，开展与其他企业的合作，已经成为其工作的重要内容。这些联系与合作导致了地区与国际间的人员流动。事务型旅游者因而形成了一个有规模的不可忽视的市场。

这一类型的旅游者，出游目的显然不同于消遣型旅游者，因此具有以下特点：

(1) 人数少，出行频繁，重游率高。这部分旅游者受旅游企业重视的主要原因之一就是，他们的出行很多是出于固定的业务联系，因此常常会到一地作多次旅行。如果旅游企业能够与这些组织发展长期良好的合作关系，往往会形成固定的顾客群。例如，就世界航空客运市场而言，事务型旅游者在其中所占的比重高达50%。在全球饭店业，尤其是五星级饭店接待的客人中，事务型旅游者所占的比例也相当高。

（2）没有季节性限制。由于他们的出行是出于工作或业务的需要，因此不需要受假期的限制，利用工作时间即可。在本国旅游度假的旺季，他们出差办事的可能性会较低，因为他们自己也可能要和家人一起度假。另外，对于短途的旅行，他们的往返以及在目的地的停留还会集中于周一到周五的工作日期间，以便于开展工作，而很少选择周末的休息时间。

（3）选择自由度较小，甚至根本没有选择余地。开展业务的事务型旅游者，必须到有业务联系的地区；而参加会议的，会议的召开地点也非自己能够决定。

（4）消费相对较高。在对旅游服务的要求方面，这一类型的旅游者强调的是舒适、活动方便，因此消费较高。例如，事务型旅游者更强调方便，因此在购买机票时一般不会选择附加条件太多的廉价机票。而在选择饭店时，出于维护本组织形象的考虑，也会选择较高档的住宿设施。

（5）对价格不太敏感。一方面，这一类型的旅游者外出消费并非自费，另一方面也是因为他们没有选择或更改目的地的自由。只要工作或业务需要，即使目的地的旅游产品价格提升较大，只要未超过其组织能够或愿意承担的限度，他们仍会前往。即使迫不得已取消了出行计划，一般也不会改往他处。

3. 个人和家庭事务型旅游者的特点

个人和家庭事务型旅游者是指那些以探亲访友和求学为目的的旅游者。这一类型的旅游者的需求特点比较复杂。他们在需求方面不同于前两种类型的旅游者，又兼有这二者的某些特点。例如，在出游时间上，他们不大可能利用工作出行的机会探亲访友，而需要在假期出行。传统上的亲友团聚的节日一般是这一类型的旅游者出游的高峰时期，而这些节日对不同民族不同国家的人而言又是不同的。这一类型的人也不太可能利用带薪假期外出探亲访友。另外，其出游时间在某些情况下又是有限制的，如在参加婚礼、毕业典礼等社会活动时，时间限制就较大。因此总体上，这一部分旅游者的出游没有什么季节性。这一点与事务型旅游者相似。但是，由于他们多是自费旅游，因此在对价格的敏感程度上，又与消遣型旅游者有相似的地方。在对目的地的选择上，他们的选择自由度又与事务型旅游者相似，基本没有选择空间。因此，这类旅游者的情况难以一概而论，必须具体问题具体分析。

第二节　旅　游　流

在旅游研究领域，最能够体现现代大众旅游现象的群体特性的学术范畴当属旅游流。现代社会旅游流的存在乃至成为社会生活的重要景观，是休闲社会到来的一个标志，因此，对旅游流的研究乃是旅游学基本理论与现实世界进行衔接的一个关键节点。

一、旅游流的概念

在我国，对旅游流概念的讨论很多，观点也不尽统一，但主要有广义和狭义之分。广义论认为旅游流不仅仅是旅游客流，而是一个庞大的系统化的体系，除包括旅游客流外，还包括旅游信息流、旅游物流、旅游资金流、旅游能流；而狭义观点则认为，旅游流就是旅游客流，是旅游者在旅游客源地、旅游通道和旅游目的地之间的空间移动。例如，谢彦君给旅游流下的定义为："旅游流是指在一个或大或小的区域上，由于旅游需求的近似性而引起的旅游者集体性空间移位的现象。"经过研究分析我们会发现，狭义的观点更为贴切。首先，从学科研究属性角度来讲，任何一门学科研究对象和内容都是有一定的学科界限和范围的，无论该学科的宽泛度如何。而广义的定义过于泛化，这样就不仅很难抓住问题的关键、事物的核心，更为重要的是还使研究对象失去了范围，成为一个无限扩大化的内容，这就使其失去了学科研究的意义。其次，持广义观点的研究者，在研究的过程中又都自发地把广义的旅游流等同于狭义的旅游流——旅游客流。这主要是因为如果对旅游流概念持广义观点，在对旅游流进行深入研究时，将会不可避免地遇到难以克服的对象内容过多过广、失去学科特色的困难。再次，国外的很多研究虽没有明确定义旅游流，但在其研究过程中，实际大都将旅游流理解为旅游者流。

经过上述分析，我们认为对旅游流的认识持狭义观点更好一些。不过我们认为，谢彦君教授的定义有值得商榷的地方。例如，其旅游流形成的"旅游需求的近似性"就需要具体化，如果不具体化，有大量现实问题无法解释清楚。例如，从昆明到丽江的旅游流现象，他们的旅游需求内容类型和动机虽有很多人是相似的，但肯定也有很多人具有不同的需求和动机。他们唯一的共同点在于需求方向的相对一致性，而且这一点是具有普遍性意义的。所以我们认为，旅游流是狭义地指旅游者的流动，是指在一定时间和空间范围内，旅游者因方向选择的相同或相近，形成的有规律的规模性空间移动现象。规模性表明了旅游流是一个集体性概念，而不是一个个体性概念，这点我们将会在下面相关内容作详尽论述。

二、旅游流的特征

旅游流的特征比较多，但最基本的主要有时间特征、空间特征、流量特征和流向特征。旅游流特征既是对旅游流的刻画，也是测度旅游流的基本指标，是深入研究旅游流的一个着眼点。

（一）时间特征

在国内外旅游流的研究中都比较重视其时间特征。旅游流的时间特征主要是从两个角度来讲的：一是从旅游目的地的角度来看，旅游流发生具有时间的节律性；另一方面是从旅游者的角度来讲，旅游者的观光游览需要花费时间。

1. 旅游流发生具有时间的节律性

旅游流发生具有时间的节律性主要是由两方面决定的。

一方面是大多数旅游对象本身具有季节性（又称季相性），这是旅游资源的本质属性使然。例如，要欣赏哈尔滨的冰雕、吉林的雾凇和林海雪原的景象，就必须要等到冬季；要想观赏北京香山的枫叶胜景，只有等到秋季；而夏季则是畅游承德避暑山庄、北戴河的最佳时机。另一方面，旅游者自身需要工作、生活、学习和休息，其可供旅游的较长的闲暇时间，特别是连续性的可自由支配时间具有一定的规律性。以我国为例，除了教师等少数职业外，其他绝大部分职业劳动者的旅游时间一般都集中在我国的端午节、“五一”国际劳动节、“十一”国庆节以及春节等几个国家法定节假日，这种“长假期数量很少，时间又过于统一”的情况，使得我国节日时间的稀缺性和旅游需求在时间段上失衡，造成了“同时工作、同时出游”的特有局面。每到“黄金周”时期，我国的旅游流规模就异常庞大。例如，根据国家旅游局发布的信息，2009 年“五一”国际劳动节期间，仅被纳入全国假日办的 90 个景区（点），就接待游客达 690 万人次，门票收入 29 151 万元，同比分别增长 10.2% 和 9.9%。

2. 旅游者的观光游览需要花费时间

任何旅游者在目的地的观光游览都不是瞬间的活动，都会或长或短地持续一段时间，从一定程度上也可以称为流速。旅游流在目的地时间持续的长短，对其社会和经济都有重大的影响。如果持续时间过短，流速过快，那么旅游者整个行程是走马观花式的，来去匆匆，就没有足够的时间去消费当地的旅游产品，影响目的地旅游的经济效益；如果时间过长，流速过慢，又会造成目的地旅游住宿、交通、食品等产品供给能力的饱和，甚至严重超载，使新的旅游者难以进入，长此以往，也不利于当地旅游业的健康发展。

上述两者叠合，使旅游流产生了明显的时间差异，形成了表现迥异的旅游“旺季”和旅游“淡季”。不过，这给旅游业的发展带来了不利的影响。在旅游“旺季”，因旅游流流量过大，严重超过目的地的承载力，给目的地经济、社会、文化和环境带来一系列负面效应。但由于旅游需求扩张的弹性，以及旅游供给的刚性，所以旅游供给很难在短时间内急剧增加。而且由于旅游需求弹性的阶段性和旅游产品的不可储存性，供给方也不愿意大量增加旅游供给，以防止资源浪费和经营亏损；在旅游“淡季”，则又由于需求不足，使目的地难以形成规模经济效益。

（二）空间特征

旅游流的空间性反映的是旅游流在空间上的分布状况问题。旅游流的分布在空间上并不是均衡的、同质的，而是有自身的结构和特征的。旅游流的空间特征，是我们分析客源市场的着手点。根据旅游流的空间特征的集中程度，确定旅游市场的发达程度和出游能力，缩小寻找目标市场的范围，节约时间和成本。据相关研究指出，我国旅游流的空间分布格局是“东密西疏，沿江沿海密、边远山区内地疏，大城市密、农村疏”，目前已经形成了江浙沪扩散场、京津冀扩散场等4个旅游流扩散场。这些地区就是我国旅游市场出游能力最强的地方，也是我们寻找目标旅游市场，进行营销的地方。

（三）流量特征

中国旅游研究院在2013《中国旅游经济蓝皮书（No.5）》中指出：“2012年虽然全球经济复苏受阻，但在国内经济企稳回升的背景下，通过全行业和全社会的共同努力，我国旅游经济继续保持平稳较快增长，全面完成了年初制定的工作目标。预计2012年全年旅游业总收入为2.59万亿元，同比增长15.1%。三大旅游市场呈‘两增一平’格局，国内、出境旅游保持较快增长，入境旅游基本持平。预计国内旅游人数达到30.0亿人次，同比增长13.6%，国内旅游收入2.3万亿元，同比增长19.1%；出境旅游人数8200万人次，同比增长16.7%，出境旅游花费980亿美元，同比增长35.2%；入境旅游人数1.33亿人次，同比下降1.7%，入境旅游外汇收入483亿美元，同比下降0.3%；旅游服务贸易逆差进一步扩大，预计近500亿美元。”其中“预计国内旅游人数达到30.0亿人次，同比增长13.6%；出境旅游人数8200万人次，同比增长16.7%；入境旅游人数1.33亿人次，同比下降1.7%”就是对旅游流流量特征的刻画和描述。旅游流的流量是指在一定时间段内，通过一定空间范围内的旅游者数量。而单位时间内某一区域内单位面积上通过的旅游者数量，则是旅游流强度。旅游流的流量特征表明旅游流的规模性是其本质属性之一。说明旅游流是一个集体性概念，而不是单一的个体性概念，单个的旅游者称不上是旅游流。持续、均衡、大规模的旅游流对一个地方的旅游发展十分重要。旅游开发规划和经营的目的，也是希望通过旅游市场营销等，达到这样一个局面。然而，事实上，这样的情况是很难出现的，因为旅游流的时间特征就决定了它很难长期保持均衡和大规模。只能是在旅游旺季时期规模很大，旅游淡季时期规模又很小等。

此外，旅游流强度也是测度旅游环境承载力是否超标的一个测度。如果旅游流的强度过大，就会带来旅游资源破坏和环境污染。大多数情况下，这种负面影响是不可逆转的。

（四）流向特征

旅游流的流向则是指旅游流在持续的运动过程中所经过的旅游路线和方向，它反映了旅游目的地与旅游客源地之间联系的方式和途径。简单地讲，就是旅游者从客源地经过旅游通道，到目的地的空间指向，而这些指向具有相对的集中性。例如，根据研究，我国已经形成了沪宁杭、京津唐、川渝区、云贵区和陕西5个旅游流集聚场，包含14个主要的集聚场，其中东部、中部、西部的数量分别为10、0、4。这种分布主要是因为东部地区拥有雄厚的经济基础、成熟的旅游产品开发技术和完善的各类设施，所以有很强的吸引力。西部地区拥有丰富的高品质的自然资源，对游客有很大的吸引力。不过，由于其区位条件和可达性较差，所以又使旅游流受到限制。中部地区虽然有丰富的历史文化资源，可是开发水平较低，缺少绝对的精品；基础设施又比较落后，所以旅游流集聚程度最低。不过从总体趋势上看，我国国内远程旅游流流向是由东向西自发地流动；由4大扩散场流向5大集聚场。这种流向是比较合理的，有利于促进中西部地区经济的发展，改善目的地居民的生活水平，缩小地区经济发展差距。

三、影响旅游流的因素

旅游流的特征是对其外在的直观描述，而要进一步了解旅游流的内在规律，就要进一步详尽地发掘影响旅游流的各种因素。在研究旅游流影响因素的过程中，由于目标群组和研究中心的不同，所选的影响指标因子和所得的结论也不尽相同。不过总的来讲，主要有旅游者经济状况、闲暇时间、空间距离、旅游产品、交通条件、气候气象、邻里关系、旅游供需关系、旅游宣传等。

其中，旅游者经济状况、闲暇时间等在旅游者形成条件中有比较详细的论述；旅游产品、旅游供需关系也会在下面的章节详细阐述，所以这几个因素在此不再进行详述。

1. 空间距离

空间距离是指旅游客源地与旅游目的地之间的远近，它是影响旅游流的决定因素之一。距离对旅游流的影响因素很大，这是实践所证明了的。根据调查研究，三亚市42.79%的旅游流流量都是来自海南本省和近距离的广东；吴必虎对上海市游憩者流动性的研究表明，在180km的范围内，旅游流的流量随着距离的增加而减少，即距离衰减规律。因为空间距离代表的不是一维的因素，它其实是一个综合性的因素。它不仅代表两地之间的距离远近，还意味着完成旅游活动所要花费的成本和时间的多少。以我国西藏为例，虽然青藏铁路修筑好后，前往西藏旅游的游客急剧上升，但是和内地相比，特别是和东部地区相比，其旅游流流量规模依然很小。这主要是因为我国国内旅游流的扩散场地主要在东部沿海地区，相对于十分遥远的西藏，很多人选择了距离比较近的东部旅游。因此，一般状况下，旅游者都会优先选择相对近距离的地方旅游。

2. 交通条件

交通条件也是制约旅游流流量和方向的一个重要因素。旅游交通是旅游者完成目的地和常住地之间往来的便捷媒介，如果两地之间的交通很不便利，也就是目的地通达性不够好，那么，显然会对旅游者的选择形成一种阻碍。例如，我国中西部很多地区都拥有很多高品质的人文资源和自然资源，但是由于交通条件落后，致使绝大部分旅游者难以到达，使得旅游活动难以开展，旅游产业的发展也就无从谈起。此外，旅游者外出旅游的目的是为了享受，而不是找罪受。如果旅游交通能力有限，那么拥挤的交通会让很多游客改变目的地选择，进而改变旅游流的流向和流量。例如，现在国内很多旅游者就避开“黄金周”旅游高峰，选择其他时间进行旅游活动。在交通工具方面，如果目的地与客源地之间交通方式完善，则有利于增加旅游流流量；否则，就会抑制旅游流流量。例如，如果两地之间没有飞机航班，那么就很有可能阻碍高端旅游者前来观光旅游；反之，如果没有火车交通，那么高昂的飞机票价和运量有限的公路交通就会制约更多的旅游客流。所以，旅游交通也是影响旅游流的一个重要因素。

3. 邻里关系

邻里关系主要是指国与国之间、地区与地区间的关系状况对旅游流的影响。这种关系包括政治关系、经济关系、文化关系等。一般来讲，如果两者之间关系良好，那么就会促进两地之间的旅游交流；反之，则会抑制两地之间的旅游交流。例如，我国大陆地区和香港地区，在香港回归之前和回归之后，旅游流的流量就有巨大的变化——持续快速上升；第二次世界大战期间，社会主义阵营和资本主义阵营之间的旅游交流就很小，而其各自内部之间的旅游交流就比较频繁；现在很多发展中国家为了获得外汇，就大力发展本国旅游业，开发旅游产品，吸引外国旅游者。这些都表明，国家之间、地区之间的政治关系、社会价值观念、经济关系等，会对旅游流产生显著影响。

推荐阅读

黄岩岛对峙：对菲律宾旅游造成沉重打击

——菲境内已无中国大陆旅游团

红网菲律宾5月31日讯（《潇湘晨报》滚动新闻　特派记者　周喜丰　袁明清）中国目前是菲律宾第三大贸易伙伴。据统计，2011年菲律宾与中国双边贸易额已突破300亿美元，创下历史新高。受到黄岩岛事件影响，中国和菲律宾的经贸关系不断降温，影响到了菲律宾的多个行业。

旅游在菲律宾的地位较为重要。导游曼尼·托尼回忆，自1998年起，开始有中国大陆游客赴菲旅游，2001年始有组团来菲旅游的，首个高峰期出现在

2005年，这得益于中国大陆赴台湾游的放开，菲成为中转地之一。在2009年、2010年开展包机旅游之后，到菲旅游的中国大陆旅游团一直呈增长趋势。

受黄岩岛事件影响，中国各旅行社取消了赴菲律宾的旅游团。在菲境内的最后一批中国大陆旅游团及游客已于5月15日返回北京，从16日起，菲境内已无中国大陆旅游团。菲律宾联合太平洋旅游公司总经理吴绵聪对《潇湘晨报》记者说，从5月9日起，他就再也没有接到中国大陆旅游团，更糟糕的是，本来计划在五六月份来菲律宾的三四十个中国大陆旅游团，在黄岩岛事件后纷纷退团，公司损失巨大。

吴绵聪是一位在菲华人，其开办的联合太平洋旅游公司专门做中国游客的地接。去年一年，旅行社接待过四五千名中国大陆游客，今年前4个月，平均每个月接待600多人。然而，因为黄岩岛事件，他的办公室里现在很冷清，已经看不到往日员工忙碌、联络生意的情景。吴绵聪表示，好在菲律宾有关方面出于特殊情况考虑，准予旅行社已经预付给酒店的订房费用可以在下次有团的时候予以抵扣，这样可尽量减少损失。

中国旅游团暂停赴菲，也在菲律宾产生连锁反应。马尼拉、长滩岛、宿务等旅游中心的酒店来自中国的预订率锐减，许多航空公司也取消了来自中国多个城市的包机服务。

如果黄岩岛事件短时间未能解决，菲律宾旅游业无疑又将增添一块新伤疤——此前，旧伤疤来自中国香港。2010年8月23日，一辆装载25人（包括22名香港乘客）的旅游车在马尼拉市被菲律宾一名前警察劫持，菲警方实施突击解救行动，香港游客8人死亡，6人受伤。“从那以后到现在，整个菲律宾就没有接待过一个香港旅游团。”吴绵聪介绍，之后，他们把重心转移到中国大陆旅游团，才慢慢有了起色，中国大陆旅游团占到他公司业务的80%。

“大陆团的生意合作久了，相互之间已经建立了信任，付款也及时。”吴绵聪表示，如果去开发另一个国家的旅游团，要从头再来，这样的过程将很艰难。在吴绵聪看来，菲律宾的旅游好不容易才有了今天的光景，酒店和航班也比以前更加完善。但如今，这一大好局面恐将葬送。

资料来源：红网。根据内容需要，对原文的标题和部分内容进行了编辑和删减。

4. 旅游宣传

现代社会是一个信息社会，信息已全面影响到我们生活的方方面面，旅游也不例外。旅游界有一句话“山水美不美，全靠导游一张嘴”，就是对旅游宣传巨大作用的生动形象诠释。相关研究证明，旅游广告，即旅游信息对旅游流有重大影响，可以在很大程度上改变出游者的选择。特别是针对新开发的旅游资源和区域，以及同类型、同质化的旅游资源和区域，旅游宣传可以很好地提高其知名度，增强其竞争力，使其在竞争中获得优势，占据有利地位。例如，每年前往海南岛旅游的游客，他们中很多人就是冲着其“椰岛风情”的宣传而去的。其实，现在很多地方都大力推介的旅游形象活动，实质也是旅游宣传的一部分。

5. 其他关系

因为旅游业是一个关联性很强的行业，所以涉及的方面也多，受影响的因素也多，如恶劣天气、自然灾害、传染病等因素会对旅游流的流量和流向等造成严重影响。

推荐阅读

国家旅游局：非典对我国旅游业造成重创

人民网青岛7月16日电记者宋学春报道：预计今年上半年，受非典影响，我国国际旅游收入将减少40亿美元，国内旅游收入将减少840亿元。这是记者今天在青岛召开的“全国恢复与振兴旅游工作座谈会”上获悉的。

据悉，今年头两个月，我国旅游业开局良好。1、2月份累计，全国共接待入境旅游者1586万人次，实现旅游外汇收入32亿美元，同比分别增长9%和14%。国内旅游，仅春节黄金周全国就接待5947万人次，旅游收入达258亿元，同比分别增长15%和13%。出境旅游同比增幅则高达45%。但3月份后半段，随着部分地区疫情加重和疫区扩大，特别是世界卫生组织和各主要客源国陆续发出对华旅行劝诫，非典对我国旅游业造成全面冲击，各项旅游活动迅速萎缩。到4月底，全国有组织的入境旅游、国内旅游和出境旅游活动基本停顿，全月入境旅游人数同比下降30%，其中外国人下降54%，国际旅游外汇收入下降49%。5月份，非典影响进一步显现，各项旅游活动跌入谷底，全月入境旅游人数同比下降31%，其中，外国人下降71%，国际旅游外汇收入下降59%。进入6月份，国内旅游市场开始有限度地恢复，但入境旅游依然处于谷底。

尽管各省市的疫情不同，但各地旅游业所受影响程度却大体相当。4~5月份，广东、北京、天津、山西、河北、内蒙古等六个非典重点疫区，旅游住宿设施接待入境旅游者同比下降71%；同期，在没有疫情的海南、西藏、青海、贵州、云南这五个省区，旅游住宿设施接待入境旅游者也同比下降了70%左右。可见，非典对旅游业的冲击是全国性的。

非典使旅游企业普遍陷入困境。4月下旬到5月份，全国11 615家旅行社总体上处于歇业状态；8880家星级饭店的平均客房出租率不到20%；1062家A级旅游区（点）的游客接待数量和营业收入同比下降80%以上；中国旅游车船协会105家会员单位的接待人数和营运收入同比下降90%。

基于二季度的影响情况和对非典疫情趋势的判断，国家旅游局在6月初预计，今年全年，旅游外汇收入将减少88亿美元，国内旅游收入将减少2037亿元，旅游业总收入将损失2768亿元。6月24日，北京实现了“双解除”，比各方面预计的要快，所以全年总体情况可能要比6月初预计的好一些。但是，基于上半年已经造成的损失以及非典对今后一段时期的影响，今年年初制定的旅游业总收入突破6000亿元、增长8.5%的目标已不可能实现，我国旅游业将出现1989年以来的第一次负增长。

资料来源：人民网，责任编辑　李欣玉. http://www.sina.com.cn，2003－07－16.

第三节　旅游市场

市场是商品交换的场所和领域。任何一种商品市场都是该行业存在和发展的前提，旅游产品作为一种商品，也不例外，旅游市场是旅游业存在的前提。旅游市场的规模、结构、特征、构成等，对旅游业的影响至关重要。因此，对旅游市场的研究也就很必要了。

一、旅游市场概述

1. 旅游市场概念

市场不是从来就有的，它是随着商品经济的产生而产生，并随着商品经济的发展而壮大，属于商品经济范畴和历史范畴概念。市场的概念有狭义和广义之分。狭义的市场是指商品交换的场所，是一个空间概念；广义的市场是指商品交换关系的总和。从市场营销的角度来看，所谓的市场营销就是如何满足消费者需求，因此，市场的本质就是消费者。

通过上面分析我们可以了解到旅游市场的概念，从狭义上讲，旅游市场是指旅游产品交换的地点和场所；从广义上讲，旅游市场便是因旅游产品交换所引起的一切关系的总和；而从市场营销的角度看，旅游市场是由那些既有旅游需求，又有旅游条件的现实和潜在的旅游者集合而成的。通常情况下，旅游领域所讲的旅游市场，是从市场营销角度定义的。

2. 旅游市场的细分

旅游市场细分又称旅游市场划分，是指根据旅游消费者需求特征和旅游活动的差异性和相似性，将整体旅游市场划分成若干个不同的旅游者消费群体的过程。人们的消费需求总是有或多或少的差异的，对旅游市场细分，可以明白旅游者需求的差异性，便于在营销中选择自己的目标市场。同时，旅游企业的人力、财力等是有限的，也有自己的优势和劣势，对旅游市场细分，可以使企业集中自己有限的物力和财力，扬长避短，巩固和服务自己的旅游市场，开发新的旅游产品。此外，很多旅游资源并不适合所有游客，而是有自己的特定旅游市场的，所以它们的开发和营销都是要面对自己的旅游者消费群体的。例如，攀爬类等刺激旅游资源，它就不适合老年人参与，其开发和设计主要是考虑年轻消费者的消费需求和特征。而市场细分有助于对其进行开发设计和宣传。

由于人们的自身状况和周围环境的不同，旅游消费需求也多种多样，这些不同的需求成为旅游市场细分的标准。旅游市场细分的标准有很多，常见的有按地理因素划分、按人口统计特征划分、按旅游者心理行为因素划分、按购买行为划分等。

其中，按地理因素划分即按照旅游者所处的地理位置的某一自然要素划分，或者与目的地理位置之间的关系来划分。如按地理区域划分，世界旅游组织（WTO）将全世界划分为六大旅游区域，即东亚及太平洋旅游区、南亚旅游区、中东旅游区、非洲旅游区、欧洲旅游区、美洲旅游区。各区域市场还可按国别再进行细分，如美洲旅游区又可以分为南美洲旅游市场、北美洲旅游市场和中美洲与加勒比海旅游市场；北美洲旅游市场又可以分为美国旅游市场、加拿大旅游市场、墨西哥旅游市场等；而各国旅游市场又可进行进一步细分。这种划分方法，得到世界旅游领域的普遍认可，特别是在国际旅游市场的划分中。

如按旅游输出国与旅游接待国之间的距离远近划分，可分为远程旅游市场、中程旅游市场和近程旅游市场。这种距离具有一定的相对性。例如，对我国而言，俄罗斯远东地区是近程旅游市场，而其欧洲部分则是远程旅游市场；相对于古巴，新加坡是我国的近程旅游市场，但是相对于泰国，新加坡则属于远程旅游市场。

而从人口特征的角度来讲，人口统计特征包括年龄、性别、职业、收入、种族、宗教、国籍、受教育程度及文化等，这种方法在市场划分中也很常见。例如，根据旅游者的年龄结构可以将旅游市场细分为老年旅游市场、青年旅游市场和儿童旅游市场等；根据性别可划分为男性旅游市场和女性旅游市场。不同年龄段的人对旅游内容、旅游价格、旅游时间、旅游方式等有很明显的需求区别。

此外，还有根据旅游者购买行为或者心理行为划分的。例如，根据购买力的高低，将旅游者划分为高端游客和普通游客；根据生活方式和性格，将旅游者分为开放型旅游者和保守型旅游者等。

二、国际旅游市场

（一）国际旅游市场的发展

20 世纪 50 年代，由于经济的发展，科技的进步，人们闲暇时间的增加和观念的转变，国际旅游业快速发展，并在20世纪90年代取代石油工业和汽车工业，成为世界上最大的创汇产业。随着旅游产业的发展壮大，国际旅游市场的规模也不断扩大。世界国际旅游人次和旅游收入，分别从1950年的2530万人次和21亿美元，增长到2011年的9.89亿人次和10 300亿美元（这其中不包括往返于国际间的交通费用），增长超过490倍，如表3-4所示。根据世界旅游组织的预测，到2020年，在世界范围内将有15.6亿人次的国际旅游者。

表3-4 1950—2011年全球国际旅游人次及收入

年 份	旅游人次/百万人次	旅游收入/亿美元
1950	25.282	21.00
1960	69.296	68.67
1970	159.690	179.00
1980	287.906	1023.72
1990	459.212	2647.14
2000	674.000	4758.00
2005	799.000	6800.00
2007	910.000	8562.00
2010	940.000	9191.00
2011	983.000	10 300.00

资料来源：世界旅游组织，经作者整理。

尽管今后世界旅游需求仍会受到周期性经济衰退、通货膨胀、恐怖主义活动、区域战争以及各种贸易保护主义等因素的制约，但旅游业发展的大趋势是不可逆转的，世界旅游业仍将以较高速度持续发展。

（二）国际旅游市场空间分布

由于社会、经济、文化、观念都比较成熟，欧洲一直是世界上最大的国际旅游客源地，旅游支出约占世界全部支出的60%。其次是美洲（主要是北美），因为经济发达，基础设施完善，所以是世界第二大旅游客源地，其旅游支出约占世界全部支出的20%。因此，欧美是世界上最大的国际旅游客源地。东亚及太平洋地区，约占10%~20%，位居第三位。该地区的主要客源国包括：日本、澳大利亚、中国（含港、澳、台地区）、韩国、新加坡、泰国等。非洲、中东和南亚地区则占了剩下的份额。非洲和南亚地区国家经济比较落后，因而输出国际旅游者的能力较弱。中东地区各国，特别是那些石油生产国，虽然在经济上比较富裕，但由于人口数量少，出游观念不强，因此在世界国际旅游客源市场中所占比重较小。

（三）国际旅游流空间流向

要考察国际旅游流的流向，最好的切入点是考察世界六大旅游区的国际旅游接待人数和旅游收入（本书将南亚划入亚洲及太平洋地区）。2000 年、2005 年、2011 年各大旅游区全球国际旅游接待量和旅游收入分别如表 3-5 和表 3-6 所示。

表 3-5　全球国际旅游接待量的地区分布

地　区	2000 年		2005 年		2011 年	
	接待量/百万人次	份额（%）	接待量/百万人次	份额（%）	接待量/百万人次	份额（%）
全球	674.0	100.00	799.0	100.00	983.0	100.00
欧洲	385.0	57.12	440.7	55.17	504.0	51.27
美洲	133.3	19.58	133.3	16.68	156.6	15.90
亚洲及太平洋地区	110.1	16.24	153.6	19.24	217.0	22.08
非洲	26.2	3.60	34.8	4.37	50.2	5.11
中东	24.1	3.46	36.3	4.54	55.4	5.64

资料来源：《World Tourism Organization（UNWTO）》（2001—2011），经作者整理。

表 3-6　全球国际旅游收入的地区分布

地　区	2000 年		2005 年		2011 年	
	收入/十亿美元	份额（%）	收入/十亿美元	份额（%）	收入/十亿美元	份额（%）
全球	475.8	100.00	680	100.00	1030	100.00
欧洲	231.5	48.65	348.2	51.14	463.4	44.99
美洲	136.4	28.67	144.6	21.26	199.1	19.33
亚洲及太平洋地区	87.6	18.40	138.6	20.38	289.4	28.1
非洲	10.7	2.25	21.5	3.16	32.6	3.17
中东	9.7	2.03	27.6	4.06	45.9	4.41

资料来源：《World Tourism Organization（UNWTO）》（2001—2011），经作者整理。

从表 3-5、表 3-6 世界国际旅游接待量和国际旅游收入的基本分布格局可以看出，国际旅游客流的流向主要是欧美市场，但是份额正逐步下降，美洲和亚太市场增长最快。

欧美市场是国际旅游流的主要流入区。欧美不仅是世界最大的旅游市场，也是最大的旅游目的地，一直是世界国际旅游的中心地区。不过由于欧洲旅游市场的成熟性，各旅游容量已经饱和，甚至超载，其增长已经比较缓慢，所占世界份额比重正逐步下降。

亚洲及太平洋市场是最具活力的市场。亚洲及太平洋地区的国际旅游正在迅速崛起，越来越多的国际旅游者把该地区选为旅游目的地，近10年来，其国际旅游收入和接待人数的增长率均居世界各大旅游市场前列，这也是近10年来国际旅游市场发展中最引人注目的特征之一。随着该地区的经济健康快速发展，这种趋势还将进一步加强。

非洲市场、中东市场的流入量也在增长，但是十分缓慢。这些地区虽然有丰富的高品质旅游资源，但是由于距离欧洲、美洲和亚洲及太平洋地区这三个主要的客源市场较远，地区经济又比较落后，设施设备不完善，交通特别是空中交通不便，政局不稳等原因，旅游入境客流增长十分缓慢。

（四）国际旅游客流规律

1. 近距离的国际旅游客流量大

20世纪80年代中期，近距离的国际旅游占世界国际旅游总人次的75%左右。这主要是由于距离比较近，所花费的旅游费用、时间和精力比较少，而且办理入境手续和交通较为方便。例如，中国到周边的蒙古、缅甸、泰国等进出境就非常方便。此外，相邻国家风俗习惯以及文化传统比较接近，因而在旅游活动中所遇障碍较少。

2. 远程国际旅游增长潜力比较大

远程国际旅游增长潜力比较大的原因，一方面是世界经济的持续发展，进一步提高了人们的个人收入水平；另一方面是科技的进步，特别是飞机等交通工具的改进，相对缩短了空间距离，节约了人们出行的时间和成本。

3. 大量国际旅游流向风景名胜地区和政治、经济、文化中心

风景名胜地区是人们休养、游览、娱乐的场所，对旅游者吸引力强；政治、经济、文化中心的公共设施一般比较完善，旅游资源比较丰富，对旅游者具有较强吸引力。

4. 消费群体不断扩大，并且需求向深层次发展

旅游已不再是少数有钱人的特殊的生活方式，其参与者已遍布社会各阶层和各个年龄段，甚至退休者和家庭主妇也开始步入这一行列。也有许多人在紧张的工作之余，外出度假，开阔视野，增长见识，放松身心，丰富经历，寻求商业的新突破，把旅游作为丰富人生经历的一项活动，从而使得旅游者队伍日渐庞大。同时，如今的旅游者已不满足于过去走马观花式的观光旅游，他们希望有文化的内涵，艺术的趣味，重返大自然的经历，甚至冒险的情趣。他们不只满足于做旁观者，还希望参与其中。传统的观光、娱乐等旅游方式已不能满足旅游者的需求，旅游方式正朝着个性化、多样、文化的方向发展，各种生态旅游、会展旅

游、奖励旅游、体育旅游、工业旅游、乡村旅游、修学旅游、探索教育旅游、猎奇旅游、城市旅游等内容丰富、新颖独特的旅游方式和旅游项目不断地被创新出来。

5. 购买方式自主性强，散客逐渐增多

旅游者的自主意识越来越强，不愿参加旅行社固有旅游产品的旅游者越来越多。目前，国际旅游市场上流行的两种购买方式：一是临时组合，现场包装，即客人不购买现成的旅游产品，而向旅游中间商或代理人提出关于目的地和旅行路线的具体要求，代理人据此临时组合成产品，将各项服务相加，算出价格，当场出售；二是基本构成加自由选择，即客人只通过旅行中间商或旅游机构代订机票和客房，待抵达目的后再向当地旅行社选择购买旅游产品，并自己安排部分日程。这两种购买方式的最大特点是，能充分体现消费者的个人意志，达到心理和自由度的满足，价格的透明度高。由于这两种购买方式都体现了较强的自主意识，因而日益受到旅游者的欢迎，也导致散客逐渐增多。

6. 对旅游安全更为重视

尽管世界局势总体趋于缓和，但民族冲突、宗教冲突、国际恐怖主义将随时对国际旅游业的发展形成局部威胁。旅游者考虑的安全因素主要包括局部战争和冲突、恐怖主义活动、旅游目的地政局不稳定、传染性疾病流行、恶性交通事故的发生、社会治安状况恶化等。旅游者只有对各方面的安全因素确定无疑后才会启程。因此，各旅游接待国或地区都愈来愈重视安全因素的影响，针对一些不可预测的不安全因素为游客预先代办保险。

三、中国旅游市场

经过30多年来的发展，中国旅游业在国民经济中的地位逐步提升，已成为第三产业的新兴产业和国民经济新的增长点，实现了从旅游资源大国到亚洲第一旅游大国、世界旅游大国之一的历史性跨越。新世纪开始，中国旅游业的产业地位进一步提升，发展目标重新调整。2000年全国旅游工作会议正式提出“建设世界旅游强国，培育新兴支柱产业”的战略目标；以此为指导思想，制定了《中国旅游业发展“十五”计划和2020年远景目标纲要》，促使中国旅游产业从第三产业的新兴产业和国民经济新增长点向国民经济重要支柱产业提升。中国旅游市场由入境旅游、国内旅游、出境旅游三大部分组成，目前三者已经基本形成较为完整的市场结构。

（一）入境旅游

我国入境旅游主要由三部分组成：外国人（包括外籍华人）、海外华侨、港澳台同胞。

我国旅游业起步晚、起点低。从1949年到1978年，我国入境旅游主要是以外事接待为主，规模很小。1978 年改革开放后，我国接待入境旅游者 180.92 万人次，其中外国旅游者为 22.96 万人次，港澳台同胞为 157.96 万人次，旅游外汇收入为 2.63 亿美元。2011 年接待入境旅游者达 13 542.35 万人次，其中外国旅游者 2711.20 万人次，港澳台同胞 10 831.15 万人次，旅游外汇收入 484.64 亿美元。短短 34 年间，我国国际旅游业国际排名由第 41 位上升至第 3 位，如表 3-7 所示。

表 3-7　1978—2011 年入境旅游人数和外汇收入

年　份	入境旅游人数/万人次				外汇收入		
	总计	外国人	港澳台同胞	港澳同胞	外汇收入/亿美元	比上年增长（%）	世界排名
1978	180.92	22.96	157.96	156.15	2.63	—	41
1988	3169.48	184.22	2985.26	2933.56	22.47	20.7	26
1998	6347.84	710.77	5637.07	5407.53	126.02	4.4	7
1999	7279.56	843.23	6436.33	6167.05	140.99	11.9	7
2000	8344.38	1016.04	7328.34	7009.93	162.24	15.1	7
2005	12 029.23	1641.91	3028.99	2680.80	292.96	13.8	5
2009	12 647.59	2193.75	10 452.84	10 004.44	396.75	-2.9	4
2010	13 400.00	2612.69	10 763.54	10 249.48	458.14	15.5	3
2011	13 542.35	2711.20	10 831.15	10 304.85	484.64	5.8	3

资料来源：《中国旅游统计年鉴》。

但是我国入境旅游市场的比例并不是均质的，而是有不同的洲际结构（如表 3-8 所示）和国别结构的（如表 3-9 所示）。

表 3-8　2007—2011 年入境外国旅游者人数（按洲际区分）

（单位：万人次）

地　区	2007 年	2008 年	2009 年	2010 年	2011 年
亚洲	1606.12	1456.17	1377.93	2612.69	2711.20
欧洲	621.68	611.27	459.12	569.79	593.78
美洲	272.10	258.19	249.12	299.54	320.11
大洋洲	72.85	68.17	67.24	78.93	85.93
非洲	37.91	37.84	40.12	46.36	48.88
其他	0.31	0.19	0.22	0.21	0.19
总计	2610.97	2432.53	2193.75	5182.060	5886.716

资料来源：《中国旅游统计年鉴》。

表 3-9 近年来华旅游前 10 位客源国

排序	2006 年	2007 年	2008 年	2009 年	2010 年	2011 年
1	韩国	韩国	韩国	日本	韩国	日本
2	日本	日本	日本	韩国	日本	韩国
3	俄罗斯	俄罗斯	俄罗斯	俄罗斯	俄罗斯	俄罗斯
4	美国	美国	美国	美国	美国	美国
5	马来西亚	马来西亚	马来西亚	马来西亚	马来西亚	马来西亚
6	新加坡	新加坡	新加坡	新加坡	新加坡	新加坡
7	菲律宾	菲律宾	菲律宾	越南	越南	菲律宾
8	蒙古	蒙古	蒙古	菲律宾	菲律宾	蒙古
9	泰国	法国	澳大利亚	缅甸	蒙古	英国
10	英国	澳大利亚	泰国	蒙古	加拿大	泰国

资料来源：《中国旅游统计年鉴》。

由上面的表分析可知，我国入境旅游流增长迅速，港澳台同胞，尤其是港澳同胞占主要部分；亚洲是我国第一入境客源市场，且增幅很大，欧美市场是我国重要的客源市场。

（二）国内客源市场

我国的国内旅游市场是在改革开放以后逐渐发展起来的，20 世纪 90 年代开始呈现迅猛发展的局面。1985 年国内旅游人数和国内旅游收入分别为 2.14 亿人次和 80 亿元人民币。2012 年分别达到 29.57 亿人次和 22 706.02 亿元人民币，如表 3-10 所示。

表 3-10 2000—2012 年国内旅游人数与旅游收入统计

年 份	旅游人数 /亿人次	比上年增长 (%)	国内旅游收入 /亿元	比上年增长 (%)
2000	7.14	3.15	3176.10	12.11
2001	7.18	5.13	3522.10	10.19
2002	8.78	12.01	3878.36	10.11
2003	8.7	-0.90	3442.27	-11.20
2004	11.02	26.61	4711.00	36.86
2005	12.12	10.0	5286.00	12.2
2006	13.94	15.0	6230.00	17.9
2007	16.10	15.5	7770.62	24.7
2008	17.12	6.3	8749.30	12.6

（续）

年　份	旅游人数/亿人次	比上年增长（%）	国内旅游收入/亿元	比上年增长（%）
2009	19.02	11.1	10 183.69	16.4
2010	21.03	10.6	12 579.77	23.5
2011	26.41	13.2	19 305.39	23.6
2012	29.57	12.0	22 706.02	17.6

资料来源：《中国旅游统计年鉴》。

我国国内旅游市场的旅游流有自己的运动规律：

（1）流量规模大，发展潜力足。这主要是由于我国国内人口多，经济发展迅速，人们的节假日增多等的必然结果。

（2）短程旅游者居多，消费水平低。这主要是因为我国虽然经济发展迅速，但是和欧美国家相比，发展时间比较短，底子还比较薄。短程旅游旅途短，费用支出少，所需时间少。因此我国国内旅游者多选择短程旅游，且消费水平相对国际旅游消费而言比较低。

（3）旅游热点城市和著名景点仍是主要的旅游目的地。热点旅游城市一般是我国或者区域政治、经济或者文化中心，因此吸引力比较大。

（4）时间集中性明显。由于我国的休假制度问题，我国国内旅游者的出游时间大都选择在春节、“五一”国际劳动节、“十一”国庆节等公共节假日期间。

（三）出境旅游市场

我国出境旅游市场，特别是因私出境旅游市场，在20世纪90年代以后才发展起来。虽然起步晚，但是发展却很快，出境旅游人数增长迅速，除个别年份外，近几年都保持了良好的增长势头，如表3-11所示。

表3-11　2002—2011年中国出境旅游人数统计

年份	出境总人数/万人次	比上年增长（%）	因公出境/万人次	比上年增长（%）	因私出境/万人次	比上年增长（%）
2002	1660.23	36.84	654.09	26.08	1006.14	44.87
2003	2022.19	21.8	541.10	-17.3	1481.09	47.20
2004	2885.29	42.7	587.38	8.6	2297.9	55.1
2005	3102.63	7.5	588.63	0.2	2514.00	9.4
2006	3452.36	11.3	572.44	-2.8	2879.91	14.6
2007	4095.40	18.6	603.00	5.3	3492.40	21.3
2008	4584.44	11.9	571.32	-5.3	4013.12	14.9

（续）

年份	出境总人数/万人次	比上年增长（%）	因公出境/万人次	比上年增长（%）	因私出境/万人次	比上年增长（%）
2009	4765.63	4.0	544.66	-4.7	4220.97	5.2
2010	5738.65	20.4	587.85	7.9	5150.90	22.0
2011	7025.00	22.4	613.21	4.3	6411.79	24.5

资料来源：《中国旅游统计年鉴》。

中国旅游者的出境选择主要是中国香港、中国澳门以及东南亚、日本、韩国、俄罗斯等邻近的国家和地区，如表3-12所示。

表3-12 中国出境旅游第一站（2006—2011年）

位次＼年份	2006	2007	2008	2009	2010	2011
1	中国香港	中国香港	中国香港	中国香港	中国香港	中国香港
2	中国澳门	中国澳门	中国澳门	中国澳门	中国澳门	中国澳门
3	日本	日本	日本	日本	日本	韩国
4	韩国	韩国	越南	韩国	韩国	中国台湾
5	泰国	越南	韩国	越南	中国台湾	马来西亚

资料来源：《中国旅游统计年鉴》。

在我国，由于客观现实的需要，率先发展的是入境旅游市场，随后是国内旅游市场，而且现在规模最大，最后发展的是出境游市场，该市场潜力巨大。对于我国旅游市场的发展来讲，从我国实际出发，应大力发展入境旅游，积极发展国内旅游，适度发展出境旅游。在某一类市场内部，优化的市场结构应该是多元化的。以入境旅游市场为例，仅靠单一市场或少数市场不仅风险大，而且容易受制于人，所以必须形成一个多元化的市场结构。我国的入境旅游市场不仅以东北亚的日本、韩国，东南亚的新加坡、马来西亚、泰国等国为主，而且也把欧美一些国家作为主要客源国，具有一定的稳定性。

本章回顾

本章首先介绍了国内外对旅游者进行定义的情况，分析了各个定义的优缺点和利弊，接着探讨了成为旅游者的条件，我们把这些条件分为客观条件和主观条件分别加以讨论：客观条件主要从经济和时间两个维度分析，当然，也包含其他客观因素；主观条件则主要是从旅游需求和旅游动机两个角度来阐述，并且讨论了支撑旅游需求的理论和影响旅游动机的因素。因为旅游者的流动形成了旅游流，而旅游流现象又是旅游学领域的一个非常重要的概念，因此我们在此基础上，讨论了旅游流的概念和特征，并分析了影响旅游流的因素。知道了旅游流的基本规律，也就对旅游流的流向、流量和空间分布有了比较清晰的认识，而这些又是划分旅游市场所必须具备的基础，因此，为旅游市场的分析奠定了基础。所以，接着讨论了旅游市场的内容，首先讨论了旅游市场的概念和划分，然后又分述了世界和我国的旅游市场。整篇内容安排紧凑，层次清晰，并添加了部分推荐阅读，帮助理解，同时增加文章的趣味性。

关键概念

可自由支配收入　恩格尔系数　余暇时间　旅游流　旅游流流量　旅游流流向　旅游市场　旅游市场细分

复习与思考

1. 试述不同国家和国际组织对国际旅游者的定义及其含义。
2. 试述不同国家对国内旅游者的界定标准。
3. 请简述旅游者形成的条件。
4. 简述旅游流的特征。
5. 请分析影响旅游流的主要因素。
6. 旅游市场细分的标准是什么?
7. 简述世界旅游市场的特点。

知识拓展（阅读导航）

[1] 李肇荣，曹华盛．旅游学概论 [M]．北京：清华大学出版社，2006.
[2] 唐宇．旅游学概论 [M]．北京：北京大学出版社，2007.
[3] 李天元．旅游学概论 [M]．6 版．天津：南开大学出版社，2009.
[4] 谢彦君．基础旅游学 [M]．3 版．北京：中国旅游出版社，2011.
[5] 苏勤．旅游学概论 [M]．北京：高等教育出版社，2001.
[6] J C 霍洛．论旅游业：二十一世纪旅游教程 [M]．孔祥义，等译．北京：中国大百科全书出版社，1997.
[7] 吴必虎．上海城市游憩者流动行为研究 [J]．地理学报，1994，49 (2)：117-127.

[8] 陈文晖. 我国国内旅游需求的空间特征与空间优化研究 [J]. 中国软科学, 2003 (5).

[9] 章锦河, 张捷, 李娜, 等. 中国旅游流空间场效应分析 [J]. 地理研究, 2005 (24).

[10] Cees Goossens. Tourism Information and Pleasure Motivation [J]. Annals of Tourism Research, 2000, 27 (2): 301-321.

[11] Seong-Seop Kim, Choong-Ki Lee. Push and Pull Relationships [J]. Annals of Tourism Research, 2002 (29).

[12] Samuel Seongseop Kim, Choong-Ki Lee, David B Klenoskyc. The Influence of Push and Pull Factors at Korean National Parks [J]. Tourism Management, 2003 (24).

第四章

旅游的对象物

[学习目标]

- 掌握旅游资源的概念、特征及分类的主要方法
- 掌握旅游资源的六大特征及其三大分类
- 了解《中国旅游业信息分类表》中旅游资源信息分类的方法
- 了解旅游资源评价的目的、原则及主要内容
- 熟悉旅游资源评价定性与定量评价方法
- 熟悉旅游资源开发的原则、内容与模式
- 了解旅游资源保护的原则、内容与措施
- 了解旅游产品的概念及两大类型

[案例导入]

中国十大精品旅游线路推荐

一、丝绸之路游

丝绸之路已有2000余年的历史，它的魅力是永恒的。今天，古老的丝绸之路沿线众多的历史文物、古迹，壮丽的自然风光以及多姿多彩的各民族风土人情仍然吸引着成千上万来自世界各地的旅游者。历史上，被誉为“沙漠之舟”的骆驼曾是丝绸之路上的主要交通工具；今天，游客可乘飞机、火车、汽车沿丝绸之路旅行，既快捷便利，又舒适安全。重点旅游城市包括：乌鲁木齐、西宁、银川、兰州和西安。

二、长城游

中国的长城是人类文明史上最伟大的建筑工程，它始建于2000多年前的春秋战国时期，秦朝统一中国之后连成万里长城。汉、明两代又曾大规模

修筑。其工程之浩繁，气势之雄伟，堪称世界奇迹。岁月流逝，物是人非，如今当您登上昔日长城的遗址，不仅能目睹逶迤于群山峻岭之中的长城雄姿，还能领略到中华民族创造历史的大智大勇。重点旅游景点包括：

北京：八达岭、慕田峪；

天津：蓟县黄崖关；

河北：秦皇岛—老龙头、山海关、褒山、承德—金山岭；

山西：雁门关；

宁夏：古长城遗迹；

甘肃：嘉峪关。

三、长江三峡游

长江是中国第一大河流，也是世界上最长的河流之一。长江三峡景色久负盛名，被喻为大自然造就的“天然画廊”“人间仙境”。其中，瞿塘峡雄伟险峻，巫峡秀丽深幽，西陵峡滩多水急、礁石林立，更有小三峡葱郁苍翠、水清见底。两岸众多的名胜古迹和优美动人的传说，令人神往。如今，三峡大坝早已建成，游客可欣赏到“高峡出平湖”的美景。重点旅游景点包括：

重庆：大足宝顶山石刻、北山石刻；

四川：万县、白帝城、瞿塘峡；

湖南：岳阳、洞庭湖、岳阳楼；

湖北：宜昌、西陵峡、葛洲坝、神农架、神农溪、沙市、荆州古城、万寿宝塔、文星楼。

四、黄河风情游

黄河像一条金色的巨龙，奔腾不息，横亘在中国中部大地上。几千年来，它孕育了中华民族的文化，凝聚了华夏子孙的精神和力量。沿着黄河线游览，不但可以领略黄河的磅礴气势、峡谷平湖等胜景和两岸独特风光，更能饱览沿途众多的名胜古迹，体察独特的乡风民俗，探究中华民族之源。重点旅游景点包括：

青海：龙羊峡水库；

甘肃：刘家峡、柄灵寺；

宁夏：沙坡头；

山西：壶口瀑布、临汾东岳庙、运城关帝庙、黄河铁牛、永乐宫、普救寺；

内蒙古呼和浩特：四子王旗葛根塔拉、成吉思汗陵；

河南：三门峡水库、黄河古栈道、虢国墓地车马坑、洛阳龙门石窟、白马寺、关林、洛阳古墓博物馆、开封宋都御街、铁塔、龙亭、相国寺；

山东：济南趵突泉、千佛山、大明湖，曲阜孔府、孔庙、孔林，泰安泰山、岱庙，兖州黄河大观。

五、奇山异水游

中国广袤的土地上，众多的奇山异水为我们展现了一幅幅大自然的美景。有的气象万千，险峻奇特；有的秀丽深幽，绚丽多彩。当您置身其中，定会被这些鬼斧神工般的自然景色所陶醉。重点旅游景点包括：

福建：武夷山天游峰、玉女峰、九曲溪，厦门鼓浪屿、日光岩；

广西：桂林水上漓江，阳朔芦笛岩、七星岩；

安徽：黄山、北海、莲花峰、玉屏楼、天都峰、飞来石、始信峰；

贵州：黄果树、天星景区、织金洞；

湖南：张家界、金鞭溪、天子山十里画廊，武陵源索溪谷、黄龙洞；

吉林：长白山天池；

四川：九寨沟、黄龙。

六、江南水乡游

“江南好，风景旧曾谙；日出江花红胜火，春来江水绿如蓝。能不忆江南？”这首唐词，总是把人们的思绪牵到风景如画的江南。长江以南的江浙两省，自古就有人间天堂之美誉。这里河湖交错，水网纵横，小桥流水、古镇小城、田园村舍如诗如画；古典园林、曲径回廊魅力无穷；吴侬细语、江南丝竹别有韵味。重点旅游景点包括：

浙江：杭州西湖、茶叶博物馆、灵隐寺、胡庆余堂，嘉兴富春江农家乐、新安江渔民婚礼，绍兴鉴湖、大禹陵、鲁迅故居、水上乌篷船；

江苏：南京中山陵、明孝陵、城墙、秦淮河风光带，扬州乾隆瘦西湖水上游、汉墓博物馆、漆器玉器厂，镇江西津渡古街，常州淹城、文笔塔、天宁寺、簸箕巷集市，无锡太湖、民俗村、网师园，苏州拙政园、虎丘、留园、周庄、丝绸博物馆、水上小龙舟。

七、中原民俗游

黄河中下游地区是中华民族的发祥地，这里的中原文化，是中华传统文化的瑰宝；这里的民风民俗，无一不是中华文化的生动体现。

虽然山西、河南、山东、天津、北京的民俗风情同出一源，有许多共同之处，但各地域又有明显的不同。考察各地的风土人情、城街巷陌，或许您会在发现中国传统文化源远流长的同时，也体会到居住在不同地域的炎黄子孙用不同方式追求美好的生活。重点旅游景点包括：

山西：太原乔家大院、河边民俗馆、平遥古城墙，临汾丁村民俗博物馆，运城关帝庙，永乐宫元代壁画；

山东：潍坊安丘石家庄民俗村、风筝博物馆、杨家埠木版年画；

河南：洛阳豫西窑洞；

天津：古文化街、杨柳青年画博物馆；

北京：四合院、街巷胡同。

八、宗教文化游

产生于古印度而又扎根于中国大地的中国佛教、中国故有的道教，在长达2000多年的历史过程中，对中国的政治、经济、社会生活、文学艺术、音乐舞蹈、绘画、建筑，甚至人们的思维方式都产生了或多或少的影响。而保留至今的寺院、道观，多建于名山之上，形成了“天下名山僧（道）占多”的现象，为今天的游客提供了宗教人文景观与自然景观相结合的绝好去处。重点旅游景点包括：

北京：卧佛寺、雍和宫、潭柘寺、白云观；

安徽：九华山、化城寺、月身宝殿、天台寺、莲花峰、天柱峰、太白书堂；

山西：五台山、南山寺、显通寺、普化寺、佛事活动；

浙江：普陀山、法雨寺、普济寺、慧济寺、佛事活动、舟山沈家门；

四川：峨眉山、报国寺、万年寺、清音阁、佛事活动、乐山大佛；

江西：龙虎山、道教张天师府；

湖北：武当山、金殿、南岩宫、紫霄宫、道教音乐、武当拳；

青海：塔尔寺；

西藏：拉萨布达拉宫、罗布林卡、大昭寺、色拉寺，日喀则扎什伦布寺。

九、穆斯林风情游

唐高宗永徽二年（651年）大食国即阿拉伯帝国遣使朝见唐高宗，介绍了该国习俗和伊斯兰教的情况。自此，伊斯兰教正式传入中国。1000多年来，随着伊斯兰教的传播，我国许多地方留下了伊斯兰教建筑的古迹。我国现有10余个少数民族信奉伊斯兰教，在生活起居、饮食习惯、婚丧嫁娶等方面仍保留着浓郁的穆斯林风情。重点旅游景点包括：

北京：牛街清真寺、东四清真寺、穆斯林大厦、东来顺饭庄、鸿宾楼饭庄、同和轩饭庄、亚东民族餐馆；

新疆：喀什艾提清真寺、香妃墓阿巴和加麻扎；

宁夏：银川南关清真寺、纳家户清真寺、同心清真寺迎宾楼、穆斯林风味饭庄；

陕西：西安历史博物馆、化觉巷清真寺、清雅斋饭庄、同生香餐馆、万年饭店；

上海：松江清真寺、小桃园清真寺、回风楼饭庄、上海大西洋穆斯林餐馆、松江穆斯林餐馆；

福建：泉州清真寺、伊斯兰圣墓、穆斯林后裔村；

广东：广州怀圣寺、清真先贤古墓、光塔、穆斯林食品商场、回民餐馆。

十、西南少数民族风情游

中国拥有56个民族，位于中国西南的云南、贵州、广西、四川、西藏，都是多民族省区，共有30多个少数民族生活在这里。淳朴的民风、独特的地域文化，诸如农耕、游牧、节庆、服饰、饮食起居、婚丧、建筑、语言文字、宗教信仰等，构成了一幅浓郁而又色彩斑斓的中国民俗风情图画，而西南地区雄浑壮观的山狱风光，也会为游客的西南之行增添情趣。重点旅游景点包括：

云南：昆明民族村、西山、金殿、大观楼、滇池、石林、阿庐古洞、九乡彝族、哈尼族风情，丽江古城，大理白族三道茶歌舞，西双版纳傣族村寨；

贵州：贵阳红枫湖侗寨、黑土苗寨，安顺侗寨、蜡染，凯里侗寨、苗乡；

广西：桂林民族风情园、龙胜壮族、三江侗族风情，南宁武鸣，防城港市壮族、京族风情，柳州融水贝江苗族风情。

旅游资源是旅游活动的客体，是旅游业得以发展的基础和重要组成部分。一个国家或地区旅游事业的发展成功与否，从根本上讲，取决于这个地区旅游资源的特色和丰富状况，取决于能否对该地区的旅游资源进行恰当的评价和合理的开发，以及能否妥善处理好旅游资源开发中经济效益、社会效益和环境效益的关系，以实现本地区旅游业的可持续发展。

第一节　旅游资源

一、旅游资源的概念及特点

（一）旅游资源的概念

什么是旅游资源？目前人们对旅游资源的解释，主要是从需求和供给两个角度进行。

从需求的角度去认识和解释，认为旅游资源是旅游活动的对象物，如：

（1）“旅游资源就是吸引人们前往游览、娱乐的各种事物的原材料。这些原材料可以是物质的，也可以是非物质的。它们本身并不是旅游的目的物和吸引物，必须经过开发才能成为有吸引力的事物。”

（2）“旅游资源是指对旅游者具有吸引力的自然存在和历史文化遗产，以及直接用于旅游目的的人工创造物。”

从供给的角度去认识和解释，认为旅游资源是旅游业能够借以开展经营活动的凭借物，如：

（1）“凡属于旅游业的资源，均属旅游的资源。”

（2）“从现代旅游业来看，凡是能激发旅游者旅游动机，为旅游业所利用，并由此产生经济价值的因素和条件即为旅游资源。”

应该说，从上述任何一种角度去认识和解释旅游资源的做法均有其逻辑依据。但是，在本节的讨论中，我们将侧重和强调从需求角度出发对旅游资源所下的定义。这是因为，只有从这一角度去定义，才能反映出旅游资源理论的核心，即吸引力因素。

在现代旅游活动中，作为客体的旅游资源与主体的关系密不可分。旅游者之所以愿意去某地或某国旅游，是因为旅游地对他们有吸引力。具体而言，一国或一个地区之所以能够成为旅游目的地，是由于旅游者能够获得在其常住地或常住国所不能获得的收获、经历或体验。这些“异国他乡”由其特殊的自然因素、文化因素、社会因素或其他任何因素构成的新奇内容和理想环境，对旅游者有强大的吸引力。这些因素就构成了现代旅游活动的客体即旅游资源。

旅游资源最大的功能，就在于它能激发旅游者的旅游动机，吸引他们前来该地进行旅游观赏、消遣娱乐、休憩疗养、登山探险、科学考察、文化交流等旅游活动。也正因为如此，西方人一般将我们所说的旅游资源称为“旅游吸引物”（Tour Attraction）。这就说明，吸引力是衡量旅游资源的主要标准，旅游资源的理论核心是吸引力因素。

据此说明，旅游资源的概念是一个开放的系统。只要对游客具有吸引力，无论是自然的——湖光山色、植物动物，文化的——文物古迹、民族风情，还是现代的——社会建设成就……那些物质的或非物质的因素都可以成为旅游资源，都是吸引游客前往的客观存在。

旅游资源也是一个发展的概念，随着科技的进步，不仅“原材料”需要开发，即使是一些已经开发利用的旅游资源可能还需要进一步开发挖掘以增强其吸引力。如西双版纳开发的傣族民俗风情园，通过每天的傣族歌舞表演和傣族泼水活动，使每位来到西双版纳的游客都能够亲身体验到傣族一年一度的特色节庆民俗——泼水节热闹欢庆的场面。又如通过游览路线设计，使四姑娘山的精华景色可以在较短的时间内展示给游客。九寨沟的民族歌舞晚会，通过发掘、组合和包装，在短短两个小时的时间，集中展现藏族、羌族迷人的风情和精华的歌舞，无疑增强了资源吸引力。也就是说，旅游资源需要不断地开发，对其潜能的开发是一个动态的过程。因此，从长远的角度看，凡是对旅客具有吸引力的事物，无论其经过开发与否，都应属于旅游资源的范畴。

至此，我们可以给旅游资源下一个定义：自然界和人类社会凡能对旅游者产生吸引力，可以为旅游业开发利用，并可产生经济效益、社会效益和环境效益的各种事物和因素，均称为旅游资源。

（二）旅游资源的特点

如前所述，吸引力是旅游资源区别于其他资源的本质属性，是旅游资源的核心要素。它表现为以下几个方面的特征：

1. 观赏性

旅游资源同一般资源最大的差别，就在于它具有美学特征，拥有观赏性的一面。而且其作为资源共有的经济性特征，也是通过其观赏性来实现的。

旅游活动最主要的、最基本的内容就体现在“游”字上，“游”本身就是对美好事物的观赏。无论山光水色、流泉飞瀑、奇石异洞、风花雪月，还是历史古迹、民俗风情等，无不具有观赏的特征，因此才能成为旅游资源。旅游资源的观赏性越强，对旅游者的吸引力也就越大。如我国的北京故宫博物院、长城、长江三峡、桂林山水、秦陵兵马俑，埃及的金字塔，古罗马的大竞技场，印度的泰姬陵，法国的埃菲尔铁塔、凯旋门、巴黎圣母院，英国的白金汉宫，日本的富士山，美国纽约的自由女神像、华盛顿国会大厦，澳大利亚的大堡礁等，都因观赏性极强，成为世界著名的旅游资源。

2. 客观性

旅游资源无论是自然形成的，还是人类创造的，都是客观存在的。既有其时间发展的必然性，也有其空间位置的客观性。

旅游活动产生之前，自然资源是人类赖以生存的根本条件。从旅游活动的发展历史来看，人类与大自然的关系经历了恐惧——回避——崇拜——赞美的过程。从对自然资源的利用发展到欣赏，是人类生存能力、生产能力和认识水平提高的表现。因此，自然资源的发展是自然的，是客观存在的，对自然资源旅游属性的发现和利用是人类自身发展和日趋成熟的表现。

人文旅游资源也有其存在的历史轨迹，是历史发展的必然产物，是不以当今人类的意志为转移的客观存在。无论是皇陵、庙宇，还是文物、遗迹，产生的历史大多与旅游无涉，只有经过历史的沉淀并与当今的文化形成强烈的对比和反差，对当今的旅游者构成足够的吸引力时，其旅游资源的价值才能够客观地形成。

旅游资源的客观性特征使其具有了不可替代的垄断性。目的地的历史遗产和天然旅游资源，都因其地理上的不可移动从而为该地所垄断。无论是我国的长城、埃及的金字塔，还是东非的天然动物园和美国的黄石国家公园，都是如此。当然，在现代经济和技术条件下，在其他地方仿造这些东西并非不可能，但这种仿制品由于脱离了历史和环境，从而失去了意义和魅力。

3. 多样性

从旅游资源的定义可以得知，旅游资源是一个内涵非常广泛的集合概念，任何能够造就对旅游者具有吸引力环境的因素都可成为旅游资源。此外，旅游资源在表现形式上也具有多样性的特点。它可以是自然的，也可以是人文的；可以是历史的，也可以是当代的；可以是有形的，也可以是无形的。旅游资源的这一特点，是旅游者形成条件和心理特点的多样性以及由此决定的千差万别的旅游需求推动下的产物。总之，这是客观世界的复杂性决定的，也是与人们旅游动机的多样性分不开的。

4. 定向性

旅游资源的吸引力在某种程度上涉及主观效用。就某项具体的旅游资源而言，它可能对某些旅游者吸引力颇大，而对另外一些旅游者则无多大吸引力甚至根本没有吸引力。所以，任何一项旅游资源都具有吸引力定向的特点，只能吸引某些市场，而不可能对全部旅游市场都具有同样大的吸引力。

5. 易损性

旅游资源的客观性和垄断性，使其自然地排斥人造的资源和人为的痕迹。改动（甚至移动）痕迹过重的文物被称为伪文物，对旅游者的吸引力大大降低。所以，旅游资源如果利用和保护不当，是很容易遭到破坏的。有形的旅游资源如此，无形的旅游资源也有同样的问题。一项使用过度的有形资源可能被毁坏，甚至不可再生。一项维护不当的无形资源一旦遭到破坏也是在短期内难以修复的。如九寨沟的日接待游客量大大超过环境承载的能力，对其生态系统和水质造成了无可挽回的破坏。少数民族旅游地过度商业化的民俗表演，天长日久也难以恢复民俗文化原始的魅力。云南省香格里拉地区，因作为某部电影的外景地而被破坏的原始高山杜鹃林等植被，因其当地自然环境的严酷性，绝非一二十年所能够恢复的，即使多年后恢复到一定的植被覆盖率，也很难恢复到高山杜鹃林的原始状态。

6. 可创新性

随着时间的发展，人们的兴趣、需要以及时尚潮流也在发展变化。这使得人对资源的创新成为必要和可能。此外，在传统旅游资源匮乏的地区，为了发展旅游业，也可能会凭借当地的经济实力人为地创造一些旅游资源。新加坡的圣淘沙岛以及裕廊公园、鸟公园等就是这方面的典型例子之一。此外，无论是以分布于美、欧、亚洲的几处迪士尼乐园为代表的各类主题公园，还是我国的洛阳牡丹花会、山东潍坊风筝会等，几乎无一不是这种创新人造旅游资源的例证。

认识旅游资源的这些特点对于发展旅游业，特别是对于一个国家或地区的旅游规划和开发、旅游市场营销以及旅游资源的保护等工作都具有一定的实际意义。

（三）旅游资源的产业意义

现代旅游学对旅游资源理解重在它的实用性，旅游资源的开发与旅游产业发展有着不可分割的关系。旅游“资源”对发展旅游业的根本“有用”性，是说开发利用旅游资源对旅游业具有根本性的效益功能。在总体旅游产品中，旅游资源为其最核心的成分。旅游资源的存在才导致综合旅游消费活动的产生。旅游业依托于旅游资源对旅游者的旅游吸引功能，通过不断地从深度和广度上开发利用旅游资源，在旅游者主体与旅游资源客体之间为不断实现和发展旅游活动发挥作用，最大限度地促进综合性的旅游消费活动，从而获得自身最大的经济效益与行业的不断发展。

基于以上立场，旅游业界的理论研究和实践活动，就特别倚重旅游资源在旅游对象中的决定作用和首要地位。在过去20多年中，出现了旅游开发就等于旅游资源开发，旅游设施建设和旅游服务相对滞后的现象。理论上也把旅游对象等同于旅游资源。它的产业意义在于：

1. *旅游资源的吸引功能*

资源泛指对人类社会有利用价值的一切基础性因素，尤其是对生产经营者及生产经营过程直接有用的各种因素。旅游资源是一种首先对旅游者具有最直接“有用”的核心需求导向意义的资源。从旅游的角度看资源，关键在其对游客的“吸引功能”。旅游资源对旅游业的利用价值完全是基于旅游资源对旅游者的旅游吸引功能，不包括对旅游业及旅游者有利用价值的其他基础性因素，如交通、接待设施等。所以，我国使用的“旅游资源”概念，不等同于欧美旅游界使用的“Tourism Resources”的概念。

2. *旅游资源的无形性价值*

旅游资源是构成旅游地核心产品成分的资源，而并非是形式产品意义上的原料资源。对于物质产品的生产而言，资源尤其是指形式产品生产所需的原料来源。而旅游资源在形式上不仅仅局限于山水风光之类的自然旅游资源，也不局限于园林、建筑、文物之类的物质性旅游资源。即使是天然的物质性旅游资源，总体上也并非是将其作为物质原料加以改变性、改造性利用。其作为旅游者核心需求导向意义上的资源，对于整个产品概念上的旅游地旅游产品开发而言，恰恰应是构成需要加以挖掘和强化的核心产品因素。旅游资源的“产品化”过程，其核心并不在于对其物质形式进行改变、改造，而是发掘、组合、整合，凸现其吸引功能。它的无形价值往往大于其有形价值。如长江三峡中的巫山神女峰，如果没有神女的传说，就显得苍白而魅力大减。所以，旅游业界流行一句话：旅游开发不等于建设。

3. 旅游资源的多样性与开放性

旅游资源作为一种环境审美性与体验性的特殊资源，决定了在其内容和形式上为任何其他类别资源所不及的极端多样性、广泛性与开放性，以及浓厚的感情色彩。

大千世界，无奇不有。游客来自不同国家、地区、民族，有其年龄、职业、性别、受教育程度等差异，具有千差万别的旅游需求。旅游主体和客体之间的交互关系，使旅游资源在其内容和形式上具有为任何其他类别资源所不及的极端多样性、广泛性与开放性。旅游活动的本质在于精神体验，在于情感体验，为了适应和满足广大游客多样化的兴趣和需求，就必须提供多样化的产品供游客自由选择。既然衡量旅游资源价值的核心标准只有一个——吸引力，对其特征的限制很少，那么，有可能划归到旅游资源范畴的事物和现象就十分广泛。诸如高山、奇石、清溪、峡谷、古树、虫鱼、古庙、坟墓、名人、歌谣、生活习俗、民间工艺等无不囊括其中。因此，旅游资源是多样的而且其内涵是开放的。

二、旅游资源的分类

同其他事物的分类一样，按照不同的分类标准，所划分出来的旅游资源类型也不尽相同。

（一）根据旅游资源表现内容的基本属性分类

根据旅游资源表现内容的基本属性，将旅游资源划分为三大类，一类是自然旅游资源，一类是人文旅游资源，还有一类是社会旅游资源，如图4-1所示。

- 自然旅游资源
  - 气候条件（极昼、赤道的阳光、昆明的季节、哈尔滨的冰灯）
  - 风光地貌（三峡、石林、西北戈壁滩、江南水乡）
  - 动植物　（四川熊猫、非洲野兽、桫椤、银杏）
  - 天然疗养（森林空气、温泉、海滩、阳光）
- 人文旅游资源
  - 历史文物古迹
  - 民族文化风情
  - 体育文化盛事
  - 人造景观娱乐场所、现代社会景观
- 社会旅游资源
  - 大型娱乐场所
  - 经济发展和建设成就
  - 当地人的友好和淳朴好客

图4-1　旅游资源的分类

1. 自然旅游资源

所谓自然旅游资源，是指以大自然造物为吸引力本源的旅游资源。

自然旅游资源包括：

（1）气候天象。如风和日丽、光照充足、空气清新、干爽宜人以及天象奇观等。

（2）地文景观。包括山岳形胜、岩溶景观、风沙地貌、海滨沙滩、罕见的地质结构等。

（3）水域风光。包括江河、湖泊、瀑布、水库、泉水、溪涧、冰川、滨海景观等。

（4）生物景观。包括森林、草原、珍稀树种、奇花异草、珍禽异兽及其栖息地。

（5）天然疗养条件。包括天然矿泉、温泉、盐浴场、沙浴场以及其他各种具有保健和养生功能的天然资源。

2. 人文旅游资源

所谓人文旅游资源，是指以历史文化事物为吸引力本源的旅游资源。

人文旅游资源的构成比较复杂，包括有形和无形两种。可作如下划分：

（1）历史文物古迹。历史文物古迹包括历史建筑、文明遗迹、石窟石刻等。这些建筑和遗迹往往是一个国家或民族历史发展的物证，同时在设计和建筑风格上都有不同于其他国家或民族的独特之处，因而往往是有形的人文旅游资源中最宝贵的组成部分。

（2）民族文化及有关场所。民族文化的范畴十分广泛。这里主要是指民族历史、民族艺术、民族工艺、风俗习惯以及节日庆典活动等。集中反映和表现这些内容的场所便是西方学者称之为“旅游吸引物”的重要构成部分，如博物馆、藏书馆、民族展览和表演馆、民族工艺生产场所、反映民族特色的园林等。由于民族文化的独特性，民族文化及有关场所往往成为旅游者好奇和兴趣所在。特别是可供旅游者亲自参与的节日庆典活动，以及可让其亲身体验的民族生活方式和传统的民族活动，往往对旅游者有更大的吸引力。

（3）宗教文化。宗教文化即一切与宗教直接有关的文化现象，包括宗教建筑、宗教活动、宗教艺术等。

（4）独特的工艺和烹调技艺。民间工艺具有传统性、地方性、民族性，甚至家族性的特征，其渊远的历史、精湛的技艺、丰富的品种对旅游者很有吸引力，如景德镇的瓷器、北京的景泰蓝、苏湘蜀粤四大名绣等。烹调技艺是最具地方特征的资源，“吃”又居旅游生活六大基本要素之首，在旅游资源中占特殊、重要的地位。

（5）著名国际性体育赛事和文化盛事。如奥运会，世界杯足球赛，世界性的音乐节、戏剧节、电影节等。

3. 社会旅游资源

所谓社会旅游资源，是指异国他乡的人所生活的社会环境，如代表性的建设成就以及独特的民俗地域氛围等。

社会旅游资源主要包括：

（1）主题公园。为了发展旅游业而有意识地建造的，专为旅游服务的主题性的现代化建筑成果，以美国迪士尼乐园为代表，包括富有特色并具有一定规模的大型工程设施和文化休闲和康体娱乐设施。

（2）科技发展和经济建设成就。知名度高的现代大都市往往集中汇集了一个国家或地区的物质和精神文化成果的精华，代表了一个国家或地区的文化水平。如上海的“东方明珠”“金茂大厦”，悉尼的歌剧院等都具有不可替代的吸引价值。另外，城乡风貌也是一个重要的组成部分，包括历史悠久的文化名城、现代气息浓郁的现代都市、个性鲜明的特色城市、清新宁静的乡村风光等。

（3）优美环境和友好氛围。人与自然，人与人之间和谐相处构成优美环境，目的地居民对外来访问者的友善和好客态度也可构成当地的一项旅游资源。夏威夷的旅游发展可谓这方面的典型一例。

（二）根据旅游资源的利用情况分类

根据旅游资源的利用情况，又可将旅游资源划分为现实旅游资源（Realistic Tourism Resources）和潜在旅游资源（Potential Tourism Resources）两大类。

不论是自然旅游资源还是人文旅游资源，都有现实的和潜在的两种情况。现实旅游资源是指不仅本身具有魅力，而且已有条件并且正在接待大批游客前来访问的旅游资源。潜在旅游资源则是指那些本身可能具有某种诱人的特色，但由于受该地交通条件或其他接待条件的影响，尚不大为人们所知或者暂时无法使很多游客前来观赏的吸引因素。

这里我们需要注意的一点是，现实旅游资源并非仅仅是指已经为旅游业所利用的旅游资源，或者说是已经开发的旅游资源，而是应包括所有已经为旅游者所利用的旅游资源。首先，旅游资源是能够造就对旅游者具有吸引力的各种因素的总称，但这并不是说只有为旅游业所利用的才属于旅游资源的范畴，而是说只有为旅游者所利用或向往者才属于旅游资源。因为早在旅游业问世之前，旅游活动便已经存在。即使在今天，很多探险式旅游者和漫游式旅游者也根本不使用旅游业的旅游服务。难道吸引他们前往的魅力所在不是旅游资源？其次，有些旅游资源，不论是自然旅游资源还是人文旅游资源，未必经过人为开发，也能为旅游业所利用，如某些旅行社组织的探险式的南极观光以及某些登山旅游都属此列。所以，只要本身具有吸引旅游者的魅力，并且事实上已在吸引旅游者源源不断前来的旅游资源，即可称之为现实的旅游资源。

（三）根据旅游资源的被利用的属性分类

根据旅游资源被利用的属性，可以将其分为可再生旅游资源和不可再生旅游资源。

可再生旅游资源一般是指那些在旅游过程中被部分消耗掉，但仍能通过适当途径为人工再生产所补充的一类旅游资源，如旅游纪念品与土特产品等均属此类。

不可再生旅游资源一般是指在自然生成或在长期历史发展过程中的遗存物，这类旅游资源一旦在旅游过程中遭到人为破坏，其后果不堪设想且极难挽回，即使能够部分复原，其原有的旅游观赏价值也将会大为降低。

因此，对可再生旅游资源要充分利用，加速获得经济效益；对不可再生旅游资源则应采取以保护为主的原则，如古建筑、古墓葬和古文化等。

（四）依据《中国旅游业信息分类表》中相关部分内容分类

根据国家旅游局与统计局制定的《中国旅游业信息分类表》中相关部分的内容，也将旅游资源划分为三大类及若干个亚类和基本类型，分类方法与旅游资源属性分类法近似，如表 4-1 所示。

表 4-1 旅游信息分类表（旅游资源部分）

LE1 旅游资源

11 自然景观资源
12 人文景观资源
13 社会旅游资源

LE11/13 依下表复分

·1 普查	11 自然景观资源	12 人文景观资源	13 社会旅游资源
·11 普查申请书	111 地文景观	121 历史遗存	131 民风民俗
·12 普查资源汇总表	1111 名山奇峰	1211 远古社会遗址	1311 民族风情
·13 普查成果表	1112 奇特山石	1212 古城楼、殿堂、厅堂	1312 节日庆典
·19 其他	1113 火山熔岩	1213 古军事工程和战场遗址	1313 地方习俗风情
·2 评价	1114 典型地质构造		1319 其他
·21 观赏价值	1115 生物化石	1214 牌、坊、塔	
·22 科学价值	1116 沙（砾石）地风景	1215 碑、碣	132 餐饮
·23 经济价值		1216 桥	1321 特色菜系
·24 社会文化价值	1117 洞穴	1217 摩崖字画	1322 特色餐馆
·25 开发条件	1119 其他	1219 其他	1322 旅游团队定点餐馆
·29 其他			1329 其他
·3 规划	112 水域景观	122 宗教建筑与设施	
·31 申报、审批	1121 江河溪流	1221 佛教寺庙	133 购物
·32 总体规划	1122 湖泊	石窟等佛教遗址入此	1331 著名商店（参见 LA）
·33 专项规划	1123 泉		1332 著名商业市镇与街道
·34 区域规划	1124 瀑布	1222 道观	1333 特种商品工厂
·35 景点规划 项目规划入此	1125 海滨	1223 清真寺	1334 交易会（博览会）
	1126 岛礁	1224 天主教堂、基督教堂	1335 中国和地方名产
·36 论证、验收	1127 冰川		1339 其他
·39 其他	1129 其他	1229 其他	

（续）

·4 开发
·41 开发目标
·42 开发项目
·43 开发资金
·49 其他
·5 管理
·51 管理机构
·52 管理规章制度
·53 管理措施
·59 其他
·6 保护
·61 保护措施
·62 保护区域
·63 保护等级
·64 保护工程
·69 其他

113 天象景观
1131 云雾
1132 冰雪
1133 天象奇观
1139 其他

114 生物景观
1141 森林草原
森林公园入此
（参见 MB4）
1142 观赏植物
植物园入此
11421 古树名木
11422 奇花异草
1143 野生珍奇动物
1144 观赏动物
动物园入此
1149 其他

123 陵园墓地
1231 皇家陵园
1232 名人墓地
1232 公共陵墓
1239 其他

124 名人故居
名人纪念地（馆、堂、碑）入此
1241 古代名人故居
1242 近现代革命领袖故居
1243 近现代名人故居
1249 其他

125 园林
1251 皇家园林
1252 邸家园林
1253 现代公园
1254 造型园林
1259 其他

134 娱乐（参见 GA）
1341 影视剧院（中心）
1342 歌舞厅
1343 游乐园
1344 戏曲、音乐、舞蹈
1349 其他

135 健身
1351 体育场馆（参见 GD）
1352 保健项目
1352 特种医疗（参见 GC）
1359 其他

136 文化设施（参见 GA）
1361 博物馆（院）
1362 档案馆
1362 图书馆
1263 科技馆
1364 艺术馆
1365 会议厅（中心）
1366 展览厅
1369 其他

137 产业观光地
1371 特色工矿场所
1372 特色农牧渔场地
1373 现代科技基地
1374 现代交通工程
1379 其他

第二节 旅游资源的评价

一、旅游资源评价的目的与原则

（一）旅游资源评价的目的

旅游资源的评价是在旅游资源调查的基础上，对旅游资源的规模、质量、等级、开发前景及开发条件进行科学分析和可行性研究，为旅游资源的开发规划和管理决策提供科学依据。旅游资源的评价直接影响到区域旅游资源开发利用的程度和旅游地的前途和命运。因此，客观而科学地评价旅游资源是旅游区综合开发的重要环节。

旅游资源评价的目的在于：

（1）通过对旅游资源的种类、组合、结构、功能和性质等的评价，确定旅游资源的质量水平，评估其在旅游地开发建设中的地位，以便为新旅游区的开发提供科学依据，也为已开发或部分开发的老旅游区提供改造、扩大的依据。

（2）提供对旅游资源的规模水平鉴定，确定旅游地性质（类型），为国家和地区进行分级规划和管理提供系统资料和判断对比标准。

（3）通过对旅游资源特色和吸引力因子的分析，为旅游开发者确定旅游资源的开发重点和开发方向提供有价值的参考。

（4）通过对区域旅游资源环境及其开发利用条件的综合评价，为合理利用旅游资源、发挥整体宏观效应提供可行性论证，为确定不同旅游地的建设时序与步骤准备条件。

（二）旅游资源评价的原则

旅游资源的评价是一项重要而又复杂的工作，由于旅游资源本身包罗万象，评价工作涉及众多学科，目前尚未形成统一的认识基础和评价标准，为使该项评价工作做到公正客观，评价结果准确可靠，一般应遵循以下基本原则：

（1）客观实际的原则。旅游资源是客观存在的事物，其特点、价值和功能具有客观性，评价时应客观实际，对其价值和开发前景既不夸大也不缩小，应做到实事求是、恰如其分地准确评价。

（2）全面系统的原则。这一原则体现在两个方面：一是旅游资源的价值和功能是多层次、多形式、多内容的，它包括文化历史、艺术鉴赏、科学考察和社会等功能，故评价时要全面、系统，综合地衡量；二是涉及旅游资源开发的自然、社会、经济环境和区位、投资、客源等开发条件，评价时要给予综合考虑。

（3）科学性原则。在针对旅游资源的形成、本质、属性、价值等核心问题进行评价时，应采取科学的态度给予正确的科学解释，而不能全部地附会以神话传说，更不能相信和宣传迷信，但可以适当地辅以神话传说以提高旅游资源的趣味性，使其适合大众化旅游的口味。

（4）效益评估的原则。旅游资源评价的最终目的是为了进一步的开发利用，而开发的首要目的是获得经济、社会和环境综合效益，因此，评价时要估算其效益，以确定开发决策。

（5）高度概括的原则。旅游资源评价过程中涉及的内容众多，评价结论应明确、简练，高度概括出旅游资源的价值、特色和功能，以使评价结果具有可操作性，以利于开发定位。

(6) 力求定量的原则。在调查评价区域旅游资源时，应尽量避免带有主观色彩的定性评价，力求定量或半定量评价，并要求不同调查区域尽量采用统一的定量标准，以保证旅游资源的评价和比较在同一基准之下进行。

(7) 动态进展的原则。旅游资源的特征及其开发的外部社会经济环境条件是在不断地变化和发展的，这就要求旅游资源的评价工作不能仅停留于现状，陷于僵化和形而上学之中，而必须具有动态发展的观点，用发展和进步的眼光看待变化趋势，从而对旅游资源及其开发利用前景作出积极、全面和正确的评价。

二、旅游资源评价的内容

旅游资源的评价内容极为广泛，涉及旅游资源、资源环境及开发条件三个方面，总结起来可归纳为“三、四、五”评价内容，具体如下。

(一) 旅游资源特点的评价

1. 旅游资源特色

“特色”是旅游资源吸引游客出游的关键性因素，是旅游资源开发的灵魂。它对旅游资源的利用功能、开发方向、开发程度和规模及其经济和社会效益起着决定性作用。通过对调查区域与其他旅游区域的比较研究寻找出旅游资源的特色，可为确定旅游资源的开发方向和具体旅游项目的建设提供依据。因此，旅游资源的特性和特色是旅游资源开发的生命线。

2. 旅游资源的价值与功能

旅游资源的价值包括旅游资源的艺术欣赏价值、文化价值、科学价值、经济价值和美学价值，旅游资源的价值决定其旅游开发的功能。拥有观赏、历史、文化、科学、经济和社会等价值的旅游资源，一般均具有观光、度假、健身、商务、探险、科学考察、娱乐等旅游功能，据此决定其开发方式和保护前景。

3. 旅游资源的结构和规模

旅游资源的结构和规模主要是指区域内旅游资源的数量、密度和布局。旅游资源的数量是指旅游区内可观赏景观的多少；其密度是指这些景观资源的集中程度，它可以用单位面积内的景观数量去衡量；其布局则是指景观资源的分布和组合特征，它是资源优势和特色的重要表现。旅游资源的数量、密度和布局是区域旅游资源开发规模的重要决定因素。一些单个孤立旅游景观，即使独具特色，价值很高，功能也多，但其开发价值并不一定高。只有在一定地域和时间内，多种类型旅游景观得以协调布局和组合，形成一定规模的旅游资源结构模式，才能形成一定的开发规模，获得较高开发效益，故旅游资源的结构和规模应是其评价不可缺少的内容之一。

（二）旅游资源环境的评价

1. 旅游自然环境

旅游自然环境是指调查区域内的地质、地貌、气象、水文、生物等组成的自然环境。它对旅游资源的质量、时间节律和开发有着直接的决定作用。首先，不少自然环境的组分如植被、水文、气象本身就是旅游资源不可分割的一部分，直接影响旅游资源的质量与品位。世界闻名的自然旅游资源都是与自然环境协调、融为一体的优美自然景观。其次，旅游自然环境的某些因子如气候的季节变化，直接决定与影响到调查区域旅游的淡旺季。另外，旅游自然环境的某些因子如地质、大气、水体和生态环境质量也会影响旅游资源的开发。

2. 旅游社会环境

旅游社会环境是指旅游资源所在区域的政治局势、社会治安、医疗保健和当地居民对旅游的认识等条件。它对旅游资源效用的发挥有极大的影响。一个地区的政治局势和社会治安稳定与否，直接影响旅游者的出游决策。政局不稳、战争频发、社会治安差的地方，即使有丰富而高品位的旅游资源，旅游者出于人身和财产安全的考虑，也不敢前来旅游。医疗保健条件较好的地区能及时处理和保障旅游过程中旅游者的疾病、意外伤害和生命安全。若当地居民对旅游业有正确的认识，热情好客，使旅游者有一种宾至如归的亲切感受，则对旅游资源开发和发展旅游业有积极的作用。

3. 旅游经济环境

旅游经济环境是指能够满足旅游者开展旅游活动的一切外部经济条件，包括交通、水电、邮电通信、各种档次的食宿服务和其他旅游接待设施，以及旅游资源所在地的基础设施条件与经济基础。由于不少旅游资源位于偏僻山区，交通条件往往成为旅游资源开发的一个限制性因素，直接影响旅游者的可进入性。水电等基本生活需要若不能保障，直接影响旅游接待条件。邮电通信对于出门在外的旅游者，无论是家庭还是公务联络都颇为重要。各种食宿和旅游接待设施及服务质量同样影响旅游资源的开发和旅游经济效益。

4. 旅游环境容量

旅游环境容量是指调查区域在一定的时间内，旅游资源及自然、社会、经济环境在不影响旅游活动和旅游业持续发展的基础上，所能容纳旅游者的限定数量，也即调查区域接待旅游者的合理数量，超出这个数量，旅游活动就会受到影响，旅游资源及其环境就会遭到破坏。具体又可细分为旅游资源容量、旅游自然环境容量、旅游社会环境容量、旅游经济环境容量等。

（三）旅游资源开发条件的评价

1. 区位条件

区位条件包括旅游资源所在地区的地理位置、交通条件及与周围旅游区的关系。世界许多旅游点（区）因其特殊地理位置而增强了吸引力，如位于经度和时间起点的英国皇家天文台、赤道上的厄瓜多尔的加拉加利镇、位于北半球极昼极夜起点的瑞典斯德哥尔摩等地均为世界旅游热点地。旅游资源区的交通区位条件也决定了旅游资源开发的难易程度。调查区周围若有名山、名湖、名城等旅游热点，则有利于旅游资源的连片和成规模开发。

2. 客源条件

旅游者数量是与经济效益直接挂钩的，没有一定量的旅游者则旅游资源的开发不会产生良好的效益。客源条件有个时空问题，在时间上，客源的不均匀分布形成旅游的淡旺季，这与当地气候季节变化有一定关系，如哈尔滨冬季观冰雕，形成了它一年一度的旅游旺季。空间上，客源的分布半径范围及其密度，由旅游资源的吸引力和社会经济环境决定，旅游资源特色强、成规模、社会和经济接待环境好的旅游区，其客源范围和数量都极为可观，相应的经济效益也高，这种旅游资源是值得开发的。

3. 投资条件

旅游资源的开发需要大量的资金，需要吸引国内外的投资。调查区域旅游资源的品位和社会经济环境，以及经济发展战略和给予投资者的优惠政策等因素，都直接影响投资者的决策。为此，有必要研究寻找既使旅游区有实惠，又能给予投资者较大优惠的良策，以发挥旅游资源的开发效益。

4. 施工条件

确定旅游资源开发项目必须考虑其工程量的大小和难易程度。首先是工程建设的自然基础条件，如地质地貌、水文气候等条件；其次是工程建设供应条件，包括设备建材、食品等。对开发施工方案需进行充分技术论证，同时要考虑经费、时间的投入与效益的关系，以确定合理的施工方案。

5. 开发现状条件及开发顺序

有的调查区域旅游资源已有一定程度的开发利用，评价时应注意总结开发过程中的成功经验和失败教训，找出存在的主要问题，为下一步旅游资源的开发和保护提供具有建设性的建议。

同时，在对旅游资源系列要素和开发利用条件评价完成后，最后应作一个总的开发序位排列，即根据已经得出的各项定量的指标，确定旅游资源开发的难易程度及不同类型之间的关联程度，决定各项旅游资源开发的先后顺序。

三、旅游资源评价的方法

国外旅游资源的评价始于 20 世纪 50 年代，这项工作在我国也有近 30 年的历史了。其评价方法经历了体验性的定性评价、技术性的单因子定量评价和综合型的定量建模评价的历程。总的来看，使用的评价方法具有三个显著特点，即指标数量化、评价模型化和标准科学化。由于评价方法很多，只能从中选择一些有代表性的来介绍。

（一）定性评价法

定性评价是基于评价者（旅游者或旅游专家）对于旅游资源的质量体验进行的。根据评价的深入程度及评价结果的形式，又可分为一般体验性评价和美感质量评价。

1. 一般体验性评价

一般体验性评价是统计大量旅游者或旅游专家在问卷上回答有关旅游资源（或旅游地）的优劣顺序，或统计其在报刊、旅游指南、旅游书籍上出现的频率，从而确定一个国家或地区最佳旅游资源（地）的顺序，其结果能够表明旅游资源（地）的整体质量和知名度。1985 年《中国旅游报》主持的“中国十大名胜”和 1991 年国家旅游局主持的“中国旅游胜地 40 佳”等的评选，就是运用的这一方法。这种方法仅限于少数知名度较高的旅游资源（地）。一般的或尚未开发的旅游资源（地）无法采用这一方法。

2. 美感质量评价

美感质量评价是一种专业性的旅游资源美学价值的评价，这类评价一般是基于旅游者或旅游专家体验性评价基础上进行的深入分析，其评价结果是具有可比性的定性尺度。其中有关自然风景的视觉质量评价较为成熟，已发展成为四个公认的学派，即专家学派（国外代表人：R. B. H. Litton；我国：邓光磊，1982），心理物理学派（H. W. Schreoeder 和 Danier，1981；布雅夫，1982），认知学派或心理学派（S. Kaplan、Gimblett 和 Brown），经验学派或现象学派（Lowenthal）。俞孔坚和保继刚均对其加以总结、作过介绍。这里仅介绍专家学派。

专家学派认为凡是符合形式美原则的风景就具有较高的风景质量。评价工作由少数训练有素的专业人员来完成。这一方法一直处于统治地位，为许多官方机构所采用。现以美国林务局风景管理系统所使用的方法为例来加以说明。

美国林务局风景管理系统中，对于自然风景质量的评价方法如下：

（1）划分风景类型。根据地形、植被、水体等特点，按自然地理区域划分出风景类型大类，各风景类型之下，又根据区域风景的多样程度划分出亚型。亚型是风景质量评价的基本单元，各风景类型的质量以亚型的质量评价结果向上归并。

（2）评价亚型的风景质量。根据山石地形、植被类型及水体形态的多样性，将风景质量划分为三个等级，即 A 级——特异风景、B 级——一般风景、C 级——低劣风景。

3. “三三六”评价法

该方法由北京师范大学的卢云亭首创，“三三六”即指“三大价值”“三大效益”和“六大条件”。

（1）三大价值评估。三大价值包括旅游资源的历史文化价值、艺术观赏价值和科学考察价值。历史文化价值一般是指历史古迹的类型、年代、规模、保存状况及其在历史上的地位；艺术观赏价值主要是指客体景象的艺术特征、地位和意义；科学考察价值是指景物的某种研究功能，在自然科学、社会科学和教学上各有何特点，能否作为科教工作者现场研究的场所。

（2）三大效益评估。三大效益包括经济效益、社会效益和环境效益。经济效益主要是指旅游资源被利用后可能带来的经济收入；社会效益是指旅游资源对人类智力开发、知识储备、思想教育等方面的功能；环境效益通常是指旅游资源的开发是否会导致环境和资源本身的破坏。

（3）六大条件评估。六大条件包括旅游资源的地理位置和交通条件、旅游资源的类型和地域组合条件、旅游资源的容量条件、旅游资源的客源市场条件、旅游资源开发投资条件、旅游资源开发施工难易条件。

4.“资源与环境”综合评价法

上海社会科学院的黄辉实对旅游资源分别从两个方面来进行评价：一是从旅游资源本身来评价，另一个是从旅游资源所处的环境来评价。

（1）对旅游资源本身的评价。这主要从美、古、名、特、奇、用六个方面来评价。

“美”是指旅游资源是否给人以美感。美感是欣赏者对于美的认识及由美所引起的主观情感，它固然有历史性和阶级性，但这与人们对美的欣赏的共同性并不是绝对不相容的，而是可以相互渗透的。在评价旅游资源时，要注意资源给人的联想和旅游资源构成要素给人的综合美。

“古”即有悠久的历史，是指旅游资源反映了古代文化和古人类的生活，可以使人产生联想，增加新的感受，资源越古老就越有历史和科学价值。在评价旅游资源时一般要与美结合观赏，以领略历史文物的艺术价值。

“名”是指闻名的事物或与名人有关的事物，即旅游资源对于旅游者来说，有一种熟悉性。这种熟悉性或来自文、史等各种著作，或来自各种中介物，熟悉性越深刻、越广泛就越有名。

“特”是指当地特有的、别处没有的或极为少见的资源。“特”来自旅游资源的差异性。

“奇”是指给人以新奇之感的旅游资源。这些旅游资源多由于当地诸多自然条件偶合而成，在时间上不易掌握，因此对旅游者具有吸引力。

“用”是指给人以使用价值的旅游资源。这种资源在人文旅游资源中的手工艺品、日用品方面是很多的，在自然旅游资源方面也有，如温泉、泥疗等。

以上六个标准并不是相互排斥的，而是相互联系的，在评价时应综合运用。

（2）对旅游资源环境的评价。本评价法在旅游资源所处环境方面，使用的是季节、污染、联系、可进入性、基础结构、社会经济环境、市场等七个指标。其具体内容与上述方法类似，在此不再赘述。

（二）技术性的单因子定量评价

技术性的单因子定量评价是评价者在评价旅游资源时，集中考虑某些典型而又关键的因子，对这些关键因子进行技术性的适宜或优劣评判。这种评价对于开展专项旅游活动如登山、滑雪、游泳等非常适用。针对不同的评价对象，现在较为成熟的方法有海滩和海水浴场的评价（乔戈拉斯，1970），旅游湖泊的评价（王家骏，1988），地形适宜性评价（日本洛克计划研究所，1980），滑雪旅游资源评价（美国），康乐气候分析（刘继韩，1988），溶洞的评价（陈诗才，1993）。下面将对海滩和海水浴场的评价方法给予介绍。

1. 海滩评价

1970年，乔戈拉斯（Georgulas）在研究海滩旅游地时提出了一级海滩（海浴用）的评价标准：

（1）用于消极活动（阳光浴等）要求如下：①海滩沙质细洁，海滩至少长300英尺[⊖]、宽50英尺，全区至少有80%的时间免于暴晒；②后腹地有遮掩，有树木，环境幽静，无人工废弃物和自然危害物，坡度小于15°，易于通达，具有开发潜力。

（2）用于积极活动（游泳等）要求如下：水底没有或很少淤泥，水质无色、无味，大肠杆菌含量小于50个/1000mL，无生物垃圾，高潮时水深8英尺，海底无珊瑚和尖石，无危险性激流。与水域邻接的海滩坡度不大于8°。海滩性质同上，但要更长更宽。一年中应有9个月适宜游泳。

2. 海水浴场的评价

日本东急设计咨询公司在为我国台湾南部“垦丁风景特定区”制定旅游开发规划时，曾提出了海水浴场评价的技术指标，如表4-2所示。

表4-2 海水浴场评价标准（日本）

序号	资料项目	符合要求的条件	附　注
1	海滨宽度	30～60m	实际总利用宽度50～100m左右
2	海底倾斜	1/10～1/60	倾斜度愈低愈好
3	海滩倾斜	1/10～1/50	倾斜度愈低愈好
4	流速	游泳对流速要求为0.2～0.3m/s，极限流速为0.5m/s	无离岸流之类局部性海流

⊖ 1ft＝0.305m。

（续）

序号	资料项目	符合要求的条件	附　注
5	波高	0.6m 以下	符合游泳要求之高为0.3m 以下
6	水温	23℃以上	不超过30℃，但愈近30℃愈好
7	气温	23℃以上	—
8	风速	5m/s 以下	—
9	水质	透明度0.3m 以上，COD2mL/L 以下，大肠杆菌数1000MPN/100mL 以下，油膜肉眼难以辨明	—
10	地质粒径	没有泥和岸石	—
11	有害生物	不能辨认程度	—
12	藻类	在游泳区域中不接触身体	—
13	危险物	无	—
14	浮游物	无	—

资料来源：据李贻鸿，1986；保继刚，1993。

（三）综合型的定量建模评价

该评价方法是在考虑多因子的基础上，运用一些数学方法，通过建模分析，对旅游资源及其环境和开发条件进行综合定量评价，评价的结果为数量化的指数值，便于不同资源评价结果的比较。和前述两种方法相比，具有更为客观、准确和全面的优点。这类评价方法也较多，有菲什拜因-罗森伯格模型（M. Rosengerg，1956；M. Fishbein，1963），综合价值评价模型（李功阳，丁文魁，1986），模型数学评价法（杨汉奎，1987），层次分析法（保继刚，1989），美学评分法（俞孔坚，1988），观赏型旅游地综合评价（楚义芳，1991），价值工程法（罗成德，1992），指数表示法（弗朗哥·佛·费拉里奥）。下面主要介绍保继刚的层次分析法。

层次分析法，简称AHP法，是美国匹兹堡大学运筹学专家塞蒂（T. L. Saaty）于20世纪70年代中期首先提出的一种多层次权重决策方法，其特点是具有高度的逻辑性、系统性、简洁性和实用性。

保继刚最先将层次分析法引入对旅游资源的定量评价。该评价方法首先将旅游资源分成若干层，构成旅游资源评价模型树，如图4-2所示。

然后，邀请专家以填表方式按重要、稍重要、明显重要等评判级别，分别以1、3、5、7、9或其倒数作为量化标准，对同一层次的各因素间相对于上一层次的某项因素的相对重要性给予判断，提出意见，再在计算机上进行整理、综合、检验，排出最后的结果，如表4-3、表4-4、表4-5所示。

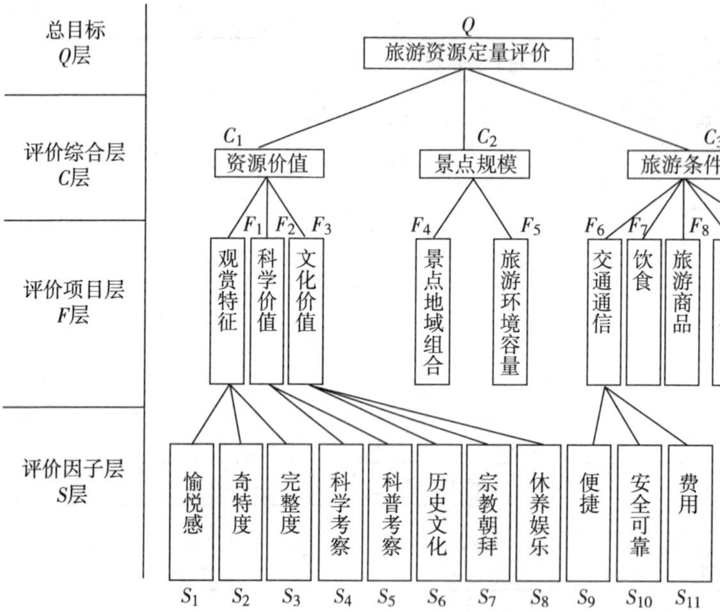

图 4-2　旅游资源评价模型树

资料来源：保继刚．北京旅游资源定量评价/北京旅游地理［M］．北京：中国旅游出版社，1989.

表 4-3　评价综合层排序权重及位次一览表

	资料价值	景点规模	旅游条件	总权重	均值
代号	C_1	C_2	C_3	$\sum_{i=1}^{10} F_i$	
权重值	0. 7241	0. 1584	0. 1175	1	0. 3333
位次	1	2	3		

资料来源：保继刚．北京旅游资源定量评价/北京旅游地理［M］．北京：中国旅游出版社，1989.

表 4-4　评价项目层排序权重及位次一览表

	观赏特征	科学价值	文化价值	景点地域组合	旅游环境容量	总权重	均值
代号	F_1	F_2	F_3	F_4	F_5	$\sum_{i=1}^{10} F_i$	
权重值	0. 4479	0. 0765	0. 1995	0. 0885	0. 0699		
位次	1	4	2	3	5		
	交通通信	饮食	旅游商品	导游服务	人员素质	1	0. 10
代号	F_6	F_7	F_8	F_9	F_{10}		
权重值	0. 0579	0. 0263	0. 0064	0. 0119	0. 0149		
位次	6	7	10	9	8		

资料来源：保继刚．北京旅游资源定量评价/北京旅游地理［M］．北京：中国旅游出版社，1989.

表 4-5　评价因子层、排序权重及位次一览表

	愉悦感	奇特感	完整度	科学考察	科普教育	历史文化	总权重	均值
代号	S_1	S_2	S_3	S_4	S_5	S_6	$\sum_{i=1}^{11} S_i$	
权重值	0.2058	0.1210	0.0251	0.0514	0.0959		0.7819	0.0711
位次	1	2	3	8	6	4		
	宗教朝拜	休养娱乐	便捷	安全可靠	费用			
代号	S_7	S_8	S_9	S_{10}	S_{11}			
权重值	0.0375	0.0663	0.0248	0.0082	0.1200			
位次	7	5	9	10	11			

资料来源：保继刚. 北京旅游资源定量评价/北京旅游地理［M］. 北京：中国旅游出版社，1989.

最后据其权重排序，以 1.00 分按权重赋予各个因素分值，得到表 4-6。

表 4-6　旅游资源定量评价因子权重表

评价综合层	权重	评价项目层	权重	评价因子层	权重
资源价值	0.72	观赏特征	0.44	愉悦感	0.20
				奇特感	0.12
				完整度	0.12
		科学价值	0.08	科学考察	0.03
				科普教育	0.05
		文化价值	0.20	历史文化	0.09
				宗教朝圣	0.04
				休养娱乐	0.07
景点规模	0.16	景点地域组合	0.09		
		旅游环境容量	0.07		
旅游条件	0.12	交通通信	0.06	便捷	0.03
				安全可靠	0.02
				费用	0.01
		饮食	0.03		
		旅游商品	0.01		
		导游服务	0.01		
		人员素质	0.01		
合计	1.00		1.00		

利用表 4-6 就可以有一定的评分标准对旅游资源进行分项评价打分，得到综合结果。

第三节 旅游资源的开发

一、旅游资源开发的概念

具有旅游吸引力的资源存在物，只有经过有规划的开发，才能发挥其功能，为旅游业所利用。所以，旅游资源开发是实现旅游资源价值的有效途径和前提条件。

“开发”一词，一般是指人们对资源及其相关方面进行综合利用的过程。所以，旅游资源开发是指通过适当的方式把旅游资源改造成吸引物，并使旅游活动得以实现的技术经济过程。旅游资源开发活动作为一种技术经济活动，既要有开发的主客体，又要投入一定量的资本，同时还必须运用一定的科学技术手段，因而是一项较为复杂的系统工程。

旅游资源的开发有首度开发和再度开发的区别。首度开发是指尚未被利用的资源变得能为旅游者所利用，并由此产生经济价值及其他多种价值。再度开发则是指已被部分利用的资源的利用广度和深度得到加强，并由此进一步提高其综合价值。旅游资源的再度开发，有的是数量和种类的扩充，有的是质量和品位的提高，有的是特色的突出，还有的是内涵的丰富。

较之其他资源，旅游资源开发的程度具有更大的伸缩性。由于人们旅游需求的广泛化和多样化：一些看似与旅游无关的事物，如长寿、减肥、科学成就和火山地震等自然灾害遗迹，都可以开发为旅游吸引物；一些似乎完全不具备旅游条件甚至生存条件的地区，如沙漠、沼泽、荒无人烟的小岛、严寒冰封的极地等，也都可能成为闻名遐迩的旅游胜地。正是旅游资源开发这种伸缩性大的特点，加上独具慧眼和魄力的旅游开发者的创新性工作，才使得现代旅游的内容和形式不断推陈出新，造成当今旅游业空前繁荣的局面。

二、旅游资源开发的原则

旅游资源的开发工作旨在发挥、改善和提高旅游资源的吸引力，使其在满足旅游者需求的同时，推动当地社会经济的发展，其最终目标是进一步发展旅游业。为了更好地达到这一目标，在进行旅游资源开发时务必遵循以下基本原则：

1. 突出独特性的原则

旅游资源贵在稀有，其质量在很大程度上取决于与众不同的独特性。这是它们能够对旅游者产生吸引力的根本所在。因此，突出旅游资源本身原有的特征，有意识地保存和增强这些特征具有十分重要的意义。这一原则具体体现在：

（1）尽可能保护自然和历史形成的原始风貌。任何过分修饰和全面毁旧翻新的做法都是不可取的。特别是对于自然旅游资源和历史旅游资源来说，这种做法只能削弱它们对旅游者的吸引力。在这个问题上，开发者必须以市场的价值观念看待开发后的吸引力问题，而不能凭自己的观念意识主观地决定。当然，对于那些虽有记载或传说但事物遗迹全不存在的历史人文资源，根据史料或传说在原址重新复建则另当别论。然而即使如此，也要注意尽量反映其历史风貌，而不能以现代的建筑材料和建筑风格取而代之。

（2）尽量挖掘当地特有的旅游资源，以突出自己的优越性，即所谓人无我有，人有我佳。不论是借用或开发自然和历史遗产，还是新创当代人造旅游资源，都要通过开发措施强化旅游资源的独特性，如某项旅游资源在一定地理范围内最高、最大、最古、最奇等，以确保旅游资源的吸引力和竞争力。

（3）努力反映当地的文化特点。突出民族化、保持某些传统格调也是为了突出自己的独特性，同时也有利于当地旅游形象的树立。旅游者前来访问的重要目的之一就是要观新赏异、体验异乡风情。不难想象，如果开发后的旅游地环境同客源地的情况无大差别，旅游者是不大愿意前来访问的。即使来过一次，以后也难再返故地重游，除非会有新的变化。以旅游开发地的建筑风格为例，如果在开发过程中片面追求西方现代建筑式样，那么西方旅游者来此地后就不会有新异之感。但这并不是说一切只能“土”而不能“洋”，更不是说一切只能“旧”而不能“新”。旅游开发中应突出的民族文化和地方文化主要是指在环境外观上要使人有民族和地方特点。对于旅游服务设施的内部环境和设施则不但不宜“旧”，而且必须要以符合旅游者的生活习惯并使其具有熟悉感为原则。总之，应力求外“土”而内“洋”，外“旧”而内“新”，使来访旅游者在精神上有置身于异国他乡的新奇感，在生活上又享有如居故里的便利。

2. 以市场为导向的原则

旅游资源开发的主要目的之一是获得良好的经济效益，而获得经济效益的保证是要能吸引一定规模和质量的旅游者。这就要求我们在开发旅游资源时，应注意以市场为导向的原则，加强对市场因素、客源条件的调查分析，准确掌握市场需求及其变化规律，并结合旅游资源的特色确定开发主题、规模和层次。由于市场需求时刻处于动态变化之中，该原则还要求我们能够充分地了解市场的长期发展方向，科学地预测潜在需求的变化趋势，根据其变化有机地调整开发利用方向、内容和形式，从而使开发工作富有前瞻性和应变性。

3. 经济效益、社会效益和环境效益相统一的原则

旅游资源开发的目的是发展旅游业，从而达到挣取外汇、回笼货币、解决就业、发展地区经济等目的，实现一定的经济效益。由此，旅游资源的开发首先必须要服从当地社会经济发展的需要。并非所有拥有旅游资源的地区都可以或者都

应该发展旅游业。在开发旅游业所付出的机会成本大于它所能带来的收益的情况下，这种开发对当地全局来讲显然是不经济的。其次，在国家或地方决定发展旅游业的情况下，也要根据自己的经济实力和有关开发项目的投资效益预测，分期分批有计划、有重点地优先开展某些项目，不能不加选择地盲目开发，更不能不分先后地全面开发。再次，要对开发项目投资的规模、建设周期的长短、对游客的吸引力、回收期限及经济效益等方面，进行投入—产出分析。但经济效益并非旅游资源开发追求的唯一目标，在讲求经济效益的同时还要考虑开发活动不能超过社会和环境的限度，否则会造成资源破坏、环境质量下降、社会治安混乱等负面影响，不利于当地旅游业的持续发展。因此旅游资源开发应遵循经济、社会、环境三效益统一的原则。对此，有学者提出旅游资源在开发时必须满足的八个条件：

（1）经济贡献。旅游资源开发会带来经济价值和就业机会的增加。

（2）环境因素。旅游资源开发在环境保护法律和法规允许的范围内。

（3）社会文化因素。旅游资源的开发没有危及当地居民的道德和社会生活。

（4）竞争影响。旅游资源的开发要与现有的旅游业资源形成互补，而非形成同类旅游资源开发恶性竞争的局面。

（5）可行性。旅游资源开发的具体项目必须在经济上可行。

（6）遵循地方政策和发展战略。旅游资源的开发必须遵循旅游目的地的政策、法规及规划的要求。

（7）旅游影响。旅游资源开发可增加旅游目的地的旅游吸引力，改善游客量及其他有益于旅游业发展的条件，增加旅游业发展的潜力。

（8）开发和经营者的能力。旅游资源的经营者需具备一定的实力。

4. 综合开发的原则

综合开发对不同概念的旅游目的地有不同的意义。对于一个旅游接待国或者地域较大的旅游地区来说，往往存在多种不同类型的旅游资源。综合开发通常是指在突出作为自己形象的重点旅游资源的同时，对其他各类旅游资源也要根据情况逐步进行开发。这是充分发掘该旅游目的地对外吸引力和努力克服来访旅游需求季节性波动的重要途径之一。通过综合开发，使吸引力各异的不同旅游资源结成一个吸引群体，使游客可以从多个方面发现其价值。对于一个地域较小的旅游目的地综合开发则多是指在开发其旅游资源的同时，从食、行、住、游、娱、购等多方面考虑旅游者的需要，做好有关的设施配套和供应工作。

5. 生态保护的原则

开发旅游资源的目的是为了利用。但在某种意义上，对某些旅游资源，特别是对自然旅游资源和历史旅游资源来说，开发的本身就意味着一定程度的破坏。不过，如果处理得当，开发未必会破坏，反而能起到保护这些资源的作用。因此，关键问题是如何将开发工作处理得当，也就是说，在开发旅游资源的同时，要注意着眼于对旅游资源的保护，不能单纯地片面强调开发而不顾对环境的破坏问题。

6. 统筹规划、循序开发的原则

统筹方法是旅游资源开发工作常用到的科学方法之一。由于旅游资源开发是一项综合性的工作，涉及社会经济的各个领域，且广泛关联到城建、交通、文化等多个部门，因而必须统筹规划，在可操作层面制定出一套全局性的总体方案。事实上，在某个特定时期，并不是所有旅游资源都值得开发，当开发所需要的机会成本高于它所能够带来的收益时，这种开发显然是不划算的。所以，旅游资源的开发工作要根据自己的经济实力和有关项目的投资效益预测，确定重点开发地区和项目，分期分批循序开发，不能不加选择地盲目开发，更不能不分先后地全面开发。

三、旅游资源开发的内容

静态地看，旅游资源开发的目的，是为了开拓利用，为更好地利用旅游资源，对与之有关的旅游接待条件进行开发和建设，以使旅游资源所在地成为一个有吸引力的旅游环境或接待空间。动态地看，旅游资源开发是为了适应旅游市场的变化，满足不断变化的旅游消费者的需求，以使旅游资源保持较强的吸引力和生命力。

1. 旅游资源由潜在的向现实的转化

旅游资源在开发之前，大多处于潜在的状态，一般都缺乏现代旅游活动所需要的基本条件而难以融入旅游业被用于开展大规模的旅游接待活动。因此，对旅游资源的开发和建设是客观必要的。这种建设，从内容、形式上说，不仅是指对尚未利用的旅游资源的初次开发，也可以是对已经利用了的景观或旅游吸引物的深度开发，或进一步的功能发掘；不仅是指对一个从无到有的新景点的创造，也可以是对现实存在的旅游资源的归整和加工。从其性质来看，既可以以开发建设为主，也可以以保持维护为主，并且这种开发建设活动是一个发展变化的动态过程，在旅游点生命周期的不同阶段表现出不同的侧重点。例如，一个旅游点从初创期到成熟期，将经历从尚未利用的初次开发到成熟阶段的深度开发，其开发工作的性质也由开发向保护转化。

2. 提高可进入性

提高可进入性即解决进出交通的便利、快捷、舒适，是旅游开发首要的基础工作。旅游讲究“旅速游缓”。从出发地到目的地的行程要尽可能缩短，还要尽量做到安全、舒适，降低交通费用在整个旅游消费支出中的比例，这样旅游资源所在地成为现实的旅游地才具有现实的基础。

3. 建设和完善基础设施和配套设施

凡属当地居民生活所必需的设施如供水、供电、邮政、排污、道路、银行、商店、医院、治安等均属旅游基础设施。直接为旅游服务的旅游饭店、旅游商店、游乐场所等，即为达到旅游者生活标准建造的，而于当地居民不是必需的设施即为旅游配套设施。旅游开发就是要建设和完善保障当地居民生活所需的基础设施，这是发展旅游业的基本条件。进而建设和完善为旅游者消费所需要的旅游配套设施（星级饭店、游乐设施、景点景观开发、旅游商店等），这是旅游业发展的必要条件。

4. 培训人才，完善旅游服务

为满足旅游业发展需要而培训专门的人才（饭店管理、景区管理、营销、导游、生态环保、计划、人力资源、财会等专业人才）。旅游专业人才是旅游资源开发的人力资源保障。旅游服务质量的高低在一定程度上会起到增添或减少旅游资源吸引力的作用，因此，要不断加强和完善旅游服务，并培训能够提供专业服务的人员。

四、旅游资源开发的模式

旅游资源开发模式的确定，要根据旅游资源自身的状况与区位的配合条件及拟安排旅游活动的行为结构来进行，一般有以下四种情况。

1. 风景资源丰富、区位条件良好的地区

这种地区具有发展旅游业得天独厚的优势，在开发其旅游资源时综合要求较高，既要考虑丰富旅游活动的行为结构，以利于开展形式多样的专项旅游，又要注重增加购物设施和娱乐场所，配以一定的为专门旅游服务的设施，并提高服务的质量和级别，使得以餐饮、住宿为主的有限消费和以购物、娱乐为主的无限消费在档次上同步提升，从而显著增加旅游收入。我国北京、西安等优秀旅游城市的旅游资源开发均属于这一模式。

2. 风景资源匮乏、区位条件良好的地区

许多经济发达的开放型大城市通常都具有这类组合特点，这些地方往往人文、社会和经济环境良好，但城市内风景旅游资源明显不足。因此，开发其旅游资源，应注意有针对性地增建风景资源，同时尽可能地发挥社会人文资源的吸引力，完善旅游行为结构，并有计划地开辟“远郊一日游”活动，以增强旅游区域的吸引功能。我国的香港、上海等大都会和港口，即属于此种模式。

3. 风景资源突出、区位条件欠佳的地区

具备这种组合形式的旅游区开发旅游资源的关键在于解决进出的交通条件，配备相应的服务接待设施，同时还要提高旅游过程中购物和娱乐的内容，并通过积极的宣传促销活动树立和塑造区域旅游形象，努力使其成为国内外旅游的温热点。不少孤立分布的天然风光旅游点，如四川的九寨沟、黄龙等风景区都属于这种模式。

4. 风景资源、区位条件都中等的地区

对于这类地区，旅游资源的开发工作不宜全面铺开，而应分清主次、重点突出。具体来说，要注意对风景资源进行分级评价，确定特色鲜明、价值含量大的风景资源作为优先发展的目标。此外，还要促进交通区位条件的改善，有选择地发展相应的特种旅游，适当增多购物和娱乐的内容。一些中等城市如广东的韶关市、安徽的安庆市等都属于这种类型。

五、旅游资源的保护

（一）旅游资源破坏的原因

旅游资源是旅游业存在和发展的根本基础。理论上讲，旅游资源作为一个国家或地区旅游业的基本资产，如果开发利用得当，可以用之不尽，从而造福子孙万代。但实际上，人们在旅游资源的开发、利用和管理等工作中，往往存在着这样或那样的问题，从而很容易使旅游资源遭受破坏或损毁。这种破坏轻者会造成旅游资源质量的下降，从而影响其原有的吸引力；重者则有可能导致这些旅游资源遭到损毁，从而危及该地区旅游业的存在基础。

旅游资源衰败的原因可以归纳为自然破坏和人为破坏两个方面。

1. 旅游资源的自然破坏

旅游资源是大自然的一部分，大自然的发展、变化都会影响旅游资源的变化，地震、火山喷发、海啸的出现，都会直接改变一个地区的面貌，毁掉部分甚至一切旅游资源，这是突发性的。另一方面，天长日久寒暑变化、流水侵蚀、风吹雨淋都会慢慢地改变旅游资源的形态和性质，这种缓慢的变化就是自然风化。旅游资源遭受的自然风化主要有机械破坏和化学分解两种形式。

任何名胜古迹都时刻受到自然机械风化的危害。如埃及的基奥普斯大金字塔，1000 多年来的风化产生的碎屑体积达 50 000m^3。又如秦始皇陵原名“骊山”，原高度约为 120m，经过 2000 多年的风雨侵蚀后，现高度已经降低到仅 64.97m。世界上很多国家和地区的古建筑、雕塑、石窟等，都会随时光的流逝而受到自然机械风化的破坏。

自然界还有很多化学分解作用造成对旅游资源的破坏。如鸟粪对建筑、雕塑等的化学分解腐蚀作用，对许多旅游资源造成破坏，也属于自然风化。养鸽在欧洲许多城市颇为流行，增加了城市的生气，也形成一种人类与自然和谐共处的氛围，但同时，鸽粪落到屋顶、屋檐檐口下、雕像上，很难清洗。鸽粪对建筑和雕塑的化学分解腐蚀作用远远大于工业废气。

2. 旅游资源的人为破坏

旅游资源所遭受的人为破坏是多方面的，而且是非常严重的，其破坏程度大多数情况下超过了自然风化的破坏。按其破坏的根源，可分为建设性破坏和游客带来的破坏。

（1）建设性破坏。建设性破坏是指工农业生产、城市建设和旅游资源开发建设中规划不当引起的破坏，其破坏方式有：①直接拆毁、占用文物古迹；②工程建设对风景区自然美的破坏；③旅游区发展工业带来的污染破坏；④风景区内采石、开垦耕地引起的破坏；⑤旅游资源开发中规划不当造成的破坏。

（2）游客带来的破坏。旅游资源是为游客服务的，但若规划不当，管理不善，游客也会给旅游资源带来破坏，具体表现在以下几个方面：①接待游客数量过多、密度过大，超过景区的合理承载量，造成空气中二氧化碳含量过高，从而对古建筑、文物等造成的破坏；②游客人为地违规攀登、刻画等，加速石刻、雕塑、壁画等的损坏；③游客踩踏带来的破坏；④游客素质偏低，直接破坏旅游资源。

（二）旅游资源的保护方式

世界各国在旅游资源的保护方面，所采用的方式大致有两类：一是运用法律手段，实行立法，加强法制。瑞士、日本、墨西哥、法国、埃及等国家，在其所制定的旅游法规中，详细地规定了保护各种旅游资源的具体条款。例如，瑞士《森林法》规定，每年植树量要多于砍伐量；不论是谁，即使是自己私有的树木，也不能随便砍伐。埃及的《旅游法》规定，除非旅游部长许可，任何人不得以任何方式利用、开发、占有或处置任何旅游区或其中一部分。二是根据旅游资源的观赏、历史、文化科学价值和环境质量、游览活动等条件，将其划分为不同级别加以保护。如《法国风景区的文物古迹保护法》规定，在国民教育部长领导下，设立一个“风景、景色和高级景物委员会”，负责对文物古迹和风景区的清理和划级工作。这个委员会根据文物古迹的艺术性、历史性、科学性和传奇性，将其划分为若干级别，分别登记入册。

（三）旅游资源的保护措施

根据旅游资源衰败的原因，应以可持续发展理论和人与自然和谐理论，对旅游资源采取以防为主，以治为辅，防治结合的保护措施。虽然灾难性的自然变化不可避免，但可以采取措施，减弱自然风化的程度，延缓其过程；而人为破坏，则可以通过法律、政策、宣传和管理途径给予杜绝，至于已经遭到破坏的旅游资源，应根据其遭受破坏的程度和恢复的难易程度，采取维修或重建等措施。

1. 减缓旅游资源自然风化的对策

旅游资源自然风化是由自然界大气中光、热、水环境的变化引起的，存在这一问题的主要是历史文物古迹。暴露于地表的旅游资源要想完全杜绝自然风化是不可能的，但在一定范围内通过改变环境条件，使之风化过程减缓是完全可能的。如将裸露的风吹日晒下的旅游资源加罩或盖房予以保护。四川著名的乐山大佛就曾建有13层的楼阁覆罩其上，既金碧辉煌，又保护了佛像，不幸的是后来毁于战火。

2. 杜绝人为破坏旅游资源的对策

透过旅游资源人为破坏原因的表面看本质，旅游资源遭受人为破坏的根源在于：公众保护旅游资源的意识不强，不少人对旅游资源价值的认识不足；法制不够健全；旅游资源保护理论研究不成熟；旅游资源开发和旅游管理不善等。只有从根本上解决这些问题，才能真正杜绝旅游资源的人为破坏。具体说来，可以采取以下措施：加强旅游资源保护意识和保护知识的宣传教育；大力开展旅游资源保护的研究和人才培养；健全旅游资源法制管理体制；完善风景名胜区保护系统；在旅游业发展中把旅游资源保护放在首位。

3. 已破坏旅游资源的恢复对策

绝大多数旅游资源，一旦遭到破坏难以恢复，但有的历史古建筑，其文化价值和旅游价值都非常高，虽然已经衰败，甚至不复存在，但仍然可以采用治理恢复措施重现其风采。具体来讲，可以采取维修复原、修旧如古的办法进行仿古修建。

要维护好自然生态平衡与协调发展，保持旅游资源长存于世、永具魅力，就必须处理好以下两个方面的关系：一是处理好保护与近期需要的关系。保护旅游资源是符合人类长远利益的大事，它不仅要求保护旅游资源本身，还要求保护其周围环境。但人们往往从近期利益和目标出发，为生产发展和生活所需而置保护要求于不顾，如侵占或污染土地，开山劈石殃及历史文化古迹和自然风光，肆意开垦损毁森林植被，甚至进行破坏性建设。这些只考虑眼前利益的做法往往会损害长远利益，从而给旅游业乃至社会的发展带来威胁。二是处理好保护与开发的关系。保护与开发应相辅相成，保护得好才更加具有开发利用价值，开发利用又推动保护工作。但在现实中两者往往产生矛盾。如为了加强保护要限制游客数量和游览时间，对旅游活动方式也要慎重选择，这就与旅游者和旅游经营者的需求产生矛盾。这需要我们在本末关系，整体与部分的关系中，辨证地分析和处理问题，使保护和开发关系的处理立足于建立旅游资源及其环境良性循环的基础上。

推荐阅读

怒江大峡谷

怒江大峡谷景观是一个相对独立完整的地理和文化单元，也是“中国大香格里拉生态旅游区”和世界自然遗产“三江并流”国家级风景名胜区的重要组成部分。

1. 开发手段具体阐述

(1) 统一形象，整体布局，线路联合。全州的旅游品牌和形象定位在“怒江大峡谷”上，高起点规划和建设10个国家AAA级以上旅游景区，并在怒江交通沿线保护和建设30个民俗旅游村，约1000户人家，专门提供体验民族风情、民俗文化服务。加紧规划和建设3条精品旅游线路，即怒江大峡谷至德钦梅里雪山横跨“三江并流”的环香格里拉旅游线、兰坪罗锅箐大羊场环老君山普米族风情生态旅游线和怒江大峡谷至腾冲火山热海旅游线。

(2) 生态、文化、科考，三位一体的产品设计

1) 生态旅游：尚处于初级开发阶段，但是空间布局趋于合理，以水系统、植物群落系统和历史文化系统三大系统为主。环境监测和测定生态环境容量工作还有待进行。

2) 民族风情旅游：利用民族节庆培植精品旅游区。诸如贡山丙中洛世外桃源和石板民居文化、独龙江天外净土和太古之民的文化、福贡的峡谷奇观和同心酒及桥（溜索）文化、泸水的片马“驼峰”坠机和抗英斗争的历史、兰坪普米族山岳生态文化、轩辕文化和拉玛文化等。突出生态和文化品位，重点开发的是民族工艺品和生态食品两大类。

3) 科考旅游：探险、探秘和修学相结合。怒江大峡谷位于“三江并流”国家级重点风景名胜区，是“天然地质地貌博物馆”“活的社会发展史”“物种基因库”，具有极高的科学研究价值，自然之谜、民族传统文化多元性和原生性、独特的自然生态景观、复杂多变的立体气候等都为开展科考旅游项目创造了得天独厚的优越条件。

2. 经验与启示

(1) 区域大品牌，战略联合。以“三江并流”和“怒江大峡谷”作为整个地区的旅游品牌，来统领分散的旅游资源，统一规划整体开发，各景区分工合作，通过旅游线路的联合实现区域合作，有利于避免各景区之间的低层次竞争。

(2) 人文和自然资源的结合。单一的观光旅游具有消费低、停留时间短、重游率不高的缺点，对旅游经济贡献率较小，需要不断地增加旅游内容，开发新的项目，丰富旅游产品的内涵。怒江峡谷利用其丰富的自然景观、民俗文化和历史文化资源，融生态旅游、民俗风情旅游、探险科考为一体，增强了旅游者的体验，将观光旅游转变为观光、休闲、文化、修学和特殊兴趣等构成的丰富的产品体系。

(3) 民俗文化、科考旅游的产品化经验。在民俗文化方面，利用民族节庆培植精品旅游区，同时突出生态和文化品位，重点开发民族工艺品和生态食品两

大类旅游商品。在科考旅游方面，融合了极限运动和科考修学，以探险、探秘、徒步和修学相结合的方式，将自然生态、地质知识和文化遗产都开发为兴趣产品，拓展了科考旅游的范畴，形成了旅游开发的新思路。

资料来源：http://blog. sohu. com/people/!dmVyeWtpbkBzb2h1LmNvbQ==/77123795. html.

第四节 旅游产品

一、旅游产品的概念及功能

定义旅游产品宜取狭义而且单一的视角。这并不会影响国家对旅游业的全行业管理，反倒可以提高相关企业各自的责任心。只有狭义的视角，才能与旅游的定义相吻合。

基于以上认识，旅游产品是指为满足旅游者的愉悦需要而在一定地域上被生产或开发出来以供销售的物象与劳务的总和。

这一定义所包含的命题是：

（1）旅游产品是专门为出卖给旅游者而生产或开发出来的，是商品，所以，旅游产品与旅游商品同义。

（2）旅游产品的生产有两种方式：一种是依赖于旅游资源所作的开发，从而生产出一种资源依托型旅游产品（Resource-based Tourist Product）；另一种是凭借拥有的人力、财力、物力资源而仿造或创造的旅游产品，从而生产出一种所谓资源脱离型旅游产品（Resource-freed Tourist Product）。

（3）旅游产品主要供旅游者购买（但不完全排斥非旅游者购买和使用），功能上具有可观赏性或愉悦性，空间上具有地域性。

（4）旅游产品可以有物质实体，也可以仅仅是某种现象。

（5）旅游产品都或多或少地含有人类专门为旅游目的而投入的劳动，但绝不能没有人类的这种劳动投入，否则，就不称其为旅游产品。

（6）各种媒介要素（包括饭店、交通设施等各种接待性产业要素）不是旅游产品，但它们可以构成旅游产品利益的追加组成部分。

（7）旅游产品不包括旅游购物品。事实上，旅游购物品（旅游者在旅游过程中所购买的可以携带回家或在旅游途中消费掉的物品，典型的如旅游纪念品）在经济学意义上与一般消费品没有本质的区别，但与真正的旅游产品却有很大不同。

按照这一定义，最典型、最核心的旅游产品形式就是已经被开发出来的旅游地，它是指出于交换的目的而开发出来的能够向旅游者提供审美和愉悦的客观凭借的空间单元。从最本质的意义上看，上述旅游产品的定义与一般商品的定义所共通的地方是，旅游产品也是由企业所生产的，直接出售旅游产品——如旅游地——的企业就是旅游地的开发者和经营者，而一些中间商仅仅以旅游批发商或旅游零售商的身份转销旅游产品生产者的产品，旅行社的经营业务就属于这种性质。尽管旅游产品的生产者在出售其旅游产品时也可以（实际上也往往如此）提供旅游产品核心价值——愉悦——以外的利益，但更为多样的利益追加却来自中间商的努力。比如，一个旅游地的经营者也可以同时向前来观光的旅游者提供餐饮和住宿服务，甚至包括其他相关服务，但只有规模较大、实力雄厚、实行多种经营的旅游生产商才能做到这一点。相反，作为旅游批发商或旅游零售商，它们在销售旅游产品时却可以通过将其他服务商品围绕旅游产品进行适当组合而大幅度地增加旅游产品的利益成分，甚至使旅游产品扩展为对应于旅游者旅游全过程的一种整体产品。由旅行社根据旅游地的区位、特点而综合设计的旅游线路，就是这样一种被大大扩展了价值成分的旅游产品。这一点与商业企业通过运输、储存、分拣、包装等发生在流通领域的生产行为来改变工业产品的价值具有同样的道理，也具有相同的性质。由旅行社所经营的组合旅游产品就属此类。

由此看来，旅游产品的价值并非单纯到仅仅拥有旅游愉悦的成分。利益的复合性不仅是产品价值构成的属性使然，也是现代社会激烈的商业竞争的必然结果。所以，将旅游产品作为一种整体产品来看待，就得到如下的利益构成模型，如图4-3所示。

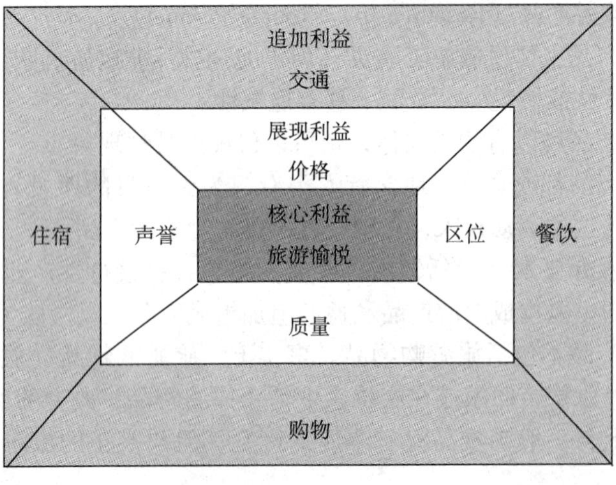

图4-3 旅游产品的利益构成

资料来源：谢彦君．基础旅游学［M］．北京：中国旅游出版社，2004．

图 4-3 所表达的概念是一种组合旅游产品概念。它所反映的事实是，旅游产品能向消费者提供的利益，不局限于核心成分。作为一种竞争品，体现在追加利益与展现利益上的差异，是导致旅游者最终选择某一旅游产品的根本原因。这也提出了一个问题，当旅游产品的多种利益（主要是追加利益）分别由不同的企业所提供时，尤其当旅游产品本身就是以这种多家联合的整体形象诉诸消费者时，如何确保企业间的协调以及产品质量上的协调，就成为十分重要并且也相当难于处理的问题。作为中间商的旅行社在经营过程中所遇到的问题主要就是这种问题。

尽管也是一种为出卖而生产的产品，旅游产品与别的一般消费品相比，有明显的不同。具体表现在：

（1）功能（效用）上的愉悦性。产品能被生产出来并被人买，是因为它有效用，有使用价值。旅游产品的效用就是满足人们旅游愉悦的需要。旅游产品的这一功能，其实与音乐、绘画、影视节目等并没有什么不同。

（2）空间上的不可转移性。不管是资源依托型旅游产品还是资源脱离型旅游产品，都离不开一定的空间条件，这一点与旅游资源的地域性以及不可转移性特点是对应的和一致的，因此也是判断一产品是否为旅游产品的最基本标准。正是由于这一特点，旅游与居家休闲才有了根本的不同。

（3）生产与消费的不可分割性。旅游产品的生产（经营）和消费常常发生在同一个时空背景条件下，密不可分，往往是一个过程的两个方面：旅游产品在生产开始的同时消费也即刻启动，消费结束时生产也不再进行。不管对核心旅游产品还是对组合旅游产品都是如此。这个特性使旅游产品与一般消费品表现出巨大的差异，并深刻地影响着旅游企业管理原则的建立和管理方式的选择。

（4）一般消费品从生产到消费往往要经过一系列的中间环节，包括储存与运输。由于生产与消费在时空上可能存在差异，就允许企业在生产过程结束启动用各种技术手段对产品的质量进行检验。凡不合格的产品，为确保企业的长期声誉，企业都会将其予以剔除，杜绝劣质商品进入市场。然而，旅游产品的生产与消费过程几乎同时在同一空间进行，生产者与消费者直接发生关系，旅游者（消费者）只有而且必须加入到生产的过程中去才能最终消费到旅游产品。这无疑给旅游企业的管理人员提出了更为严峻的挑战。

（5）时间上的不可储存性。旅游产品被生产出来的另一个原因，是生产者希望凭以获得更多的交换价值。与一般产品不同的是，旅游产品的交换价值体现为时间的累积函数。也就是说，旅游产品不能像一般商品那样被有效地储存起来，以备将来出售。随着时间的流逝，旅游产品如果没有实现对应时间上的交换价值，那么，此期间为生产该种旅游产品所付出的人力、财力、物力资源就都是一种浪费，并且损失的价值永远也得不到补偿，因为机会已经丧失，折旧已经发生，人力已经闲置，资金已经占用。认识到这一点，对旅游企业的经营管理人员有非常重要的意义。

（6）所有权的不可转让性。旅游企业在出卖旅游产品时，转让的仅仅是旅游产品在一定时间内的使用权，而不是像销售一般消费品那样同时转让所有权。客人在购买这种使用权的同时，不仅不能将旅游产品的基本部分带走，而且要承诺在使用期间保持旅游产品物质和非物质构成的完好无损。旅游产品的这一特点，往往造成旅游产品促销和销售的困难，因为消费者对购买某一旅游产品可能怀有较高的风险预期。事实上，许多以服务为主体成分的产品在销售时都多少面临着这样的问题，所以，如何使顾客克服消极的心理预期，促进销售，是服务企业共同面临的一个营销难题。目前，在西方一些国家，很多服务企业开始推行"会员制度"，以此巩固顾客与企业的关系。

从上面的分析不难得出这样的结论：旅游产品从构成上看可以分为两种，一种是核心旅游产品（Core Product of Tourism），另一种是组合旅游产品（Package Product of Tourism）。前者是旅游产品的原初形态，具有能满足旅游者愉悦需要的效用和价值；而后者是旅游产品的终极形态，是旅游企业或旅游相关企业围绕旅游产品的核心价值而作的多重价值追加，这种追加既可以发生在生产领域，也可以发生在流通领域，既可以由旅游产品的生产企业来完成，也可以由旅游产品的销售企业来完成。通过这种追加，有的旅游产品甚至具有几乎可以满足旅游者旅游期间一切需要的效用与价值。

也许对现在我们正在探讨的问题有深入研究或已经和我们一起对问题有所思考的人会马上提出这样的疑问："如果由旅游公司编配的包价旅游根本不包括需要付费的观光对象物，这时如何解释作为旅游产品概念基石的'核心成分'存在的必然性呢？"回答这一问题使我想到了当社会的个人突发奇想来到一处人迹罕至的荒蛮之地以追求惊险悲壮之美时的情况。他是不是一个旅游者？当然是！他所游览的对象物经过开发了吗？当然没有！他购买了所谓旅游产品了吗？也没有！——他所要观赏的，是旅游资源。但只要他不是饿着肚子、徒步而来的，就必然需要有人提供这类相关的服务。类似地，如果旅游公司所组合的为旅游者服务的项目中根本没有旅游产品（但有旅游资源！比如，前去观赏某地真正的节日仪式），仅仅是各种其他相关服务的组合，那我们也不能由此得出结论说这些观光客不是旅游者，而只能说旅游公司出卖的不是旅游产品，这些公司这时成了纯粹的媒介体。尽管现实生活中很难找到这种纯粹的例子，但对这种极端情况的分析使我们在理论上认识到，旅游产品不能脱离其核心成分而存在，但旅游却不必与旅游产品密不可分（因为旅游的对象物既可以是旅游资源，也可以是旅游产品），而旅游产品的各种追加利益倒是既可以独立存在，也可以依附于旅游产品的核心成分而存在。当旅游者仅仅以旅游资源为旅游对象物时，他一般是不需要为使用这种资源付费的。与此相反，在任何时候使用旅游产品都需要付费。

对旅游产品除了可以考察上述利益上的构成以外，还可以考察其物质上的构成。从这一点看，旅游产品既有物质形态的成分，也有非物质形态的成分。这主要决定于构成旅游产品的资源体的属性，同时也取决于构成旅游产品基本要素的旅游服务的属性。有不少旅游产品是由各种非物质的、弥漫于一定空间却没有可感知的实物形态的人文或社会要素构成的，还有一些旅游产品完全由物质要素构成，而大多数旅游产品则是由物质的和非物质的要素共同构成。旅游产品这种构成上的复杂性以及它所具有的其他特征，给旅游产品的生产和经营都带来了极大的挑战。

另外，对旅游产品还应该从它与旅游资源之间的关系上加以分类，这种分类的结果便是资源依托型旅游产品和资源脱离型旅游产品。也就是说，在现实当中所有的旅游产品不外乎两大类：一类是从旅游资源开发而产生的，另一类是借助于对可获得的人力、物力和财力资源的重新组合并经过加工而生产创制出来的。如黄山、泰山、曲阜孔庙、故宫博物院、长城、秦陵兵马俑等，属于前者；而深圳锦绣中华、民俗村，大连圣亚海洋世界，北京世界之窗，美国迪士尼乐园等，则属于后者。这种分类有着十分重要的理论意义和现实意义。从理论上说，这种分类解决了人们长期以来面临的旅游资源与旅游产品混淆不清的困扰。而在实践上，区别资源依托型旅游产品与资源脱离型旅游产品在性质和特征上的差别有助于对它们采取不同的宏观政策和经营对策。从性质上来看，资源依托型旅游产品更多地保留了旅游资源的性质和特征。比如，对应于旅游资源的自在性特点，资源依托型旅游产品一般是不可更新的，是不能加以创造的，它仅仅是开发的产物。相反，资源脱离型旅游产品由于其生成与旅游资源无关，是人类巧思与财力、物力结合的产物，因此是可以更新、仿建的（需要特别指出的是，这里的仿建不是移动，尤其不是旅游产品向旅游者的移动，仿建的结果依然不改变旅游产品不可移动性的特点）。国家的有关政策（如关于资源依托型旅游产品的产权、经营权政策，可否允许经营这类产品的股份公司上市等）均可以根据旅游产品的这种不同性质进行区别对待。

二、旅游产品的类型

1. 资源依托型旅游产品

资源依托型旅游产品一般包括在自然旅游资源基础上开发出来的风景名胜区、自然保护区、疗养度假地等，如黄山风景名胜区、四川卧龙大熊猫自然保护区等；在历史文物古迹、民俗文化风情基础上开发出来的民俗文化村，如辽宁宽甸的满家寨；各类吸引游客来目的地旅游的体育文化盛事，如奥运会、世博会等。

总之这类旅游产品的开发依托现存的旅游资源基础，旅游产品的品质很大程度上受到其所依托的旅游资源的影响；在开发过程中，旅游资源的保护问题更显突出。因此，凡是资源依托型旅游产品在衡量其价值量、确定定价时，除计算产品建设的全部劳动投入量还应充分考虑旅游资源的价值，保护旅游资源的品质不受旅游开发的破坏。

2. 资源脱离型旅游产品

与资源依托型旅游产品相对的，凡是无需依托旅游资源而存在，完全人造的景观、娱乐场所就是资源脱离型旅游产品。资源脱离型旅游产品最典型的例子就是主题公园。

主题公园是具有特定的主题，由人创造而成的舞台化的休闲娱乐活动空间，是一种休闲娱乐产业。迪士尼乐园的出现标志着主题公园的诞生，而 1989 年 9 月深圳锦绣中华的成功开业，标志着中国主题公园的诞生。

主题公园应具有以下特征：

（1）主题公园是一种产业，其投资建设是一种企业行为。

（2）主题公园是一种休闲娱乐空间。

（3）主题公园必须有特定且易于了解的主题。

（4）园中所有内容，包括实体环境的塑造、营运管理等都是在该统一主题之下构成的。

（5）主题公园是一种非日常化的、戏剧性的舞台空间，让游客产生暂时摆脱现实时空的心理感觉。

美国迪士尼乐园、环球影城、嘉年华都是世界上运作比较成功的主题公园产品，号称“世界三大主题公园”。资源脱离型旅游产品无需依靠自然禀赋，实现了没有旅游资源也能发展旅游业的可能。由于没有旅游资源作依托，因此在确定资源脱离型旅游产品的价值量、票价时，只需计算全部的劳动投入量即可。

从不同角度可将主题公园划分为不同类型，常见的划分方式有：

（1）以主题内容划分为：以花卉园艺为主题；以童话世界、科学、宇宙为主题；以博览会博物馆为主题；以保存文化历史为主题；以异国地理环境、动植物特征为主题等。

（2）以吸引范围划分为：具有国际吸引力的主题公园；具有区域吸引力或国家吸引力的主题公园；具有地方吸引力的主题公园。

无论何种类型的主题公园都具备以下特征：

（1）强烈的个性，普遍的适宜性。

（2）被动游憩形式。

（3）投入高，占地规模大。

（4）高门票，高消费。

主题公园的兴建受到多方面因素影响，如客源市场和交通条件、区域经济发展水平、城市旅游感知形象、空间积聚和竞争、决策者行为等，因此在建设主题公园之前应做好规划工作。我国20世纪90年代初期曾掀起一阵主题公园建设浪潮，但由于缺乏前期规划和风险评估，雷同项目盲目上马导致了中国大批量主题公园的倒闭，资源脱离型旅游资源缺乏得天独厚的自然禀赋，因此在规划、设计方面要倾注更多心血才能保证旅游产品开发与运营的成功。

本章回顾

自然界和人类社会凡能对旅游者产生吸引力，可以为旅游业开发利用，并可产生经济效益、社会效益和环境效益的各种事物和因素，均称为旅游资源。根据国家旅游局与统计局制定的《中国旅游业信息分类表》旅游资源可分为自然旅游资源、人文旅游资源、社会旅游资源三类；开发旅游产品要遵循突出独特性的原则，以市场为导向的原则，经济效益、社会效益和环境效益相统一的原则，综合开发的原则，生态保护的原则，统筹规划、循序开发的原则等相关原则，尤其是要处理好旅游资源开发与保护之间的辩证关系。依据旅游产品开发形式可将旅游产品分为资源依托型旅游产品、资源脱离型旅游产品，在计算价值量时二者存在明显不同。

旅游资源和旅游产品是旅游者参观游览的旅游对象，对旅游业的发展有着至关重要的作用，旅游对象的相关知识是旅游从业者的必修课之一。

关键概念

旅游资源　自然旅游资源　人文旅游资源　社会旅游资源　旅游资源评价　旅游产品　资源依托型旅游产品　资源脱离型旅游产品

复习与思考

1. 请从需求与供给两种角度分析旅游资源的概念。
2. 试述旅游资源的六大特点。
3. 试述旅游资源的产业意义。
4. 试述旅游资源的主要分类方法及旅游资源的主要类型。
5. 试述旅游资源的评价目的、原则与内容。
6. 请用旅游资源定性评价法和旅游资源定量评价法，评价分析你家乡所在地的一处著名旅游景区（点）。

7. 试述旅游资源开发的原则、模式与内容。
8. 试述旅游资源保护的主要措施。
9. 请列举中国运作比较成功的资源依托型旅游产品及资源脱离型旅游产品。

知识拓展（阅读导航）

[1] K Higginbottom. Wildlife Tourism: Impacts, Management and Planning [M]. Altoona: Common Ground Publishing, 2004.

[2] 鄢志武. 旅游资源学 [M]. 武汉：武汉大学出版社，2007.

[3] 杨森・弗比克，普里斯特刊，罗素. 旅游文化资源：格局、过程与政策 [M]. 孙业红，闵庆文，译. 北京：中国环境科学出版社，2010.

[4] 高峻. 旅游资源规划与开发 [M]. 北京：清华大学出版社，2007.

[5] 陈富平. 旅游资源调查与评价 [M]. 北京：中国旅游出版社，2011.

第五章

旅游体验

［学习目标］

- 了解旅游体验的内涵
- 了解旅游体验的研究方法及其研究内容
- 掌握旅游体验的基本方式
- 学会描述旅游体验的质量

◆［案例导入］

深度旅游：激活游客的感官体验

时下，深度旅游是旅游界的热门话题和关注焦点，一时间，深度旅游产品、深度旅游项目、深度旅游景区、深度旅游线路纷纷涌出，竞相登台，不亦乐乎。在此，我们以两个问题为核心，谈一点看法。

问题一：深度旅游何以成为时代宠儿？

人生之精彩贵在经历。人生有喜有忧，有成有败，有起有落，但正是这多种多样的生活经历使人生丰富多彩，充满挑战；不难想象，淡若白水的生活将留下多少遗憾。

1. 旅游之魅力在乎参与

旅游走到今天，业态趋于成熟，游客不断成长，个性化需求快速显现；旅游堪比人生，旅游的体验性与参与性越来越受到重视，走马观花、简单低档的旅游方式和旅游产品已让众多游客觉得索然无味。

2. 深度旅游增进体验感

西方旅游界，把一次外出只选择一个地方，而不是在一个相对有限的时间内到数个景点去旅游，称为深度旅游。其实，深度旅游不是简单的时间问题，而是更加强调游客深植其中，从容地进行生活体验式漫游；深度旅游意在调动游客参与和体验的积极性，这更加符合现代人求新鲜、求刺激的心理诉求，因而受到众人的青睐。

问题二：深度旅游如何能够不负众望？

（一）两大条件：旅游时间与旅游内容

深度旅游的形成与发展有赖于两个条件和要求：旅游时间要充裕，旅游内容需丰富。二者互为需要，相互依存。游客旅游时间充裕，则要求有更多项目和活动丰富旅游行程；旅游地项目内容丰富多样，则需要游客有更多时间和精力来体验和品味。

两大条件的满足：

(1) 旅游时间充裕需要供求双方同心协力。供方主要是指旅行社，旅行社应针对深度旅游的特点安排行程，不能让游客“行色匆匆”“疲于奔波”；需方是指游客，游客的旅游观念需要引导，逐步转变浅尝辄止的大众化旅游方式。

(2) 旅游内容丰富有待于硬件和软件提升。硬件体现在旅游景点的精心设计和建造，体现在旅游活动设施的完善和创新利用；软件体现在服务质量的规范管理和服务现场的互动交流。

（二）强势手段：激活游客的感官体验

深度旅游追求体验感，人类通过器官多方感受旅游的瞬间；打造深度旅游的手段和措施核心即是抓住和激活游客的感官。

项目和活动需作用于游客的眼、耳、鼻、口、手、脚、心，增进游客的视觉、听觉、味觉、嗅觉、触觉、心理感觉等。

具体方式为：

1. 感官体验避开单刀直入，转而曲径通幽

物以稀为贵，景以遮为奇，不经修饰和设计的景观与项目，让游客一览无遗，缺少神秘感和趣味性，难以对游客感官形成冲击，激不起游客的体验和参与兴趣，或者游客在体验过后，只会得出“不过如此”的评价，正可谓不游遗憾，游了更遗憾。

中国古代园林讲求曲径通幽，指园林的布局须得巧妙设计和精心修饰；游客辗转期间，移步品景，陶冶情操。深度体验旅游与古代园林追求的境界有异曲同工之妙，因此，可以恰当引入和借鉴“曲径通幽”思想。

举例：乐在田园采摘

闲暇时间，都市居民多热衷于到郊区农村体验一下农家乐，相比于品尝已经被摘好、洗净、包装好的瓜果特产，游客更乐意亲自到田地、果园去采

摘，边摘边吃，边摘边娱乐，边摘边采购。这种“亲历亲为”获得果实的过程正是游客乐于参与和体验的趣味过程。

2. 感官体验提倡多种交融，不宜独成一家

活动和项目越能调动游客多种感官，表示其活动程序越复杂，体验内容越丰富，参与面越广泛，对游客就越有诱惑力。

举例：聚在手工作坊

游客在一地旅游，多喜欢去当地的旅游步行街观赏、购物，而“前店后场”式（前面店面销售商品，后面的工场现场制作）的步行街尤具魅力，因为游客不但可以欣赏、购买琳琅满目的商品，还可以亲自动手制作属于自己的特有商品。整个制作过程是综合调动游客动眼观察、动脑钻研、动耳聆听、动手制作多种感官体验的活动。

3. 感官体验既要催化体力，更要活化脑力

人类是智慧型动物，动脑思考是人类的专长。打造深度体验旅游不但要着眼于调动游客动眼、动耳、动手、动脚的体力刺激，如运动赛事活动；更要强化和融入对游客知识、经验、智慧、素质的脑力考验，如文化民俗活动。

举例：谋在判案现场

浮梁古城旅游景区为了活化景区和增强游客的体验，利用景区内的县衙，推出了游客现场断案、审案活动项目，颇受游客的喜爱。这类活动不单纯是娱乐活动，更是游客开动大脑、运用智慧的集中表现。

4. 感官体验困难设置越高，越具有挑战性

竞争与挑战将激起游客更浓厚的参与兴趣，因而，在安全限度内，增加感官体验的难度，会让游客获得更深刻的印象和更显著的成就感。

举例：畅在沙漠探险

沙漠充满神奇和神秘，吸引着无数的游客纷纷前往，然而，短暂停留的观光和参与并不能让游客对沙漠有深刻的感受和认识，沙漠探险受到越来越多中青年人的热爱。沙漠探险是对参与者体力、意志、脑力、协作等要素的综合考验和极限挑战，极具难度，却魅力无穷。

第一节 旅游体验的概念与发展演变

一、旅游体验的概念及特点

1. 旅游体验的概念

“体验”是多个学科都会涉及的一个词，如20世纪70年代美国未来学家阿

尔·托夫勒撰写了《未来的冲击》一书，体验经济由此进入人们的视野，在书中，托夫勒第一次构建了一个体验经济分析的基本框架。1998 年，B. Joseph Pinell 和 James H. Gilmore 在《体验经济时代的到来》一文中提到，现在的经济时代是继农业经济、工业经济和服务经济后出现的体验经济时代。到了美学领域，体验就是艺术中那种令人沉醉痴迷、心神震撼的东西。狄尔泰将之称为“生命体验”，它比一般经验和认识更为深刻、热烈、神秘、活跃。在狄尔泰看来，体验首先是一种生命历程、过程、动作，其次才是内心形成物。这与“以身体之，以心验之”所表达的意思相近。在哲学的视野中，体验源于尼采的《悲剧的诞生》。按其思想，体验包含一些有别于服务的要素：体验是人的自我实现；体验在于人类利用自身本质的不定型性，创造更健康有力的人生；体验是非工业化的，它使人回归完整；体验可以是虚拟的，间接体验随着现代科技的发展将在现实生活代替神话和武侠；体验的最高境界是高峰体验，类似于审美中的“天人合一”；人只有在审美中，人才是人本身，体验是人的复归，是人的解放，是自由的重建。可以看出，尼采赋予了体验极高的肯定。另外，体验还具有心理学上的蕴涵，并且作为对旅游者的心理活动的描述与刻画，本书中对体验的内涵与界定也主要是从心理学角度展开的。

在英文中，体验系“experience”，但由于该词既可以做名词，也可以做动词，在翻译理解的过程中便容易出现偏差。在着手进行旅游体验的描述之前我们将先理清对体验之名词和动词的两种理解。

作为名词，“experience”在翻译中可以有两层含义：一是经历，也即亲身遇到、做过或者参与过的事情；二是经验，是指从多次实践中得到的知识或技能。严格说来，体验既不同于经验，也不同于经历，体验是一种深层的、高强度的或难以言说的、瞬间性的生命直觉。尽管经验、经历都强调人们通过参加实践活动而获得了印象、记忆等，但体验却是融会到过程中并且与外物达到契合的内心世界的直接感受和顿悟。而且，具体到旅游的情境当中，由于旅游者的活动空间是自己所不熟悉的非惯常环境，便导致其旅游体验是暂时脱掉日常生活情境当中的自我身份，换上当地人的客体身份所获得的感悟，这种感悟发生在旅游情境的当时当刻，换言之，旅游体验直接受不同旅游情境的渲染，是一种即时性的心理感受。而作为动词来理解的话，体验便是一种心理活动，这种活动在旅游情境中的特殊之处在于其所包含的某些非理性成分，如此，不同于日常生活的例行公事，旅游可以不采取逻辑分析、随心所欲地去整体把握，这种心理活动让旅游者真正释放自己真实的即时情感。在我们看来，对旅游者而言，体验可以是名词，着重去描述旅游者的感受和顿悟；也可以是动词，着眼于旅游者生成感受和顿悟的过程。综上所述，本书对旅游体验的界定将直接引用谢彦君教授在《基础旅游学》一书中的定义：所谓旅游体验，是指旅游者通过与外部世界取得联系从而改变其心理水平并调整其心理结构的过程。

2. 旅游体验的特点

总结旅游体验的特点，可以看出：

（1）旅游体验是一种综合性的体验。旅游是对我们从日常生活当中“逸出”的一段闲暇时间的消耗，它能够使人在短时间内脱离正常的生活轨道和工作空间，但由于生命现象本身的复杂性、生命所赖以存在和发展的条件的复杂性，旅游便保留了吃饭、穿衣、求安全等一些与日常生活相同的片段；日常生活片段与异地情境并存使得人们在旅游的过程中容易出现多重心理活动，期望实现多重目标，这些使得旅游体验成为一种综合性的体验。

（2）旅游体验具有某种超功利性色彩。旅游发生的场景是脱离日常的尔虞我诈、钩心斗角的工作环境或生存环境的，甚至可以说，一大部分的旅游者外出旅游就是为了在一段时间内摆脱这些功利性的追求，从而舒缓压力、放松身心。在旅游的场景中，旅游者可以自由地观赏自然界的旖旎风光，品味异地的文化风情，享受当地的特色美食，与当地人攀谈交往，等等，所有这些世俗的或是审美上的快感都给旅游体验涂上了一层超功利性色彩。

（3）旅游体验是充满意义的。体验之所以能够产生，是由于旅游主体也即旅游者亲身参与了该过程，它是一个主客体互动的过程，这种参与本身便会为人们带来多个层面的意义与效用，如哲学层面、心理学层面、美学层面等。

（4）旅游体验是一种即时的感受。旅游者进行体验是一种心理活动，这种活动发生的场景就是当时当地的旅游情境。一旦离开了当时的情境，旅游者的体会便随着变化。而在旅程结束之后，通过看照片或者与同行之人的交流回忆所产生的感受实际上是一种追忆，是旅游后体验，此时的感受可能已经在很大程度上出现了变化，这是由于旅游时恶劣天气所产生的坏心情、糟糕的导游讲解或者不算太好的用餐经历都随时间的流逝而淡化，旅游者的回忆开始被当地的美景、美好所充斥。所以不管是糟糕还是美好，回忆起来都是精彩的。

二、旅游体验研究的发展演变

当体验经济成为一种新潮的时代背景之时，学术界开始萌动对旅游的体验研究，不过对比国内外在对待这一领域的敏锐性上，差别还是相当明显的。迄今，国外研究旅游体验的历史约有40年之久，尽管整个过程也有起有落，时冷时热，从某种程度上反映出对旅游体验研究的重要性和价值的犹豫和怀疑，不过该领域一些比较著名的学者作出了很大的贡献。例如，以色列旅游社会学家Uriely，他对旅游体验的概念演变进行了多角度、多学科的梳理；Boorstin把旅游体验定义为一种流行的消费行为，是大众旅游非自发的预制的体验；MacCannell则认为，现代旅游者主要是前往异地寻找一种替代性的真实体验；Ritehie与Hudson于

2009年在回顾国际旅游体验研究成果的基础上，归纳出旅游体验研究领域当中的五个研究方向：体验基础研究、寻求体验行为研究、体验方法论研究、特殊旅游体验之本质研究、规划与传递体验的管理问题研究。发展到今天，旅游体验已经成为英语世界中最为热门的研究话题之一，可以称得上学术界的一股有力潮流。

国内真正开始研究旅游体验并逐步将之体系化的当属谢彦君教授，在其专著《基础旅游学》当中，谢教授将“旅游体验”作为一章，并且是最为重要的一章纳入整个基础旅游研究的理论框架当中，并给予了其巨大的肯定和预言，这在同类的概论课教材当中是开创先例的，并且引领了诸多概论课教材的内容框架修改。此后，在其博士学位论文当中，谢教授专门从现象学的视角构建了整个旅游世界，此时，他将旅游体验明确定为旅游世界的硬核。随着理论框架的逐步完善以及参与旅游体验探讨的团队的扩大，2010年，针对旅游体验的研究从纯理论层面走向实证科学，中国旅游出版社出版的《旅游体验研究——走向实证科学》一书让读者看到了更精彩、更直观的旅游体验实证研究。而此时，针对旅游体验展开的研究俨然成为国内旅游学界的热点，有些研究人员以不同的案例地（如南京雨花台烈士陵园）（黄志远、张玉钧）、不同的旅游体验对象物（如印象·刘三姐）、不同的旅游情境（如东北地区乡村旅游）（谢彦君、陈焕炯等）展开了实证研究；有些则从不同视角切入对旅游体验的关注，如陈才、卢昌崇提出将认同作为旅游体验研究的新视角，刁志波则基于信息技术对旅游体验进行了研究，陈雅茜基于相册对旅游体验分享技术进行了研究；还有一些则重点考察旅游体验的质量，他们从测量旅游体验质量的方法着手，无论是定量的还是定性的，都呈现出百花齐放的喜人状态。

对国内外旅游体验研究成果的粗略梳理可以为读者提供一个明确的信号或启示：旅游体验具备承担旅游世界的硬核角色的能力和地位，作为旅游管理类专业的学生，要在充分认识旅游体验重要性的前提下，深入了解学习旅游者在体验当中主要采取的旅游体验方式，并学会对旅游体验的质量进行衡量的常用方法，从而帮助他人或自己提高旅游体验的质量。

推荐阅读

关于后现代旅游

说到后现代旅游，就不得不说到后现代主义。

什么是后现代主义？

在形式上，后现代主义是一股源自现代主义但又反叛现代主义的思潮，它与现代主义之间是一种既继承又反叛的关系；在内容上，后现代主义是一种源于工业文化、对工业文明的负面效应的思考与回答，是对现代化过程中出现的高扬人的主体性和人类中心主义、把人和自然的关系理解为统治与被统治关系的批判，是对现代主义宣扬的科学至上，而科学的发展导致了人的异化和对精神文明和道德信仰的忽视的一种抛弃；在文化特征上，颠倒传统文化的原有定义，反对传统文化的各种创作原则，扬弃传统文化的语言、意义系统、形式和道德原则；在心态和思维模式特征上，后现代主义所要表达的是一种不确定性、模糊、不可表达、不可设定等精神状态和思想品位；在生活方式上，后现代社会生活方式的特征是游戏式的生活。人们不再墨守成规，不断突破传统，在叛逆性生活中尝试新鲜感。

后现代旅游观是从现代旅游的基础上衍生而来的。旅游自古有之，而现代旅游是从精英化走向大众化的过程，实际上是社会成员自我完善、自我发展、自我认知的过程，从中获取身份认同、社会尊重，提升身体享受度、精神愉悦度。当我们打开现代旅游的"潘多拉盒子"后：旅游需求过度集中的释放，造成了部分旅游市场供需双方的严重失衡，对当地的旅游资源造成了破坏；商业宣传取代了人际交流、旅游主体性被放大，旅游演变成一种强制性的、单一性的文化消费。

现代旅游带来了大众化，带来了高节奏和高效率，同时也带来了秩序化、主体至上和无差异。一种注重多元、差异、生态的可持续发展的旅游呼之欲出，后现代旅游观仿佛"久旱之后的甘霖"，应运而生。

后现代旅游是从我们熟悉的传统旅游，以经历欲、享乐欲的满足形态逐渐地向以体验性、求知性为基本诉求的后现代旅游发展。旅游的选择更多元，方式更自主，心情更放松，参与和体验更丰富。

(1) 后现代旅游强调积极主动参与旅游，强调个性多元化的旅行方式。传统大众化的旅游内容和形式逐渐地失去了吸引力，千篇一律的开发模式、固定的线路、常规的旅游方式实难满足渴望自由、追求独特的后现代旅游者的需求。后现代旅游强调非中心、差异性和个性化，侧重对旅游线路、旅行方式等的主动参与和设计，掌握旅游的自主权，以随意播撒所获得的零乱性和不确定性对抗秩序和常规。

(2) 后现代旅游趋向于寻找情感的倾诉、渴望文化的积淀、感受自然的和谐。后现代旅游不再仅仅关注旅游产品和服务的质量，更强调情感的需求，希望旅游能促进情感的交流，引起心灵的共鸣。旅游者与旅游目的地之间不是单纯的商业交易，而是某种意义上的情感对话；后现代旅游者更展露出求知的欲望，他们渴望了解世界、交流文化，对异域他乡有着迫切的向往；后现代旅游主张人与自然的和谐，以平等、朋友式的关系来对抗人类中心主义的统治与被统治的关系。

（3）在功能和意义上，后现代旅游对体验、参与的热情更加强烈。后现代旅游者更希望自己是历史的参与者、表演者和见证人，渴望感受非常规的时空体验。后现代旅游是对过去那种整齐划一、单调雷同的生活方式的告别。

还是那句老话，旅游是愉快的智力游戏，给自己一个完完全全属于自己的行程。

第二节　旅游体验研究的主要方法

一、旅游体验研究方法的概念及作用

（一）研究方法的概念

研究方法是指在研究中发现新现象、新事物，或提出新理论、新观点，揭示事物内在规律的工具和手段。所谓工欲善其事，必先利其器，在旅游专业中，研究人员已经逐步意识到了方法的重要性，其中的一个重要体现就是近年来国内已经陆续有高校在旅游管理类专业的研究生阶段开设相关的研究方法课程，甚至极个别高校在本科阶段便开始普及。不过随之而来的问题便是：由于各个高校的旅游管理类专业所依托的学科背景各不相同，再加上旅游研究的方法本身尚未形成体系、达到成熟状态，目前所利用的方法有很大一部分是直接从社会学、人类学、统计学、心理学等一些传统学科移植过来的，导致的结果便是，同一个专业毕业的学生在谈及研究方法时却各说各话，如隔行隔山。时下还有一个比较流行的做法，那就是注重量的研究分析，当旅游领域终于逐步摆脱完全没有研究规范的意识的最初阶段，人们开始向国外学习，当时的国外学术界最推崇的便是实证研究，尤其是量的实证研究最为人们所信服，于是，国内便开始涌起同样的量的研究的热潮。细观近些年，国外开始慢慢认识到质性研究的优势和价值，也许在不远的将来国内又会大兴质性研究。这种研究方法潮流的变化说明了一个很重要的问题，那就是方法绝对不是一成不变的，关键是要与研究问题相匹配。具体到旅游体验的研究方法问题，尚谈不到终结性的定论，但若要深入关注旅游体验的研究，针对它可以采用的研究方法则是一个无法绕道而行的问题，我们在此只是尝试性地总结一下关注该领域的意义以及当前常用的一些研究方法。

（二）研究方法的作用

科学的研究方法是运用智慧进行科学思维的技巧，恰当的研究方法就是挖掘旅游现象内核——旅游体验的得力武器。对旅游体验研究方法的探讨和研究至少在以下两方面促进旅游体验的研究进展：

1. 跨学科研究方法的研究有利于旅游体验理论的发展

从某种意义上说，有什么样的研究方法，就有什么样的科学研究，任何理论的构建都离不开研究方法的鼎力相助。现在科学的发展正呈现出一个杂交化、整体化的发展趋势，学科间的交叉与整合日益加强，其中一个重要的方面就是研究方法的相互借用、相互促进。旅游学本身就是一门典型跨学科学科，需要其他学科方法的移植、渗透和融合，旅游体验是旅游学研究不可或缺的组成部分，对这个领域多学科、多类型研究方法的研究将对旅游体验理论的发展提供有力的保障。

2. 有利于旅游体验学术规范的形成

学术规范是研究者在从事科学研究过程中所要遵循的一些基本程序、基本方法和要求，它是人们在长期从事科学活动过程中所形成的，而且在动态的过程中不断完善。研究方法是人们解决科学问题时所采取的一些基本手段、途径和规则，它对于学术规范的形成和完善有很重要的意义。在我国，对于旅游体验的研究正在开始慢慢升温，对于大多数旅游研究者和学习者来说，旅游体验的研究仍处于一个起步阶段，在研究初始，形成规范的研究方法、程序、规范尤为重要。

二、旅游体验研究方法的具体方法举例

旅游体验是一种即时的感受，旅游者进行体验是一种心理活动，因此旅游体验带有强烈的主观性特点，这为研究旅游体验带来了不小的难度。为了更好地耕作好这块领域，经济学、心理学、管理学、社会学等多个学科都为旅游体验贡献了有效的研究方法，因此跨学科方法的移植和融合，研究方法的多样性并存构成了旅游体验研究方法的两大特色。

以下简单列举几种常见的旅游体验研究方法：

（一）体验经济视角下的旅游体验研究方法

约瑟夫·派恩和詹姆斯·吉尔摩（2002）将消费者体验当成是经济商品。这种定义显然是从供给方出发的，将体验看做经济提供物的一种，对其进行研究时，方法的选择很自然地与以往测量产品/服务质量的方法联系在一起。满意度和服务质量测量的方法由此纳入了旅游体验质量测量研究的范畴。

1. 服务质量模型

从旅游体验满意度角度进行研究的方法最有代表性的当属服务质量模型。北美学者 Parasuraman，Zeithaml 和 Berr（简称 PZB，1985）提出了广为人知的 SERVQUAl 服务质量测量方法。通过与管理人员的深度访谈，向服务顾客的焦点组进行调查，Parasuraman 等（1988）确定了 10 个通用的服务质量维度，经过因子分析后压缩为 5 个维度，每个维度下又分别包含不同的条款，总条款数为 22 个，

如图 5-1 所示。

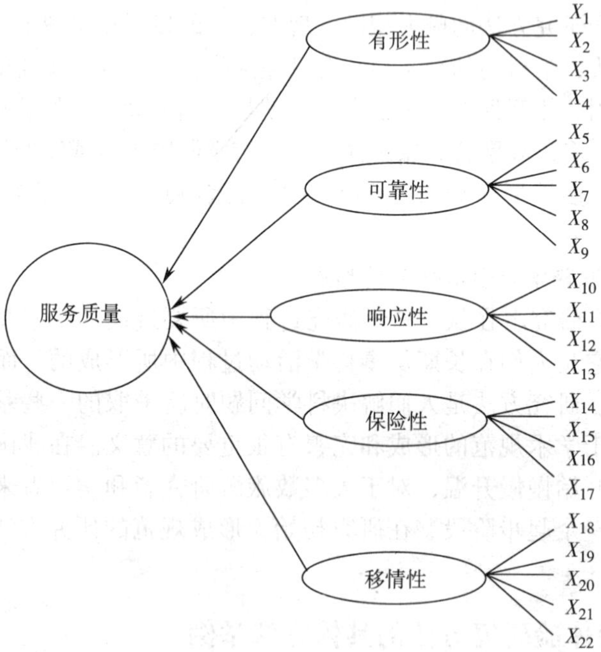

图 5-1　服务质量模型

其中，可靠性是指服务要及时、准确，并在指定的时间内完成。响应性是指能主动帮助顾客并迅速提供服务的愿望。该维度强调在处理顾客要求、询问、投诉问题时的专注和快捷，让顾客等待，特别是无原因的等待会对顾客感知带来不必要的消极影响。保险性用于激发顾客的信任感，这就意味着员工要有诚意以及解决顾客问题所必须具备的知识和技能。它包括可信的名称、良好的声誉、训练有素的员工等。服务的有形性是指服务机构有策略地提供服务的有形线索，帮助顾客识别和了解服务。服务的有形线索是服务过程中能被顾客直接感知和提示服务信息的有形物。移情性的本质是通过个性化的或顾客化的服务使每一个顾客感到自己是唯一的和特殊的。移情性有下列特点：接近顾客的能力、敏感性和有效地理解顾客需求。值得指出的是，移情性也是 5 个维度中最为关注顾客情感的维度。

每一个服务维度所包含的具体条款都是用来测量该服务维度的。每一个条款都按期望和实际质量感知两项采用李科特 7 级量表测量，量表的两端各注有“十分不同意”和“十分同意”字样，中间的 5 级没有文字。问卷采访者首先给出某一企业在期望项上的评分。然后，问卷受访者根据其接受服务全过程中的实际感受给出企业在相应实际质量感知条款上的得分。用某个条款的感知项得分减去期望项得分就得到了该条款的服务质量得分。以此类推，通过计算获得所有条款的服务质量得分，然后就可以应用有关的统计分析方法进行后面的操作，获得消费者最终的满意度得分。

2. 关键事件法

服务质量模型虽能客观量化地反映顾客的满意程度，但其仅是单一的得分，对深入研究旅游体验的全过程变化帮助不大，为了更好地了解顾客体验的全过程，倾听顾客对体验过程的感性描述，关键事件法成为旅游体验实际经营过程中的一种常用方法。

关键事件法是通过搜集故事或关键事件，并利用内容分析法进行分类的一种工具。研究者使用这种方法的典型做法就是让顾客用自己的语言对经历的服务体验（无论是积极的体验还是消极的体验）进行描述，并回答一系列关于服务体验的开放式问题，研究者进而根据获得的描述资料使用内容分析的方式将资料中描述的关键事件分组。所谓内容分析法，是一种常用的处理自由阐发的关键事件数据的描述性方法。这种方法根据定性数据中词语或词组等出现的频率或被提及的先后顺序处理定性数据，使其定量化。研究者通过编码的方式将顾客的描述进行系统的分类，所谓关键事件，往往是被顾客多次提及或优先提到的事件。

关键事件法允许顾客自由地以自己的语言深度描述、讲述“引人入胜的案例故事”或关键事件，并对他们的描述提供一个连贯合理的解释而非引导顾客进行回答，这种方法有助于研究者在顾客自己的生活环境背景之中了解顾客的体验，因此是研究旅游体验更可取的办法。

（二）高峰体验视角下的旅游体验研究方法

从尼采的“酒神”状态开始，很多学者对体验质量的巅峰状态作出了精彩论述：Maslow（1968）认为高峰体验（Peak Experience）是一种类似“短暂的离开真实的世界”，可以导致人们实现短暂的最高快乐或是满足的感受，也就是人类在进入自我实现状态的时候，会感受到的一种极度兴奋的愉悦心情。

这种研究的视角显然更偏重于研究旅游者的心理层面和情感层面，按照这种研究思路，契克森米哈里（Csikzentmihalyi）早期以艺术家、运动员、音乐家、棋坛高手及外科医生为研究对象，根据他们对最优经验（Optimal Experience）的陈述，建立了著名的“畅爽”理论。契克森米哈里（1975）认为当人们在进行活动时，如果完全地投入情境当中，集中注意力，并且过滤掉所有不相关的知觉，即是进入一种 flow（畅爽）的状态。“flow”是一种暂时性的、主观的经验，也是人们为什么愿意继续再从事某种活动的原因（Csikzentmihalyi，1990），并进而给出了畅爽状态的维度构成，如表 5-1 所示。

表 5-1 畅爽特质（状态维度构成）

清晰的目标和立即的回馈	很清楚自己要做什么且马上得到回馈，让人感觉一切都按计划发生
技能与挑战平衡	在畅爽状态中，对环境挑战的感知和对自身技能的感知是平衡的
知行合一	对体验的涉入程度如此深，以至于行为完全情不自禁地发生
全神贯注	真正全身心地投入
掌控自如	畅爽状态的一个独特特征就是无需刻意努力就能达到，一切尽在掌握中
浑然忘我	与参与的项目融为一体，自己仿佛消失了
时间感扭曲	在畅爽状态可能感觉时间过得很快，也可能感觉时间过得很慢，或对时间的流逝根本没有感觉，毫无知觉
自成的目标（Autotelic）	畅爽的最终结果，感觉只是出于喜欢而进行某种体验，是非功利性的，不会期望对自己的未来有什么回报或好处

资料来源：G. Tenenbaum，G. Fogarty，S Jackson. The Flow Experience：A Rasch Analysis of Jackson's Flow State Scale. Journal of Outcome Measurement，1999，3（3）：278-294.

应用以上维度，采用李科特量表的形式，该量表也可用于研究旅游者旅游体验的情感层面，对研究旅游者体验有着重要的意义。

（三）其他的旅游体验研究方法

体验经济视角下旅游体验研究方法和经济管理实践连接得更为紧密，因此在实践中应用得最广泛，在服务质量模型的基础上派生出了侧重测量饭店体验的LODGSERV 模型（Knutson 等，1991），用以测量度假体验的 HOLSAT 模型（Tribe，Snaith，1998），用以测量历史遗迹中的旅游体验的 HISTOQUAL（Frochot，Hughes，2000），以及测量生态旅游的 ECOSERV 模型（Khan，2003）一系列研究具体情境下旅游体验的方法。IPA 方法是对管理决策更为有效的方法，受篇幅所限这里不作具体介绍。

高峰体验视角下的旅游体验研究方法更多地从心理学角度还原旅游体验的全貌，与体验经济视角下的研究方法相比，带有明显的超功利主义色彩，与这个特点类似的 Q 分类法、记忆工作（Memory Work）、隐喻抽取技术（Zaltman Metaphor Elicitation Technique，ZMET）、体验突现法等研究方法从社会学、心理学角度出发试图更全面、更可观地展现旅游体验的丰富内涵，下面对 Q 分类法和隐喻抽取技术进行简要介绍。

1. Q 分类法

Q 分类法常被用来研究人类的主观性，因此对研究体验来说大有裨益。Q 分类法是运用等级顺序程序对Q分类材料进行分类，以收集若干调查单元的心理和行为资料，探讨调查单元类别的一种方法。

运用Q分类法的第一步要求确定分类材料。在收集资料之前，研究者往往已经根据已有理论提出自己的假设，资料的收集就是根据这些假设进行的，其随后对收集资料的分析往往是对之前假设的证实或证伪。Q分类资料的收集方式有两种：①通过报纸、期刊等各种媒介或实地取材，收集与研究题材相关的意见或图像资料；②采用访谈法，收集各种不同的意见和图像资料。这种方法虽然对需要多少人进行访谈没有特别的限制，但访谈应包含不同背景的研究对象，用以保证研究能收集各种不同的意见，同时应准备问卷了解研究对象的背景资料。研究者利用访谈技术收集文字材料时，应就所要研究的主题加以分析，形成若干陈述句，并将此等陈述句分别撰写在卡片上，以供研究对象分类用，登记在卡片上的陈述句就是Q分类资料。图像资料也要按照研究主题进行收集，形成Q分类资料。

一般的Q资料是60～140张图片或写有陈述句的卡片，Q分类资料是许多项目的组合，提供给研究对象作Q分类用。Q资料的分类有很多种，比较常用的是将资料分为结构性资料和非结构性资料，二者的关系如表5-2所示。

表5-2 Q资料的分类

结构性	非结构性
1. 将某种理论或假设设计在Q分类资料中，以测验这种理论或假设的正确性 2. 供分析多项特征（如理论价值、审美价值、经济价值等）而编制的选项 3. 依结构不同，分成单层结构性与双层结构性Q分类资料 4. 能促进理论测试	1. 选择过程是依据随机方式，从母体中抽出若干陈述，作为Q分类资料 2. 提供分析一个宽泛的特质（如价值）而编制的同类选项 3. 研究主题的某些要素可能未被收集到，或被过度收集，因而使得最后的Q分类资料涉及了某种偏见
所选择的资料，必须遵循正反意见平衡的原则，即正面意见和反面意见的数目必须相等，各组资料数量符合正态分布。大多数学者建议，除了应包括数目相同的正反陈述外，中性的陈述也应该包括在内。	

资料来源：廖智倩，阙月清．小学体育教师体育目标认同倾向之研究［J］．体育学报，2000（30）：9-19.

其次，该方法要求被调查者按自己的喜好或标准对材料进行分类，Q分类要求研究对象将一组陈述句或图像资料予以排列等级并进行分类，特征最符合研究对象自身喜欢或标准的项目，给予高分，反之，给予低分。换言之，即研究对象按对陈述句的描述和对图像资料的喜好程度作等级排列或判断，同时要求研究对象用自己的语言尽可能丰富地解释这种排序和分类的原因。

2. 隐喻抽取技术

该技术是一种以图像为媒介、结合深度访谈的崭新消费者研究方法（Coulter，Zaltman，1994），是能够深入探究消费者内心想法与需求的质性研究方法。ZMET 吸取了心理学、认知神经科学、心理语言学、神经生物学、社会学、视觉人类学、艺术评论、文学评论等多种学科的精粹，建立其深厚稳固的理论基础（Gwendolyn，2002），而且符合各种学科信度与效度的标准，打破理论与实务应用以及各学科之间的鸿沟（Zaltman，Useem，2003）。

ZMET 包含以下步骤：

（1）前置作业。要求受访者根据研究主题去寻求他认为能够代表特定主题的图片。ZMET 的研究取向是定锚于受访者的想象之中，也就是受访者潜意识中信念与想象的释放（Yin，2001）。因此，这一步是个相当重要的步骤，因为研究者视这些图片为探索心灵的线索，也就是所谓的“视觉隐喻”（Visual Metaphor）。

（2）ZMET 访谈引导过程。在上一步的基础上，结合深度访谈以及多重感官的探索技巧，试图开启受访者之多重管道的沟通窗口，使受访者分享其选择的视觉隐喻背后所隐藏的构念，以便联结出构念与构念之间的关系，进而呈现出受访者的心智地图（Mental Map），发掘受访者对特定事物的深层想法与感觉。访谈步骤操作方式概要如表 5-3 所示。

表 5-3　ZMET 访谈步骤表

步骤 1	说故事。受访者对自己收集而来的 8 ~ 10 张图片讲述想法
步骤 2	遗失的影像。请受访者描述无法找到的图像，与其所代表的意义
步骤 3	分类整理。请受访者依自己的想法将图片进行分类
步骤 4	构念抽取。诱导受访者说明构念与构念之间的关系
步骤 5	最具代表性的图像。请受访者选出最符合主题，且最具代表性的一张图片
步骤 6	相反的影像。请受访者描述与主题相反的图像
步骤 7	感官影像。请受访者以五感描述主题
步骤 8	心智地图。请受访者创造一个地图，用以描述与主题相关的构念
步骤 9	总结影像。请受访者借挑选出的图片，创造一个总结的影像来传达重要的构念
步骤 10	小短文。请受访者以一段话帮助沟通重要构念

资料来源：吴惠萍．约翰走路威士忌品牌原型研究：业者与消费者的观点比较［D］．台北：世新大学，2006.

(3) 确认关键的构念与论述。当所有访谈过程结束后，研究者必须在访谈时所记录下来的所有构念中，找出关键的构念，进行确认与分析。

(4) 建立共识地图。共识地图（Consensus Maps）是建立在隐喻抽取的基础下，作为一种可以进入消费者潜意识心智下的价值工具（Zaltman，2003）。研究者结合所有受访者心智地图中的构念，最终创造一张共识地图。共识地图可以展现出大多数时间下，大多数人的想法，其中包括构念以及构念与构念之间的关系，这二者会串联出数个终极构念。共识地图包含了驱动人们思考和行动的主要构念，构念之间的联结代表其互动的关系。

第三节 旅游体验的主要方式

随着人们的旅游心智越来越成熟，传统的走马观花，“白天看庙、晚上睡觉”等旅游方式已经逐渐为大众所厌，旅行社也才开始挖掘深度、品质旅游线路。归根结底，这种线路类型的转变、在旅游目的地活动内容的变化，实际上说明了人们获得旅游体验的方式的增多和进行旅游体验的深入。大多数旅游目的地在发展旅游业的初期，能够为旅游者提供的体验方式比较单一，以观赏性活动为主，这是由于人们接受外部信息的主要途径便是视和听。慢慢地，有些旅游目的地则根据其资源特色以东道主与旅游者之间的互动、交往为主要的体验方式，这一类型的典型代表就是民族旅游，如中国多个少数民族的特有节庆或习俗，当时的情境会让旅游者自觉或不自觉地加入到当地的氛围当中，在短时间内忘掉自己的身份，幻化成某个其他角色，仿佛在自己的外面穿上了一层道具服装，涂上了一层理想中的色彩。因此，从旅游者卷入当地旅游活动的程度来看，旅游体验的方式主要有：旅游观赏、旅游交往和旅游模仿等。值得注意的是，绝大多数旅游活动都避不开观赏活动的存在，观赏是一种基础性的体验方式，更为深入的交往活动或是模仿行为都是在观赏的前提下发生的。换言之，若将旅游体验的各种方式分成先后出现的话，观赏环节没有得到旅游者的认可，那么他们便不会再继续对眼前的景观投入更多的兴趣和热情，交往互动或模仿行为便不太可能出现了。这种机制有些类似认知心理学当中的选择性注意——由于外界周身的信息量太过庞大，个体不可能将所有的信息统统进行处理，为避免大脑出现超负荷运转，人们一定是对周遭信息中的重点进行选择，再进一步加以处理。

一、旅游观赏

观赏是进行审美的主要形态之一，无论是日常生活当中的各种审美活动，还是人们在旅游世界里面进行的审美，都具有观赏的意义。因此，旅游观赏是旅游者在远离其常住地的地方主要通过视听感官对外部世界中所展示的美的形态和意味进行欣赏体验的过程，旨在从中获得愉悦的感受。能够体现人们在旅游观赏过程中所体验到的美感便自然而然地同旅游资源本身的特质结合在一起了。人们在观赏旅游资源时，感受得比较多的美有如下几种：

凡事物能使人有崇高、严肃、雄壮之感者称为“壮美”。西方的著名雕塑《拉奥孔》是壮美的典型代表。在这尊雕塑中，主体人物神情紧张，面部扭曲，浑身肌肉隆起，显得极其壮实，周身还有毒蛇盘绕，表现出挣扎与恐惧。两旁的人物雕得十分矮小，更显主体的高大，如图 5-2 所示。

图 5-2 《拉奥孔》雕塑

旅游中壮美通常同险峻、浩瀚等场景相关，如长城，它是中国也是世界上修建时间最长、工程量最大的一项古代防御工程。自公元前七八世纪，楚国筑“方城”开始，至明代共有20多个诸侯国和封建王朝修筑过长城，其中秦、汉、明三个朝代长城的长度都超过了5000km，总共延续不断修筑了2000多年，分布于中国北部和中部的广大土地上，东起山海关，西到嘉峪关，总计长度达50 000多千米，被称为“上下两千多年，纵横十万余里”。如此浩大的工程不仅在中国而且在世界上，也是绝无仅有的，因而在几百年前长城就与罗马斗兽场、比萨斜塔等列为中古世界七大奇迹之一。万里城墙上分布的百座雄关、隘口以及成千上万座敌台、烽火台，打破了城墙的单调感，成为旅游者驻足观赏的宝贵景观。自1987年12月长城被列为世界文化遗产以来，它已经被世人视为中国的象征。

优美是审美主体在观赏具有审美价值的客观对象时，主客体之间所呈现出来的和谐统一的美。优美表现阴柔之美，与纤细、娇小等形式相关联，如西方雕塑中著名的断臂维纳斯，女神的面容姣好，面色宁静安详，体态丰满而不肥胖，身材比例绝佳，虽然没有双臂，但仍难掩那倾国倾城的美丽。优美常常是人们在观赏自然风光时发出的感慨。另外，如秀美、幽美等也是常常打动旅游者的心理快感。值得一提的是，近年来逐渐进入旅游者视野的黑色旅游，如前往南京大屠杀博物馆、旅顺日俄监狱旧址、汶川地震遗址等自然灾害的发生地或者历史上的战争发生地等的旅游，旅游者在这些地方感受到的绝不是开心、轻松，而是一种沉痛、悲伤。对于这种观赏活动的理解不能仅仅停留在旅游是为了获得开心、为了审美这个层面上，而是要上升一个层面，即并非只有快乐可以促成精神上的升华和心理上的快感，苦难也可以，而且在很多时候苦难给人们造成的震撼更大，作用更持久。若细致描述旅游者对各种美的感受，则一定绕不开对著名旅游资源的描述，此处不再赘言。

二、旅游交往

人是社会性的动物，除非是外部环境极端不允许，每个人都会主动寻找与人交往的机会。社会心理学研究中的社会化问题便很好地说明了儿童在成长发展的过程中缺少与人交往的严重后果，最恶劣的情形可能是儿童智力发展障碍而无法成长为健全的社会人。在现代社会中，除日常生活当中与自己的亲人、朋友、同事等的互动交往之外，旅游也提供了一种十分重要的交往场合。对旅游交往关注比较多的当属人类学的研究。在交往中的一个关键变量是文化差异，它既是吸引旅游者最重要的因素以及主客交往发生的根本原因，也可以由于差异过大而成为旅游者成行的障碍因素。

旅游者卷入交往的程度较低的是摄影拍照，Sontag指出，旅游者因为有了相机而无需介入，但获得了经历的见证，这是一种窥视欲的表现；Graburn 也认为，旅游者手持相机不费脑筋地记录旅程，相机由此成了过滤器，在旅游者和目的地景观之间砌成一堵透明墙，从而使得旅游者产生一种掌控感与安全感。当前关注旅游者摄影拍照行为的学科甚多，如文化研究、人类学、旅游学、地理学、社会学、艺术与摄影史等，关注侧重点不同，得出的结论也各有特色。归纳起来，不妨将旅游者手持相机拍照摄影看做是旅游者与景观之间的“交往互动”，但由于景观无法作出回应，因此，这种交往的主动权几乎完全掌握在旅游者手中。至于在拍照摄影过程中与其他旅游者之间产生的交往便另当别论了，Theopisti Stylianou-Lambert 通过对旅游者拍照摄影的过程进行现场观察，发现旅游者之间存在某种约定俗成的摄影礼仪——“特惠空间”和“互惠原则”。国内对旅游者摄影关注较多的是刘丹萍，她以云南元阳梯田为案例研究地，借用旅游凝视的工具和方法对旅游者摄影进行了深入剖析，发现旅游者在目的地选择、摄影器材等方面存在符号性消费。当前，将旅游者拍照摄影视为被动的目的地空间消费者的观点在某种程度上让位于那些将这种旅游行为看做是重构目的地形象、创造属于旅游者自己的独特经历的观点，这两种观点可能都过于极端，但可以肯定的一点是：拍照摄影的确是现代旅游者的一种重要的消费行为和交往互动过程。

与当地人的交往也是非常重要的一个方面，张晓萍翻译的《东道主与游客：旅游人类学研究》一书即是这个研究领域的突出代表。书中列举了众多鲜活而有趣的实例，如爱斯基摩人、库拉莫拉·库拉亚拉、汤加、巴厘岛、印度尼西亚苏拉威西岛托六甲、欧洲的旅游度假地、北卡罗来纳州三个沿海城镇、伊朗的犹太商人与国外的犹太游客之间的交往等。作者在作结时呼吁，用人类学的观点研究旅游业，这不啻是一种远见！

另外，值得一提的是，由于旅游活动在时间上的短暂性和空间上的异地性，使得旅游交往同日常生活交往有很大的不同，那就是旅游交往在时间上起始于旅游过程的开始，终止于旅游过程的结束，并且在旅游交往期间，由于对象一般是脱离了原社会系统职能约束的平等的旅伴、交易者或东道国居民，所以彼此的沟通多为平行的方式，并以感情上的沟通或物品交易为主要内容。尽管绝大多数的旅游交往是短暂存在于旅游目的地，但还是不能排除有一小部分旅游者希冀将旅游中的美好延伸到旅程结束之后，Chris Ryan 曾从旅游者与目的地居民的交往关系的角度分析过旅游交往的终止水平。他提出了一个“旅游者—朋友模型”，用以说明旅游者与目的地居民关系发展的过程。他认为这个过程是一个谱状结构，经历了从“旅游者”→“宾客”→“朋友”的过程，如图 5-3 所示。

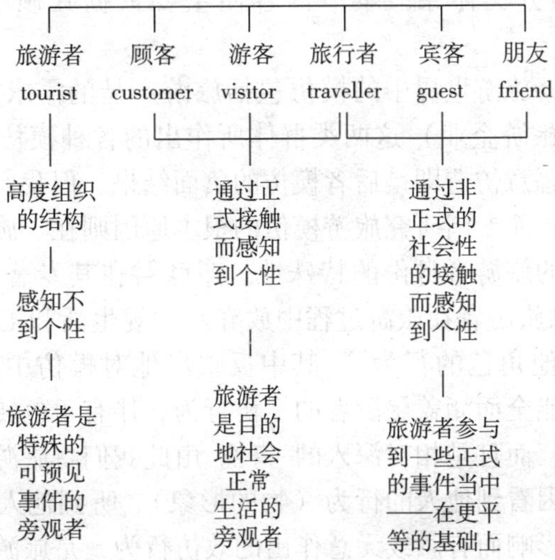

图 5-3 旅游者—朋友模型

三、旅游模仿

模仿在旅游世界中很常见：旅游者到了一些著名的民族旅游地，便模仿当地人的样子穿民族服装、吃民族食品、跳民族舞蹈、参加民族节日；看到别人拍照，就不自觉地跟过去在同样的取景点甚至以同样的姿势留念，这些都是有明显表现的模仿行为；还有些人从电视剧、电影、文学作品中看到了骑马的英姿飒爽，便怀着骑马的梦想去草原旅游；或者是一直生活在城市，就想去当一天农民，就本着心情去农村“笨拙”地锄草。这些模仿如果不仔细追寻其产生的根源，就可能不被人们理解为模仿了。更有一些抽象的、为满足某种心理欲求的模仿。例如，一位喜欢探险的外向型旅游者在自己的归属群体中卖力地宣传某个新兴的旅游目的地，于是身边的朋友也萌发了前去旅游的念头，结果就是越来越多的人蜂拥到此……“模仿在旅游过程中的意义尤其不能低估，因为模仿有时就是旅游目的本身，有时是达到目的的手段，在某种情况下还可以解释旅游发生的根源。旅游者可以借助模仿或者追求模仿实现对旅游愉悦的体验”（谢彦君，2004）。本书编者之一潘莉在准备硕士学位论文时便对对旅游者的模仿经历进行了质性研究，研究发现：不同旅游者的模仿的外在形式不尽相同，即便有些模仿行为的外在形式是一致的，旅游者感受到的也未必相同。这便凸显出对旅游模仿进行分类的必要性和意义所在。分类作为认识事物最为有效的方法，在对旅游模仿的研究中更是体现得淋漓尽致。基于此，她在论文中尝试对旅游模仿的既有定义进行修订，并对旅游模仿的类型进行划分，初步构建出旅游模仿的分类体系。本节内容便主要依据其硕士论文的结论进行编写。

从广义上来看，旅游世界中的模仿包括旅游产品的需求方（即旅游者）以及供应方（即各类旅游企业）这两类群体所作出的各种模仿行为，事实上很多旅游产品的雷同和恶意仿造即是后者模仿的负面结果。但我们首先集中关注的是旅游者的模仿行为，而专门研究旅游模仿的根本原因则在于旅游活动本身的特殊性，以及由此导致的旅游者身份的特殊性。谢彦君在其专著《基础旅游学》中给出："旅游模仿系旅游者在旅游过程中放弃其常规生活和工作中的既有角色而暂时地扮演某种其他角色的行为。"其中反映出他对模仿中出现角色转换的重视，但这一定义不能全面涵盖旅游者的模仿行为，伴有角色转换的模仿行为只是旅游者模仿的一种，而且是相对深入的一种。由此我们将旅游模仿界定如下：旅游者在旅游过程中因看到他人的行为（物的形象）、听到他人的言语或受脑海中已有印象或情结的影响而有意或无意作出的效仿行为，是旅游体验的一种方式。

在旅游模仿的一级分类中主要涉及两个维度：一个是模仿行为的发出者是个体还是群体；另一个划分维度便是模仿的表现形式是否同模仿对象保持一致。继续对个体模仿进行划分时，则重点考察模仿卷入程度、进行模仿的意愿以及在模仿当场意识到自己进行模仿的程度等方面（见图5-4）。在初步构建了旅游模仿的分类体系后，潘莉还考察了各种不同类型的模仿对游客体验深度的影响，访谈

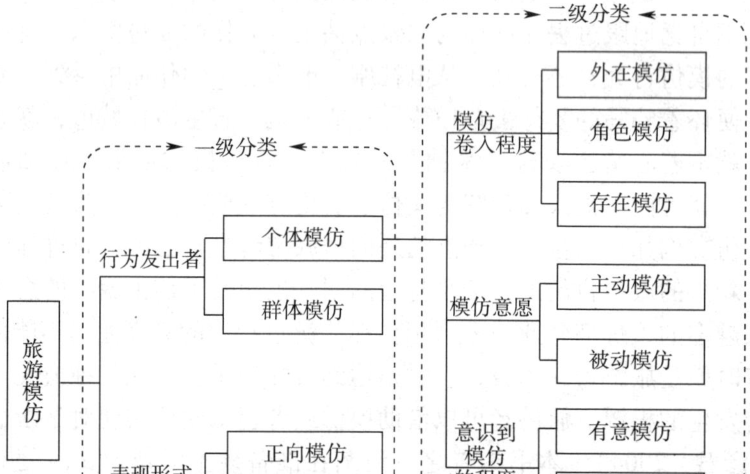

图5-4 旅游模仿的分类体系

资料来源：潘莉．旅游模仿的体验深度研究［D］．成都：西南财经大学，2010.

资料显示：外在模仿通常与浅表体验相关联，存在模仿则与深度体验相提并论，角色模仿介于其中。但需要强调的是，尽管旅游者融入环境的程度越高，越可能获得更好的情感感受，但融入环境的程度并不是获得深度体验的必要条件，尤其是每一位旅游者对深度体验的理解本身即受到各种因素的影响，因此每位旅游者对体验的极致状态也有不同的衡量标准，但在浑然忘我地融入环境之时所得到的精神狂喜是众所公认的深度体验。由于针对旅游模仿的深入探讨还比较少，我们的研究充其量是一家之言，其结论的可接受度还需要进一步地跟进与检验，但这些并不会撼动旅游模仿在旅游体验当中所发挥的重要作用。考虑到模仿在社会学、社会心理学甚至市场营销学当中都有相同或者相似的提法，或许旅游模仿也会成为未来旅游研究的一个热点问题。

第四节 旅游体验的质量

谈及旅游体验的质量，不能不谈及不同学科视角下各学者对旅游体验乃至体验的不同理解。窦清（2003）在对“体验”的字义进行诠释时，总结了《英文图解大词典》《柯林斯最新英语词典》《剑桥美国英语词典》对体验的解析，他指出，从英文的字义来看，体验就是个人亲身经历且印象深刻或对个人产生深刻影响的互动事件或过程。这里强调了体验的亲身经历性以及对人的深刻印象及影响。体验首先是一种生命历程、过程、动作，其次才是内心形成物。所谓体验，就是一个“以身体之，以心验之”的综合过程，由此可见体验内涵的丰富性。体验的这些丰富层次吸引着来自不同学科学者的研究兴趣，尽管在通识上，学术界普遍认同的是体验表达了个体的主观精神需要，既有人类认知的成分，又有不可或缺的情感因素，体验对人生来说有着非常重大的意义，但由于各位学者研究背景的差异，不同学者不同视角研究下的体验定义不尽相同。

一、不同视角下对体验的定义

1. 哲学视角下的体验

体验作为一个哲学概念，主要是指主体和客体之间的一种特殊的关系状态。体验是人的存在方式，它具有本体论意义（陈佑清，2002）。主体通过体验——这种与外界进行的互动方式把握世界，进而达到“天人合一”的高峰体验境界。在这种境界中，人得到满足，得到解放，从而成为完整的人，自由地创造自身，并成为其自身。尼采、狄尔泰、齐美尔、海德格尔等对生命体验有过很多研究。按照尼采的思想：体验是人的自我实现；体验在于人类利用自身本质的不定型性，创造更健康有利的人生；体验是非工业化的，它使人回归完整；人只有在审美中才是人本身，体验是人的复归，是人的解放，是自由的重建（窦清，

2003）。庄穆则认为体验是主体把握世界的一种动态的认识活动方式，是主体通过把握自身而把握外部世界的一种认识方式，主体的内省使主体的内心世界与外部世界融合成一体。

2. 美学视角下的体验

从美学的角度看，体验是指与艺术和审美相关的更为深层的、更具活力的生命领悟与存在状态。这种状态往往是一种瞬间的直觉，是我们生活中一种特殊的、深层的、活生生的、富有意义的瞬间，且最为难得、美妙（窦清，2003）。在具体审美活动中，主体带有强烈感情色彩全身心地投入，被具有某种独特性质的客体对象所深深地吸引，情不自禁地对之进行领悟、体味、咀嚼，以至于陶醉其中，达到一种心灵受到摇荡和震撼的独特精神状态。这种精神状态便是审美视角中的体验，它是一种超越意义匮乏的日常生活而追求意义充满的内在生活的纯粹中介（彭彤，1998），甚至是对人生终极意义的追问，其意义在于帮助人们在有限的生命中追求无限，把握无限。获得审美体验的这种心理活动往往带有情感和主观性，是各种心理状态的综合，是感性和理性的综合。

3. 心理学视角下的体验

体验作为一个心理学概念，主要是指人的一种特殊心理活动——人对情绪或情感状态的自我感受，这种心理活动是由感受、理解、联想、情感、领悟等诸多心理要素构成的。在体验中，主体以自己的全部“自我”（已有的经历和心理结构）去感受、理解事物，因发现事物与自我的关联而生成情感反应，并由此产生丰富的联想和深刻的领悟（杨四耕，2007）。这里强调的是体验不是单独的认知活动，体验的过程更强调感情的参与。陈佑清（2002）指出，认知侧重把握事物的客观方面，而体验把握的不是单纯的客体，而是客体对主体的意义、关系。这种把握不单是认知的把握，更为重要的是一种内心感受和情绪把握。因此从心理学视角出发，既要重视体验的认知成分，也要重视体验的情感成分。

4. 经济学视角下的体验

从经济学视角来看，体验是一种类似于工业经济下的经济提供物，这种经济提供物能够满足人们的精神需要。而体验满足人们精神需要的特性就是隐藏在一般商品和服务背后的文化意义，文化视角正是从这个角度来理解体验的。

二、旅游体验质量的定义

尽管各学者对旅游质量研究倾注了大量热情，无论是对旅游体验质量测量方法的研究还是关于旅游体验质量影响因素的研究都不乏真知灼见，但对旅游体验质量定义却往往语焉不详，甚至在我们所收集到的文章中还未见有关于旅游体验质量的明确定义。但对于旅游体验质量的定义与体验的定义是一脉相承的，如果一位学者认为体验是人的情感经历，那么他所理解的旅游体验质量一定与人类的情感感受的深刻程度有关，因此根据目前各学者对体验定义的出发角度，本书试着总结了目前学者们对旅游体验质量的定义。

1. 管理学与营销学视角下旅游体验的质量

随着旅游者旅游经历的日益丰富，大众旅游时期的标准化、批量化旅游产品已无法满足旅游者的需求。体验经济时代，旅游者追求个性彰显、量身定制的旅游活动，因此关注旅游者的旅游感受，从旅游体验的角度研究旅游者的旅游需求及其在旅游中的心理特性，这有助于创造丰富旅游者体验的景区环境，更好地满足旅游者需求，使他们的旅游活动成为一次难以忘怀的、唯一的、不可替代的愉悦经历。

从管理学和营销学的视角主要是研究基于满意度的旅游者体验，体验质量的好坏就取决于旅游者满意程度的高低。从管理者的角度出发，旅游者体验就是通过游历旅游地形成的，因而旅游者构成旅游地管理的首要信息来源，旅游者对旅游地的评价，构成重要的反馈信息，管理者根据反馈信息采取相应的管理改进和营销策略。

根据规范性的标准定义，满意度是指期望与体验在实践方面的比较：当体验与期望发生负差距时，便会产生不满意。在旅游中，满意度主要是指旅行前的期望与旅行后体验之间的一种函数。人们把旅游满意度定义为旅游者对于目的地的期望与旅游者在该访问地的体验进行比较而产生的结果（Yvette Reisinger，Lindsay W. Turner，2005）。当体验超过期望时，人们感到满意，反之表现为不满意。

旅游者体验的满意度一直是旅游研究的重要领域，并且旅游者体验满意度一直是室外游憩质量的主要测度方法。一方面，旅游者满意度对于管理绩效提供了有效的信息；另一方面，通过旅游者对各种旅游环境属性的感知，测度了旅游者的体验质量。

但是，其作为一种旅游者体验的量度方法，在很多方面受到众多学者的质疑：①旅游者体验满意度方法是基于旅游者群体或者统计学上“平均游客”的体验评价，为管理者提供了统计学信息，而忽略了旅游者的多样性和体验的多样性，以至于对于单个旅游者的体验质量和满意度水平不能进行度量。② 旅游者体验满意度方法的测量过程，是将旅游环境或者旅游产品分解为相互分离的多种属性，并认为“整体大于部分之和”。但旅游者体验的是旅游的整体环境，而不是不相关联的环境属性。因此，在很多情况下，旅游者对于环境属性的满意度并不就是旅游者体验的满意度。③旅游者体验满意度方法认为，旅游者是环境刺激的被动接收者，而不是通过建构的意义来主动地解释环境，因而忽略了旅游产品的象征和情感价值，这些价值是旅游者基于吸引物而构建的主观意义。④ 至于量度的真实性方面，根据认知失调（Cognitive Dissonance）理论，在花费了大量的时间和金钱之后，再让旅游者表达不满意可能是非常困难的。

2. 心理学视角下旅游体验的质量

尽管以上方法将旅游体验看做经济提供物的一种，人们已经开始认识到与过去提供物不同的是，商品、服务对消费者来说是外在的，体验是内在的，存在个人心中，是个人在身体、情绪、知识上参与的所得。没有两个人的体验会完全一样，因为体验是来自个人的心境与所参与事件的互动。既然体验是人的内心感受，从心理学角度出发研究旅游体验的质量就顺理成章了。

3. 旅游者心理利益的满足程度

关于人类认知水平研究的心理学家更加看重旅游体验对旅游者内心心理利益和需求的满足，其满足旅游者心理利益需求的程度越大，旅游者的体验质量水平越高，因此这些学者倾向将旅游体验质量水平定义为旅游者心理利益的满足程度。

德瑞沃（Driver）1983 年提出旅游体验偏好量表。后经德瑞沃和其他学者的深化研究，用于了解旅游者经由游憩活动所获得的游憩体验，并将其划分为 19 类：

享受自然（Enjoy Nature）、体能（Physical Fitness）、消除紧张（Reduce Tension）、逃避身体压力（Escape Physical Stressors）、户外学习（Outdoor Learning）、共享相似的价值（Share Similar Values）、独立性（Independence）、增进家庭关系（Enhance Family Relations）、自我反省（Introspection）、和体贴的人相处（Be with Considerate People）、成就感/刺激感（Achievement / Stimulation）、身体休息（Physical Rest）、教导/领导他人（Teach / Lead Others）、尝试冒险（Risk Taking）、减少冒险（Risk Reduction）、结交新朋友（Meet New People）、创造力（Creativity）、怀旧（Nostalgia）、宜人的气氛（Agreeable Temperatures）。

游憩体验量表的应用主要集中在以下几个方面：①对于特定游憩活动参与者的体验偏好进行描述和比较；②依据体验类型对旅游者进行细分；③建立游憩体验与游憩环境和游憩活动之间的关系；④探讨体验偏好和旅游者的个性特征之间的关系；⑤以研究方法论来处理体验偏好量表的发展与检验等。

重视心理收益的体验质量测量方法扩大了测量的内涵：包含了旅游者的身体、社会、心理等多个方面，为测量旅游者体验质量研究提供了概念框架，易于对旅游者体验进行描述、识别、分类和评价，并指出了旅游者体验的多样性。但这种研究方法还有许多问题有待进一步研究和解决：① 由于在 REPs 中旅游体验质量被定义为期望获得的体验心理收益与实际获得之间的差值，这使该观点仍是建立在期望偏好基础上的（William T. Borrie，Robert M. Birzell，2001），过多地注重游客的认知层面，对旅游者的情感体验过程仍缺乏重视和了解；② 旅游者体验应该作为一个整体而非不同心理结果的集合。

4. 旅游者心理情感的畅爽程度

除去认知之外，心理情感也是旅游者体验的重要组成部分。关注情感研究的学者侧重描述旅游者的情感表现，如旅游者的畅爽程度和快乐水平等，因此倾向将旅游体验定义为旅游体验情感表现符合巅峰状态的程度，其符合程度越高，旅游体验质量水平越高。最佳体验理论是这类研究中的典型代表。

最佳旅游者体验被旅游者描述为一种特殊的、不同寻常的、有意义的心理状态类型，包括高峰体验（Peak Experience）、畅爽（Flow）和沉浸体验（Absorbing Experience）。

高峰体验是指暂时地超脱于真实世界并从中获得最高的幸福感和成就感；对某一刺激的深度关注和感知；无我的境界；暂时的迷醉状态。

畅爽是指人们高度投入于某一活动以至于觉得没有任何事情比这更重要了；畅爽是如此地惬意以致人们会不惜一切代价去获取畅爽的感受。

沉浸体验是指个人融入到某一神奇的刺激中以至自我和时间感的消失，这种体验的获得不需要任何专门的训练。

尽管不同学者对最佳体验进行了不同的描述，但都包含了一些共同特征：不同于日常生活；高度关注某一刺激；对于时间消逝的遗忘；无我的境界。总体而言，在对旅游者体验收益的研究中，不仅重视最优体验的获得，而且注重研究旅游者从最优体验中所获得的收益（了解自己，理解生活和价值，改进控制自己生活的感觉，增加自立能力，精神上的成长，尊重生物，提升环境伦理，自谦，亲近自然和生命，康体，改进游憩技能，获得更多的动植物知识，获得历史文化知识，结识新朋友，增进家庭关系，增进和同伴的联系，缓解紧张等），并进行二者的关联研究。

对旅游体验质量的定义不一而足，究其原因可能是对旅游质量产生影响的因素太多，认知、情感，体验的意义等都会对旅游体验质量产生影响，从不同的影响角度出发就会得到不同的旅游体验质量定义。

三、旅游体验质量的影响因素

根据 Chris Ryan 在其著作《休闲旅游：一种社会科学的视角》（1991）一书中的描述，旅游体验的影响因素可分为先在因子、干涉变量、行为和结果几个方面。其中先在因子包括个性、社会等级、生活方式、家庭、生命周期、动机、期望、过去的知识和经验以及目的地营销和定位；各先在因子影响着动机因子，它们综合起来又影响着干涉变量。干涉变量包括两大部分：旅游体验和目的地的种族特性，即旅游体验中的延误、舒适、便利、目的地的可进入性、目的地种族的性质、住宿质量、景点数目和活动内容。在旅游行为中，期望与感受之间的差距、旅游者与目的地居民及结伴同游的旅游者之间的互动的性质受到旅游者本身分辨真实与非真实的能力，对认识失调（Cognitive Dissonance）、活动替换（Displacement Activity）、失信中止（Disbelief Suspension）的适应能力，建立获得归属感所需关系能力的影响，同时这些能力也与旅行类型、活动类型、喜爱的地方的位置和喜爱的活动的位置相互作用、相互影响。期望能否达到将最终影响旅游体验质量。由此可见，旅游体验质量的影响因素很多。旅游期望与旅游体验满足之间的关系如图 5-5 所示。

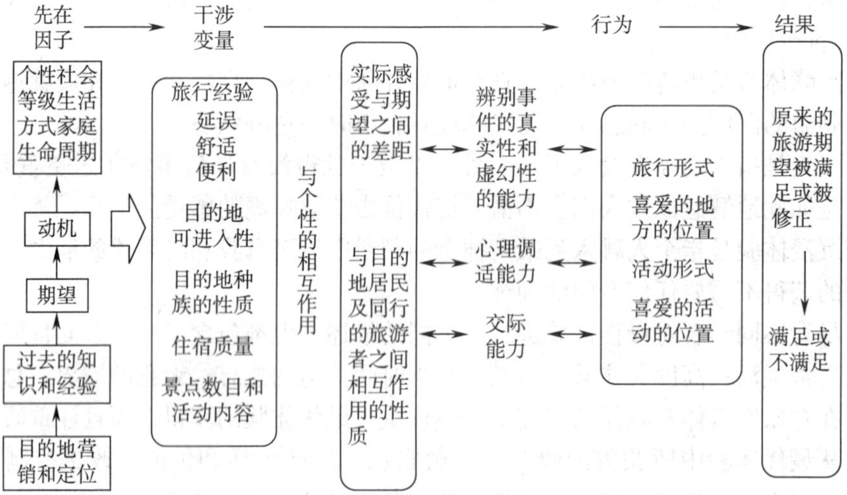

图 5-5 旅游期望与旅游体验满足之间的关系

资料来源：Christ Ryan，The Tourist Experience.

Page（1997）指出，评价旅游者的体验质量是一个复杂的过程，需要考虑旅游动机、旅游者行动模式和旅游者的期望与实际感受。此外，Chhetri，Arrowsmith 和 Jackson（2004）曾经对在自然旅游目的地的徒步旅行体验的决定因素进行实证研究，将旅游者的体验变量归纳为四个主要因子，即期望体验、迫使性体验、忧惧的体验和社交的体验。MacCannell（1976）认为旅游者体验是人们对现代生活困境的积极反应，为了克服这些困境而寻求“原真性”的体验，体验到的原真性水平越高，则体验质量水平越高；海哥德（Haggard）和威廉姆斯（Williams）认为旅游提供了身份确认（Self-affirmation）的理想情境，在无约束的旅游情境中，旅游者从周围的环境中寻求理解自己的体验，维持自我协调和对自我的正面感觉，从而帮助旅游者改善自我的概念（赵红梅，2007）。这种正面感觉越强烈，旅游者的体验质量水平越高。谢彦君、彭丹（2005）则分析了符号解读在塑造旅游体验质量水平过程的重要作用，并给出了符号系统的建构与解读：改进旅游体验质量的模型；李淼（2005）分析了旅游者规模对旅游体验质量的影响。

推荐阅读

旅游中的高峰体验

翔子以旅行为至爱，曾经放弃事业浪迹天涯。他的新书《没有什么能够阻挡》2012 年 1 月由北京大学出版社出版，将其追寻自由与梦想的心路历程悉数现于纸上。下面的文字，描绘了旅行者在一些特殊时刻所体验到的心醉神迷的感受：

雪淅淅地下着。老何、小杨姐与我坐在卓玛家的牛棚里，回味着这短短几日，却似漫长年华的点点滴滴。

“你们相信神迹吗?”

我回想这些天的种种境遇，忍不住地问。小杨姐与老何是旅行经历丰富的人，在经历了尼汝的大起大落之后，都开始沉淀出曾经的刻骨铭心。

“我最难忘的一次，是前年在新疆徒步。”小杨姐回忆道，“那是天山山脉，我和一个朋友在满是雪的大山中徒步。第四天，我们迷了路，却已经用光了所有的食物。雪很厚，狂风吹得人无法站稳，冷得恨不得直接钻进雪里大睡一场。第六天，天空开始放晴，我们在绝望的边缘时，攀过了一个山头。那竟是无边无际的花海啊！从我们脚下一直铺展到一个碧蓝的湖边。身后是银白世界，身前却一滴雪也没有，只有无边无际的灿烂！我和同伴懵了好久，然后抱在一起，号啕大哭……”

“我最难忘的一次是在西藏。”老何说，“我在一个不知名的小村子过夜，就像尼汝这样避世。当天晚上，我睡在帐篷里，突然听到外面窸窸窣窣的声音，探头出去，竟是很多藏民在不作声响地走动。我好奇村民大半夜要去哪里，于是赶紧穿上衣服尾随在队伍中同行。大约是翻了几个山头，终于来到崇山峻岭间的一处台地，天色已微明。村民在那里停下，安静不语，像是在等待着什么。突然，第一束阳光把台地正对的雪峰照得鲜红，而所有的藏民就在那一刻齐刷刷地向雪山跪下，不停磕头。我在人群里，突然目睹这一切的发生，竟像失了魂一样待了很久。意识回复回来时，已经泪流满面。”

情到深处，小杨姐与老何都几许停顿。原来每个在外行走的人心中，都有挥之不去的那一刻感动。

“但是，那一种像是失去意识般，醒来才发现泪如雨下的经历，一辈子只会有一次。”小杨姐补充说，“我之后的每一次徒步，即使艰难困苦，都没有最初的感动那么强烈了。”

“是啊。在多年之后我又造访过那个村子，也又在一个晚上尾随藏民朝拜神山，可是竟然再找不到一直以来心心念念的那种感觉。有些感动，发生一次，就再不会出现。但一次，足以影响一生。”

我像是入迷般地听着两位前辈的故事。那么尼汝，也会是我人生的第一次么？

牛棚外雪势渐停，天光云影亮堂许多，兴许是暴雪即将过去。远远的属都湖一侧，卓玛与她的外婆赶着羊群，一只藏狗尾随其后。冰湖之上，两人一犬，如宣纸滴墨，美得和谐。

“那既然找不到最初的感动，为什么你们还要继续旅行？”我问。

“最初的感动是一个动力，却非目的。我的人生因此而改变，毅然辞了公司的工作，和老公借钱开了个小饭馆，开始很穷，慢慢走上正途。所以现在才能每年大部分时间都和老公在外游走。”

“我老婆就没你那么潇洒。每次我想出门，她都要埋怨。”老何抱怨道。

“那你还成天往外跑？”

“啥也阻挡不了我啊。后来，她一生气，我就又出远门，等几个月再回家。渐渐地，她就不敢凶了，等我回家就特温柔。”

“哈哈哈！真有你的……”

卓玛斟满最后一碗酥油茶，坐在牛棚外的木篱上，很开心的样子，她的双眸干净而深远。离开普达措时，已是半壁晴空。久违的湛蓝，湖一般的清澈。

“还是蓝色的天空好看啊。”我陶醉地说。

卓玛笑盈盈地应道：“阿妈说，天空本来就是这个颜色的呀，就如原本的心灵。”

本章回顾

本章从旅游体验的定义及特点入手，首先向读者展示了旅游体验的丰富内涵。本书对旅游体验的界定将直接引用谢彦君教授在《基础旅游学》一书中的定义：所谓旅游体验，是指旅游者通过与外部世界取得联系从而改变其心理水平并调整其心理结构的过程。尽管各位学者对另一体验的定义不能整齐划一，旅游体验的四个特点确是公认的：旅游体验是一种综合性的体验、旅游体验具有某种超功利性色彩、旅游体验是充满意义的、旅游体验是一种即时的感受。继旅游体验的定义介绍之后，本章向读者展示了旅游体验的研究进展：外国学者较早认识到了旅游体验的重要学术价值：以色列旅游社会学家 Uriely，对旅游体验的概念演变进行了多角度、多学科的梳理；Boorstin 把旅游体验定义为一种流行的消费行为；Mac Cannell 则认为，现代旅游者主要是前往异地寻找一种替代性的真实体验；Ritehie 与 Hudson 归纳出旅游体验研究领域当中的五个研究方向。我国学者较外国学者在这一领域的敏感性要弱一些，但随着体验经济浪潮的袭来，体验经济在我国学术界的研究也开始升温，旅游体验的学术硬核地位日益明晰。第二部分本章向读者介绍了旅游体验的研究方法，按照研究视角的不同向读者分别介绍了服务质量模型、关键事件法、畅爽特质量表、Q分类法、隐喻抽取技术五种较为常用的研究方法。谈及具体的游客体验实践，本章第三部分介绍了游客获得旅游体验的三种主要方式：观赏、交往、模仿。研究旅游体验对于旅游企业提升产品质量大有裨益，提升游客体验质量以获得更丰厚的收益是每个旅游企业为之努力的目标，因此本章在最后一部分较为详细地向读者介绍了旅游体验质量，具体内容包括旅游体验质量的定义及其影响因素。

关键概念

旅游体验　旅游观赏　旅游模仿

复习与思考

1. 谈谈你对旅游体验的认识和看法。

2. 研究旅游体验的方法有哪些？尝试运用其中一到两种方法进行旅游体验的研究。

3. 旅游体验的方式有哪些？

4. 旅游模仿是什么？你在旅游过程中曾经有过哪些模仿行为？

5. 旅游交往通常发生在什么情境当中？

6. 旅游者拍照摄影的动机有哪些？在特定地点的拍照反映出旅游者什么样的心理特点？

7. 如何评价旅游体验的质量？

知识拓展（阅读导航）

[1] 谢彦君. 基础旅游学［M］. 北京：中国旅游出版社，2011.

[2] 许春晓. 旅游学概论［M］. 长沙：湖南大学出版社，2007.

[3] 谢彦君. 旅游体验研究：一种现象学的视角［M］. 天津：南开大学出版社，2006.

[4] 谢彦君. 旅游体验研究：走向实证科学［M］. 北京：中国旅游出版社，2010.

[5] 史密斯. 东道主与游客：旅游人类学研究［M］. 张晓萍，等译. 昆明：云南大学出版社，2007.

[6] 刘丹萍. 旅游凝视：中国本土研究 [M]. 天津：南开大学出版社，2008.

[7] Antony J, F J Antony, S Ghosh. Evaluating Service Quality in a UK Hotel Chain: a Case Study [J]. International Journal of Contemporary Hospitality Management, 16 (6).

[8] Bejou, D, B Edvardsson, J Rakowski. A Critical Incident Approach to Examining the Effects of Service Failures on Customer Relationships: The Case of Swedish and US Airlines [J]. Journal of Travel Research, 1996, 35 (1).

[9] Brian Garrod. Exploring place perception: A Photo-based Analysis [J]. Annals of Tourism Research, 2007, 35 (2).

[10] M Csikszentmihalyi, R Larson, S Prescott. The Ecology of Adolescent Activity and Experience [J]. Youth Adolescent, 1977, 6.

[11] N Leiper. An Emerging Discipline [J]. Annals of Tourism Research, 2000 (27).

第六章

旅游产业的构成

［学习目标］

- 掌握旅游产业的概念与基本构成
- 理解旅游业的主要特点
- 掌握饭店住宿业的发展史及饭店业的主要发展趋势
- 了解国内外旅行社的产生、发展及其不同分类
- 了解旅游交通的特性及不同旅游交通方式的优势与弊端
- 了解旅游娱乐的作用与类型
- 了解国内外主要的旅游组织，学会利用相关组织的网站发布的资料

［案例导入］

旅游业的竞争形态：由价格竞争向品牌竞争转型

在工业社会向后工业社会的迈进中，“中国制造”何去何从？

在全球服务贸易蓬勃发展的浪潮中，“中国服务”何以乘风破浪？

作为服务业龙头的中国旅游业，何以为“中国服务”助力？

一、制造业经济转向服务业经济是社会发展的必然

美国学者丹尼尔·贝尔在《后工业社会的来临》一书中把社会分为前工业社会、工业社会和后工业社会。前工业社会是同自然界的竞争，工业社会是同经过加工的自然界的竞争，后工业社会则是以服务行业为基础的，是人与人之间的竞争。如果说工业社会是根据作为生活标准的商品数量来确定的话，后工业社会的定义则根据服务和舒适——保健、教育、娱乐和文艺所计量的生活质量标准来确定。后工业社会的基本内容是：在经济上由制造业经济转向服务业经济。

进入后工业社会，服务业经济将成为社会经济的主要形态，服务产业将成为经济的最大组成部分，发达国家的支柱产业演变规律表明了这一点。以日本为例，20世纪70年代完成工业化后，产业结构发生重大调整，第三产业成为经济的最大组成部分，旅游业在此期间飞速发展。21世纪之初，日本提出观光立国战略；而美国在1959—2003年间，其GDP中服务业所占的比例由49%上升至76%，制造业则由28%下降到了15%，服务业就业人口占总就业人口的76.6%，成为社会就业和价值创造的重要来源。

我国正处于工业社会向后工业社会的演变时期，服务产业将成为中国经济的第一推动力。工业社会的特征是国民收入中工业活动处于主体地位，在二次产业部门吸收就业的能量不断扩大，城市数量不断增加、规模不断扩大和城市化率不断提高。到2009年，我国的北京、上海、天津、广东、江苏和浙江6省市已进入后工业社会时期，辽宁等12个省市处于工业社会后期，陕西等13个省市区处于工业社会中期。

在社会转型的大背景下，曾在过去十几年间席卷世界并成为全球产业链重要环节和中国经济中流砥柱的“中国制造”，由于技术壁垒、贸易保护、国内品牌缺失等问题，而长期处于全球价值链的底端。随着劳动力成本的上升、人民币的升值、国际需求的萎缩等，“中国制造”正在面临前所未有的困境。由此，推动自主创新，从“中国制造”到“中国创造”，调整产业结构，发展现代服务业，打造“中国服务”是我国社会经济发展战略的必然选择。

二、服务贸易的强大生命力

以旅游、运输和其他商务贸易为核心的中国服务贸易以改革开放为契机，出现了前所未有的快速增长。到“十一五”时期，我国服务进出口总额从1917亿美元增长到3624亿美元，增幅达89%，年均增长17.3%。其中，服务出口年均增长16.8%，是同期全球服务出口平均增速的两倍。

商务部等34个部门历时两年制定的《服务贸易发展“十二五”规划纲要》明确了2015年我国服务贸易进出口总额达6000亿美元，年均增速超过11%的目标。

旅游服务贸易在我国的服务贸易中发挥着重要作用。统计显示，2011年旅游进出口服务总额1210.5亿美元，占服务贸易进出口总额的29%，其中，旅游出口服务总额484.6亿美元，占比27%，旅游进口服务725.9亿美元，占比31%。

而旅游业强大的产业带动作用更是创造着不可估量的社会价值，它直接带动20多个相关行业的发展，并涉及服务贸易的所有行业。在我国，交通运输设备制造业产出的10%以上都提供给了旅游业；电力、石化、金融保险业产出的6%左右贡献给了旅游业；邮电通信、食品制造、房地产、公用事业及服务业等产出的30%左右都贡献给了旅游业。

我国的旅游服务贸易呈现出无比活跃的力量和广阔的前景。按照联合国世界旅游组织的预测，到2015年，中国将成为世界第一大入境旅游目的地、第四大出境旅游客源国。在推动“中国服务”的发展上，我国旅游产业任重道远。

三、我国旅游业竞争形态的转型方向

有市场就有竞争，同时有竞争也才有市场，竞争是构成市场的一种本质属性，也是内生于市场的一种必然现象。长期以来，我国旅游业的市场竞争一直处在价格竞争的市场环境下，对于充分竞争行业来说，无论是旅行社企业还是酒店企业，低价竞争是一种常态；而对于资源垄断性行业，如景区企业，高价运行又是多数企业的一种选择。价格虽然是市场经济的一大要素，然而，我国旅游企业的市场发育长期停滞在价格层面却是一个不正常的经济现象。

从企业发展史来说，削价竞争与高价垄断是产生不出伟大的现代化企业的。抓住服务贸易蓬勃发展的契机，全面提升旅游业服务水平，由价格竞争向品牌竞争转型是我国旅游业竞争形态转型的方向。

品牌意味着差异化的辨识，具有特定的精神内涵和信仰，是竞争要素长期整合能力的积淀，难以模仿，是一种战略竞争资源。与价格利用的简易商品竞争配置资源相比，品牌配置资源是市场资源配置方式的一大进步，不仅适应了市场经济发展大势，也为价格持续健康运行打开了广阔前景。

旅游业的品牌竞争战略是产业发展由量变到质变的重要突破。我国旅游业30年的发展实践，基本完成了旅游业发展“量”的积累，并逐步实现了旅游业的网状产业融合，甚至出现了新型业态及产品，“质”的突破亟待推进。

酒店业是旅游产业的重要组成部分，我国酒店业自改革开放以来，经历了从计划经济向市场经济的逐步转型，并取得了举世瞩目的发展成绩。统计显示，全球325家酒店集团依客房数排名，我国的锦江国际酒店集团位居全球酒店集团第12位，如家酒店管理集团上升至第13位。

另外，7天连锁酒店集团、汉庭酒店集团、莫泰酒店集团、香格里拉酒店集团、港中旅酒店集团、金陵酒店集团也纷纷挺进全球酒店集团前50。

除了绝对数量的变化，近年来精品酒店、主题酒店等酒店形式的出现和发展也不断丰富着我国酒店业的内涵。然而，我国酒店业的“走出去”相对上述发展却显得步履维艰。当下，我国酒店业的国际市场竞争力凸显不再是“增量”问题，而是如何提质“存量”的问题。走品牌化战略，形成良好的国际形象，是提升我国酒店业国际市场竞争力的有效途径。

再以旅行社为例，整体竞争环境日渐激烈，打造具有国际影响力的中国旅行社品牌必要而迫切。自加入 WTO 以来，中国的入市承诺不断兑现，我国旅游业的对外开放程度不断提升。近年来，合资旅行社及其洋品牌已在中国大地亮相，并有垄断旅华客源和接待渠道之势。

30 年来，我国旅行社在数量上以百倍的速度递增，截至 2011 年第三季度，我国旅行社的数量达到了 23 273 家。旅行社的集团化战略也在不断推进，并逐步向产业链的上下游及横向延伸。如国旅、中青旅、港中旅等行业“排头兵”不断掀起并购狂潮，通过并购，形成包括景区景点、住宿、交通运输及金融服务等在内的中心系统，以形成产业价值链，提升自身的产业价值。而利润率低下，竞争力不足是我国旅行社业的通病。2010 年，中国国际旅行社的收入为 67.16 亿元，仅占当年全国旅行社业务收入的 3.09%，与美国运通、日本交通公社、英国托马斯·库克父子的公司相比，可谓望尘莫及。由此，以我国旅行社规模的扩张和集团化的实践为基础，品牌化竞争战略是我国旅行社业在国际市场竞争中突围的利器。

另外，就产业融合下的新业态及新产品而言，品牌化竞争战略是巩固产业地位，提升国际竞争力的重要手段。如旅游业与信息技术的有机结合形成了旅游在线服务这一新型业态。在携程、艺龙等之后，百度、腾讯、阿里巴巴和各大航空公司也纷纷参与到旅游在线服务中来，预计到 2014 年，我国在线旅游企业将是现在的两倍。打造在线旅游服务品牌有利于企业在竞争中优胜劣汰，并逐步形成强有力的国际竞争力，以不断扩大国际市场份额。

高铁通过时空变化对我国旅游业格局产生强大影响的同时，自身被赋予现代交通与旅游业融合的新型旅游产品的身份也日渐强化。打造中国高铁旅游品牌，形成新型特色旅游产品，是提升其价值和延续其生命力的有效途径。

城市化的加速发展、中国居民消费水平的提升、交通条件的改善及信息技术的发展等因素，不断拨动着中国旅游产业转型的发条。我国旅游业应把握旅游产业竞争转型的方向——由价格竞争向品牌竞争转型，全面提升旅游产业国际竞争力，打造中国旅游品牌。

第一节 旅游业的概念与构成

一、旅游业的概念

人们对旅游业概念的认识经历了一个发展变化的过程。近代旅游业的开创者托马斯·库克认为旅游业就是“让旅行者获得最大的社会情趣、举办人尽最大责任的事业”；日本学者土井厚认为旅游业是“在旅游者和交通、住宿及其有关单位中间，通过办理旅游签证、中间联络、代购代销，通过为旅游者导游、交涉、代办手续，此外利用本商社的交通工具、住宿设备，提供服务，从而取得报酬的行业”。也就是说，旅游业是为旅游者提供服务的行业，尤其是指旅行社业。随着旅游活动的发展，学者对旅游业的认识也发生了变化。英国学者利克柯伦切认为旅游业是“交通工业的副产业”，交通工业的职能是“为了满足旅行者的需求”，即旅游业与交通运输业联系紧密；而美国旅游学者唐纳德·兰德伯格（D. E. Lundberg）在《旅游业》一书中解释为，“旅游业是为国内外旅游者服务的一系列相互关联的行业。旅游关联到旅客、旅行方式、膳宿供应、设施和其他各种事物，它构成一个综合性的概念——随时间和环境的不断变化，一个正在形成和正在统一的概念”；日本旅游学者前田勇先生在《观光概论》一书中认为，“旅游业就是为适应旅游者的需要，由许多不同的独立的旅游部门开展的多种多样的经营活动”。这些观点都告诉人们：旅游业是一个为旅游者提供服务的综合性经济部门，它是由一系列相关行业组成的。我国学者周振东认为，“旅游产业是指在国民经济体系中，按照一定的社会分工，采取商品形式提供各种旅游产品，以满足旅游者消费需求的各类企业的集合”。

所有这些对旅游业界定的尝试，都充分说明了给旅游业下定义的必要性和重要性。具体而言，给旅游业下定义的必要性可以从学术研究和实践应用两个方面来考量：要对一个领域进行学术研究，首先要搞清楚这个领域都涉及哪些具体的领域或论题，这便涉及对旅游业的界定，也即为旅游业研究界定相关的研究对象；而实践应用的重要性就更毋庸置疑了，中国的旅游业已经被确立为国民经济支柱性产业，如此重要的产业地位应有对其影响、效应的精准统计和横向比较，因此，在实际工作中，必然要求有一个统一的标准。事实上，两个考量维度对应的是不同层面的旅游业定义，前者要求严谨、学术规范，关注的是狭义的旅游业；后者要求全面、可操作，关注的是广义的旅游业。狭义旅游业是指由各个生产或销售能满足旅游者愉悦需要（旅游需要）的核心旅游产品的旅游企业构成的集合。广义旅游业是指由各种生产或销售能满足旅游者多重需要的组合旅游产品的旅游企业以及旅游相关企业构成的集合（谢彦君，2004）。本书赞同这种广义和狭义的科学区分，因为这种对产业的界定符合传统的产业界定标准——从供给的角度，而非从需求的角度展开，而事实上对旅游业的界定众说纷纭，在很大程度上就是因为这一点。由于本章讨论的是广义的旅游产业的构成，因此，将旅游业界定为：由各种生产或销售能满足旅游者多重需要的组合旅游产品的旅游企业以及旅游相关企业构成的集合，这些旅游企业主要涉及饭店与住宿业、旅行社业、旅游交通业、旅游景点景区、旅游娱乐业、旅游组织等。

二、旅游业的构成

人们对旅游业构成的最简单认识是把其等同于旅行社业，认为只有旅行社业才属于旅游业的范畴，而旅游业也就是为旅游者提供出行便利的中介部门。这种认识在国内外都曾经出现过，例如在 1992 年国家计划委员会和国家统计局共同议定的《中国行业代码表》中的代码为（80）的“旅游业”即指旅行社业。

传统旅游业的构成，曾经广为流传的观点被称为“三大支柱说”。根据联合国《国际产业划分标准》以及对从事旅游业务的具体部门加以分析，旅游业主要由三部分构成：旅行社、旅游交通部门和以旅馆为代表的食宿业部门。属于这三个部门的企业也就构成了三种类型的旅游企业。旅行社、交通运输业和住宿业被称为旅游业的“三大支柱”。

另一种观点被称为“五大部门说”。有人从国家或地区的旅游业发展，尤其是旅游市场营销角度认识，认为除上述三个部门外，以旅游景点为代表的游览场所以及旅游管理组织也应属于旅游业的范围，即旅游业应包括五方面企业部门：旅行社、交通运输业、住宿业、游览娱乐业和旅游管理组织。这些构成部分的共同目标就是通过吸引、招徕旅游者，促进地区经济发展。

还有一种观点是根据旅游者的旅游活动内容（食、住、行、游、娱、购）划分旅游业构成。按照我国目前的情况，旅游业应具体包括下列各类部门：旅行社、以饭店为代表的住宿业、餐饮业、交通客运业、游览娱乐行业、旅游用品和纪念品销售行业。这是一种比较普遍的划分方法。

三、旅游业的性质与特点

（一）旅游业的性质

1. 旅游业是产业

产业是一种社会分工现象，它随着社会分工的产生而产生，并随着社会分工的发展而发展。

“产业是处于宏观经济与微观经济之间，从事同类物质生产或相同服务的经济群体。所谓同类或相同的含义应理解为：从需求方面说是指具有相互密切竞争关系的商品或服务；从供给方面说是指生产技术、工艺相近的物质生产和经济性质相同的服务业”“产业是与社会生产力发展水平相适应的社会分工形式的表现，是一个多层的经济系统，如部门、行业、业种”“产业是具有某种同类属性的企业经济活动的集合”。

一般认为，构成一个产业的一组企业群，必须满足三个标准：生产相对同质性的产品、使用基本相同的技术、企业数量和它们产出的财务价值必须在数量上大到足以值得从统计上作为一个单独的部门。旅游业符合产业的标准。首先，为满足旅游需求而提供的旅游产品尽管并不是同质性产品，但不同产品之间在一定程度上存在着明显的竞争关系和替代关系；其次，尽管生产旅游产品的每个旅游企业的生产过程各异，但总体旅游产品的生产却具有类似的生产技术、生产过程、生产工艺等；最后，旅游业的迅猛发展及其产生的经济价值使其值得作为一个单独的部门进行统计。

因此，旅游业是一个产业。

2. 旅游业具有经济特性

说旅游业是具有经济特性的产业，原因在于：

首先，旅游业是社会经济发展到一定阶段的产物。大众旅游需求的产生离不开社会经济的发展，而满足其需求的旅游供给也只有经济发展到一定程度才能产生。尽管人类旅行的足迹很早便已出现，但直到19世纪中叶才成为大众参与的活动，与社会经济水平的提高和科学技术的进步不无关系。

其次，旅游业的各个部门都是为了满足旅游者的需求而产生的，而这些需求的满足必须以经济为前提条件。旅游活动中旅游者要通过购买一系列服务满足其需求，而必须具备一定的金钱才能够完成这一活动，才能产生旅游业。

再次，旅游业的基础构成是各类旅游企业，而企业是以营利为目的并需要进行独立核算的经济组织。同样，以各类旅游企业为基础而构成的旅游业也必须进行经济核算，并通过提供便利服务来从中获取收入。

最后，旅游业可以促使和带动与旅游有关的其他经济行业的发展，进而带动地区经济的发展。旅游业可以增加外汇收入和促使货币的回笼。

（二）旅游业的特点

旅游业作为一个新兴的产业，具有许多不同于其他产业的特点。

1. 综合性

旅游活动具有综合性，为旅游活动提供服务的旅游业是综合性的产业部门。旅游活动包括食、住、行、游、娱、购等多个环节，相应地，旅游业不仅包含旅馆、交通和旅行社等部门，而且涉及为旅游者的旅游活动提供服务的建筑业、银行业、邮电业、商业、农业以及文物、卫生、教育、轻工、纺织等行业和部门，是一个综合性的服务行业，它的发展需要得到这些行业的协作、配合与支持。

因为旅游业具有综合性的特点，旅游业发展起来后，必然使直接为旅游者服务的诸多行业首先得到发展，而间接为旅游者服务的行业也会受到刺激而得到相应发展，使旅游业具有一定的关联性和带动性。

2. 劳动密集型产业

根据国际学术界的共识，判定一个企业或行业是否属于劳动密集型的标准并非其表面上雇用职工人数的多寡，或其投资数额与职工人数的比例大小，而是其工资成本在其全部营业成本和费用中所占比例的高低。由于旅游业产品的提供不需要大量的消耗性原材料，从而使工资成本在全部营业成本和费用中占了较大的比重，因而旅游业属于劳动密集型产业。由于旅游业属于劳动密集型产业，因而为旅游接待国或地区的居民提供了广泛的就业机会。根据国际旅游业发展的现状，旅游部门每增加一名服务人员，社会上就要增加 5 名间接服务人员相配套。

另外，旅游资源的开发，饭店的建设，修筑公路，购买汽车、飞机等交通工具，无一不需要大量的资金，相对而言，这几个部门为人们提供的就业机会是有限的，即人均资本占有量相当高。以饭店为例，假定一座投资 5000 万美元的中档饭店，共有客房 600 间，雇用员工 900 人（客房数与员工人数之比为 1:1.5），则人均占有资本 5.56 万美元，可见，旅游业具有资金密集型的特点。

3. 季节性

旅游业的季节性源于旅游资源的季节性以及节假日的安排，自然风光优美的季节和公众假期往往游人众多，其他时间则表现为淡季。不同地区旅游淡旺季的时间有所不同。炎热的夏日，地处海滨的旅游地旅游者可能蜂拥而至；而在严冬时节，吉林的雾凇、哈尔滨的冰灯则吸引着各地旅游者。

旅游者数量的季节性增加和减少为旅游企业的经营带来了困难，使旺季接待能力不足，而在淡季却大量闲置，影响到旅游供求之间的比例。只有设法缩小淡旺季的差别，才能更有效地提高旅游业的经济效益。为了解决这一问题，许多国家利用旅游差价在淡季招徕旅游者，提高设施利用率；而在劳动力方面，则采取在旺季雇用部分临时工的方法，以便减少开支，增加利润。

4. 脆弱性

旅游业的脆弱性表现在其容易受到内外条件变化的影响，甚至产生致命的打击。从内部条件看，旅游业是由许多部门构成的，只有各部门之间及旅游业和其他行业之间都协调发展，才能顺利提供服务，一旦某个部门出现脱节，就会影响整体旅游业经济效益的实现。从外部条件看，各种自然的、政治的、经济的或社会的因素，如地震、瘟疫、战争、政治动乱以及经济危机等，都会直接影响到旅游业的发展，使旅游业产生波动。

旅游业虽具有脆弱性，但也易于建立、恢复和发展，因而很多地区把它作为重要的产业部门来发展。但要注意不能过分依赖旅游业，且要制定相应的应急预案，减小可能出现的损失。

四、旅游业的作用

旅游业不像其他产业那样界限分明，它由众多旅游服务行业所构成。尽管这些产业或行业的主要业务或产品有所不同，但在涉及旅游方面，它们都有一个共同之处，这就是便利旅游活动，通过提供各自的产品和服务满足同一旅游者的需要。从而它们的不同产品也便在总体旅游产品的前提下统一了起来。这些行业、部门、单位之间存在着共同的目标与不可分割的相互联系，却又在各自的业务范围内向旅游者的需要提供服务。它们相互之间除了业务关系外，没有组织上的联系。

旅游业是综合性的行业，具有综合性与多样性的特征，除旅行社外很难说哪一种企业是专为旅游活动而单独存在的，但各行各业的极度分散的许多企业却又自然而然地联系组合起来，从而构成一个巨大而复杂的产业。这就是为旅游者提供服务。

旅游业在推动旅游发展中起着重要的作用。其作用有三：一是供给作用。在旅游中，旅游活动的完成乃是需要与供给双方联合作用的结果。如果只有旅游需要，而无旅游供给，旅游便不可能存在与发展。二是组织作用。在供给方面，旅游业要根据市场的需要组织自己的一系列配套产品；在需求方面，旅游业要通过各种方式为自己的产品组织客源。正是这种组织作用，才使旅游业从无到有，从小到大，推动旅游活动大规模发展。三是便利作用。旅游者离家外出远游，会有诸多不便与种种困难，旅游业通过提供便利的服务而使旅游者圆满完成旅游活动，并使旅游活动成为一种规范化的旅游模式。旅游业为旅游动机与旅游目的实现之间、为客源地与目的地之间架起了一座便利的桥梁，为旅游者的方便成行解除了后顾之忧。正是这种便利作用的刺激，使得旅游活动的规模越来越大，旅游者外出旅游的距离越来越远。

推荐阅读

汶川地震对四川旅游业的影响

2008 年 5 月 12 日 14 时 28 分，四川省汶川县发生里氏 8.0 级大地震，这是自新中国成立以来最为强烈的一次地震，直接严重受灾地区达 10 万 km^2。地震造成近 7 万人丧生，受灾群众多达 1000 多万。四川旅游业在这场地震劫难中，同样遭到了重创。5 月 12 日，地震发生当天，国家旅游局就发出紧急通知，对四川旅游暂时下了禁令。四川省旅游局 5 月 24 日估算，此次四川旅游业直接损失超过 500 亿元。但随后几天，国家旅游局对四川旅游业损失的评估又追加了

200亿元，达到700亿元。这数字接近2007年四川旅游业全年旅游总收入的60%。四川省是内地为数不多的旅游总收入突破千亿元的省市，2007年该省旅游总收入首次突破千亿元大关，达到1217亿元，相当于全省国民生产总值的11.6%，其比重在全国居于首位，是全国唯一旅游收入占GDP比重超过8%的省份。在这次地震中，四川省主要旅游景区均不同程度受到了损坏。在四川，地震被视为继SARS、雪灾之后近两年来遭遇的最严重的灾难。旅游业是四川经济支柱产业之一，四川是全国第8个旅游总收入突破千亿元的省份，更是全国唯一旅游收入占GDP比重超过8%的省份。四川省旅游局统计，仅2008年4月，四川全省就接待入境游客9.45万人，国内游客1436.58万人，旅游总收入74.96亿元。金融市场是地震对经济带来影响最好的晴雨表。13日股市一开市，一些旅游类股票下跌，主要股指收盘时下跌严重。汶川地震对四川旅游业产生了诸多的消极影响。

第一，地震导致四川旅游活动中断。此次大地震不仅对震中川西造成毁灭性破坏，而且影响波及全省乃至附近省区。5月12日，地震发生当天，国家旅游局就发出紧急通知，对四川旅游暂时下了禁令。震后灾区生活问题已经成为急需解决的第一难题，灾后重建工作复杂而繁忙。旅游所需的交通工具如飞机、客车等大多已调为转运物资和人员所用。灾后四川旅游景区会逐步开放，但具体开放时间还不能确定。

第二，四川主要旅游景区均不同程度受到损坏，川北一带的旅游景区和青城山-都江堰景区受灾严重。其中青城山-都江堰景区预计经济损失12亿元。位于地震带区域的绵阳猿王洞、千佛山、窦圌山三个景区受灾情况最为严重，景区道路全部损坏。猿王洞景区主体酒店受损严重，后山别墅群全部遭到破坏，无法使用；千佛山景区进山道路完全被破坏；窦圌山双峰其中一座已经崩塌，整个景区基础接待设施已经无法使用。据文物部门统计，截至5月16日，四川省共有56处全国重点文物保护单位和79处省级文物保护单位遭受严重损失。馆藏文物损失758件，其中，珍贵文物85件，一级文物9件。

第三，基础设施尤其是交通遭到了破坏。四川旅游的主要线路，都江堰、映秀、卧龙、四姑娘山、丹巴、雅安、成都这条川西环线已被地震基本损毁。此次汶川地震，不仅对交通、电力、通信等旅游支撑条件造成重大破坏，而且直接损毁了旅游住宿和旅游景观，灾区旅游从业人员也有较大伤亡，对旅游企业正常运营和基层旅游管理机构运转造成较大影响。很多震区景区的交通、通信基础设施遭到破坏，修复难度很大。不仅仅是成都市区景点受影响，一些经典旅游线路几乎全线崩溃。由于受地震影响，九寨沟停止对外开放，尽管九寨沟景区和旅游接待设施基本没有受到地震太大的影响，但当时关键的问题是汶川通往九寨沟的公路中断以及地震对游客的心理影响，这些对九寨沟的打击是致命的。

第二节 饭店与住宿业

住宿业（the Lodging Industry）通常被认为是旅游业的三大支柱（旅行社、旅游交通、住宿业）之一。住宿业中的企业类型很多，所使用的称谓也不尽相同，如宾馆、饭店、酒店、旅馆、旅社、招待所、度假村、度假营地等。这些企业都是为不同类型的旅游者提供食宿接待服务而使自己得以生存和发展的。

我国的饭店是指英文中的“hotel”，是指国际住宿业中较高档、舒适的住宿设施。由此可见，我们通常所说的饭店只是众多住宿设施中的一部分。我国不同地区用于表述“hotel”的词也不同：港澳、广东一带习惯以“酒店”称呼；江、浙、沪一带则常常以“宾馆”表示高级饭店；此外，还有“旅馆”“旅店”“度假村”“山庄”等不同的称谓。由于国家旅游局将现代的宾馆统称“旅游涉外饭店”，所以在正式文件中统一用“饭店”一词。除我们经常说的宾馆饭店外，辅助旅游住宿设施还包括露宿营地、度假村、共管公寓和活动预制住宅等。

一、住宿业的产生与发展

（一）国外住宿业的产生与发展

就世界范围看，住宿业的演进大体可分为四个阶段：古代客栈时期、豪华饭店（大饭店）时期、商业饭店时期、现代新型饭店时期。

1. 古代客栈时期

在人类出行的最初，并没有专门的商业性食宿设施，旅行者往往投宿于当地人家或寺院。随着商业贸易活动的发展，商业活动范围扩大，出现了以谋利为目的的旅游接待机构——客栈。

旅行客栈（Inn & Tavern）是指位于乡间路边的、主要供过往客人寄宿的小客店。西方国家旅行客栈主要兴起于地中海沿岸古代商业贸易发达地区。埃及古墓的图画中，已有将旅行者安排在客栈住宿的情况。罗马政府统治欧洲后，客栈发展达到一定规模。但在欧洲文明的黑暗时期，客栈发展一度缓慢。11 世纪以后，客栈再度兴盛，尤以英国和法国最为发达。

客栈时期历经的时间很长，总的说来有以下特点：一是客栈的经营有独立、小规模的性质；二是设施简单，除提供基本的睡眠设施和饮食外，对舒适不予考虑；三是客栈主要接待宗教徒和商人，房租低廉。客栈的发展为豪华旅馆的出现及旅馆管理的发展提供了经验。

2. 大饭店时期

18 世纪近代产业革命的到来，使西欧、北美等一些国家相继进入工业化发展时期，形成了大众化的消费社会。大饭店最早出现在英国。18 世纪后期，美国旅游饭店业迅速崛起：1766 年，在美国宾西法尼亚州温泉村建造了第一家专供接待游客的田园饭店；1794 年在纽约建成了世界上第一座国际旅游饭店——都市饭店（City Hotel）；接着在波士顿、费城等大城市出现了类似的大饭店。1829 年，在波士顿落成了特莱蒙饭店（Tremont），其拥有 170 套客房，是美国有史以来建筑最大、造价最昂贵的大楼。该饭店设有前厅，负责登记入住宾客；开设了单人和双人房，并加上门锁；免费提供脸盆、水壶和肥皂；专门设置了拥有 200 个餐位的餐厅，并首次提供法式菜肴；对服务人员进行专门训练等。1830—1850 年，美国东部掀起了建造大饭店的热潮，出现了一大批有名的旅游饭店。之后，对美国西部的开发又促进了太平洋沿岸旅游饭店的发展。

这一时期的特点主要表现在以下几个方面：一是为适应产业革命的发展，建设了一批有规模的旅游饭店，标志着现代国际旅游饭店的产生和形成；二是各种旅游饭店的设计和建造，已经具有现代旅游饭店的雏形，包括设有单人客房、双人客房、餐厅、娱乐厅、花园等设施和提供特殊的餐饮服务；三是已经雇用专门的服务人员，并对其进行培训和指导，强调庄重待客和尊重客人等。

3. 商业饭店时期

1908 年，被誉为“现代旅游饭店之父”的美国饭店业主斯塔特勒（Ellsworth M. Statler）在布法罗设计建造了第一家商业饭店——斯塔特勒饭店，标志着旅游饭店业进入了商业化的新时代。房门把手上装了锁，方便进出和开关；每个房间配备了个人浴室、镜子和盥洗用具；电灯开关设在进门处；主要楼梯口设有防火门；有专门的阅览室和休息室等。与大饭店时期的饭店相比，斯塔特勒在兼顾舒适、方便、清洁、安全之外，还考虑到顾客的承受能力和需求特点，价格较合理。同时，提供了规范化的标准服务，开创了规范化服务、科学经营的先河。但是由于 20 世纪 30 年代经济大萧条以及两次世界大战，使得商业饭店的发展一度停滞。

这一时期的特点有：①确定了旅游饭店为公众和商务旅游者服务的基调；②促进旅游饭店业服务的标准化和规范化，形成了行业规范和相应的管理机构；③ 逐步实现了饭店的现代化经营和管理；④ 出现了专门培养饭店经营管理人才的学校，如康奈尔饭店学院、柏林饭店管理学院等。

4. 现代新型饭店时期

20 世纪五六十年代汽车饭店迅速发展。最早的汽车饭店出现在 1925 年，一个名叫阿瑟·海涅曼（Arthur S. Heineman）的美国人在加利福尼亚州的圣路易斯奥比斯波（San Luis Obispo）开设了一家名叫迈尔斯顿（Milestone Motel）的汽车饭店。第二次世界大战之后，汽车旅馆快速发展。1952 年，假日饭店创始人凯蒙斯威尔逊（Kemmons Wilson）建造了第一家名为“假日饭店”的汽车饭店。与此前的汽车饭店相比，这一饭店规模更大，且实施了规范服务和管理标准。

70年代后，是旅游饭店多元化发展的时期。这一时期，建造了各种类型满足人们需求的旅游饭店。一是为了适应国际商务活动、国际会议和国际展销会的发展而修建的功能齐全、装修豪华的现代商务饭店；二是适应休闲度假需求而建设的旅游度假饭店；三是在城市郊区新建的观光旅游饭店；四是随着散客旅游者的产生，可向旅游者出租的公寓饭店。

世界饭店业发展阶段及特点，如表6-1所示。

表6-1　世界饭店业发展阶段及特点

发展阶段	市场	交通方式	地点	特点
古代客栈时期（11—18世纪）	传教士，信徒，外交官吏，信使，商人	步行 骑马 驿车	古道边 车马道路边 驿站附近	设备简陋，仅提供基本食宿；服务项目少，质量差；声誉差，被认为是低级行业；不安全，常有抢劫发生
大饭店时期（18世纪末—19世纪末）	贵族度假者，上层阶级，公务旅行者	火车 轮船	铁路沿线 海港附近	规模大，设施豪华；服务正规，具有一定接待仪式及一定规格的礼貌礼节
商业饭店时期（20世纪初—20世纪40年代末）	公务旅行者	汽车 飞机 火车	城市中心 公路边	设施方便、舒适、清洁、安全；服务健全但较简单；经营方向开始以顾客为中心；价格合理
现代新型饭店时期（20世纪50年代起至今）	大众旅游者	汽车 飞机 火车	城市中心 旅游胜地 公路边 机场附近	规模扩大，饭店集团占据着越来越大的市场；类型多样化，开发了各种类型的住宿设施；服务综合性，饭店提供住、食、旅游、通信、商务、康乐、购物等服务

（二）中国饭店业的兴起与发展

1. 中国古代饭店设施

中国古代的饭店设施以官办的驿站、迎宾馆和民间的客栈、骡马店为主，其历史可以追溯到公元前10世纪的殷商时期。

驿站和迎宾馆是中国历史上最古老的官办食宿设施，主要用于接待官府间传递公文的差使、京城使者或外国使者，在促进中国古代经济和文化交流方面起了十分重要的作用。

客栈和骡马店则是民间用于接待经商、旅行人员的食宿设施。根据记载，早在商周时期就已经有专门为人们提供旅行休息和食宿的羁旅场所；秦汉以后，更加兴旺。早期的客栈规模小、设备简陋，仅仅提供食宿服务，价格便宜，且往往是以家庭住宅为主的店铺，不许外雇员工。15 世纪以后，客栈规模逐渐增大，有的拥有 30 ~ 40 间客房，设施也有所改善，备有专门的厨房、餐厅和酒窖及为客人提供休息的花园草坪，并开始雇用专门的服务人员。明清时期，民间旅店业更加兴旺。

2. 中国近代饭店业

帝国主义的入侵，使中国经济带有半殖民地特点，饭店设施除传统旅馆外也出现了西式饭店和中西式饭店。

西式饭店是外国列强侵入中国后，由外国资本家经营的饭店。西式饭店规模宏大、装饰豪华、设备先进、经营管理具有一定科学性，这些都与传统旅馆有很大的差别。

中西式饭店就是在西式饭店的刺激之下，有中国民族资本投资的一些中西风格的新式饭店，其建筑风格、设备设施、服务理念和经营方式受到西式饭店的影响。

3. 新中国饭店业

在新中国成立之后，我国饭店业也经历了萌芽、起步、高速发展、回落、恢复上升几个发展阶段。

20 世纪 80 年代之前是萌芽阶段。1949 年新中国成立以后，人民政府对一些老饭店进行整顿和改造，积极筹建新型饭店，1979 年政府批准了第一批合资项目，开始了第一批合资合作饭店的建设。这一时期饭店业的特点是：总量少、设施陈旧、功能单一、条件简陋、全国地区性分布不平衡。1980—1982 年是起步阶段，通过引进外资，逐步兴建了一大批中外合资、中外合作饭店。1983—1993 年是高速发展阶段。国家提出了发展旅游服务基础设施建设，实行国家、地方、部门、集体、个人一起上，自力更生和利用外资一起上的方针，国内外各种渠道的资金都投入饭店业，到 1993 年达到高潮。1994—1998 年是回落阶段。1993 年以后，饭店业逐步完成其利润平均化过程，建设高潮开始回落，饭店业的利润率在逐年下降，1998 年全行业出现负利润现象。1999 年至今是恢复上升阶段。在国内旅游经济热潮的快速崛起以及来华旅游和进行商务活动的客源数量持续增长的带动下，经历了 1998 年的全行业效益大幅滑坡之后，国内饭店业的客房出租率开始回升，但由于行业内的竞争日益加剧，盈利水平仍很低。

二、饭店的作用、功能与特点

（一）饭店的作用

1. 旅游和社交活动的重要场所

饭店为旅游者提供了住宿、饮食、商务、购物、健康、娱乐、社交等方面的综合服务，是旅游者在旅游目的地从事旅游活动的重要基地。没有饭店提供的服务保障，旅游者的旅游活动将难以持续。同时，饭店也向其所在地的居民提供活动的场所，如饭店的餐饮、娱乐等设施会吸引本地居民，使之成为当地社交活动的中心。

2. 旅游创收的重要部门

饭店通过生产和销售饭店产品而获取收益，其收入在旅游收入中往往占一半以上。特别是旅游饭店，海外旅游者不仅在饭店里食宿而且还进行其他消费，由于其通过外汇结算，可以获得大量的外汇收入，从而对接待国家的外汇收支平衡，促进国家经济建设起到了重要作用。在带动其他行业发展的同时也带来了乘数效应。

3. 带动其他行业的发展

饭店业的发展带动了其他行业的发展，如建筑业、装修业、设备制造业、轻工业、食品加工业等，对活跃国民经济起到了很大的促进作用。据有关统计表明，一家饭店住客开支的60%花费在饭店以外的其他行业，而且，在饭店消费的物品大都是社会其他行业提供的。因此，饭店业的发展实际上间接地刺激了其他行业的发展。

4. 为社会创造就业机会

饭店是劳动密集型企业，需要大量的管理和服务人员。国外有关研究表明，近年来新增的劳动就业人口中，每25个人中就有1人就职于饭店。按我国目前饭店的人员配备状况，平均每间客房约配备1.5~2人。若新建一座300间客房的饭店，将创造450~600个直接就业机会。同时，饭店又能为其他相关行业，如饭店建筑与设备、物品的生产与供应等提供大量的间接就业机会。根据国际统计资料和我国近年来的实践经验可知：高档饭店每增加一个房间，可以直接或间接为5~7人提供就业机会；而低档饭店每增加一个房间，则可以为4~5人提供就业机会。

5. 是旅游业发展水平和社会经济发展水平与文明程度的标志

旅游饭店的设施完善与否、设备水平的高低和服务质量的优劣，不仅影响着旅游者的经历，同时还影响着它对一个地区，乃至一个国家的总体形象的评判。也就是说，一个地区、一个城市的饭店业发展水平，标志着接待地旅游业的发展水产。同时，饭店的发展水平也反映了一个国家国民经济发展水平及其社会的文明程度，构成了当地投资环境的重要组成部分。

（二）饭店的功能

饭店的功能是指饭店为满足旅游者的需求而提供的服务所发挥的效用。饭店最基本、最传统的功能就是住宿和餐饮。由于客源及其需求的变化，现代饭店的功能日益多样化。饭店的功能主要有以下几个：

1. 住宿功能

饭店为旅游者提供多种客房（标准房、单人房和套房），包括床位、卫生间和其他生活设施，以清洁、舒适的环境和热情、周到的服务使旅游者获得“宾至如归”的感受。

2. 餐饮功能

饭店一般设有不同的餐厅，以精美的菜食、良好的环境、可靠的卫生条件和规范的服务向旅游者提供多种形式的餐饮服务。

3. 商务会议功能

随着商务旅游者、会议旅游者的增多，对饭店商务、会议的功能有了更强烈的需求。为了提供方便快捷的商务服务，饭店设置了商务中心、商务楼层、商务会议室与商务洽谈室，提供传真、国际国内直拨电话、传真机、计算机互联网的接口等现代通信设施。一些饭店内还专门设有规格不等的会议室、谈判间、演讲厅、展览厅等设施。会议室、谈判间都有良好的隔板装置和隔音装置，并能提供多国语言的同声翻译，甚至还可以举行电视会议。

4. 家居功能

饭店是客人的“家外之家”，应努力营造“家”的气氛，使入住饭店的客人感到像在家里一样亲切、温馨、舒适、方便。尤其是公寓饭店，一般带有生活住宿性质，自助服务设施齐全，客人自由方便，家居功能尤为典型。

5. 度假功能

度假饭店一般位于风景区内或附近，通常注重提供家庭式环境，娱乐设施也很齐备，能满足不同类型旅游者的度假需要。

此外，饭店还具有娱乐健身功能、通信信息集散功能、商业购物服务功能等。

（三）饭店的特点

饭店和其他各类企业一样，是独立的营利性经济组织。除了具备经营上的自主性、组织上的完整性等基本条件之外，饭店还有着与其他企业不同的特点。

1. 饭店的服务性

饭店是以提供劳务为主的服务性企业。通常所说的饭店产品，是指有形的设施设备与无形的劳务服务的有机结合，其中以劳动服务为主，设施设备为辅。饭店的经营活动从本质上看，其生产和销售的主要是无形的服务产品。服务产品所具备的无形性、生产和消费的同步性、价值的不可储存性、质量的不稳定性等特征，决定了饭店与其他企业的区别。

2. 饭店业务的综合性

现代饭店不仅要满足旅游者的住宿和饮食的基本需求，还必须同时满足不同客人的多种消费需求，如商业贸易、会议、度假、文秘、通信、健身、娱乐、购物、货币兑换、票务、委托代办等。因而，饭店必须配备相关的设施并提供相应的服务，满足其多方面的需求。

3. 饭店产品的享受性

饭店所能满足旅游者的不是简单的物质需要，而是享受性产品。例如，尽管餐饮和住宿功能在日常的家居生活之中十分常见，要求也不甚高，但是在饭店提供相应功能时则旅游者对装修装饰、建筑风格、服务水平的要求都有所提高。

4. 饭店的文化性

探求异地文化是旅游者的共同需求。饭店作为旅游者在旅游过程中的居留场所。不仅应该是旅游者的物质消费场所，而应该是旅游者感受异地文化的精神消费场所。饭店应积极营造良好的文化氛围，要倡导主流文化、健康文化、民族文化、特色文化，通过外在的、有形的店景文化，内在的企业文化的建设，丰富饭店的文化内涵，使饭店劳务活动成为一门服务艺术，把饭店服务产品中的使用功能价值，推进到具有文化附加值的新境界，使客人在多彩的饭店文化氛围中，感受到精神的享受和愉悦。

三、饭店的分类

由于饭店的设施条件以及提供服务的项目、范围和档次存在着很大的差别，人们往往将其划分为不同的类型。饭店分类的目的主要是便于比较不同饭店和进行营销。按照不同的标准可以把饭店分为不同的类型。

（一）几种主要的分类标准

（1）根据饭店的地理位置可以划分为城市饭店、海滨饭店、温泉饭店和度假地饭店等。

（2）根据饭店客源特点可以划分为商务型饭店、长住型饭店、度假型饭店、会议型饭店和汽车饭店。

（3）根据饭店计价方式可以划分为欧式计价饭店、美式计价饭店、欧陆式计价饭店、修正美式计价饭店和百慕大计价饭店。

（4）根据饭店的等级和档次可以划分为：高、中、低档饭店；豪华饭店、经济饭店；一星级至五星级饭店等。

（5）根据饭店企业形式可以划分为独立经营饭店、饭店公司、饭店自联组织、饭店企业集团等。

（6）根据饭店资金来源可以划分为独资饭店、合资饭店和合作饭店。

（二）根据饭店客源特点划分

1. 商务型饭店

商务型饭店也称暂住型饭店，此类饭店多位于城市的中心地区，接待商务客人、旅游客人及因各种原因作短暂逗留的其他客人。这类饭店适应性广，在饭店业中占的比例较大。其中，等级较高、以接待商务客人为主的饭店比较豪华、舒适，服务设施齐备，交通及通信便利，通常设有商务中心、各类会议室、宴会厅等，还设有商务套房及行政楼层。

2. 长住型饭店

长住型饭店的主要市场是住宿期较长，在当地短期工作或度假的客人或家庭，宾客通常长期或永久居住。长住型饭店的客房多采用家庭式布局，以套房为主，配备适合宾客长住的家具和电器设备，通常都有厨房设备供宾客自理饮食。这类饭店一般只提供住宿、饮食等基本服务，且亲切、周到、针对性强。饭店的组织、设施、管理较其他类型简单。长住型饭店与宾客之间通常需要签订一个租约。

3. 度假型饭店

度假型饭店传统上以接待游乐、度假的宾客为主。此类饭店多位于海滨、山区、温泉、海岛、森林等地，开辟有滑雪、骑马、狩猎、垂钓、划船、潜水、冲浪、高尔夫球、网球等各种娱乐体育项目。近年来，出现了度假型与商务型相结合的饭店，在饭店里要增设商务会议设施，即所谓改良的度假型饭店。

4. 会议型饭店

会议型饭店的主要接待对象是各种会议团体。会议型饭店通常设在大都市，邻近政治、经济中心，或交通方便的游览胜地，要求饭店设置足够数量的多种规格的会议厅或大的多功能厅，有的饭店还设展览厅。会议型饭店除应具备相应的住宿和餐饮设施以外，还必须具备会议设备，如投影仪、录放像设备、扩音设备和先进的通信视听设备、同声传译装置等。

5. 汽车饭店

汽车饭店常见于欧美国家公路干线上。长期以来，汽车饭店设施简单，规模较小，有相当一部分仅有客房而无餐厅酒吧，以接待驾车旅行者投宿为主。现在，有的汽车饭店不仅设施方面大有改善，且趋向豪华，多数可提供现代化的综合服务。美国的假日饭店集团、华美达饭店集团、霍华德约翰逊饭店集团等均拥有大量的汽车饭店。

（三）根据饭店计价方式划分

1. 欧式计价饭店

欧式计价饭店（European Plan，EP）是指饭店客房价格仅包括房租，不含饮料、食品等其他费用。世界各地绝大多数饭店属此类。

2. 美式计价饭店

美式计价饭店（American Plan，AP）的客房价格包括房租以及一日三餐的费用。目前，尚有一些地处偏远的度假型饭店属此类。

3. 修正美式计价饭店

修正美式计价饭店（Modified American Plan，MAP）的客房价格包括房租和早餐以及午餐或晚餐的费用，以使宾客有较大的自由安排白天的活动。

4. 欧陆式计价饭店

欧陆式计价饭店（Continental Plan，CP）的房价包括房租及一份简单的欧陆式早餐，即咖啡、面包和果汁。此类饭店一般不设餐厅。

5. 百慕大计价饭店

百慕大计价饭店（Bermuda Plan，BP）的房价包括房租及美式早餐的费用。

（四）根据饭店规模大小划分

判断饭店的大小没有明确的标准，一般是以饭店的房间数、占地面积、销售额和纯利润为标准来衡量的，其中主要以房间数为标准。按照目前国际和国内通行的划分标准，饭店的类型主要有以下三种：小型饭店、中型饭店和大型饭店，如表6-2所示。

表6-2 饭店规模评定表

类型	国际上通行的标准	国内标准
小型饭店	少于300间客房	少于200间客房
中型饭店	300~600间客房	200~400间客房
大型饭店	大于600间客房	大于400间客房

推荐阅读

千店时代，起点还是拐点？

日前，经济型酒店两大巨头7天、汉庭相继宣布旗下酒店规模已达到1000家，至此，加上如家，经济型酒店已有3个品牌门店过千。尽管7天、汉庭表明了不同的品牌战略，但其努力扩张的雄心却与如家并无二致。

一、7天致力提升会员体验

2005年3月15日，7天在广州北京路开了第一家分店。2012年初，在成立7周年之际，7天第1000家分店在成都开业。它是目前为止行业内用最短时间实现开业店规模超1000家的品牌，其分店覆盖了全国近150个主要城市。

自成立以来，7天的分店网络扩张速度一直备受瞩目：在成立前3年以每年近400%的增速发展，随后一直保持着行业领先的增长率；2009年之后一直保持行业最快的扩张速度，2009年、2010年新开店总数位居行业第一。其于2012年3月9日发布的2011年年报显示：7天在2011年全年新开店376家，继续保持单年新开店数行业第一的纪录。

前不久，在7天连锁酒店7周年庆典活动上，7天董事会联席主席郑南雁表示："在7天迈入千店规模之后，如何提升会员入住体验，是我们最为关注的事情。未来7天将继续关注会员的核心需求，打造优质的睡眠空间。"

记者了解到，7天始终将主要精力和资源集中于满足会员的核心需求，持续在"洗好澡、睡好觉、上好网"等能够直接提升会员体验的方面加大投入。

7天对广大会员长期的调查显示，"睡好觉"是经济型酒店客人最关注的服务内容。7天目前的服务重点仍然是集中精力满足会员"住"的核心需求。为此，7天从2011年开始便推出了"Q+服务认证"体系，以提升酒店的质量管理。"Q+服务认证"是将经济型酒店客人的核心需求，细化为优选项目，并对这些项目制定科学的评估标准。会员可以通过识别7天官方网站上各分店明示的"Q+"标志，有效地选择到品质最优、最适合自己的分店。自推出以来，"Q+服务认证"受到了会员的广泛欢迎，而这种认知也进一步提升了客人的入住体验，提高了客人的满意度。

目前，"Q+服务认证"项目正在7天全国分店大力推行，已经推出4个项目——星级优眠床垫、10s速热淋浴、免费WiFi、洁净毛巾封包。据郑南雁介绍："7天的品牌战略定位是——优质睡眠空间创导者。'Q+服务认证'体系的核心，就是关注会员的睡眠感受，其中床垫的改进最为关键。除了雅兰护脊床垫之外，7天还引入了国际知名品牌'Simmons美健床垫'，希望打造更优质的睡眠空间，让会员睡好觉。"

二、汉庭优先布局中西部

作为内地第一家多品牌的经济型连锁酒店集团，近两年汉庭明显加快了门店发展步伐和在全国城市的布点，尤其在中西部和西南地区发展尤为迅速。以西北重要的商旅城市西安为例，汉庭在2008年刚刚进入西安，至2011年初共有11家门店开业，每年平均新增3家门店，发展较为平缓。但在2011年一年内，汉庭在西安就新增15家门店，使得门店总数增至26家，预计在2012年底，门店数将超过40家。

在新疆，汉庭的发展也可以用"飞速"来形容。此前，汉庭在新疆并没有门店，但2012年汉庭计划在自治区首府乌鲁木齐一年内就开出10家门店。

提及发展增速的原因，负责开发工作的汉庭高级副总裁金辉对记者表示，近两年中国经济的快速发展和旅游市场的持续繁荣，以及《国民旅游休闲纲要》等相关利好，让人们有理由相信在未来几年，中国的酒店住宿领域会进入另一个发展高峰时期。"汉庭的发展也进入了成熟时期，一些我们还在观望的城市，市场已经逐渐培育成熟，适时进入可以说是正逢其时。"

有选择性地向三线以下城市进军，也进入了汉庭管理层和开发部门的视野。

根据记者的调研发现，仅陕西一省，汉庭已经完成了汉中、榆林、咸阳、阎良等地县级市的门店网络布局，延安也有望在2012年开出第一家门店。至2012年年底，在榆林将有4家汉庭门店同时营业。

对于汉庭向三线以下城市的发展战略，金辉称这是出于多方面的考虑。近两年来，二、三线城市甚至一些三线以下城市的消费潜力引人关注。中国普通民众的消费能力大幅提升，尤其二、三线城市的消费增长势头明显。而随着当地居民和商旅客人对于品牌认知程度的提高，具有高性价比的全国知名酒店品牌就会成为他们的住宿首选。

记者了解到，汉庭计划至2012年底将至少覆盖120个城市，除在东部沿海地区继续完善网络布局外，还将重点开发中西部酒店市场，并向地县级城市延伸。

三、是竞争的起点还是发展的拐点

迈入千店时代的7天、汉庭都没有将扩张的脚步放缓的迹象。郑南雁表示："7天有望于2014年达到2000家分店的规模，远期希望能达到6000家分店的规模。"他认为，目前国内经济型酒店行业仍然处于快速发展阶段，7天快速发展分店网络，符合国内经济型酒店的市场发展需求。

汉庭酒店集团执行董事长、CEO季琦则表示，汉庭将在2015年达到2000家门店规模，并将在两三年内进入高星级酒店领域。一位资深行业专家告诉记者，3个品牌的分店规模超过1000家，不仅仅是数字的更迭，更重要的是经济型酒店行业的竞争从此进入了一个新阶段，这或许是竞争的新起点；占领经济型酒店市场后，这些品牌的目光有向中高端市场聚焦的趋势，这或许又是一个发展的拐点，究竟如何发展，还需拭目以待。

资料来源：李玲. 中国旅游报，2012-04-11.

四、饭店的等级及其评定

（一）饭店等级评定的目的

1. 保护客人的利益

饭店的等级标志本身是对饭店设施与服务质量的一种鉴定与保证。对饭店进行分级，可使旅游者在选择饭店时对饭店有一定的了解和定位，并根据自己的要求和消费能力进行选择，保障旅游者的利益。

2. 便于行业的管理和监督

许多国家的政府机构或其他行业组织，都将颁布和实施饭店等级制度作为行业管理与行业规范的一种手段。利用饭店的等级，对饭店的经营和管理进行监督，使饭店利益、公众利益和社会利益结合在一起。

3. 有利于促进饭店业的发展

饭店的等级，有利于明确饭店的市场定位，并针对目标市场进行形象宣传与推进。同时，也有利于同行之间平等、公平地竞争，促进饭店不断完善设施和服务质量，提高管理水平，促进饭店业的不断发展。

4. 有利于增强员工的责任感、荣誉感和自豪感

通过分级定级，增强了争级、保级或升级的责任感，激发了员工的工作热情、荣誉感和自豪感，从而可增强饭店的凝聚力和竞争力，有利于饭店获得持续发展的内在动力。

（二）国际饭店定级的方法

目前国际上有数十种饭店等级制，有的是各国政府部门制定，有的是各地饭店协会或相关协会制定。有些国家强制性规定饭店必须参加评定等级，有的国家则由饭店企业自愿申请参加评定。尽管各种等级制所采用的标准不尽相同，但其分等定级的依据和内容却十分相似，通常都是从饭店的地理位置、环境条件、建筑设计布局、内部装潢、设备设施配置、维修保养状况、服务项目、清洁卫生、管理水平、服务水平等方面进行评价确定。

饭店等级制在欧洲国家实行得较为普遍。法国官方制定的饭店等级制为1～5星级，但饭店宾客更乐于使用法国米哲林轮胎公司旅游部门制定的米哲林指南，指南采用“1～5级”制，标志图形是1～5个小屋；意大利由饭店协会制定等级标准，采用“豪华、1～4级”制；瑞士饭店业也由饭店协会制定分等标准，按价格分为“1～5级”；奥地利饭店协会制定的分等标准使用“A1、A、B、C、D”五级；西班牙和爱尔兰均由政府制定饭店等级标准，西班牙为“1～5星级”，爱尔兰为“A+星、A、B+星、B、C+星”五级。美国和英国各有两套饭店等级标准。在美国，由于复杂的政治和社会结构以及饭店业的千姿百态，至今尚未有统一的、被普遍接受的饭店等级标准，较有影响的则是美同汽车协会及美国汽车石油公司分别制定并使用的“五钻石”和“五星”等级制。英国政府部门制定的标准将饭店分为“1～5皇冠、列名”六级，英国汽车协会制定的饭店等级分为“1～5星”五级，并以“1～3玫瑰”表示饭店餐饮质量水平，如表6-3所示。

表6-3 世界部分国家饭店等级制度

国家	饭店等级所用名称标志	制定执行机构
法国	五星、四星、三星、二星、一星	政府部门
法国	五屋、四屋、三屋、二屋、一屋	米哲林轮胎公司
意大利	豪华、第一、第二、第三、第四	饭店协会
奥地利	A1、A、B、C、D	饭店协会

（续）

国家	饭店等级所用名称标志	制定执行机构
瑞士	按价格分为1~5级	饭店协会
英国	五皇冠、四皇冠、三皇冠、二皇冠、一皇冠、列名	政府部门
英国	五星、四星、三星、二星、一星 三玫瑰、二玫瑰、一玫瑰	英国汽车协会
西班牙	五星、四星、三星、二星、一星	政府部门
爱尔兰	A+星、A、B+星、B、C+星	政府部门
希腊	A、B、C、D、E	政府部门
挪威	乡村、城市、山区、观光	政府部门
葡萄牙	观光、商业	政府部门
加蓬	豪华、舒适、现代	饭店协会
以色列	五星豪华、五星、四星、三星、二星、一星	政府部门
美国	五星、四星、三星、二星、一星	美国汽车石油公司
美国	五钻、四钻、三钻、二钻、一钻	美国汽车协会

资料来源：吕建中．现代旅游饭店管理［M］．北京：中国旅游出版社，2009.

（三）中国饭店业星级制度

1. 中国饭店业星级制度的形成

我国对饭店的星级评定工作始于1988年。为了促进我国旅游业尽快与国际接轨，适应大力发展国际旅游业的需要，国家旅游局在世界旅游组织专家的指导和协助下，于1988年颁布实施了《中华人民共和国评定旅游涉外饭店星级的规定》和《中华人民共和国评定旅游涉外饭店星级标准》。1993年9月1日，国家技术监督局正式发布了编号为GB/T 14308—1993的《旅游涉外饭店星级的划分及评定》的国家标准，于1993年10月1日起执行。随着我国旅游业及饭店业的发展，出现了一些与现实不相适应的情况，要求旅游涉外饭店根据自身客源需求和功能类别，更加自主地选择服务项目。所以，国家旅游局于1997年10月16日首次对该标准进行修订，新标准自1998年5月1日起正式开始实施。2000出现预备星级。2003年末再一次出台星级饭店评定标准《旅游涉外饭店星级的划分及评定》（GB/T 14308—2003），对饭店星级评定进行规定。2010年10月18日，国家质检总局、国家标准化管理委员会批准发布国家标准《旅游饭店星级的划分与评定》（GB/T 14308—2010），新版国家标准于2011年1月1日实施。

由于饭店业务综合性的特点，以及饭店服务性行业的属性，饭店的星级评定工作是一项复杂的系统工程。《旅游饭店星级的划分与评定》（GB/T 14308—2010）主要规定了旅游饭店星级的划分条件、评定规则及服务质量和管理制度要求。

2. 中国饭店星级制度规定

根据《中华人民共和国评定旅游涉外饭店星级标准》，对饭店的建筑、装潢、设备、设施条件和维修保养状况、管理水平和服务质量的高低、服务项目的多寡等方面进行全面考核，综合平衡后划定等级，共分为五个等级。

划分饭店星级的目的是为了适应我国国内外旅游业发展的需要，尽快提高旅游（涉外）饭店的管理和服务水平，使之既有中国特色又符合国际标准，保护旅游经营者和旅游消费者的利益。全国旅游饭店星级评定依据是《中华人民共和国评定旅游涉外饭店星级标准》，具体评定过程按照国家旅游局颁布的设施设备评定标准、设施设备的维修保养评定标准、清洁卫生评定标准、服务质量评定标准和宾客意见评定标准等五项标准执行。星级划分的条件和由国家旅游局制定并组织实施的《检查评分实施细则》相吻合，综合考评，最后确定饭店星级。饭店星级的高低主要反映客源不同层次的需求，标志着饭店建筑、装修、设备、设施、服务项目、服务水平各种需求的一致性和所有住店宾客的满意程度。

（四）2010 版本的星级评定标准

1.《旅游饭店星级的划分与评定》（GB/T 14308—2010）规定

（1）概念。旅游饭店（Tourist Hotel）是能够以夜为时间单位向旅游者提供配有餐饮及相关服务的住宿设施，按不同习惯它也被称为宾馆、酒店、旅馆、旅社、宾舍、度假村、俱乐部、大厦、中心等。

星级（Star-Rating）制是指用星的数量和设色表示旅游酒店的等级。星级分为五个等级，即一星级、二星级、三星级、四星级、五星级（含白金五星级）。最低为一星级，最高为白金五星级。星级越高，表示旅游饭店的档次越高。

预备星级（Probationary Star-rating）作为星级的补充，其等级与星级相同。

星级符号以镀金五角星为符号，用一颗五角星表示一星级，两颗五角星表示二星级，三颗五角星表示三星级，四颗五角星表示四星级，五颗五角星表示五星级，五颗白金五角星表示白金五星级。

同时规定：本标准适用于各种经济性质的开业一年以上的旅游饭店，包括宾馆、酒店、度假村等的星级划分及评定。饭店开业一年后可申请星级，经星级评定机构评定批复后，可以享有五年有效的星级及其标志使用权。开业不足一年的饭店可以申请预备星级，有效期一年。

饭店星级的划分以饭店的建筑、装饰、设施设备及管理、服务水平为依据，具体的评定办法按照国家旅游局颁布的设施设备评定标准、设施设备的维修保养评定标准、清洁卫生评定标准、服务质量评定标准、宾客意见评定标准等五项标准执行。

其中，对饭店设施设备及饭店运营质量进行评分（计分标准略）时，可参见以下说明，如表6-4所示。

表6-4 《旅游饭店星级的划分与评定》(GB/T 14308—2010)
设施设备与饭店运营质量计分说明

设施设备积分说明（硬件表B）	饭店运营质量计分说明（软件表C）
一、满分600分	一、满分600分
二、各星级应得的最低分数	二、各星级应得的最低分数
一星级、二星级不作要求	一星级、二星级不作要求
三星级：220分	三星级最低得分率：70%
四星级：320分	四星级最低得分率：80%
五星级：420分	五星级最低得分率：85%

（2）星级评定的责任分工。旅游饭店星级评定工作由全国旅游饭店星级评定机构统筹负责，其责任是制定星级评定工作的实施办法和检查细则，授权并督导省级以下旅游饭店星级评定机构开展星级评定工作，组织实施五星级饭店的评定与复核工作，保有对各级旅游饭店星级评定机构所评饭店星级的否决权。

省、自治区、直辖市旅游饭店星级评定机构按照全国旅游饭店星级评定机构的授权和督导，组织本地区旅游饭店星级评定与复核工作，保有对本地区下级旅游饭店星级评定机构所评饭店星级的否决权，并承担推荐五星级饭店的责任。同时，负责将本地区所评星级饭店的批复和评定检查资料上报全国旅游饭店星级评定机构备案。

其他城市或行政区域旅游饭店星级评定机构按照全国旅游饭店星级评定机构的授权和所在地区省级旅游饭店星级评定机构的督导，实施本地区旅游饭店星级评定与复核工作，保有对本地区下级旅游饭店星级评定机构所评饭店星级的否决权，并承担推荐较高星级饭店的责任。同时，负责将本地区所评星级饭店的批复和评定检查资料逐级上报全国旅游饭店星级评定机构备案。

申请星级的旅游饭店，应执行《旅游统计调查制度》，承诺履行向全国旅游饭店星级评定机构提供不涉及本饭店商业机密的经营管理数据的义务。

旅游饭店申请星级，应向相应评定权限的旅游饭店星级评定机构递交星级申请材料；申请四星级以上的饭店，应按属地原则逐级递交申请材料。申请材料包括：饭店星级申请报告、自查自评情况说明及其他必要的文字和图片资料。

（3）旅游饭店星级的评定规程为：

1）受理。接到饭店星级申请报告后，相应评定权限的旅游饭店星级评定机构应在核实申请材料的基础上，于14天内作出受理与否的答复。对申请四星级以上的饭店，其所在地旅游饭店星级评定机构在逐级递交或转交申请材料时应提交推荐报告或转交报告。

2）检查。受理申请或接到推荐报告后，相应评定权限的旅游饭店星级评定机构应在一个月内以明察或暗访的方式安排评定检查。检查合格与否，检查员均应提交检查报告。对检查未予通过的饭店，相应星级评定机构应加强指导，待接到饭店整改完成并要求重新检查的报告后，于一个月内再次安排评定检查。对申请四星级以上的饭店，检查分为初检和终检：① 初检由相应评定权限的旅游饭店星级评定机构组织，委派检查员以明察或暗访的形式实施检查，并将检查结果及整改意见记录在案，供终检时对照使用；初检合格，方可安排终检。② 终检由相应评定权限的旅游饭店星级评定机构组织，委派检查员对照初检结果及整改意见进行全面检查；终检合格，方可提交评审。

3）评审。接到检查报告后一个月内，旅游饭店星级评定机构应根据检查员意见对申请星级的饭店进行评审。评审的主要内容有：审定申请资格，核实申请报告，认定本标准的达标情况，查验违规及事故、投诉的处理情况等。

4）批复。对于评审通过的饭店，旅游饭店星级评定机构应给予评定星级的批复，并授予相应星级的标志和证书。对于经评审认定达不到标准的饭店，旅游饭店星级评定机构不予批复。

（4）星级的复核及处理。星级饭店使用其星级标准的有效期限为五年。使用星级期间，旅游饭店星级评定机构应按评定标准每年对星级饭店进行一次复核。复核工作应在饭店对照星级标准自查自纠，并在将自查结果报告旅游饭店星级评定机构的基础上，由旅游饭店星级评定机构以明察或暗访的形式安排抽查验收。旅游饭店星级评定机构应于本地区复核工作结束后进行认真总结，并逐级上报复核结果。

对严重降低或复核认定达不到本标准相应星级的饭店，按以下办法处理：①旅游饭店星级评定机构根据情节轻重给予签发警告通知书、通报批评、降低或取消星级的处理，并在相应范围内公布处理结果。②凡在一年内接到警告通知书三次以上或通报批评两次以上的饭店，旅游饭店星级评定机构应降低或取消其星级，并向社会公布。③被降低或取消星级的饭店，自降低或取消星级之日起一年内，不予恢复或重新评定星级；一年后，方可重新申请星级。④已取得星级的饭店如发生重大事故，造成恶劣影响，其所在地旅游饭店星级评定机构应立即反映情况或在权限范围内作出降低或取消星级的处理。

星级饭店接到警告通知书、通报批评、降低星级的通知后，应认真整改并在规定期限内将整改情况报告处理机构。

旅游饭店星级评定机构对星级饭店进行处理的责任分工依照星级评定的责任分工办理。全国旅游饭店星级评定机构保留对各星级饭店的直接处理权。

凡经旅游饭店星级评定机构决定提升或降低、取消星级的饭店，应立即将原星级标志和证书交还授予机构，由旅游饭店星级评定机构作出更换或没收的处理。

旅游饭店星级的标志和证书由全国旅游饭店星级评定机构统一制作、核发，旅游饭店星级的标志应置于饭店前厅最明显位置。

2. 新版星级饭店评定标准的主要变化

重新的修编令星级饭店评定标准焕发出新的生命力，以更好地规范和引导行业的发展。新版星级饭店评定标准与旧版相比主要技术内容变化表现在以下若干方面：

（1）标准的文本结构更为清晰。各星级饭店划分条件包括必备条件（一票否决制）、设施设备和饭店运营质量三部分。“设施设备维修保养及清洁卫生评定检查表”分解后融入饭店运营质量相应部分。删除“星级的评定规则”，保留白金五星级的概念，但其具体标准与评定办法将另行制定。

（2）对评价机制作出了较大调整。监督管理司制定标准，旅游饭店协会执行标准进行评定；完善监督机制和退出机制，复评周期缩短，星级标志使用有效期为三年，饭店运营中发生重大安全事故，所属星级将被立即取消。

（3）等级划分与国际接轨。将一二三星级饭店定位为有限服务饭店，评定星级时应对饭店住宿产品进行重点评价；四五星级（含白金五星级）定位为完全服务饭店，评定星级时应对饭店产品进行全面评价。一方面与国际饭店等级划分接轨，另一方面吸引中低档饭店申报星级。

（4）更加注重核心产品，弱化配套设施。客房的安全、卫生、安静、设施可用为基本要素，舒适度为提升要素。新版标准注重客房舒适度，并进行了细化考量，分值由以前的10分增加为35分。弱化配套设施主要体现为，对大堂面积未作硬性要求，游泳池不再成为高星级酒店必备项。例外条款中，“游泳池”从旧版17分降为目前的10分；由于国家政策不鼓励大量建设高尔夫球场，“高尔夫球场”分值大幅下调，从旧版20分降为现在的5分。对低星级酒店，取消或降低对“餐饮”“客房小冰箱”“小商店”“提供洗衣服务”“套房”等方面的要求。但停车场成为三星级以上酒店的必备项。

（5）顺应低碳经济发展趋势，突出绿色环保。新版标准倡导绿色设计、清洁生产、节能减排、绿色消费的理念。要求各星级饭店应有与本星级相适应的节能减排方案并付诸实施。在设备设施项中，节能措施与环境管理分值从2分增加到14分，细分项包括是否采用建筑节能设计，新能源的设计与运用，环保设备和用品，节能产品和采取节能及环境保护的有效措施，中水处理系统，污水、废气处理设施，以及垃圾房等。

（6）强化安全与突发事件管理。星级饭店应增强突发事件应急处置能力，突发事件处置的应急预案应作为各星级饭店的必备条件。例如对四、五星级饭店，要求应有突发事件（包括火灾、自然灾害、饭店建筑物和设备设施事故、公共卫生和伤亡事件、社会治安事件等）处置的应急预案，有年度实施计划，并定期演练。饭店营运中一旦发生重大安全责任事故，星级将被取消。“安全设施要求”分值由8分提高到16分，新增“公共区域和食品安全”，如是否有符合规范的逃生通道、安全避难场所以及食品留样送检机制等。

（7）提高饭店设备设施和服务质量评价的可操作性。例如，对前厅总机、预订、住宿登记、行李服务、礼宾和问询服务、结账以及前厅维护保养与清洁卫生等，对客房浴缸及淋浴的照明、水龙头出水升温速度及稳定性、水压、水质、下水及安全性等，对床单、被套、枕套、毛巾、浴巾等的纱织规格、含棉量及床垫硬度等，对公共区域与客房区域温差和相对湿度，客房门、墙、窗、天花板、卫生间的隔音措施、照明效果等，都进行了细化和量化评价。

（8）鼓励对新技术和新设备的应用。如五星级饭店应有运行有效的计算机管理系统，前后台联网，有饭店独立的官方网站或者互联网主页，并能够提供网络预订服务。信息管理系统以前分为“硬件”和“软件”两项进行评价，现从覆盖范围、采取确保饭店信息安全的有效措施和系统供应商三方面进行评价。互联网则从覆盖范围和应用两个大的方面进行衡量。公共系统是否配备先进、有效的火灾报警与消防联动控制系统（含点报警、面报警、消防疏散广播等）；环保节能方面是否采用先进的楼宇自动控制系统，如新风/空调监控、供配电与照明监控、给排水系统监控等。

（9）注重饭店内外部环境、氛围营造及布局合理。建筑结构及功能布局，旧版强调平均每间客房的建筑面积，新版则强调各功能区位置、分隔合理及方便宾客使用。五星级饭店要求：室外环境整洁美观，绿色植物维护良好；饭店后台区域设施完好、卫生整洁、维护良好，前后台的衔接合理，导向清晰；建筑物外观和建筑结构应具有鲜明的豪华饭店的品质，饭店空间布局合理；内外装修应采用高档材料，符合环保要求，工艺精致，整体氛围协调，风格突出；客房装修豪华，具有良好的整体氛围，套房布局合理。前厅整体舒适度，从颜色、光线、温度、声音、味道等方面评价。餐饮方面旧版过于强调数量，如餐厅数量、面积，新版更为关注风格、氛围、设计、装饰等。

（10）增加例外条款，引导特色经营。新标准增加特色类别项，对商务会议型和休闲度假型旅游饭店设施分别单独评价。对于以住宿为主营业务，建筑与装修风格独特，拥有独特客户群体，管理和服务特色鲜明，且业内知名度较高旅游饭店的星级评定，可参照五星级的要求。为主题饭店、精品饭店等新型业态评五星级饭店预留一个口子。

（11）体现以人为本的理念。将“残疾人”改称为“残障人士”，关注对残障人士的服务及设施，门厅及主要公共区域应有残障人士出入坡道，高星级饭店还要求有残障人士房间。五星级饭店送餐车应有保温设备，关注员工发展，强调员工培训规划和制度及员工培训设施。各星级饭店要求有系统的员工培训规划和制度，五星级饭店还应有专门的教材、专职培训师及专用员工培训教室。

（12）强调饭店设施设备标准的整体性和一致性。评定星级时不应因为某一区域所有权或经营权的分离，或因为建筑物的分隔而区别对待，饭店内所有区域应达到同一星级的质量标准和管理要求。

五、饭店业中的集团化经营

综观世界饭店集团的发展现状，基本上可将其划分为饭店连锁集团（Hotel Chains）和饭店合作集团（Hotel Consortia）（又称饭店联合体）两大类。

（一）饭店连锁集团

1. 饭店连锁集团的概念及发展

饭店连锁（Hotel Chains）又称为饭店联号，是在本国或世界各地直接拥有或间接控制多个旅游饭店，并以统一的饭店名称、标志、服务规范和标准，从事旅游饭店服务经营与管理的现代化企业，是一种以饭店经营为主体的经济联合体。

旅游饭店连锁集团大约产生于20世纪初期。早在1909年，美国西部饭店（即后来的Westin Hotel）就拥有和管理17家旅游饭店，成为美国第一家饭店管理公司。1919年，康拉德·希尔顿（Conrad Hilton）购买了第一家饭店，即得克萨斯州西斯克地区的莫布里饭店（Mobley Hotel），到1929年，希尔顿已经拥有7家连锁经营的莫布里饭店。1945年，斯塔特勒通过在美国其他一些大城市建造斯塔特勒饭店的方式发展饭店联号，形成了饭店集团。1948年，希尔顿获得对加勒比地区圣胡安岛饭店的经营权，通过联号经营获得成功，促进了该岛的快速发展。1949年，希尔顿国际饭店公司（Hilton International Corp.）成立，成为第一个国际联号饭店集团。欧内斯特·亨德森（Ernest Henderson）于1945年建立了喜来登饭店集团（Sheraton Hotel Corp.），并逐渐成为世界著名的国际旅游饭店联号集团之一。1952年，维尔逊成立了美国假日旅游饭店公司（Holiday Inn Worldwide），并成为世界上最大的旅游饭店联号集团。

2. 饭店连锁集团的类型

饭店连锁集团的构成成员大致有以下四类：

（1）连锁公司自己拥有产权并且自己经营的饭店。

（2）连锁公司租赁经营的饭店。

此两类属于公司的核心力量。

（3）连锁公司代管经营的饭店（公司直接参与管理）。我国的合资饭店和中外合作饭店属此类。

（4）在物价协定基础上，使用集团的字号，由公司监督指导，按“公司”设计规定的服务程序和产品规范生产产品。

后两类数量在不断地扩大，但其所享有的集团优势是根据协定而定，并非全享。

随着世界旅游业在20世纪60年代后的迅猛发展，旅游饭店连锁集团的发展速度也十分迅速。发展到90年代初期，饭店业集中化在中心国家中普遍存在，如表6-5所示。

表6-5　欧美部分国家饭店业集中化状况表

国　别	被调查的饭店公司数	平均拥有客房数	饭店客房集中率（%）
美国	19	44 198	30.0
英国	59	4995	23.5
荷兰	14	731	20.4
法国	14	6688	18.1
比利时	14	603	14.1
葡萄牙	7	566	13.0
爱尔兰	5	505	12.2
卢森堡	4	289	11.6
德国	11	3043	10.0
西班牙	14	832	3.2
丹麦	2	416	2.3
意大利	11	1 459	1.7
希腊	5	382	1.0

资料来源：Kleinwort Benson.

近年来，饭店集团的发展趋势更加迅速，全球出现了多家跨国跨区域的饭店连锁集团，而且出现了集团化扩张、国际化、多样化的特点。

2010年全球饭店集团龙虎榜如表6-6所示。

表6-6　2010年全球饭店集团龙虎榜

饭店集团				饭店数		客房数		客房变动	
2010	2009	集团名	总部	2010	2009	2010	2009	客房变动	变动比例
1	1	IHG（Intercontinental Hotels Group，洲际酒店集团）	英国	4432	4186	643 787	619 851	23 939	3.9%

（续）

饭店集团				饭店数		客房数		客房变动	
2010	2009	集团名	总部	2010	2009	2010	2009	客房变动	变动比例
2	2	Wyndham Hotel Group（温德姆酒店集团）	美国	7112	7043	597 674	592 880	4794	0.8%
3	4	Hilton Hotels Corp.（希尔顿酒店集团）	美国	3526	3259	587 813	544 361	43 452	8.0%
4	3	Marriott International（万豪国际集团）	美国	3329	3088	580 876	545 705	35 171	6.4%
5	5	Accor（雅高集团）	美国	4111	3984	492 675	479 096	13 606	2.8%
6	6	Choice Hotels International（精品国际饭店公司）	美国	6021	5827	487 410	472 526	14 884	3.1%
7	7	Best Western International（最佳西方国际集团）	美国	4048	4032	308 477	305 387	3090	1.0%
8	8	Starwood Hotels & Resorts Worldwide（喜达屋全球酒店与度假村集团）	美国	979	942	291 638	284 800	6838	2.4%
9	9	Carlson Hotels Worldwide/Rezidor（卡尔森环球酒店集团）	美国	1059	1013	159 756	151 487	8269	5.5%
10	10	Global Hyatt Corp.（全球凯悦公司）	美国	399	373	120 031	114 343	5688	5.0%

资料来源：MKG 酒店数据库，2010 年 5 月。

（二）饭店合作集团

1. 饭店合作集团的概念

饭店合作集团是指若干饭店为了在物资采购、房间预订、人员培训及市场营销等方面采取联合行动而自愿建立起来的一种饭店组织。这种组织通常设有中央机构主持工作，费用以不同形式由各成员分担，目的是为了提高其竞争能力与连锁饭店抗衡。

现代各集团的发展趋势是规模趋大，合作范围扩大，合作程度加深，一些连锁公司的成员也加入其中。这使合作集团成员的独立饭店的竞争力仍无法与连锁公司成员抗衡。

2. 合作集团的类型

（1）市场集团。市场集团是合作集团中出现最早的一种，是为竞争客源建立一个联合的市场营销机构，为全体成员宣传推销，招待客源，并协调各成员在此方面的合作，从而形成一个大的营销网络。

此集团分两类：①根据特定的地域组建的营销合作集团，重点加强本地域内的营销活动，泰晤士流域饭店集团、南安普敦旅游饭店集团往往得到当地有关部门的支持；②根据市场类型组织起来，不同地区面向同一市场类型的饭店组成集团，“世界第一流饭店”广州白天鹅是成员。

（2）物资采购合作集团。物资采购合作集团是在市场营销集团后或在此基础上发展起来的饭店组织，目前这种集团在合作集团中的比例最大。该类集团实行物资批量采购。

（3）人员培训合作集团。现在这种集团在减少，是因为社会培训和饭店独立培训能力增加。

（4）预订系统合作组织。英国的 U-tell 预订系统即属此类。

该合作组织分为两类：一类是只为成员饭店提供预订系统，不再兼有其他活动；另一类是不仅为成员饭店提供预订系统，同时还为成员饭店提供各种营销服务。

推荐阅读

洲际酒店集团

洲际酒店集团（IHG）是世界上最具全球化并拥有客房数最多的酒店集团。据 MKG 酒店数据库统计，截至 2010 年，洲际酒店集团旗下拥有、管理、出租或托管的酒店达 4400 多家，共有客房 643 000 多间，分布在全球 100 多个国家和地区。该集团拥有多个闻名遐迩的酒店品牌，其中包括洲际酒店及度假村、皇冠酒店及度假村、假日酒店及度假村、快捷假日酒店、Staybridge Suites 和 Candlewood Suites，并且拥有世界最大的酒店忠诚客户计划——优悦会。

亚太区是洲际酒店集团发展最快的区域。目前，洲际酒店集团在亚太区拥有超过 160 家酒店，45 000 间客房，包括洲际酒店及度假村、皇冠酒店及度假村、假日酒店及度假村以及快捷假日酒店四个品牌。其中洲际酒店及度假村属高端奢侈级酒店，皇冠酒店及度假村是高端豪华级的酒店品牌，假日酒店及度假村是中高端豪华级酒店，快捷假日酒店则属中端舒适级酒店。该集团旗下的品牌还有 Staybridge Suite、CandleWood Suite 和 Indigo（英迪格）等，值得一提的是 Indigo，它的定位是高端概念型酒店，创建于 2004 年，通过全新的理念向客人提供高档的入住体验。

洲际酒店及度假村是全世界第一个真正意义上的豪华酒店品牌。历经岁月，目前已经成为全球旅行常客心目中良好声望、经典及成功的象征。洲际酒店及度假村品牌长期致力于为客人提供难忘的住店经验，并且丰富客人的人生体验。除了为全世界商务旅客带来豪华舒适的住宿氛围以及细致周到的贴身服务外，该品牌还为寻求梦想和奢华享受的休闲旅客提供独具当地特色的住宿选择。洲际酒店及度假村遍布全球60多个城市，并且不断开拓创新，为更多枢纽城市以及度假胜地带去高品质的酒店。

洲际酒店集团在世界范围内处于不同发展阶段的国家相应采取了不同的品牌建设策略，在成熟和稳定的欧洲市场，洲际酒店集团更注重快捷假日酒店和精品酒店的市场开发，前者短时间内在英国由原来的30家扩大到了近100家。而在中国，以及与中国情况类似的中东和非洲市场，洲际酒店集团则更注重高端酒店品牌的建设。今后五年，洲际酒店集团会每年陆续在中国大约新开30家酒店，并且针对中国市场对于高端品牌的需求，特别是当地政府、企业、民众在酒店餐饮和娱乐方面有非常大的需求，它们的开业计划也是更多地偏向高端品牌酒店的建设。其服务除了客房本身，在餐饮和娱乐方面的投入比例也是非常高的，这真正体现了洲际酒店集团对中国市场的深入调研和“对症下药”，这充分体现了世界一流酒店品牌对中国未来的巨大市场潜力的认同和追求。

资料来源：笔者参照百度等相关网站的材料自行编写。

第三节 旅 行 社

旅行活动，古已有之。但古代的旅行者，无论是探险者、朝圣者、传教者还是经商者，主要都是依靠自己的力量完成旅行，表现为个人行为。而产业革命之后，旅游活动成为一种社会现象，才出现了专门为旅游者出行提供服务的部门——旅行社。旅游业的产生，就是以旅行社的出现为标志的。人们一度把旅行社、旅游交通、旅游饭店看成是旅游业的三大支柱，尽管旅游业构成的范围不断扩大，包括旅游景区景点，但仍然是通过旅行社把旅游活动的各个环节连接起来，因而可以说，旅行社在旅游业中占有十分重要的地位，是旅游业的龙头。

一、旅行社的概念、性质

（一）旅行社的概念

1. 国外关于旅行社的概念

世界旅游组织将旅行社定义为：“零售代理机构向公众提供关于可能的旅行、居住和相关服务，包括服务酬金和条件的信息。”在这一概念中，并没有明确提出旅行社的营利性，只是强调服务和信息。

在日本，旅行社被称为旅行业，根据日本《旅行业法》第二条规定：旅行业系指收取报酬经营下列事业之一者（专门提供运输服务，即对旅客提供运输服务而代理签约者除外）：

（1）为旅客提供运输或住宿服务，代理签约、媒介或介绍的行为。

（2）代理提供运输或住宿的服务业与旅客签约提供服务或从事媒介的行为。

（3）利用他人经营的运输机构或住宿设备，为旅客提供运输或住宿服务。

（4）附随于前三款行为，为旅客提供运输及住宿以外的与旅行有关的服务，代理签约、媒介或介绍的行为。

（5）附随于第一款至第三款的行为，代理提供运输及住宿以外的有关服务业，为旅客提供服务而代理签约或媒介的行为。

（6）附随于第一款至第三款的行为，引导旅客，代办申领护照及其他手续，以及其他为旅客提供服务的行为。

（7）有关旅行的一切咨询行为。

（8）对于第一款至第六款所列行为代理签约的行为。

从中可以看出，旅行社经营内容十分广泛。

2. 中国关于旅行社的概念

1996年10月，国务院颁布的《旅行社管理条例》规定：旅行社是指有营利目的，从事旅游业务的企业。并说明“本条例所称旅游业务，是指为旅游者代办出、入境和签证手续，招徕、接待旅游者旅游，为旅游者安排食宿等有偿服务的经营活动”。也就是说，旅行社是指有营利目的，从事为旅游者代办出境、入境和签证手续，招徕、接待旅游者，为旅游者安排食宿等有偿服务的经营活动的企业。

从国内外的有关定义中可以看出，对于旅行社的界定应该把握以下几点：首先旅行社是以营利为目的的，其次是提供服务的，再次是其经营内容的多样性。本书中采用《旅行社管理条例》中的定义。

（二）旅行社的性质

1. 服务性

旅行社作为旅游产业的重要组成部分，其经营旅游产品的出发点和归宿点正是旅游者的旅游需求及其满足，所以在旅行社的发展过程中，其服务性正是经济效益与社会效益的双重体现，是一个地区、一个国家形象的代表之一，因而我们也称之为“窗口行业”。服务直接面向旅游者，对旅行社从业人员要求较高，具有较强的应变能力；出现问题没有缓冲余地。

2. 营利性

旅行社作为在工商管理部门进行注册登记的独立的法人单位，要通过销售产品来获取利润。它按照国家和地方的有关法律进行合法经营，即向旅游者或其他欢迎旅游业务的企业、单位提供有偿的旅游服务，获得经营利润。旅行社作为独立的经济实体，具有旅游活动经营自主权，自我约束、自我发展、自负盈亏、独立核算并承担民事责任。

3. 中介性

旅行社是旅游消费者与旅游服务供应商之间的纽带、桥梁，并为促进旅游产品的销售作出了很大的努力，对于活跃旅游市场起到了非常积极的促进作用。旅行社本身的运作主要是依托各类旅游吸引物和旅游供给设施，并涉及旅游需求的全部内容来组织产品和创新产品，从而完成从资源到效益的转化。

二、旅行社的基本职能

作为一种为旅游者提供相关服务的专业性机构，旅行社一般都具有以下几种基本职能：

1. 组织（生产）职能

旅行社不是直接生产性企业，但却担负着组织各项单项产品的职责。旅行社根据旅游者的需求制定出整体旅游计划，将各旅游产品有机组合起来，设计出富有吸引力的游览线路，落实旅途中旅游者的食、住、行、游、娱、购等一系列服务，使旅游者在旅游过程中的交换关系得以大大简化，使整体服务以崭新面貌出现在旅游者面前。正如同工厂生产产品一样，旅行社也要进行原料的采购、搭配直至生产出产品。

2. 销售职能

旅游产品的无形性及不可储存性使其销售十分复杂。旅行社可以通过宣传促销方式使旅游者了解产品信息，产生购买意愿。旅行社把各项产品组合起来面向旅游者，成为其面向旅游者的一个渠道，实施销售职能。

3. 分配职能

在旅游者的整个旅游活动过程中，旅游者需要许多方面的旅游服务，这就意味着旅行社必须根据旅游者的意愿和要求，在不同的旅游服务项目之间合理分配旅游者的支出，以最大限度满足旅游者的需求，并在旅游活动结束之后根据各供应商具体提供服务的数量和质量，合理分配旅游收益，这就充分体现了旅行社的分配职能。

4. 协调职能

旅行社是联系各旅游部门的纽带，旅游者在旅游前、旅游中乃至旅游后的各种要求都需要旅行社出面与各旅游部门协调，诸如旅游者的饮食、交通、游览活动以及一些意外事件的处理等。

5. 信息职能

旅行社这类企业存在和发展的根本原因在于它创造了一种新的信息传递方式

和资源组合方式。这两种方式的结合形成了在这一领域的富有效率的经济组织：以企业的规模性替代了个体旅游服务的零散性和游击性；以企业的整体形象降低了市场销售变化的冲击；以集团化、网络化、高新科技化创造了更新更好的信息传递机制，从而在旅游市场竞争中得以生存和持续发展。

三、旅行社的分类

（一）欧美国家旅行社的分类

欧美国家对旅行社分类有所谓二分法和三分法。二分法就是把旅行社分为旅游批发经营商和旅游零售商两大类，忽略批发和经营之间的差别。三分法是把旅行社划分为旅游批发商、旅游经营商和旅游零售商三类。

1. 旅游批发商

旅游批发商（Tour Whole-Saler）是主要进行组织并销售旅游产品的一种旅行社。它从饭店和交通企业等旅游服务的生产者那里购买单项服务，然后把它们组合成包价旅游产品，出售给旅游经营商、零售商，但一般不直接面向旅游者进行零售。由于批发商大批量购买旅游服务，所以能从生产者那里获得各种优惠和折扣，因此，其包价商品的成本和售价较低，从而可以使购买这一商品的旅游者和经营商都能受益。旅游批发商一般没有自设的零售网点，只是通过各种从事零售业务的中间商成套出售自己组织的包价旅游产品。这种旅行社按照旅游路线和旅游项目等制订年度计划，然后进行广告宣传和推销，如印发旅游产品目录、刊登广告、参加旅游展销会等，还要向中间代理商提供有关的咨询服务。

2. 旅游经营商

旅游经营商（Tour Operator）的业务同旅游批发商类似。但旅游经营商一般都拥有自己经营的零售网。因此，除生产和销售旅游商品外，一般还要带团旅游，指导旅游者消费旅游商品。旅游经营商除了通过中间代理商出售包价旅游产品外，还可以通过自己经营的零售网点直接向广大公众出售这些产品。

3. 旅游代理商

旅游代理商（Travel Agent）是旅游零售商的典型代表，是指主要从事接待业务或代理旅游批发商、经营商以及有关食、住、行、游、娱、购等方面的旅游企业具体招徕和组织游客的旅行社。其收入主要来自被代理企业所支付的佣金。

这种分工体系的实质是在市场机制的作用下，各旅行社根据自身的规模、实力、内部结构及市场需求与竞争状况，自动形成了专业化分工，从设计、生产到销售旅游产品各司其职。

（二）我国旅行社的分类

我国对旅行社的分类曾经发生过变化。1985 年的《旅行社管理暂行条例》

中分为三类：一类社、二类社、三类社。1996 年的《旅行社管理条例》按照业务范围不同将中国旅行社划分为两种类型：一是国际旅行社，二是国内旅行社。这种分类是在水平基础上的分工体系，即每类旅行社的经营活动都涉及从生产、设计、开发旅游产品到旅游接待的各个环节，没有形成专业化的分工体系。1996 年的《旅行社条例》，将我国的旅行社划分为国际旅行社和国内旅行社，并规定国际旅行社的经营范围包括入境旅游业务、出境旅游业务、国内旅游业务。具体如下：①招徕外国旅游者来中国、华侨与港澳台同胞归国及回内地旅游，为其安排交通、游览、住宿、购物、娱乐及提供导游等相关服务；②招徕我国旅游者在国内旅游，为其安排交通、游览、住宿、饮食、购物、娱乐及提供导游等相关服务；③经国家旅游局批准，招徕、组织中华人民共和国境内居民到外国和港澳台地区旅游，为其安排领队及委托接待服务；④经国家旅游局批准，招徕、组织中华人民共和国境内居民到规定的与我国接壤国家的边境地区旅游，为其安排领队及委托接待服务；⑤经批准，接受旅游者委托，为旅游者代办入境、出境及签证手续；⑥为旅游者代购、代订国内外交通客票，提供行李服务；⑦其他经国家旅游局规定的旅游业务。未经国家旅游局批准，任何旅行社不得经营中华人民共和国境内居民出境旅游业务和边境旅游业务。而国内旅行社的经营范围仅限于国内旅游者。可以经营下列业务：①招徕我国旅游者在国内旅游，为其安排交通、游览、住宿、饮食、购物、娱乐及提供导游等相关服务；②为我国旅游者代购、代订国内交通客票，提供行李服务；③其他经国家旅游局规定的与国内旅游有关的服务。

2009 年版的《旅行社条例》已经于 2009 年 2 月 20 日国务院第 550 号发布，自 2009 年 5 月 1 日起施行。

（三）我国旅行社的设立条件

根据 2009 年的《旅行社条例》，旅行社设立的主要变化体现在下面几点：

1. 下放旅行社审批权，强化主管部门的监管职能

《旅行社条例》下放审批权，体现了旅行社属地管理的权责对等原则。《旅行社条例》不再有国内社和国际社之分，将旅行社经营国内和入境旅游业务的审批权限完全下放到省级旅游行政管理部门或者委托给下级旅游行政管理部门。国家旅游局保留了对出境旅游业务经营的审批，但不是对旅行社设立的审批，即旅行社由省级旅游局审批设立，如果旅行社申请经营出境旅游业务，则由国家旅游局审批。

《旅行社条例》不仅要求进行旅行社业务年检管理，而且还要求进行不定期的监督检查，改一年一度的滞后管理为多部门联动的动态监管。该条例明确要求旅游、工商、价格、商务、外汇等有关部门依法加强对旅行社的监督管理。对于旅行社损害旅游者合法权益的情况，旅游者可以向旅游行政管理部门、工商行政

管理部门、价格主管部门、商务主管部门或者外汇管理部门投诉，接到投诉的部门应当按照其职责权限及时调查处理，并将调查处理的有关情况告知旅游者。该条例还对各行政部门的市场监管职责做了较为明确的分工，同时严格要求行政管理部门及工作人员提高自身监管能力。对旅行社的监管实行多部门联动动态管理，对各行政管理部门的市场监管职责作出明确分工，将促进旅行社管理工作重心的转变和行业管理水平的提高。

《旅行社条例》要求行政主管部门的监管工具更为科学化，监管能力必须不断提高。旅游主管部门市场监管的主要职责是对旅行社的经营行为、旅游合同、服务质量、旅游安全、财务账簿等情况进行监督检查，并对违法者进行处罚。较原条例相比，条例处罚对象扩大化（包括旅行社、导游人员、领队人员和行政管理人员），处罚力度加大（对旅行社最高达50万元，导游和领队人员最高达5万元）。这就要求主管部门的监管工具要更为多样化和科学化，要更为重视与其他相关部门的密切配合，协同执法，要不断提高监督管理的水平和能力。

2. 降低市场准入门槛，优化市场竞争机制

《旅行社条例》市场准入条件的降低主要体现在三个方面：一是国际社和国内社界限的取消。该条例统一了从事国内旅游业务和入境旅游业务的准入条件，规定取得旅行社业务经营许可后，就既可以经营国内旅游业务也可以经营入境旅游业务。二是旅行社设立分社的门槛降低。这主要体现在年接待人数要求和地域限制的取消、注册资金的减少、法人资格限制的取消及手续的简化等方面。对于服务网点（门市等）的设立也放开了。三是质量保证金制度的改革。首先是入境旅游业务的质量保证金标准降低。对于经营入境旅游业务的旅行社质量保证金降低了40万元，每设立一个分社增存质量保证金减少25万元。其次是实行质量保证金动态管理。质量保证金动态管理减少了企业经营资金占用量，有助于激励经营者诚信经营，督促企业依法履行旅游合同，保护旅游者的合法权益。虽然经营出境旅游业务的质量保证金增加40万元，经营国内旅游业务的质量保证金提高10万元，若考虑到实行质量保证金动态管理，对经营出境和国内旅游业务的旅行社质量保证金压力并未加大，如表6-7所示。

表6-7 旅行社市场准入门槛变化对比

	国内、入境旅游业务	出境旅游业务
注册资本	不少于30万元	取得经营许可满两年，未受处罚，可申请经营出境旅游业务
质量保证金	20万元	增存120万元
质量保证金缴纳方式	可以现金和银行担保两种方式缴纳；符合规定，质量保证金的交存数额降低50%；适时补足	

（续）

	国内、入境旅游业务	出境旅游业务
经营人员要求	未作要求	
设立分社前提条件	未作要求	
分社性质	未作限制	
增加一个分社增加注册资金	无	无
增加一个分社增加质量保证金	增存质量保证金5万元	增存质量保证金30万元
分社地域限制	旅行社分社的设立不受地域限制	
服务网点/门市设立	可以设立服务网点	

旅行社市场进入门槛的降低，将使得小型与大中型旅行社、在线旅游经营商和传统旅行社、当地与外地旅行社（设立分社不受地域限制）、国内与国外旅行社（除出境旅游经营业务，外资旅行社已经享受完全国民待遇）等在更为公平的市场环境下参与竞争。分社和服务网点准入条件的放宽，有利于大中型旅行社在全国范围内进行经营网络的战略布局，鼓励旅行社做大做强。大中型旅行社将通过设立分支机构或并购等方式，在全国范围内进行扩张和整合，进而逐渐成长为全国性的大型旅行社企业集团。分社设立地域限制取消，将使得外地旅行社大量进入长期受地方保护的本地市场，从而会打破多年来形成的区域性市场竞争格局。竞争压力的加剧，将促使部分中小型旅行社向专业化方向发展，而大部分的小型旅行社将会向代理商方向发展，业界所期望的旅游批发零售体系有望逐渐形成。外资旅行社的扩张冲动可能会再一次被激发，国内的旅行社将再次感受到巨大的竞争和生存压力；在线旅游经营商与传统旅行社的博弈和融合将更为普遍。

3. 明晰利益相关者权责，保护利益主体合法权益

《旅行社条例》从以前单一强调旅游者权益保护转向保障旅游者、旅游经营者、导游人员及领队人员等多个利益主体的权益。对委托旅行社与受托旅行社、组团社与地接社、旅行社与导游人员（和领队人员）、旅行社及与旅游者以及旅行社委派的导游人员（和领队人员）与旅游者等利益相关者之间的权利和责任进行详细规定，既有助于规范旅游经营者的经营行为，也有助于保护各利益主体的合法权益。其中大部分规定主要是针对近年来社会反映较为强烈的买团卖团、零负团费、服务质量缩水、自费项目过多和强迫购物及出境旅游者非法滞留等现象而制定。该条例加大了对违规者的处罚力度，增加了违法成本，以期能起到威慑和预防的作用，对合法经营的企业是一种极大的保护。建立委托社向受委托社（包括组团社向境内外地接社）的追偿机制、进行导游人员薪酬模式改革及测算防范零负团费的最低指导价等执行起来成本可能会很高。所设置的一系列监管机

制愿望是好的，但最终效果还将取决于主管部门监督执行的力度及监管水平、监管手段和监管技术的提高。

从保护各利益主体的合法权益、减少争议、明确责任的角度出发，明确委托与受托旅游经营者之间的权利和责任，为旅游经营者之间的业务合作与委托建立规范、合理的责任体系，有利于引导旅行社在市场竞争比较充分的条件下，形成分工合作的批发零售体系。对违规行为处罚力度的加大，使得大中型旅行社必须重新权衡承包经营或挂靠经营对其带来的收益和成本，将有助于减少依赖出售承包、挂靠席位获取收益的不规范企业经营行为。而尝试对导游和领队人员这类非法人群体的违规行为进行处罚。在目前中国导游协会尚未建立的情况下，可能对其行为的约束还难以奏效。

四、旅行社开展业务的主要方式

旅行社开展业务的主要方式涉及两大方面：一是组织和接待团体包价旅游，二是接待和安排散客旅游。

包价旅游是指旅行社经过事先计划、组织和编排旅游活动项目，向旅游大众推出的包揽一切有关服务工作的旅游形式。包价旅游的普及主要出于两个原因：一是所提供的全程活动安排使旅游者感到方便易行，可以免除旅游者的一切忧虑之苦；二是由于是成批购买，因而价格上享有优惠。

小包价旅游就是在综合包价的基础上去掉部分食、住、行等服务的包价旅游。

散客旅游是指委托旅行社购买单项旅游产品或旅游线路产品中的部分项目的旅游形式。接待散客旅游者人数的多少是一个旅游目的地成熟程度的重要标志。

五、旅行社的产生与发展

（一）国际上旅行社的产生与发展

旅游作为一种独立的行业，距今只有160年左右的历史。1845年英国的托马斯·库克开办旅行代理业务，开始了为旅游者提供便利服务的活动。经过160多年的发展，旅行社的发展大体上可分为三个阶段：初创阶段、发展阶段和成熟阶段。

1. 初创阶段

初创阶段是从1845年首次出现旅行代理业务开始直到20世纪第二次世界大战之前。

1850年，英国的托马斯·尔内特成立为旅客提供旅行日程安排、车辆、食品及相关用品的“旅游者组织”。在美国，H. 威尔斯和W. 法戈于1850创办运通公司，兼营旅行代理业务，并于1891年率先使用与现代使用方法相同的旅行支票。1857 年，英国成立了登山俱乐部，迪安-道森公司出现于1871 年，次年波利旅游协会成立，1878 年自行车旅游俱乐部成立，弗雷姆旅游公司则成立于1881 年，1885 年成立了帐篷俱乐部。法国、德国都于1890 年成立了观光俱乐部。1893 年，日本设立了专门接待外国游客的“喜宾会”，开始专门从事招徕和接待外国游客和代办旅行的各项服务，1926 年正式定名为“日本交通公社”（东亚交通公社）。近代旅行社业在各国开始蓬勃发展起来。到 20 世纪初叶，旅行社得到了更大的发展，美国的运通公司、英国的托马斯 · 库克公司和以比利时为主的铁路卧车公司成为当时世界旅行社业的三大巨头。

这一阶段的旅行社规模较小、数量有限，主要经营以轮船、火车为主要交通工具的国内旅行和短途国外旅行。

2. 发展阶段

第一次世界大战后到第二次世界大战期间，国内外旅行社进入了成长阶段，除数量有所增长外，规模也逐渐得以扩大，旅游产品内容也不断更新，旅行的范围也不断扩大，可以选择火车、轮船乃至汽车进行旅行。

3. 成熟阶段

在第二次世界大战之后旅行社的发展由于客观条件和主观需求的改进得到迅猛发展。当时，世界局势相对稳定，经济快速增长，给旅游业的大发展创造了条件，世界旅行社业也因此出现繁荣景象。

据不完全统计，目前全世界旅行社总数约在 70 000 家左右，它们为世界各地外出旅行的人们提供各种服务，组成了一个庞大的旅游服务销售网络。从总体上看，全世界 80% 以上的旅行社分布在旅游业最为发达的欧美地区，世界其余地区的旅行社数量不到世界总量的 20%。旅行社数量的多少，反映了地区旅游业的发达程度，旅游业越发达的地区，旅行社的数量也就越多。

（二）中国旅行社的发展历程

中国人在漫长的封建社会，尽管有若干种旅行活动，但限于经济发展水平，旅游仅限于少数人，人员流动并不频繁。直到近代，受外国殖民者的影响，旅行代理业务才进入中国。

1. 近代旅行社发展

中国近代旅游业发源于上海。上海作为与国际联系比较密切的都市，交通运输较发达，民族资本集中，加之鸦片战争后，上海成为通商口岸，这一切使上海具备了产生中国近代旅游业的条件。20 世纪初，外国旅游企业纷纷进入中国市场，其中最著名的有英国的通济隆公司（即托马斯 · 库克公司）、美国的运通公司、日本的国际观光局。而中国人自己设立的最早的旅行社是始建于1923 年的上海商业储蓄银行旅行部，到 1927 年成为独立的中国旅行社。直至抗战爆发的1937 年，中国旅行社发展壮大成为一个拥有 87 个分支机构和招待所，拥有近千名员工，业务范围和影响遍及海内外的中国民族资本连锁旅游企业。中国旅行社自创办之初就一直遵循五项宗旨：发扬国光；便利旅行；阐扬名胜；提倡游览；辅助工商；服务社会。

中国旅行社成立后，全国各地出现了不少类似的旅游企业，如公路旅游服务社、中国汽车旅行社、萍踪旅行团、现代旅行社等。这些旅行社和中国旅行社一样是中国近代旅行社的先驱，对中国近代旅游业的发展起了积极作用。

2. 现代旅行社业发展

新中国成立后，旅行社首先是以政治接待为主。从1949年到1978年，旅行社业并没有形成具有一定规模的经济行业。1978年以前中国大陆仅有两家以政治接待为主的旅行社，即中国国际旅行社（以下简称国旅）和中国旅行社（以下简称中旅），它们既不成其为企业，也不具备一定规模，可以说当时中国只有旅行社，没有旅行社业。

改革开放以来，这个行业才真正发展起来。近30多年的发展历程，大体可分成三个阶段。

（1）1978年到1987年的垄断经营阶段。从1978年中国实行全面改革和对外开放政策以来，国旅和中旅的任务主要转变为接待自费来华的旅游者。1980年，中国青年旅行社（以下简称青旅）总社在北京成立。根据国家旅游局有关规定，只有国旅、中旅、青旅三家总社拥有旅游外联的权力，并在它们之间具有相对明确的业务分工，当年这三家旅行社接待的来华旅游者占到全国有组织接待人数的80%，其余20%由其他政府机构组织接待。直到1987年，全国一类社才17家，可以说是典型的垄断阶段。这一阶段，旅行社的利润非常高，又是先收款后接待，最高时收入利润率达到60%以上，资金利润率则可能达到1000%，因而产生了"旅行社行业投资小、见效快、利润高"的说法。

（2）1988年到1994年的发展阶段。这一阶段是旅行社行业规模扩张、数量增长的激烈竞争阶段。20世纪80年代末期，中国旅游业曾经因入境旅游市场的变化而出现波动，但是由于国内经济的快速发展为国内旅游提供了良好的基础条件，加上在此期间中国政府开始允许中国公民出国探亲和旅游，从而为中国旅游业的发展提供了一个新的发展契机，使祖国大陆成为仅次于中国香港、日本和中国台湾的亚洲第四大旅游客源地。国际入境旅游的迅速恢复和发展，出境旅游市场的初步形成和国内旅游的高速增长，有力地促进了中国旅行社业的规模扩张，截至1994年年底，中国共有各类旅行社4382家，其中一类社267家，二类社716家，三类社3399家，可以说在这一阶段中国旅行社的发展进入了繁荣时期。

（3）1995年以后的规范发展阶段。国家旅游局自1995年1月1日起，开始依照国际惯例实行旅行社质量保证金制度，先后颁布并实施了《旅行社质量保证金暂行规定》《旅行社质量保证金暂行规定实施细则》《旅行社质量保证金赔偿暂行办法》与《旅行社质量保证金赔偿试行标准》。1996 年 10 月国务院发布《旅行社管理条例》，并于 2001 年 12 月进行了修订，对旅行社原有的分类方法、注册资本金额等方面都进行了重大调整，并赋予旅游行政管理部门行政处罚权。1997 年 5 月 8 日国家旅游局发布《旅行社经理资格认证管理规定》；1999 年 5 月 14 日国务院发布《导游人员管理条例》，使旅行社行业不仅从数量上、质量上都有了较大的调整和提高，也使旅行社自身的管理水平和人员素质都有了很大的提高。面对全球服务贸易自由化的必然趋势，国家旅游局和对外经济贸易合作部又于 1999 年 1 月联合发布了《中外合资旅行社试点暂行规定》。国家通过一系列法规来规范旅行社的经营行为。

1987—2010 年旅行社数量增长变化情况如表 6-8 所示。

表 6-8 旅行社数量增长变化情况 （单位：家）

年份	一类社	二类社	三类社	总数	年份	国际社	国内社	总数
1987	17	677	551	1245	1997	991	3995	4986
1988	44	811	718	1573	1998	1312	4910	6222
1989	61	834	722	1617	1999	1256	6070	7326
1990	68	834	701	1603	2000	1268	7725	8993
1991	73	738	750	1561	2001	缺失	缺失	10 532
1992	136	701	1755	2592	2002	缺失	缺失	11 552
1993	164	703	2371	3238	2003	1364	11 997	13 361
1994	167	716	3399	4382	2004	1460	13 467	14 927
1995	360	655	2801	3816	2005	1590	15 256	16 846
1996	352	607	3995	4954	2007	1838	17 882	19 720
					2008	1970	18 140	20 110
					2009	缺失	缺失	21 649
					2010	缺失	缺失	22 784

可见，30 多年从垄断到放开再到规范的发展历程展现出的一个明显趋势就是数量上的迅猛增长，再有就是中国旅行社已经逐步从局部向大范围，从单纯为外事服务向为社会服务和全方位服务发展。

（三）旅行社业的发展趋势

1. 行业规模扩大，产业集中度提高

在发达国家，其制度环境决定了是由市场机制对资源的优化配置充分发挥作用，旅行社业的规模是由旅游市场需求的规模而决定的，因而导致旅行社数量不断增加。现在一般平均每万人就拥有一家旅行社或旅行社经营网点，在欧美位于前十名的大型旅行社营业收入均已占到其所在国旅行社营业收入总额的40%以上，这充分反映出旅行社行业的产业集中度大大提升，企业竞争实力大大增强。

例如，亚洲的旅游发达国家日本在1996年有各类旅行社10 825家，而市场份额和收入的大多数为几家最有实力的旅游商占有。如日本交通公社、日本旅行社等职工人数在10 000人以上，营业部在100个以上。其中规模最大的交通公社职工人数达到11 000人，除了在日本国内有266个分社外，在国外的香港、关岛、悉尼、洛杉矶、旧金山、纽约、夏威夷、巴黎、伦敦、日内瓦和罗马等地还设有十几个分社。

2. 旅游经营商、旅游供应商和旅游零售商的一体化经营

在欧美各国，旅游经营商通过直接拥有航空公司来谋取对交通的控制，保证它们的包价旅游的机座，同时，它们还与旅游零售商建立联系，以保证自己产品的销售。在一体化经营发展势头最强劲的英国，主要的旅游经营商不仅拥有主要的包租航空公司，而且与英国四大代理连锁集团有联系。汤姆森假日公司控制了不列颠航空公司，并拥有代理商连锁集团伦恩-波利旅行社。有的旅游经营商还通过兼并代理商连锁集团来拓展国际旅游市场，如1993年德国旅游经营界巨头德国空运公司通过兼并托马斯·库克公司，顺利进入英国市场。

3. 网络化经营普及，科技含量增大

在世界发达国家，计算机网络被广泛地运用于预订机票、酒店客房、交通工具等服务，同时旅行社又通过计算机网络，一方面与相关企业实现即时业务联系，另一方面对企业内部实现科学管理，高速、快捷地完成交易票据分发和信息处理等日常事务，借助信息技术实现了旅行社的网络化经营。可以说，旅行社业务与现代科技的结合使旅行社的经营效率产生了飞跃，而计算机的广泛深入使用恰恰迎合了旅行社业务经营要求“快、准、简”的特点，使原本信息量庞大而且复杂的业务在最短时间内得到高效处理，也就使这种经营方式成为旅行社经营的主流方向。

第四节　旅 游 交 通

一、旅游交通及其在旅游业中的作用

（一）旅游交通与旅游交通业

1. 旅游交通

旅游交通是人类社会发展到一定阶段时，伴随着科学技术的进步和生产力的提高，为满足人们的游览需要而产生的特殊的交通运输形式，是指为实现旅游者从一个地点到另一个地点的空间转移而提供的交通设施及服务。它既包括旅游者

从常住地到旅游目的地的空间转移过程，也包括旅游者在旅游目的地从一个景点到另一个景点的空间转移过程。

旅游交通与旅游活动关系密切。就旅游主体而言，旅游交通通过时间、距离等因素影响着旅游者的旅游决策与旅游行为。就旅游接待地而言，旅游交通联系客源地，使旅游接待地接待旅游者、发展旅游经济的愿望得以实现。旅游接待地的可进入性（主要指交通条件）既是旅游资源开发和旅游景区（点）建设的必要条件，也是衡量其旅游业发达程度的重要标志。

2. 旅游交通业

旅游交通业是伴随着旅游业和国民经济交通运输业的发展而逐步形成的具有双重属性的产业部门。旅游交通业与旅行社业、旅游住宿业并称为旅游业的三大支柱。

旅游交通业是旅游业的发展和旅游交通行业规模不断扩大的结果。

首先，旅游业发展对交通运输的新要求促进了旅游交通业的产生。伴随着旅游业的发展，旅游客源地与接待地之间、旅游接待地各城市之间、各个旅游景点之间及其与其他旅游活动场所之间的现有交通运输线路、设施、服务、营运方式、运力等都难以满足要求，只有通过发展新型旅游交通才能保障旅游业的迅速发展。例如，为了加强长白山的对外交通联系，在已有铁路专线和普通公路设施的基础上又修建了机场和高速公路设施。而随着现代旅游业向更高层次和专业化的方向发展，尤其注重旅游交通的个性化、多样化，客观上促进了旅游交通业的进一步发展。

其次，旅游交通已经形成一定的产业规模。我国旅游业发展迅速，海内外旅游人数不断增加，客运量不断扩大。相应地，旅游交通从业人员队伍不断壮大，经济效益显著提高，旅游交通业逐渐形成。

（二）旅游交通的特性

旅游交通是指能满足旅游者空间位移需要的劳动产品，具有使用价值和价值两种属性，并以特殊商品的形式出售给消费者。旅游交通业是一个交叉性产业，因而同时具有国民经济交通运输业和旅游业的某些特性，但也因此而产生自身的特性。

1. 服务对象的特殊性

旅游交通是以求新求异的旅游者为主要的运送对象，使旅游者在旅游客源地与接待地之间或旅游接待地内各旅游活动场所之间产生空间位移，从而使旅游者进行正常的旅游活动。旅游者对交通运输的特殊需求是旅游交通产生的基础。与一般乘客相比，旅游者更注重交通工具的新奇感和特异性，因而需要比一般交通运输更为豪华、舒适、快捷的旅游交通运输服务，如豪华游船、豪华旅游出租客车、双层空调旅游列车、夕发朝至直达列车等。而且，由于旅游者不愿意走回头路，所以往往要求旅游区开辟环状旅游交通等。

2. 游览性

旅游交通在运载旅游者时不仅要实现空间位移，而且要满足其对整个旅途的审美要求，因而，旅游交通具有明显的游览性。

旅游交通的游览性体现在三个方面：第一，通过旅游交通工具可观览沿途风光，即通过旅游车船宽大的玻璃窗和可调节的座椅在旅行过程中领略沿途美景；第二，一些旅游交通工具本身具有观览性，如具有传奇色彩的东方列车、具有民族特色的羊皮筏、具有地方风格的滑竿、具有现代特征的水翼船等，这些交通工具本身对旅游者具有极大的吸引力，能够满足旅游者求新、求奇、求特、求异的心理需要；第三，旅游交通通过合理的组合增强游览性，即通过水运、公路、铁路、航空及特种交通等多种方式的组合，使旅游者获得较为丰富的感受，并满足“旅速游慢”“旅短游长”的要求。

3. 舒适性

与一般交通相比，旅游交通对舒适性有较高的要求。旅游列车在车厢设施、服务质量和项目、乘客定员等方面都优于一般的列车。不仅在旅游列车上设有舒适的座椅、卧铺车厢、多功能餐厅，配有电影厅、娱乐厅等，而且还有出售报纸、礼品等各种旅游商品的商店，豪华列车还有浴室、理发室等。

4. 季节性

由于受气候、地理位置、节假日等条件的制约以及旅游动机的影响，旅游者出游时间的选择差异明显，呈现出年度、月份、周甚至是一天的变化规律，具有明显的季节性。旅游交通也相应地具有季节性：旅游旺季、节假日、周末期间，旅游交通客运量骤然增加；旅游淡季及正常工作时间，旅游交通客运量急剧减少。

旅游交通的季节性还伴随着方向和地理空间上的差异。从方向上看，前往旅游景区（点）和返回居留地的旅游交通客运量也远远大于其他方向的客运量；从地理空间上看，不同国家、地区、城市和景区（点），其旅游交通的季节性也不尽相同，如中国 5 月、9 月、10 月为旅游交通旺季，而英国则为 7 月、8 月、9 月。

旅游交通的季节性是阻碍旅游交通发展的重要因素。由于旅游者对旅游交通运力的需求在时间上极不平衡，所以往往导致旅游旺季和高峰时间旅游交通运力紧张，旅游淡季和低谷时期旅游交通运力的浪费。国际上通行的解决办法是实行季节差价，以保持旅游交通客运量在全年各个季节和时间的相对稳定。

5. 层次性

旅游交通从其空间尺度来看，可划分为三个层次：第一个层次是大尺度旅游交通，是指旅游客源地与接待地所依托城市之间的交通；第二个层次是由旅游中心城市到风景区的交通，属于中等尺度的交通；第三个层次是指风景区之内的交通，又称小交通，往往以特种交通工具为主。大尺度旅游交通决定着旅游者可以进出旅游接待地的总量，对旅游业的发展具有重大的战略意义；小交通的好坏影响着旅游者在旅游接待地内的正常流动和分流，对旅游业的发展具有现实意义。不同层次的旅游交通有机结合，构成便利的旅游交通体系，保证旅游者“进得来、散得开、出得去”，推动旅游业持久稳定地发展。

6. 区域性

旅游者流动具有流向（流动方向）、流量（旅客数量）、流时（旅行时间）和流程（旅行距离）等方面的差异，旅游交通即根据旅游者的流动特征，集中分布在旅游客源地与接待地之间，以及旅游接待地内各旅游集散、居留、餐饮、游览、购物、娱乐等场所之间，具有明显的区域性。

旅游交通的区域性导致了旅游热点城市和地区的交通拥挤、堵塞，甚至影响到旅游活动的顺利进行。合理开发不同区域的旅游交通有助于分流客源，促进旅游业的发展。

此外，旅游交通还具有敏感性、内部替代性等特征。

（三）旅游交通的作用

交通工具的改进解决了人们外出的时空矛盾，使人们开展长距离的旅行成为可能，促进了大众旅游的迅猛发展。旅游交通是旅游业的重要组成部分，是旅游业发展的命脉，其作用主要表现在三个方面：旅游交通是旅游业产生和发展的前提条件，是沟通旅游接待地与客源地以及旅游接待地内各旅游活动场所之间联系的大动脉，是旅游外汇收入和货币回笼的重要渠道。

1. 旅游活动得以实现的前提条件

如果没有交通作为先决条件，旅游者的空间位移难以实现，也就根本谈不上旅游。旅游活动的出现以及旅游业的发展都充分说明了这一点。

历史上，旅游活动的发展都是以交通运输的发展为前提的。马、牛、驴等畜力车，及独木舟等交通工具的出现，为早期人类的旅游活动提供了方便条件；近代旅游活动的开展和近代旅游业的产生则以 18 世纪中叶以后欧美国家工业革命催生的轮船、火车、汽车、飞机等交通方式的出现为前提；第二次世界大战之后，比较完善的现代交通运输体系在世界范围内的形成促进了现代旅游业的诞生。

凡是交通运输业发达的国家和地区，如美、英、德、法、西班牙、日本等国家也正是旅游业发展最早、最发达的国家。一国内部的旅游业也往往是从交通发达之地向其他地方蔓延，如我国国际旅游业就是发源于北京、上海、广州等交通发达的航空口岸城市，然后再向其他大、中城市蔓延。可见，旅游交通条件的优劣在某种程度上也反映了旅游业的发达程度。

2. 客源地与接待地联系的大动脉

从旅游活动的规律看，旅游者外出旅游时，首先要解决从常住地到旅游目的地的空间转移问题；到达目的地后，还要进行游览活动；游览活动结束还要及时返回常住地。旅游交通在整个旅游活动过程中担负着输送客源的重要职能，因而被称为旅游业的命脉。

首先，旅游交通要承担旅游者在旅游客源地与接待地之间的运送任务，解决旅游者进出旅游接待地的对外交通问题。对外旅游交通一般表现为某一客源地与某一接待地之间的直达往返运行形式，或某一客源地与若干接待地之间的环状往返运行形式，其中国际旅游交通占有很大比重。

其次，旅游交通还要承担旅游者在旅游目的地内各交通站（场）、饭店、餐馆、景区（点）、商店、文体娱乐场所之间的交通运输任务，解决旅游者在旅游目的地内的疏散问题。内部旅游交通主要表现为交通站（场）与饭店之间的直达往返运行形式，以及饭店与餐馆、景区（点）、商店、文体娱乐场所之间的环形往返运行方式。

由此看出，旅游交通贯穿着旅游活动的始终，其顺畅与否影响着旅游业的运行情况。旅游交通顺畅，旅游者才能“进得来、散得开、出得去”，旅游服务、设施和资源才能充分利用，从而保证旅游业正常发展，实现良好的经济效益和社会效益。而如果交通不畅，可能会导致旅游服务、设施和资源的闲置与浪费，从而严重制约和抑制旅游业的发展。

3. 旅游创收的重要渠道

在旅行游览活动中，饮食、住宿和交通三项费用是旅游者最基本的旅游消费，旅游收入主要来源于此。旅游交通为旅游者提供游览过程中所需的运输服务，是旅游者在旅游活动过程中使用最为频繁的服务。旅游交通的外汇收入和货币回笼额在旅游业总收入中占有相当的比重，是旅游创收的重要渠道。

在旅游外汇收入方面，我国因距离主要客源国较远，疆域又非常辽阔，旅游交通费用支出的比重较大。据中国年鉴网发布的国家旅游局统计资料，2008 年，全国旅游业共实现旅游外汇收入 408.43 亿美元，其中：长途交通 124.87 亿美元，占总收入的 30.6%；市内交通服务 13.55 亿美元，占总收入的 3.3%；两项收入共占总收入的 33.9%，如表 6-9 所示。

表 6-9　中国 2008 国际旅游外汇收入及构成表　（单位：亿美元）

	国际旅游收入	占总收入的比重（%）		国际旅游收入	占总收入的比重（%）
总计	408.43	100.0	住宿	48.60	11.9
长途交通	124.87	30.6	餐饮	38.73	9.5

（续）

		国际旅游收入	占总收入的比重（%）		国际旅游收入	占总收入的比重（%）
长途交通分项	民航	90.47	22.2	商品销售	85.34	20.9
	铁路	13.46	3.3	娱乐	29.70	7.3
	汽车	10.47	2.6	邮电通信	10.02	2.5
	轮船	10.47	2.6	市内交通	13.55	3.3
游览		22.02	5.4	其他服务	35.60	8.7

资料来源：国家旅游局《中国旅游年鉴》，2009 年。

国内旅游交通收入在国内旅游收入中也占据 1/3 以上的比例，甚至更高。

可见，旅游交通业是旅游业创汇的主要渠道，具有较强的创汇和货币回笼能力。

二、旅游交通运输方式的类型及特点

18 世纪中叶，蒸汽机的发明及其在交通运输中的应用，使世界交通运输的主要牵引力由人力、畜力、自然力转变为机械动力；而交通运输的发展也促进了旅游业的产生和发展。火车和轮船的产生和应用，直接导致了近代旅游业的产生；飞机和汽车的普遍使用，促成了现代旅游业的诞生。

世界旅游交通业是由公路、航空、铁路、水运以及特种交通五种交通运输方式有机结合的综合性产业。不同旅游交通运输方式各具特点，使旅游者的旅程具有不同的感受。了解各类交通方式的历史及未来发展趋势，有利于把握世界旅游交通的总体格局。

（一）旅游公路交通

旅游公路交通以汽车为主要交通工具，以公路为交通线路，以汽车站为始终停靠点，主要从事短途和中途旅游客运。旅游公路交通是当今世界最活跃、最广泛、最重要的一种运输方式。

1. 旅游公路交通的产生与发展

自德国人卡尔·本茨于 1886 年研制出世界上第一辆汽车以后，至 20 世纪 20 年代，欧美各国普遍形成了汽车生产的高潮。伴随着汽车运输工具的产生和发展，公路建设也迅速发展，但此时的公路运输很少用于旅游。第二次世界大战之后，军用技术投入民用，促进了汽车工业的发展，汽车产量急剧上升，公路网也日趋完善。与此同时，高等级公路改造和建设的进程加快。自 1924 年意大利兴建世界上第一条高速公路起，世界上已有 50 多个国家修建了高速公路。美国高速公路通车里程居世界第一位。

汽车工业的发展和公路交通网络的日益完善，尤其是高速公路和高等级公路的不断发展，使通过公路交通外出旅游的人数不断增加，占世界国际旅游交通总量的一半以上。我国经过几十年的建设已初步形成由国道和省道构成主动脉的全国公路网。从1988年我国建成内地第一条高速公路（沪嘉路）起，到2004年底，我国高速公路里程已达3万km，居世界第二位。高速公路的修建，已经成为一个地区，乃至一个国家经济腾飞的重要前提。

2. 旅游公路交通的优点

（1）灵活自如。旅游公路交通汽车种类繁多、规格全、营运灵活，公路网里程长、密度大、四通八达，汽车站（场）数量多、分布广、遍及城乡各地。因此，与其他交通方式相比，旅游公路交通最为灵活方便，可以把旅游者直接送到目的地，实行“门对门”的服务；还可以不受旅行时间和线路的局限，随时安排和调整旅游行程和目的地。

（2）节约时间。公路交通可以免去提前预订座位、购买车票、托运行李和办理登机等一系列手续，而且可以在常住地与旅游目的地之间以及目的地内各旅游活动场所之间进行直达旅行，不必考虑往返于居住地和机场（火车站、港口、码头）之间的换乘问题，能够节约一定的时间，因此在200km左右的近距离旅行中比其他方式更为省时。

（3）便于游览。使用公路交通方式，旅游者不仅可以观赏沿途自然风光和城乡风貌，还可以临时增减所游览的旅游景点和参加的活动项目，延长和缩短旅游时间，便于观光游览和参加动态旅游活动。

（4）投资少、周转快、效益好。随着现代汽车制造技术的提高和规模化生产，旅游客车的购置费用低，使用和维护成本也较低；而由于使用人数较多，故公路交通效益较好，原始投资回收期短。

3. 旅游公路交通的局限

（1）速度不可能太快，舒适程度偏低。汽车的速度为每小时70~80km，高速公路最高车速也不超过每小时120km，与火车和飞机的速度相比较慢。虽然旅游公路交通不断改进，不断提高服务质量，甚至增设了卧车，但舒适度仍然偏低，不适合长途旅行。

（2）载客量有限，能量消耗大。由于汽车容量的限制，载客量有限。一般大型客车也只能乘载40~50人，与火车几千人的装载能力无法相提并论。同时，乘客人均能源消耗量也相对较大。

（3）安全系数小。据统计，在各种交通方式中，公路上的事故率是最高的。

（4）对旅游地造成拥挤和环境污染。人流的聚集必然带来车流的增加，而旅游目的地景区停车场及道路设施有限，因而势必造成该地交通的拥挤。另外，汽车排出的大量尾气也可能造成环境污染。

（二）旅游航空交通

旅游航空交通方式以民用客机为主要的运输工具，以航空交通线为线路，以机场为始终停靠站，主要承担中、远程旅客运输。

1. 旅游航空交通的产生和发展

1903 年，美国人莱特兄弟发明了第一架飞机，实现了人类上天的梦想。1918 年法国和德国相继开辟了民航定期航线和国际民航航线，开创了航空交通的历史。第二次世界大战期间，航空运输主要发展了军事用途。第二次世界大战之后，随着航空工业的民用化发展，特别是以涡轮型螺旋桨发动机和喷气式发动机为装置的大型民航客机问世以来，航空旅游交通迅速发展。目前，世界国际旅游交通客运量有 36% 是由航空方式来完成的，说明航空是国际旅游交通，特别是远程国际旅游交通的主要运输方式。

国际旅游航空线路网络一般适应国际旅游客源流量和流向的规律，以世界主要国际旅游客源地的欧洲、北美洲和亚洲为中心，向其他大洲延伸。目前世界上最繁忙的国际旅游航线是北大西洋航线，即连接欧洲和北美地区的国际旅游航线。其次是东亚至北美地区的北太平洋航线。此外，西欧至东亚以及东亚至北美的航空线也很重要。

根据 2008 年公布的统计资料，按照客流量排位，世界十大国际机场年旅客流量都超过 4500 万人次，如表 6-10 所示。

表 6-10　2008 年世界十大国际机场年旅客流量

排名	机场	代号	旅客流量/人次	年增长率（%）
1	美国亚特兰大哈兹菲尔德-杰克逊国际机场	ATL	84 846 639	-1.2
2	美国芝加哥奥黑尔国际机场	ORD	77 028 134	0.7
3	伦敦希思罗国际机场	LHR	67 530 197	-0.6
4	东京国际机场（羽田）	HND	65 810 672	4.0
5	洛杉矶国际机场	LAX	61 041 066	-0.7
6	美国达拉斯国际机场	DFW	60 226 138	1.8
7	法国巴黎国际机场（戴高乐）	CDG	56 849 567	5.7
8	德国法兰克福国际机场	FRA	52 810 683	1.1
9	中国北京首都国际机场	PEK	48 654 770	18.7
10	美国丹佛国际机场	DEN	47 325 016	9.1

而国际机场理事会（Airports Council International）2011 年 3 月 16 日发表的报告称：亚特兰大的哈茨菲尔德-杰克逊国际机场（Altanta’s Hartsfield-jackson）仍是世界上最繁忙的机场，但北京首都国际机场 2010 年的客运量超过了伦敦希思罗国际机场，成为全球乘客流量第二的航空客运枢纽。数据显示，2010 年北

京首都国际机场客运量增长13%，达到7390万人次。美国芝加哥奥黑尔国际机场客运量同比增长3.3%，达到6670万人次，居全球第三。而2009年排名第二的伦敦希思罗国际机场则下降了0.2%，为6590万人次，居全球第四。伦敦希思罗国际机场排名下降，归因于英国经济的下滑以及冰岛火山灰事件导致的航班取消。同时，国际机场协会总干事吉登斯称："当北美及欧洲仍在努力恢复到金融危机前的水平时，亚太、拉美—加勒比及中东地区航空业增长势头强劲。"国际机场协会称，根据全球900多个机场的数据，2010年全球客运总量增长6.3%，货运总量增长15%，而航班起降量仅增长不到1%。

国际航空公司是国际旅游者在旅游客源国与接待国以及接待国内部实现空中位移的实施者。目前，世界航空业已经形成了三大航空联盟，它们分别是1997年成立的星空联盟（STAR ALLIANCE）、1999年成立的寰宇一家（也作"环宇一家"，oneworld）和2000年成立的天合联盟（SKY TEAM），这三大航空联盟囊括了世界主要航空公司。其中，星空联盟主要占据着亚洲、欧洲和南美地区市场；天合联盟主要称霸北美地区；而寰宇一家则在大西洋地区拥有相当的优势，如表6-11所示。

20世纪80年代以来，中国民航进入了全新的发展阶段，根据《2011年中国民航行业发展统计公报》资料可知，截至2011年年末，中国民航全行业共有运输飞机1764架，颁证运输机场180个，定期航班航线2290条，定期航班国内通航城市175个（不含香港、澳门、台湾），定期航班通航香港的内地城市45个，通航澳门的内地城市14个，通航台湾的大陆城市37个。我国与其他国家或地区签订双边航空运输协定114个，比2010年年底增加2个。其中，亚洲43个国家，非洲23个国家，欧洲35个国家，美洲8个国家，大洋洲4个国家，地区组织1个。2011年，全国民航运输机场完成旅客吞吐量6.21亿人次，全行业累计实现营业收入5001亿元，利润总额363亿元。初步形成了北京、上海、广州三大辐射全球的大型国际航空枢纽，昆明、乌鲁木齐两大门户，以及沈阳、杭州、郑州、武汉、长沙、成都、重庆、西安等区域性航空枢纽。

2. 旅游航空交通的优点

（1）速度快。与其他交通方式相比，航空交通速度最快。DC-10-30型民用客机巡航速度可达每小时925km，比行驶在高速公路上的汽车快8～10倍，比行驶在高速铁路上的火车快2～3.6倍，比高速远洋游船快15～24倍。从北京到昆明，火车需要39h，而乘坐飞机仅需3h左右。可见就远程旅游而言，考虑到时间因素时航空交通是比较经济的。

（2）航程远。现代喷气式客机在空中可不持续加燃料连续飞行10多个小时，自由飞越大西洋、太平洋。由于航空运输基本上是直线飞行，少走或不走弯路，相对缩短了两地间的距离，适于远程航行。

表 6-11 世界三大航空运输联盟（资料截至 2012 年）

名称	星空联盟（STAR ALLIANCE）	天合联盟（SKY TEAM）	寰宇一家（oneworld）
成立时间	1997 年	2000 年	1999 年
官网	http：//www. staralliance. com/cn/	http：//www. skyteam. com/zh/	http：//zh. oneworld. com/
成员航空公司	加拿大航空公司 AC、德国汉莎航空公司 LH、北欧航空公司 SK、泰国国际航空公司 TG、美国联合航空公司 UA、新西兰航空公司 NZ、全日空公司 NH、奥地利航空公司 OS、新加坡航空公司 SQ、英国中部航空公司 BD、韩亚航空公司 OZ、西班牙斯班航空公司 JK、波兰航空公司 LO、全美航空公司 US、亚德里亚航空公司 JP、芬兰蓝一航空公司 KF（Blue1）、克罗地亚航空公司 OU、葡萄牙航空公司 TP、瑞士航空公司 LX、南非航空公司 SA、土耳其航空公司 TK、埃及航空公司 MS、布鲁塞尔航空公司 SN、爱琴海航空公司 A3、中国国际航空公司 CA、埃塞俄比亚航空公司 ET、塔姆航空公司 JJ 27 家	中国南方航空公司 CZ、中国东方航空公司 MU、俄罗斯航空公司 SU、墨西哥航空公司 AM、法国航空公司 AF、意大利航空公司 AZ、美国达美航空公司 DL、捷克航空公司 OK、荷兰皇家航空公司 KL、大韩航空公司 KE、西班牙欧罗巴航空公司 UX、肯尼亚航空公司 KQ、中华航空公司 CI、越南航空公司 VN、罗马尼亚航空公司 RO 15 家	美国航空公司 AA、英国航空公司 BA、国泰航空公司 CX、芬兰航空公司 AY、西班牙航空公司 IB、日本航空公司 JL、智利航空公司 LA、匈牙利航空公司 MA、澳洲航空公司 QF、约旦航空公司 RJ、西伯利亚航空公司 S7、墨西哥航空公司 MX 12 家
通航国家/个	194	187	157
机队规模/架	约 4750	约 2730	约 2437
每日航班/架次	>21 900	>15 000	>9550
年客运量/亿人次	约 6.7	约 5.52	约 3.4

资料来源：三大航空联盟官网。

（3）乘坐舒适。飞机的飞行高度一般在 1 万 m 左右，不受低空气流的影响，飞行平稳，乘坐舒适。客机内客舱宽敞，座椅行间距离大，坐、卧、行皆便。此外，舱内设备先进齐全，有高级音响、彩电甚至国际卫星电话等，保证了旅途生活的舒适愉快。

（4）安全可靠。由于飞机一旦失事，机上乘客的伤亡率一般很高，因而人们总是以为航空旅行比地面旅行危险，其实这是一种错觉，与其他交通方式相比，飞机失事的概率较小。随着航空技术的日臻完善和各国对航空交通管理的不断加强，乘坐飞机已经成为最安全的交通方式。

3. 旅游航空交通的局限

（1）便捷性差。旅游航空交通只能完成点对点之间的旅行，而且机场一般都设在市郊，增加了人们旅途的周折。航空交通必须同其他交通方式，尤其是公路交通相配合，才能提供完整的服务。

（2）噪声大。飞机航行时主要产生噪声污染。尽管飞机本身密封较好，能减少舱内的噪声，但对周围的环境影响较大。

（3）受气候的影响大。航空运输受气候的影响大，雨天、雾天、雪天都会影响飞行，在一定程度上影响了航行的准时性和经济性。

（三）旅游铁路交通

1. 旅游铁路运输的产生与发展

1814 年，乔治·史蒂芬孙发明了英国也是世界上第一辆蒸汽机车，经过改进后于 1825 年在利物浦和曼彻斯特之间行驶，开始了欧美各国铁路运输的发展进程。

自 1841 年托马斯·库克开创火车旅游到 20 世纪 40 年代，火车一直是人们旅行游览的主要交通工具，形成了旅游铁路交通的黄金时期。在第一次世界大战前，世界上主要有横穿西伯利亚的欧洲特别快车、从圣彼得堡到法国里维埃拉的北方快车、从加来到巴尔干半岛各国和伊斯坦布尔的东方快车，以及从巴黎到里维埃拉的全员卧铺快车，构成了欧洲和欧亚的重要国际铁路旅游交通线。第二次世界大战以后，因公路、航空的竞争，铁路旅客减少，进入铁路发展的低谷时期。20 世纪 90 年代以后，高速铁路的发展使人们乘火车旅游的热情不断升温，尤其是“4S”性能（Safe、Speedy、Silent、Smooth）对乘客有很大的吸引力。

（1）大陆桥。为了便于交往和相互沟通，国与国之间常进行协作，将各自的铁路线互相衔接起来，一直伸向大陆东西两侧的沿海港口。这种连接大陆两侧水域的铁路线，被人们形象地称为“大陆桥”，其主要功能是便于开展海陆联运，缩短运输里程。世界著名的大陆桥有亚欧大陆桥、北美大陆桥、南美大陆桥、南亚大陆桥等。亚欧大陆桥有旧亚欧大陆桥和新亚欧大陆桥，其路线如图

6-1 所示。北美大陆桥主要是由横穿美国、加拿大境内的各条东西向铁路构成，是世界上历史最悠久、影响最大、服务范围最广的陆桥运输线。南美大陆桥东起阿根廷的布宜诺斯艾利斯，西止智利首都圣地亚哥，连接了大西洋和太平洋两大水域。南亚大陆桥位于亚洲南部的印度半岛，东起孟加拉湾沿岸的加尔各答港，西止阿拉伯海沿岸的孟买港，省却了水路中转的麻烦。

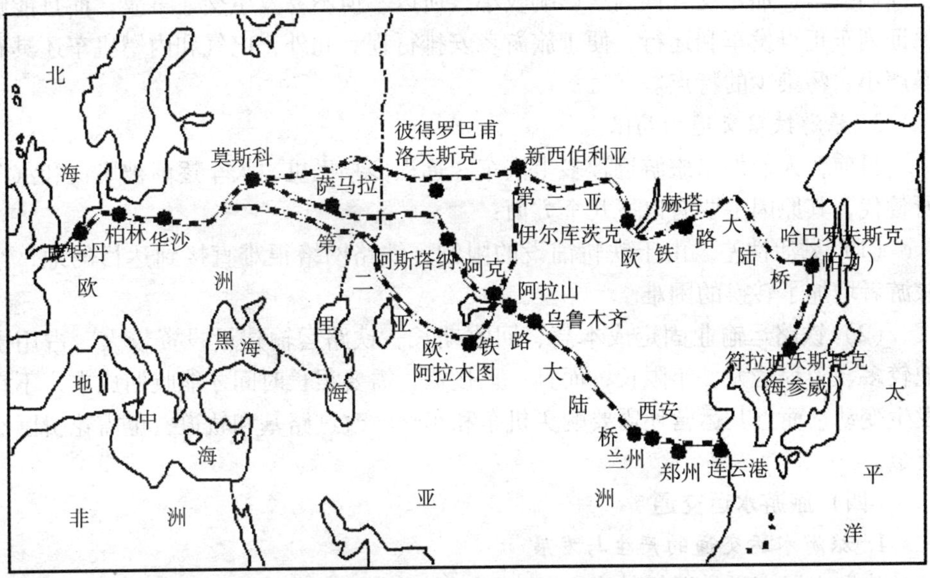

图 6-1　亚欧大陆桥示意图

（2）高速铁路。目前，尽管世界铁路营运总里程减少，但电气化铁路持续增加，使世界铁路向高级化发展。日本的高速铁路发达，已先后建成东海道新干线、山阳新干线、东北新干线和上越新干线等高速铁路线。1981 年始建的法国巴黎至里昂的高速铁路，火车时速为 210～260km，全程 426km，只需 2 小时。之后，德国、英国、美国、意大利、西班牙、瑞士、奥地利、澳大利亚、加拿大和俄罗斯等国也都建成高速铁路或制定了高速铁路建设方案。

2. 旅游铁路交通的优点

（1）运量大、价格低。铁路旅客列车编组一般平均为 15 节车厢，多者可达 20 节车厢，平均每节车厢可乘坐近百名旅客，即一列客车可运载上千名甚至更多旅客，超过了飞机、汽车和近海、内河船舶的载客能力。由于客运量大，单位运输成本相应降低，旅游者支付的铁路交通费也较少，因而票价相对于其他交通方式稍低。

（2）速度较快。世界铁路交通正在向高速化发展，时速 200km 以上的高速铁路已经在日本和欧洲国家推广应用，包括中国在内的发展中国家也正在修建或计划修建高速铁路。高速铁路列车在600～800km行程范围内，速度优势最大，可与航空运输一争高低。目前在上海运营的磁悬浮列车，运行时速可达500km，是高速铁路的两倍多。据专家估计，这种列车有可能成为中、远距离交通运输的主要方式之一。

（3）安全正点、污染少。旅游铁路交通使用专用轨道，多采用计算机调度和控制技术，加之受气候因素影响较小，所以不但不易发生交通事故，而且能够保证列车正点发车和运行，便于旅游者安排行程。此外，电气和内燃机车还具有噪声小、污染少的特点。

3. 旅游铁路交通的局限

目前，人们外出旅游近程多坐汽车，远程多乘飞机，火车逐渐被飞机和汽车所替代，其原因主要有以下几个方面：

（1）灵活性差。由于铁轨铺设的限制，铁路网络很难直接到达目的地，给旅游者增加了转换的困难。

（2）铁路运输业固定成本高、回收期长。铁路运输建设投资较大、占用土地较多、工程浩大、年限长，而且一旦投资，需要很长时间才能收回成本，不宜发生变动。而且其运营还需要购买机车和车辆、改进路基和轨道，也需花费巨额资金。

（四）旅游水运交通

1. 旅游水运交通的产生与发展

旅游水运交通是以船舶为运载工具，利用水的浮力和各种动力，在规定航道上运送旅游者的交通运输方式。

旅游水运交通与铁路交通类似，也经历了由盛到衰再逐渐兴盛的过程。18世纪初到20世纪40年代的一个半世纪里，以蒸汽机、内燃机为动力的内河客轮、沿海游轮和远洋游轮是主要的旅游交通工具。第二次世界大战以后，由于公路交通和航空技术的迅速发展，水运交通进入了低谷。20世纪70年代以后，客轮逐渐用于沿海、内河及湖泊的游览，水上游览和运动型为主的各种类型的游艇也迅速发展。远洋游轮是近年来兴起的远洋旅游交通运输工具，目前在世界上基本形成以北美、欧洲和东亚太平洋为客源地，以加勒比海和地中海为主要游船基地，以加勒比海、地中海和波罗的海为传统旅游目的地，以黑海、红海、波斯湾、墨西哥太平洋海域、阿拉斯加太平洋海域、日本海、中国东南沿海、东南亚沿海和南太平洋为新兴旅游目的地，连接世界七大洲、四大洋的游船航线网如图6-2所示。

2. 旅游水运交通的优点

（1）豪华舒适。现代远洋游船和内河豪华游船在很大程度上已超越了传统意义上的单一客运功能，成为集运输、食宿、游览、娱乐、购物等多功能为一体

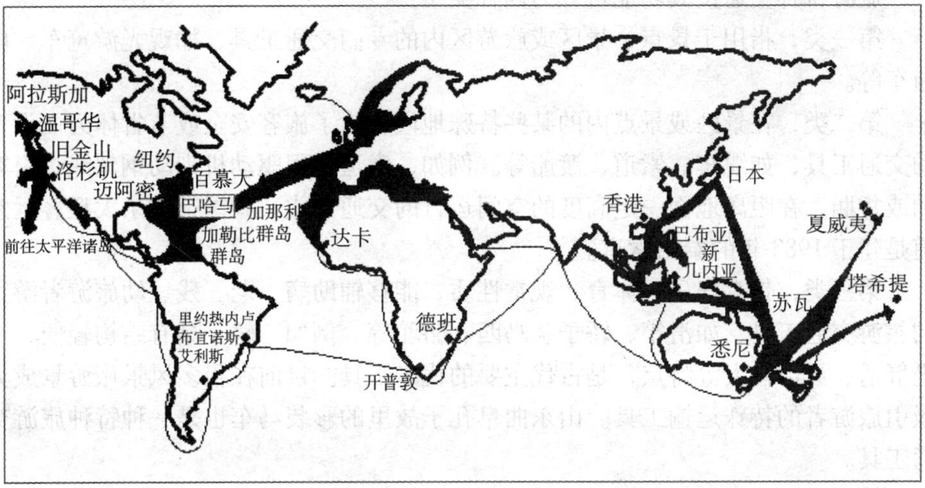

图 6-2　世界主要游船航线

资料来源：J C 霍洛韦. 论旅游业［M］. 北京：中国大百科全书出版社，1997.

的豪华旅游项目。巨型游船庞大的运载能力和硕大的船体，为配备完善而豪华的旅游设施提供了可能，是其他交通方式无法与其相比的。例如，美国荷美航运公司的 6 艘豪华游船，载客量一般为 1200 人，平均每 2 位游客配备 1 名服务员，服务十分周到。船上有甲板观景台、夜总会、健身房、温泉浴室、游泳池、音乐酒吧间、赌场、图书馆、计算机工作间和免税商店等，设施极为奢华、完备。

（2）价格低廉。水运交通由于多利用天然水道，而且载客量较大，降低了单位运输成本，价格低廉。水路运输的单位成本约为铁路运输的 1/8 ~ 1/4。

（3）载客量多。现代远洋游轮一般载客量在 500 ~ 700 人，有的甚至超过 1000 人。伊丽莎白女王二世游轮有客房 1200 多间，总载客量可达 2000 多人，可见载客量之多。

3. 旅游水运交通的局限

（1）受自然条件影响大。水路交通方式虽然豪华舒适、价格低廉，但是只能在有水道的地方才能利用，而且对水深要求高；另外，风速大、雾大、封冻都会导致停航。可见，水运交通受自然条件的限制较大。

（2）速度较慢。水运交通航速较慢，作为长距离客运费时较长，比较适合时间充裕的旅游者。

（五）旅游特种交通

旅游特种交通是指除人们通常用的交通方式以外，为满足旅游者某种特殊需要而产生的交通运输方式。一般而言，此种旅游交通方式除为旅游者提供空间位移服务外，还具有新奇、惊险、独特等特色，有些还是风景区的组成部分。

旅游特种交通按其功能可分为四种类型：

第一类，指用于景点、景区或旅游区内的专门交通工具，如观光游览车、电瓶车等。

第二类，在景区或景点内的某些特殊地段，为了旅客安全或节省体力而设置的交通工具，如缆车、索道、渡船等。例如，索道是用驱动机带动钢丝绳牵引客厢或货厢，在距离地面一定高度的空间运行的交通方式。我国第一条大型客运索道是建于1983年的泰山索道。

第三类，带有娱乐、体育、观赏性质，能够辅助病、老、残、幼旅游者游览的旅游交通工具，如滑竿、轿子、马匹、骆驼等。例如，轿子具有结构轻便、乘坐舒适、灵活性大等特点，是古代主要的代步工具。目前在很多风景旅游景成为吸引旅游者的特殊运输工具。山东曲阜孔子故里的彩装马车也是一种特种旅游交通工具。

第四类，带有探险及在特殊需要下使用的、即将开拓的旅游交通工具，如宇宙飞船、航天飞机等。

三、旅游交通的发展趋势

1. 速度提高趋势

旅游交通运输中，铁路、公路、航空运输速度加快的趋势十分明显。20世界60年代以来，高速铁路的出现以及高效、节能的电力机车和内燃机车的普遍应用，改变了火车速度相对较低的状况。1964年日本东京—大阪高速列车新干线通车，时速达到210km；1978年英国研制出时速为240km的高速列车，并在伦敦—格拉斯哥之间行驶；1983年法国修筑了巴黎—里昂高速铁路，时速提高到260km，1990年又进一步提高到315km。目前，日本、德国、法国、中国等一些国家正在研制试验磁悬浮列车，磁悬浮列车速度快，常导磁悬浮列车可达400～500km/h，超导磁悬浮列车可达500～600km/h，而且没有噪声和污染。

2. 现代化趋势

旅游交通的现代化趋势主要表现在以下几个方面：一是各种交通工具愈加豪华、舒适，如在旅游列车上不仅设有舒适的座椅、卧铺车厢、多功能餐厅、商店等设施，豪华列车甚至还有理发室，乘坐极为舒适；航空运输也在大力发展宽体客机，改善服务设施，提高舒适性。二是交通运输工具自动化程度的增加，使操作愈加简便。三是在旅游交通组织和管理上应用了计算机、无线电通信和自动控制技术，实现了管理现代化，最突出的是在航空和铁路预订中运用现代信息技术。例如，一些航空公司利用新技术为乘客提供“无票”旅行和互联网直接购票服务，极大地方便了旅游者的出行。

3. 主题化趋势

旅游交通运输的主题化趋势越来越明显。20 世纪 90 年代以来，各种航空专项旅游交通迅速发展，如水上飞机、家用飞机、直升机、飞艇等。尤其是航天飞机的不断发展，为进入外空科考、探险和旅游创造了条件，使宇航交通进入旅游交通的行列。航空运输通过推出多种航空票价品类、更新设备设施等多种措施令旅游者舒适愉悦，提高对经济舱或普通舱的服务质量等。在铁路运输方面，美国西部铁路公司的列车上设有专门的旅游观光车厢，使旅游者可以从列车上观赏落基山脉旖旎的自然风光；中国东北一些林区的小火车被开发为旅游产品，吸引旅游者。内陆航运中的小型游船由于其便于在内河和沿海航行，故主要供旅游团使用或包租。

4. 网络化及联运趋势

旅游交通的网络化在公路交通和铁路交通方面体现得较为明显。自 20 世纪初修建公路以来，经过 50—70 年代高速公路和干线公路的发展，发达国家基本建成高等级公路网络。90 年代以后，为了适应现代国际旅游和交通发展的需要，世界各国都提出了改善和发展公路网的建设规划，加快以高速公路和干线公路为主体、其他公路连接的现代化公路网建设。为了适应物资运输和旅游客运的需要，目前世界上部分地区正在探索建立连接各国的国际高速铁路网，以建立舒适、安全、快捷的国际高速铁路网。

由于不同类型的旅游交通各具优缺点，而公路交通可以使水运、航空和铁路交通有机地衔接，充分发挥旅游公路交通在国际旅游交通中的重要地位和作用，故旅游交通联运的趋势加强。铁路不仅能运送旅客，也可以托运汽车。旅游者可以连车带人乘坐列车到达旅游目的地，再乘坐汽车开展各种旅游活动。在地中海阳光地带旅游的北欧国家旅游者大多喜欢乘坐这种运送旅客和汽车的列车；美国的许多旅游者从华盛顿到佛罗里达州旅游也选用这种形式。

四、旅游者对旅游交通的要求和影响选择的因素

（一）旅游者对旅游交通的要求

旅游者在参与旅游活动时，要求旅游交通安全、便利、准时、快捷、舒适和经济。

（1）安全。安全是指旅游交通方式的安全性要好。在旅游过程中，交通安全是一个重要环节，因而旅游者对交通工具的性能、道路的状况十分敏感，旅游规划部门和旅游企业在组合旅游线路时应该注意。

（2）便利。便利是指旅游者能够根据需要选择从客源地到旅游目的地，或从旅游目的地到各景区或景点之间的交通工具。这有两种含义：一是指有交通工具；二是指交通工具较多，旅游者有选择的余地。旅游交通工具是否方便影响着

旅游者对于整个旅程的满意程度。

（3）准时。准时是指旅游者采用的交通工具是否按照预定的时间到达目的地。旅游活动往往都有一定的时间限制，如果不能够按照预定的时间到达，不仅影响在目的地的食宿、游览活动，而且影响下一站的旅游安排，乃至于引起旅游者的不满或投诉。旅游热点城市建立旅游汽车公司，旅游景区景点可以配备旅游车队，以满足旅游者的需求。

（4）快捷。快捷是指适当地减少旅游者乘车的途中时间。旅游者对旅游时间比的要求是“旅短游长”，因为很多旅游者把交通工具看成是到达旅游目的地的手段，因而不愿意把时间过多地消耗在旅途中，而希望有更多时间观光、游览和参与其他旅游活动。

（5）舒适。放松身心是旅游活动最主要的动机之一，旅游者希望选择的交通方式尽可能舒适，以减少疲劳感。舒适的交通工具对保护旅游者旺盛的游兴具有重要作用。

（6）经济。经济是指价格和所需费用适宜，符合旅游者的承受能力。旅游者的消费构成中，旅游交通占了相当大的比重，因而交通费用的降低对旅游活动的开展关系重大。

（二）影响旅游交通方式选择的因素

影响人们选择旅游交通方式的因素很多，主要有旅行目的、运输价格、旅行距离、旅行偏好和经验。

1. 旅行目的

根据出游目的，可把旅游者划分为差旅型、消遣型和个人及家庭事务型三种类型。差旅型旅游者对于旅行目的地和出行时间的选择性较弱，也不大考虑费用问题，主要关心安全、便利、快捷和舒适，因而多选择航空、铁路和小汽车旅游，较少选择长途汽车和轮船。消遣型旅游者对于价格较敏感，主要考虑安全、经济、高效，由于出行距离不同，选择的交通工具也不同。个人及家庭事务型旅游者选择旅行方式的标准一般是既要安全、高效，又要价廉，兼有差旅型旅游者和消遣型旅游者的特点。

2. 运输价格

运输价格主要影响消遣型旅游者。在计划外出旅游时，人们往往会考虑各种可供选择的旅行方式的价格，在自己的旅游预算限额之内使旅游活动更充分、更有效率。甚至在选定旅行方式之后，如选定航空旅行之后，人们还可能会比较不同航空公司提供服务的价格，并且可能会进一步选择适合自己需要的舱位等级，甚至会考虑前往机场的费用。由于很多消遣型旅游者都来自中、低收入水平的家庭，使得运输价格对消遣型旅游者选择旅行方式的影响最为突出。

3. 旅行距离

旅行距离通常包括空间距离和时间距离两个方面，二者是相辅相成的。空间距离越长，完成旅行所需要的时间也就越多，旅行的代价也就越高。一般地，在旅游者的旅游过程中，长距离旅行主要依靠航空运输；中、短距离旅行主要靠公路、铁路和水运等交通运输方式；而在游览区内，旅游者的空间位移往往依靠缆车、索道等特种旅游交通方式实现。

4. 旅行偏好和经验

由于个人的旅行偏好和经验不同，在有多种旅行方式可供选择的情况下，具有相同条件的人可能会选择不同的旅行方式。

对于初次外出旅行的人来说，他们对旅行方式的偏好主要受个性或心理类型的影响。帕洛格将人的心理类型划分为五种类型，其中自我中心型的人远不及多中心型者富有冒险精神，在对旅行方式的选择上，喜欢自己开车去某一旅游目的地而不愿乘飞机前往；而多中心型的人恰恰相反，喜欢乘飞机而不是自己开车去该目的地。另外，人们对某种旅行方式的偏好往往产生于自己过去的旅行经验。

除上述因素外，还有许多其他因素，如天气、旅伴、目的地的地理位置特点等都会影响人们对旅行方式的选择。实际上，所有各种因素在决定人们对旅行方式的选择时，都是相互联系、相互影响并综合起作用的。

第五节 旅 游 景 点

一、旅游景区（点）及相关概念

1. 旅游区（点）

对于旅游区（点）的界定一直是一个比较混乱的问题。中华人民共和国国家标准《旅游区（点）质量等级的划分与评定》（GB/H7775-199）规定，旅游区为“经县级以上（含县级）行政管理部门批准成立，有统一管理机构，范围明确，具有参观、游览、度假、康乐、求知等功能，并提供相应旅游服务设施的独立单位。包括旅游景区、旅游景点、主题公园、度假区、保护区、风景区、森林公园、动物园、植物园、博物馆、美术馆等”。

我国学者王洪滨认为，旅游区是由一定数量的旅游点组成，拥有一定质量的旅游内容和一定质量的接待设施，在相应的分布范围足以供旅游者停留一定时间的旅游空间。具体地说，旅游区应具备一个或一个以上的中心城市、存在着一定数量不同特色的旅游点以及行政区划相一致等条件。因此，旅游区可以是一座旅游城市，如法国的巴黎、意大利的罗马、中国的北京等；也可以是一个景区，如北京的八达岭长城、杭州的西湖风景区、承德的避暑山庄等。

2. 旅游景点

英国学者约翰·斯沃布鲁克认为，旅游景点应该是一个独立的单位，一个专门的场所，或者是一个有明确界限的、范围不可太大的区域，交通便利，以吸引大批的游人闲暇时来到这里，作短时访问。

而我国有些学者认为，旅游景点是专为来访公众参观、游乐和增长知识而设立和管理的长久性休闲活动场所。

3. 旅游景区

旅游景区是具有美学、科学和历史价值的各类自然景观和人文景观的地域空间载体，它能够激发人们的旅游兴趣和需求，为人们提供参观、游览、度假、康乐、科研等产品和服务。

旅游景区的含义包括以下内容：首先，它是旅游资源的重要表现形式之一，是各种旅游资源展现给旅游者的载体；其次，它一般是将旅游资源经过人为开发，使其具有激发旅游者兴趣的吸引力，本质上是一种旅游产品；最后，只要是能够萌发人们的旅游兴趣和需求，并能提供给人们游览、休息和科研的区域，都应该是旅游景区。

旅游景区包括旅游景点、主题公园、度假区、保护区、风景区、森林公园、动物园、植物园、博物馆、美术馆等。

二、旅游景区的等级划分

国家标准《旅游景区质量等级的划分与评定》(修订)(GB/T 17775—2003)是旅游景区质量等级评定依据，该标准将旅游景区质量等级划分为五级，从高到低依次为AAAAA、AAAA、AAA、AA、A级旅游景区。

旅游景区质量等级的确定，依据“服务质量与环境质量评价体系”“景观质量评价体系”评价得分，并参考“游客意见评价体系”的得分数。

“服务质量与环境质量评价体系”包括旅游交通，游览，旅游安全，卫生，通信，旅游购物，综合管理，旅游资源与环境保护等八个评价项目；“景观质量评价体系”包括资源要素价值与景观市场价值两大评价项目。每一评价项目继续分为若干评价子项目对各子项目赋以分值，各旅游区（点）按各评价项目及子项目的相应得分数确定其等级。

“游客意见评价体系”是旅游区（点）质量等级评定的重要参考依据，包括总体印象、可进入性、游路设置、旅游安排、观景设施、路标指示牌、景物介绍牌、宣传资料、讲解服务、安全保障、环境卫生、旅游厕所、邮电服务、购物、餐饮、旅游秩序、景物保护等评价项目，每一评价项目分为很满意、满意、一般、不满意四个档次，并依此计算游客意见得分数。

第六节　旅 游 娱 乐

一、旅游娱乐的概念

旅游娱乐是指旅游者在旅游活动中所观赏和参与的文娱活动。它是构成旅游活动的六大基本要素之一。游、娱是旅游者的目的性需求，而食、宿、行、购则是为达到目的所必备的日常生活性质的需求。旅游者的需求是变化的，“求乐”正在变成旅游动机的主流。旅游娱乐活动属精神产品，横跨文学、艺术、娱乐、音乐、体育诸领域。

旅游娱乐与娱乐消遣型旅游是有所区别的。娱乐消遣型旅游是指以娱乐消遣为主要动机的旅游活动，是一次独立的旅游活动；而旅游娱乐指的只是一次旅游活动中的一种旅游行为，而其旅游活动并不一定以娱乐为主要动机，也可能是其他类型旅游活动过程中穿插的一种文娱活动项目。两者共同之处是都注重旅游活动的娱乐性和参与性。

二、旅游娱乐的作用

1. 在旅游收入中比重较小，但增长潜力大

旅游娱乐在旅游业中创汇、创收比重并不大，但利润可观，发展前景广阔。旅游业是综合性很强的产业。它通过为旅游者提供食、住、行、游、娱、购等综合服务而取得经济收入。在这些综合性服务中，食、住、行具有相对的稳定性，其经济收入是有限度的，而旅游娱乐在旅游需求中的弹性较大，因此其经济收入具有相对的无限性。随着人们生活水平和生活质量的提高，人们对精神性消费需求增加，因此旅游娱乐的发展前景十分广阔。

2. 丰富了旅游产品的内容，增加了吸引力

旅游娱乐活动已渗透到旅游业各个组成部分中，它特有的文化内涵与参与性强烈地吸引着旅游者，对旅游活动起增彩的作用，提高了旅游活动的质量。走马观花式的观光型旅游正在失去魅力，更多的旅游者希望深入地了解旅游地的社会、文化现象，更加注重参与性和心理经历。旅游娱乐融艺术性、娱乐性和参与性为一体，是一个国家或地区民族文化、艺术传统的生动反映。它不仅在专业娱乐场所出现，更多的旅游业经营者把旅游娱乐引入到旅游景区景点、旅游饭店，甚至各种旅游商品交易会和展示会上，为旅游活动及其促销工作增添更多的文化娱乐色彩，满足了旅游者生理、心理及精神需要。

三、旅游娱乐的类型

（一）专门性娱乐场所

专门性娱乐场所一般是指设置在城市或旅游区内的以提供娱乐活动为主的场所。例如长春的和平大剧院、刘老根大舞台等。

这些专门性娱乐场所不仅为旅游者提供服务，而且为当地居民服务。

（二）辅助性娱乐设施或活动

1. 旅游饭店中设置的娱乐设施或活动

我国的涉外饭店通常都设置一些可供游客使用的娱乐设施，尤其是三星级以上的旅游饭店一般都有比较完善的旅游娱乐服务设施，如歌舞厅、健身房、桑拿房、美容美发中心、保龄球、桌球、壁球、游泳池、网球场等，极大地充实了国内外游客在旅游途中的娱乐活动内容。

2. 旅游景区中设置的娱乐设施或活动

一些俱乐部、度假区或度假村等作为专门的旅游娱乐活动场所，在旅游娱乐项目的设置上具有独特的优势，它们或依山傍水、或地处乡间林边，有的还拥有海滨、湖滨，甚至温泉等自然旅游资源，除了具有常规的旅游娱乐产品所需的设备和设施外，还可进行野营、疗养、海水浴、沙滩浴、冲浪、潜水等专项特色娱乐活动项目。

在深圳世界之窗、民俗文化村、珠海圆明新园等主题公园的专场演出活动也属于旅游娱乐。深圳世界之窗的“创世纪”、民俗文化村的“绿宝石”、圆明新园的“华夏明珠”等演出活动，运用大制作、大场面、大色块的现代广场表演理念，拥有专业水准的演员，采用通俗的表现手法，深受游客喜爱。

第七节　旅 游 组 织

旅游组织是指为了加强对旅游行业的引导和管理，为了旅游业的健康发展建立起来的具有行政管理职能或协调发展职能的专门机构。旅游组织对于国家或者区域旅游业的发展都起着非常重要的作用。

通常从以下角度对旅游组织进行分类：第一种以职能范围划分，分为国际性旅游组织、国家级旅游组织、地方性旅游组织。第二种以职能性质划分，分为旅游行政组织、旅游行业组织以及旅游教育与学术组织。下面我们将对这些不同的旅游组织进行简要的介绍。

一、中国的旅游组织

随着旅游业在经济舞台上扮演着越来越重要的角色，各国政府纷纷对旅游业实行国家干预，几乎所有国家都设立了全国性的旅游管理组织，即国家旅游组织（National Tourism Organization，NTO）。国家旅游组织大致分为三类：

（1）由国家政府直接设立，在编制上作为国家政府的一个部门或机构。如泰国等国家便属于这一类，它们单独设立旅游局，级别规格低于部，直属于内阁。目前十多个国家采用这种形式。

（2）国家政府承认，代表国家政府执行全国性旅游行政事务的半官方组织。现约有30多个国家和地区是这种形式，如英国、爱尔兰、瑞典、挪威、丹麦和芬兰等。

（3）经国家政府承认，代表政府行使旅游行政管理职能的民间组织。代表性的国家如德国、新加坡。

在我国，旅游组织基本上划分为三大类：旅游行政组织、旅游行业组织和旅游教育与学术组织。

1. 旅游行政组织

由于我国旅游业实行的是政府主导型发展战略，所以旅游行政组织在其中扮演着重要的角色。国家旅游局是我国最高的旅游行政管理机构；各省、自治区和直辖市旅游局，是地方旅游行政管理机构，受地方政府和国家旅游局的双重领导；地级市县旅游行政机构，负责其行政区域内的旅游业管理工作。

（1）国家旅游局。国家旅游局最早成立于1964年，时名“中国旅游事业管理局”。1978年、1982年、1988年、1994年、1998年，国家旅游局又先后经历了多次体制改革，最终确立其作为国务院旅游行业主管部门的地位。国家旅游局下设办公室、政法司、促进司、计财司、管理司、人教司、纪检组、监察局、信息中心和服务中心等机构。同时在海外设立了12个驻外办事处和一个亚洲旅游交流中心。

国家旅游局主要负责研究拟定旅游业发展的方针、政策和规划，拟定旅游业管理的行政法规、规章并监管实施；研究拟定国际旅游市场开发战略，组织国家旅游整体现象的对外宣传和重大促销活动，组织、指导重要旅游产品的开发，指导驻外旅游办事处的市场开发工作；培育和完善国内旅游市场，研究拟定发展国内旅游的战略措施并指导实施，指导地方旅游工作；组织旅游资源的普查工作，指导重点旅游区域的规划开发建设，组织、指导旅游统计工作；拟定各类旅游景区景点、度假区及旅游住宿、旅行社、旅游车船和特种旅游项目的设施标准、服务标准并组织实施，审批经营国际业务的旅行社，组织和指导旅游设施的定点工作；研究拟定出国旅游和赴香港、澳门特别行政区和台湾旅游及边境旅游政策并组织实施，审批外国在我国境内和香港、澳门特别行政区及台湾地区在内地设立的旅游机构，负责旅游涉外及港澳台事务，代表国家签订国际旅游协定，指导旅游对外交流与合作；监督、检查旅游市场秩序和服务质量，受理旅游者投诉，维护旅游者合法权益；指导旅游教育、培训工作，制定旅游从业人员的职业资格制度和等级制度并指导实施，管理局属院校的业务工作；负责局机关及在京直属单位的党群工作；承办国务院交办的其他事项。

（2）省、自治区、直辖市旅游局。我国各省、自治区和直辖市均设有旅游局或旅游管理委员会，这些旅游行政机构在组织上属于地方政府部门编制，在业务上接受地方政府的领导和国家旅游局的指导。其主要职责包括：负责所属省、自治区和直辖市旅游业发展的规划、开发与管理工作以及旅游宣传和促销工作。其组织机构基本采取同国家旅游局对口的做法。

（3）地级市县的地方旅游行政机构。在省级以下的地方层面上，很多市、县也设立了旅游行政机构，负责其行政区域范围内的旅游业管理工作。在未设立专职旅游行政机构的市、县，其有关旅游事务则在上级政府旅游行政部门的指导下，由当地政府承担。

2. 旅游行业组织

我国的旅游行业组织是在国家旅游局的具体指导下，由有关社团组织和企事业单位在平等自愿的基础上组成的各种行业协会。各省（市）建立相应的分会，业务上接受当地旅游行政组织的指导。组织的性质属非营利性的社会组织，但具有独立的社团法人资格。

我国旅游行业组织的宗旨是：遵守我国的宪法、法律、法规和有关政策，遵守社会道德风尚，代表和维护行业的共同利益和会员的合法权益，在政府有关业务主管部门的指导下，为行业和会员服务，在政府和会员之间发挥桥梁和纽带作用，为促进我国旅游业的持续、快速、健康发展作出积极贡献。

我国旅游行业组织的任务主要包括：向政府有关部门反映会员单位中带有普遍性的问题和合理要求，向会员单位宣传政府的有关政策、法律、法规并协助贯彻执行，发挥社会中介组织的作用；协调会员间的相互关系，发挥行业自律作用，制定行业自律公约，督促会员共同遵守；开展调查研究，为行业发展和政府决策提供建议，向会员提供国内外本行业的有关信息、资料和咨询服务；组织有关本行业发展问题的研讨和经验交流，推动和督促会员单位提高服务质量和管理水平；根据行业发展的需要开展业务培训活动；加强同旅游行业内外有关组织、社团的联系与合作，对外以民间组织身份开展国际交流与合作；承办政府主管交办的其他工作；目前全国性的旅游行业协会有：中国旅游协会、中国旅游饭店业协会、中国旅行社协会、中国旅游车船协会、中国旅游报刊学会和中国之友基金会。其中，中国旅游协会是一个带有总会性质的综合性组织，其属下的各个专业协会和中国旅游出版社、中国旅游报社等实体单位均是独立的社团法人组织，业务上要接受中国旅游协会的指导。

3. 旅游教育与学术组织

目前，我国的旅游教育与学术组织为数不多，全国性的组织主要有全国高等旅游院校协作会、中国旅游未来学会、中国地理学会旅游专业委员会等。

二、国际旅游组织

国际旅游组织有狭义和广义之分。狭义的国际旅游组织是指其成员来自多个国家，并为参加国服务的全面涉及旅游事务的组织。广义的国际旅游组织则还包括那些其工作部分地涉及国际旅游事务的国际组织，以及专门涉及旅游事务某些方面的国际旅游同业组织。

按常用的标准划分，国际旅游组织主要有以下几种：

(1) 按组织的成员身份划分，有以个人为成员的国际性组织、以公司企业为成员的国际性组织、以社会团体为成员的国际性组织和以国家政府代表为成员的国际性组织。

(2) 按组织的地位划分，有政府间组织和非政府间组织；在国际旅游组织中，更大量的是非政府间组织，即它不是由代表国家政府签订规章而形成的，而是由来自不同国家的企业、团体机构或个人，出于共同的兴趣或利益而成立的国际组织。但这种组织也不排斥代表本国政府的机构加入其成员行列。非政府间组织尽管不像政府间组织那样通常拥有特权，但它们对旅游发展的推动作用往往比政府间组织更大、更具体、更有效。

(3) 按组织的范围划分，有全球性组织和地区性组织。

(4) 按组织的工作内容划分，有全面涉及旅游事务的专门性组织、涉及旅游事务某一方面的专业性组织和部分涉及旅游事务的一般性国际组织。

推荐阅读

形形色色的国际旅游组织

目前，在全球性的政府间国际旅游组织中，全面涉及旅游事务的有世界旅游组织（WTO）；涉及旅游业具体部门的组织有国际民航组织（ICAO）、政府间海事协商组织（IMCO）；部分涉及旅游事务的有国际劳工组织（ILO）、世界卫生组织（WHO）、联合国教科文组织（UNESCO）、世界银行中的国际复兴开发银行（IBRD）、国际金融公司（IFC）、国际开发协会（IDA）；同国际旅游发展间接有关的有万国邮政联盟（UPU）等。

在地区性的政府间国际组织中，有少数与旅游有一定关系。全面涉及旅游事务的有欧洲旅游委员会（ETC）；另欧洲联盟（EU）、美洲国家组织（OAS）的工作范围均涉及旅游发展问题；行业专门组织如欧洲民航会议（ECAC），负责欧洲各航空公司间的合作与协调；欧洲投资银行（EIB）也提供旅游投资等。

在全球性的非政府间国际旅游组织中，以机构团体为基本成员的组织有：世界旅行社协会联合会（UFTAA）、国际旅游联盟（AIT）、国际社会旅游协会（BITS）、国际宿营和旅队联合会（FICC）、国际青年旅舍联合会（IYHF）、国际海运联合会（ICS）等；以公司企业为基本成员的组织有：世界旅行社协会（WATA）、国际旅馆协会（IHA）、国际旅游新闻工作者和旅游作家联合会（FIJET）、国际会议组织商协会（ICCA）、国际航空运输协会（IATA）、国际铁路联盟（IUR）等；以个人为成员的组织有：国际旅游科学专家协会（AIEST）、国际旅游学会（IATS）、世界旅游理事会（WTTC）、旅游研究协会（TTRA）、旅游职业训练协会（AMFORT）等。

在地区性的非政府间国际组织中，大部分是以机构团体为基本成员的组织，如欧洲旅游委员会（ETC）、太平洋亚洲旅行协会（PATA）、拉美旅游组织联盟（COTAL）、加勒比旅游协会（CTA）、非洲旅游协会（ATTA）；以公司企业为基本成员的组织有：欧洲航空公司协会（AEA）、北美旅游协会（NTA）等。

以下将详细介绍与我国有关的世界旅游组织。

1. 世界旅游组织

世界旅游组织（World Tourism Organization，WTO）是联合国系统组成之一，是世界上唯一全面涉及国际旅游事务的国际性政府间机构，正式成立于1975年1月2日，总部设在西班牙首都马德里。其前身是1925年成立的国际官方旅游宣传组织联盟（IUOTPO），当时虽然名义上是官方机构，实际上它只是一个民间协会。第二次世界大战爆发后，联盟停止活动。1946年在伦敦恢复活动，次年在巴黎召开全体大会，宣布更名为国际官方旅游组织联盟，总部起初设于伦敦，1951年迁往日内瓦。1970年9月27日，国际官方旅游组织联盟在墨西哥城召开的特别会议上，通过了《世界旅游组织章程》，1975年1月2日，世界旅游组织正式成立，第二年该组织总部迁往马德里。1976年世界旅游组织成为联合国开发计划署在旅游方面的一个执行机构。

世界旅游组织的宗旨是：通过推动和发展旅游，促进以及各国经济发展和繁荣，增进国际间的相互了解，维护世界和平。

世界旅游组织的最高权力是全体成员大会，由各正式成员国代表组成，每两年召开一次。休会期间由执行委员会行使大会的职权。执行委员会的日常行政工作由世界旅游组织秘书处负责。该组织全体大会下设有非洲、美洲、东亚和太平洋、欧洲、南亚、中东等各地区性委员会，负责在各自区域内，执行全体大会以及执行委员会的决议。

世界旅游组织的成员有三种类型：第一类是正式成员，代表主权国家，通常是这些国家的国家旅游组织。第二类是联系成员，是地区或非主权国的旅游代表机构。第三类是附属成员，多为与旅游业有关的国际团体，其中既有政府间机构，也有非政府间团体，还有一些其活动与旅游组织宗旨有关的商业性和非商业性团体或机构。因此，世界旅游组织已成为促进官办和私营两者之间联系的重要桥梁。

除了召开全体大会外，世界旅游组织经常根据情况发展的需要，通过其下属机构组织召开各种技术性会议、地区会议和单项专题会议，开展旅游业的技术交流活动和培训活动；通过调研、统计等方式向其会员提供世界各地旅游发展的信息，并出版发行与世界旅游发展有关的研究报告和统计资料。

为纪念其前身国际官方旅游宣传组织联盟于1970年9月27日在墨西哥城的特别代表大会上通过了《世界旅游组织章程》，1979年9月，世界旅游组织第三次代表大会正式决定9月27日为世界旅游日，它是旅游工作者和旅游者的节日。此外，这一天恰好是北半球的旅游旺季刚过去，而南半球的旅游季节将到来的时候，正是世界人民旅游、度假的好时节。

1983年10月，中国正式加入世界旅游组织，1987年9月又当选为该组织执行委员会新成员。

2. 太平洋亚洲旅行协会

太平洋亚洲旅行协会（Pacific Asia Travel Association，PATA）是一个地区性的非政府间国际组织，是太平洋地区重要的国际旅游组织。该组织原名为太平洋临时旅行协会（PITA），1951年1月成立于美国夏威夷檀香山，1953年3月改名为太平洋地区旅行协会，1986年4月起改用现名，总部设在美国旧金山。

该协会的宗旨是：联合亚洲及太平洋地区所有热心于旅游的组织和企业，促进亚太地区旅游活动和旅游业的发展，保护本地区特有的旅游资源。

该协会会员可分为正式官方会员、联系官方会员（半官方会员）、航空公司会员和企业会员几类。因此，该组织成员范围广泛，既有国家旅游组织，也有旅游协会、旅游企业以及其他与旅游业有关的组织团体；既包括亚太地区，也包括如欧洲等重要客源国的政府旅游机构。目前，该协会成员已发展到近40多个国家和地区、2000多个不同国家的旅游行业组织、40多家航空公司和海运公司、400余家饭店、近600家旅行社。此外，协会在新加坡、悉尼、旧金山和摩纳哥设有亚洲、太平洋、美洲和欧洲分部办事机构，另在全球38个国家和地区有77个分会，拥有18 000名分会会员。可见，该组织是一个具有广泛影响力的民间国际旅游组织。国际上不少学者认为，该组织对世界旅游业发展的务实性推动作用实际上已经超过世界旅游组织。

协会的领导机构是理事会，由49~51名成员组成，其职责是在两届年会之间开展协会的工作。协会下设三个委员会：管理委员会、企业委员会、咨询委员会。

该协会每年四、五月间召开年会，主要讨论本地区旅游发展现状、需要及存在的问题。此外，与会成员还参加协会每年一度的业务会议，以更新自己的旅游业务知识。协会还组织商业性色彩较浓的太平洋旅游博览会，为买卖双方谈判业务提供机会和场所。

中国于1993年3月正式加入该协会，成为其官方会员。同年9月，北京、上海及广东省广州市旅游局、中国国际航空公司、中国国际旅行社等15个单位，也分别加入该协会，成为该协会的联系官方会员。1994年1月8日，太平洋亚洲旅行协会中国分会正式成立，分会现有16名会员。1997年，在北京举办该协会年会和交易会。

3. 国际航空运输协会

国际航空运输协会（International Air Transport Association，IATA）是一个包括全世界各大航空公司的全球性民间组织。1945年4月在古巴哈瓦那成立，总部设在加拿大的蒙特利尔，执行总部设在瑞士日内瓦。

该协会的宗旨是：促进安全、正规和经济的航空运输；促进航空商业并研究有关问题；促进与联合国国际民航组织（ICAO）的合作。

该协会的主要工作是提出客货运率、服务条款和安全标准等，并逐步使全球的空运业务制度趋于统一；处理和协调航空公司与旅行社之间的关系；确定国际航空运输标准票价并排定国际航线航空时刻表等。

该协会的最高权力机构是全体大会，每年召开一次，常设机构有执行委员会、常务委员会和常设秘书处。

该协会现有会员188个，在全球国际旅游业中有十分重大的影响和作用。

1978年10月，中国航空协会成为该协会正式会员。目前，中国国际航空公司、中国东方航空公司和中国南方航空公司也已成为该会正式会员。

4. 国际民用航空组织

国际民用航空组织（International Civil Aviation Organization，ICAO）于1947年4月4日成立，同年5月成为联合国的一个专门机构，总部设在加拿大的蒙特利尔，现有会员152个。

该组织的宗旨是：发展安全而有效的国际航空运输事业，使之用于和平目的；制定国家空中航行原则；促进各国民航事业的安全化、正规化和有效化；鼓励民航业的发展，满足世界人民对空中运输的要求；保证缔约国的权利充分受到尊重，使各缔约国享有经营国际航线的均等机会。

该组织的最高权力机构是全体大会，每三年举行一次。其常设机构是理事会，由每次大会选举的30个国家组成，常设执行机构是秘书处。

1974年2月15日中国正式加入该组织，并在同年被选为理事。

5. 世界旅行社协会联合会

世界旅行社协会联合会（Universal Federation of Traval Agents Association，UFTAA）是世界上最大的国际性民间旅行社组织。其前身是1919年在巴黎成立的欧洲旅行社和1964年在纽约成立的美洲旅行社。1966年11月22日，这两个组织在罗马正式合并成立该联合会，总部设在比利时首都布鲁塞尔。

该联合会的宗旨是：团结和加强各国全国性旅行社协会和组织，协助解决会员间在业务开展问题上可能发生的纠纷；在国际上代表旅行社行业同有关的各种旅游组织和旅游供应企业（运输业、旅馆业和官方机构等）建立联系和开展合作；确保旅行社业务在经济、法律和社会领域内最大限度地受到保护、赢得信誉、得到协调和发展；向会员提供必要的物质上、业务上、技术上的指导和帮助，使其在世界旅游业中占有适当的地位。

该组织的最高权力机构是全体大会，每年召开一次，以交流经验、互通情报，讨论改善旅游企业的经营管理，研究旅游业同航空、铁路、旅馆业的关系和合作等问题。另由全体大会选出18名理事组成理事会，负责管理联合会的业务，并行使一切权力，并由理事会选出执行委员会，负责联合会的日常事务。理事会下设总秘书处，具体执行理事会和执行委员会的决定。

该联合会的正式会员是世界各国的全国性旅游协会，每个国家只能有一个旅行社协会代表本国参加；此外，联合会还接纳各旅行代理商和企业为联系会员。现已有80多个国家的全国性旅行社协会参加，代表3万多家旅行社和旅游企业，联系会员1400多家，包括诸多个体代理商和私人企业（包括航空公司、旅馆以及与旅游有关的公司）。

自1974年以来，该联合会一直同我国保持着友好联系，1995年中国旅行社协会正式加入该组织。

6. 国际旅馆协会

国际旅馆协会（International Hotel Association，IHA）是旅馆和饭店业的国际性民间行业组织，前身是1896年创立的国际旅馆业联合会，1922年更名为国际旅馆业联盟，1946年在英国伦敦正式成立国际旅馆协会，现总部设在法国巴黎。

该协会的宗旨是：联络各国旅馆协会，研究国际饭店业和国际旅游者交往的有关问题；促进会员间的交流和技术合作；协调饭店业和有关行业的关系；维护本行业的利益。

协会会员有正式会员和联系会员两种。前者是世界各国的全国性旅馆协会或类似组织的代表；后者是各国旅馆业的其他组织、旅馆院校、国际饭店集团、旅馆、饭店和个人。协会现有正式会员80多个，联系会员4000多个。

该协会每两年举行一次全体大会，商讨饭店业发展中的重大问题，修改和制定有关政策和行业规范，选举下一届领导成员。协会内设9个委员会：财务委员会、法律委员会、经济政策研究委员会、出版发行委员会、促销宣传委员会、旅行社事务委员会、旅馆专业培训委员会、季节性旅馆和旅游胜地旅馆事务委员会、会员联系事务委员会。

该协会的主要工作是通过与各国政府对话以促进各国政府实行有利于饭店业发展的政策，并给予饭店业支持；参与联合国跨国公司委员会有关国际饭店跨国企业方面的工作；通过制定和不断修改来完善有关经济法律文件，协调饭店与其他行业的关系；进行调研，汇集和传播市场信息，提供咨询服务；为各会员提供培训饭店从业人员的条件和机会。

1994 年 3 月 25 日，中国旅游饭店协会正式加入国际旅馆协会，成为该组织正式会员。

本 章 回 顾

旅游业是以旅游者为对象，为旅游活动创造便利条件并提供其所需商品和服务的综合性产业。旅游业的构成非常丰富：饭店业、旅行社业、旅游交通业、旅游景点业、旅游娱乐业都是它的构成部分。本章从旅游业构成的几大板块入手详细介绍了各个旅游子产业的发展过程、分类、特点。本章在最后一个板块，介绍了旅游组织的相关知识。国家旅游局是本章介绍的我国主要的旅游组织。

关键概念

旅游业　饭店连锁（Hotel Chain）　旅行社　旅游批发商　旅游代理商　包价旅游　旅游景区

复习与思考

1. 什么是旅游业？如何从广义和狭义两个角度来理解旅游业的构成？
2. 旅游业有哪些特点？
3. 饭店住宿业的历史发展脉络是什么样子的？当前饭店业都表现出了哪些趋势？
4. 旅游的特征是什么？
5. 国内外旅行社的产生与发展有哪些异同？二者在分类上都存在哪些体系？
6. 旅游交通方式有哪些？与常规的交通方式相比，旅游交通方式都有哪些特点？

7. 我国有哪些旅游行业组织？

8. 世界旅游组织和太平洋亚洲旅游协会的英文名称分别是什么？它们在世界旅游业中分别扮演了怎样的角色？

知识拓展（阅读导航）

[1] 蒋丁新. 饭店管理 [M]. 北京：高等教育出版社，2010.

[2] 谷慧敏，邹益民. 饭店管理理论与应用研究 [M]. 北京：旅游教育出版社，2010.

[3] 丁林. 饭店管理概论 [M]. 郑州：河南人民出版社，2009.

[4] 姚延波. 旅行社经营管理 [M]. 北京：北京师范大学出版社，2010.

[5] 张凌云. 旅游景区景点管理 [M]. 北京：旅游教育出版社，2004.

第七章

旅游信息技术

[学习目标]

- 掌握旅游信息的概念及含义
- 了解与旅游密切相关的现代信息技术
- 了解信息技术在旅游业的应用
- 了解旅游电子商务
- 了解信息技术对未来旅游业的影响

[案例导入]

新一代的出游方式

经过了半年的辛苦工作，小张与小王打算一起到祖国各地旅游一番，为了确定去哪些地方旅游，小张与小王打开计算机，进入了携程旅游网查看祖国各地的推荐景点，并仔细阅读了各地的风俗民情以及旅游攻略。最终小张与小王决定去祖国的彩云之南——云南旅游。他们打算在云南主要浏览春城昆明、大理、丽江古城以及美丽的泸沽湖，于是他们打开网络卫星实景地图，初步查看了这些地方的大致景观与地形，他们甚至找到了这些旅游目的地的全景图与三维模拟景观，有一种身临其境的感觉，这更加激发了他们去云南看看的强烈愿望，于是他们打开了网上订票系统预订了云南往返的机票，还在旅游电子商务网站上预订好了云南各旅游目的地的旅游宾馆，他们通过自己的网上银行、支付宝、财付通等电子商务平台进行了网上支付，最终顺利地完成了这次云南之旅，并获得了良好的旅游体验。

试思考：小张与小王的出游方式与传统的出游方式有哪些不同？是什么使得小张与小王可以如此便利地实现了此次云南之旅？

通过以上案例，我们知道，在传统的旅游业中，旅游产品是通过报纸、杂志、电视等媒介进行营销的，交易主要通过现金交易完成，信息交流的主要手段是电话、电报和传真等。而在现代社会，计算机和信息技术的普遍使用，已经极大地改变了人类社会的生产方式和人们的工作、生活方式。今天，经济全球化与网络化已经成为不可逆转的潮流，信息技术革命正在使资本经济逐渐转变为信息经济和知识经济，并且改变了传统的经济和贸易活动方式。信息技术正在成为旅游业的核心技术，旅游业也因此迎来了新的发展机遇。现代信息技术不仅提高了旅游业的管理水平和劳动效率，而且深刻地影响着旅游者的行为，以至于改变了旅游业的经营模式。信息技术的应用是旅游业现代化的重要标志之一。那么什么是信息技术？现代信息技术主要包含哪些内容？它们在旅游业有哪些应用？对旅游业又会产生哪些影响呢？读完本章，你将会有一个粗略的了解。

第一节　现代信息技术

一、旅游信息

（一）信息和数据

物质、能量和信息是构成客观世界的三大要素。信息是客观世界普遍存在的现象，人类社会的各种活动都离不开信息的交流。在现代社会，人们的工作、学习和日常生活，都要与信息处理打交道。

虽然“信息”这个词的使用频率很高，却很难在基础科学层次上给出它的严格定义。一般认为，信息是关于客观事物的可通信的知识。这个定义的具体含义是：信息是客观世界事物和现象的某种属性的反映，是物质与能量存在与运动的标志，它和物质、能量一起，构成客观世界的三大要素；信息是可通信的，可以被传播；信息是客观世界的反映，信息无处不在，无时不有，信息可以形成知识，它是人们决策的重要依据；信息是能够创造经济价值的一种资源。

信息可以通过某种形式的载体被传递、交换或存储。在人类社会，信息的载体可以是简单的肢体动作、面部表情，也可以是复杂的语言、文字、图像等。要对信息进行存储、加工和交换，就首先必须把它们记录下来。我们把信息的记录形式称为数据。换言之，数据是记录信息的符号，它的内涵意义是信息。在信息技术领域，数据是指那些可以被数字化的符号序列。

数据本身也有不同的形式，如文字、图像、数值、声音、视频等。只有可数字化（Digitized），即通过适当的编码形式能够转化为由 0 和 1 组成的数字序列的数据，才能被计算机处理。例如，要使用计算机处理声音，必须通过由话筒和声卡组成的声音采集和编码系统把它以数字化的形式记录下来。

在信息技术领域，数据是指信息通过数字化记录下来的符号形式，而信息则是数据内涵的意义。数据需要经过解释才能得到信息，正确地解释数据是获取正确信息的前提，而对数据的解释会因为数据的处理方法和数据使用者的背景、知识、经验以及所处的环境等的不同而产生差异。

（二）旅游信息的概念和分类

我们可以把与旅游活动相关的一切信息统称为旅游信息。旅游信息是一切与旅游活动相关的事物、现象及其联系的特征的反映。旅游业是信息密集型、也是信息依托型产业，旅游信息贯穿于旅游活动的全过程。旅游信息以语言、文字、图片和各种现代媒体的形式，通过口头、报纸、杂志、广播、电视、通信和计算机网络等进行传播。

旅游信息可以从不同的角度分类。按照信息的属性，可以把旅游信息分为自然信息和社会信息。自然信息如地理、气候、天气等；社会信息如政治、文化、经济、民俗、宗教等。按照信息的相关性，可以把旅游信息分为直接信息与间接信息。直接信息是指对旅游活动进行直接描述的信息，如旅游者信息、旅游目的地信息、交通信息和旅行社信息等；间接信息则是指那些与旅游活动有密切联系的背景或环境信息，如相关的政治、经济、文化、法律和科技信息等。按照信息的变化程度，旅游信息可分为静态信息和动态信息。静态信息反映一个相对稳定的旅游环境，如目的地、交通工具、旅游线路等。对于旅游产品，静态信息可以激发旅游者的购买欲望。动态信息是反映某一特定时段的信息，它可以反映自然因素（如天气）的变化，也可以反映市场因素的变化。对于旅游产品，动态信息帮助旅游者选择适当的购买时机。此外，还可以按照旅游活动的过程、旅游业的组成要素或信息的载体等对旅游信息进行分类。

（三）旅游信息的特点

信息具备一些共同的特点：①客观性。任何信息都是客观事物的反映，信息与客观事实是紧密相关的。②可传输性。信息可以在信息发送者和接收者之间传输，在信息处理设备之间传输。③实用性。信息对于决策具有十分重要的意义，信息系统的任务就是对数据流进行收集、组织、管理，通过数据处理和分析，提供对生产或管理决策有用的信息。④共享性。信息是用之不竭的，不会因为被多个用户共享而使其本身有所损耗，这也是信息区别于物质和能量的一个重要特点。

旅游信息除了具有信息的一般特点以外，还具有一定的特殊性，如综合性、动态性、时效性和商品性等。

1. 综合性

旅游信息是某个特定区域在特定时期的各类信息的综合，旅游者的行为正是这些信息综合影响的结果。与旅游活动相关的信息包罗万象：既有自然的信息，也有社会的和经济活动的信息；既有旅游者的信息，也有与旅游活动相关联的各类服务（如交通运输、餐饮住宿、娱乐购物等）的信息。

2. 动态性

旅游信息是动态的，这是因为组成旅游活动的各要素都处在不断的变化发展过程中。自然界和人类社会总是在不断地发展变化的，自然、经济和社会各方面的发展变化都会影响旅游活动。其中有些变化具有周期性，或者是可预测的，如某地的季节性气候变化，某个时期的特殊的活动等；有些变化则具有不确定性，如突发的战乱、自然灾害等。

3. 时效性

旅游活动总是在某一段特定的时间进行的，旅游信息的动态性决定了它具有时效性。旅游信息的使用价值受到时间因素的限制，及时的旅游信息才具有最大的价值。旅游者在产生旅游动机、选择旅游服务和进行旅游活动的不同时机，对旅游信息的需求程度是很不相同的。例如，旅游者在某个阶段一旦作出了决策，相关的信息对他可能就不再有价值。在旅游活动中，对于信息的时效性要求有时是很高的，甚至是实时的，如航班计划的变更，旅馆入住旅客的动态等。

4. 商品性

虽然信息具有共享性，不会因为共享而使信息本身有所损失，但这并不妨碍旅游信息成为商品。这是因为：一方面，旅游是一种经济活动，虽然信息可以无限分享，但旅游的资源、市场都是有限的，占有信息就意味着在市场竞争中占据有利地位；另一方面，旅游信息的采集、整理、加工需要付出劳动，具有使用价值，因此它也具有商品的一般特征，可以作为商品进入流通领域。

（四）旅游信息的重要性

信息是决策的重要依据。不论对于旅游企业还是旅游者，旅游信息都是决策的重要依据，并贯穿旅游活动始终，错误或虚假的信息必然导致错误的决策。对旅游者而言，从旅游欲望的产生，旅游目的地的选择，旅游计划的制订，旅游时机的选择，出行方式的选择到旅游产品或服务的购买，都要依赖信息的支持。旅游者会通过各种途径获取信息，并对信息进行归纳、综合、分析和判断，最终作出决策。对旅游企业而言，更是离不开从市场获取信息，进行市场推广，以及在企业与客户之间、企业与企业之间进行信息交流。例如，要设计出符合市场需求的产品，首先需要通过市场调查获取信息，并对其进行正确的处理和分析。没有市场信息，产品设计就无从谈起，而错误的信息可能导致市场判断错误，产品设计失败。另一方面，企业要把自己的产品和服务销售出去，需要发布广告或通过其他途径进行市场宣传，影响潜在的消费者。错误的信息不能实现市场推广的目标，而有意提供误导的信息则属于欺骗行为，是不正当的商业竞争手段，最终也会损害企业自身的利益。

二、计算机网络技术

毋庸置疑，计算机的发明和普及是20世纪推动人类社会发展的最重大的事件之一。20世纪80年代初，微处理器的出现使计算机开始进入小公司和家庭，计算机不再只是科学计算的工具，而是更多地应用于事务处理。

计算机网络是指把分散的计算机及其附属设备用通信线路连接起来，按照网络协议进行通信，以达到共享硬件、软件和数据资源的目的。计算机网络是现代计算机技术和通信技术相结合的产物。在现代网络环境下，人们已经逐渐把计算机在信息交流、共享及协同工作方面的作用看得比它的计算能力更为重要。

1. 计算机网络的类型

按计算机网络连接的地理范围，可以把计算机网络分为局域网（Local Area Network，LAN）和广域网（Wide Area Network，WAN）。局域网由在较小范围内的计算机连接构成，是指范围在几百米到几千米内的办公楼群或企业内部的计算机相互连接所构成的计算机网络。局域网具有数据传输速率高、传输延迟小、差错率低、组网灵活和成本低等特点。广域网连接的地理范围很大，可以跨越城市、国家，甚至覆盖全球。广域网通常是一个公共的网络，不属于一个机构或国家，具有传输介质复杂、数据传输速率较低、技术比较复杂等特点。Internet是世界上规模最大的广域网。

按通信介质，可以把计算机网络分为有线网络和无线网络。有线网络是指网络中采用同轴电缆、双绞线、光缆、电话线等有线介质来连接的计算机网络。有线网络具有技术成熟、产品丰富、实施方便、成本低、受气候环境影响较小等特点。无线网络是用电磁波等作为载体来传输数据，网络中的结点之间没有线缆的连接。无线网络支持移动计算机，具有保密性强、抗干扰性好、架设与维护容易等优点，但技术发展相对较慢，成本较高，易受环境因素影响。由于联网方式灵活方便，无线网络是一种很有前途的联网方式。

按网络的拓扑结构，可以把计算机网络分为星形网络、环形网络、总线型网络等。此外，还可以从通信方式、使用目的、服务方式、信息传输模式等不同角度对计算机网络进行分类。

2. Internet和Intranet

Internet（互联网）是全球最大的计算机互联网络。Internet起源于军事应用，后来扩展到学术研究和教育领域，最终转为商业化。Internet正在改变我们的生活。

Internet的原型是1969年美国国防部高级研究项目局（Advanced Research Projects Agency，ARPA）为军事实验用而建立的网络，被称为“阿帕网”（ARPAnet），其设计目标是建立一个由一些分散的指挥点组成的指挥系统，万一部分指挥点被敌方摧毁，其他指挥点仍能正常工作，而这些分散的点又能通过某种形式的通信网取得联系。1986 年，美国国家科学基金会（National Science Foundation，NSF）利用 ARPAnet 发展出来的 TCP/IP 的通信协议，在 5 个科研教育服务超级计算机中心的基础上建立了 NSFnet 广域网。后来又有很多大学、研究机构纷纷把自己的局域网并入 NSFnet 中，经过十几年的发展逐渐形成了 Internet。其应用范围也由最早的军事机构，扩展到学术机构，乃至企业和其他各种应用领域，并迅速覆盖了全球，运营性质由以科研、教育为主逐渐转向商业化。不仅如此，Internet 正在改变着我们的生活，深刻地影响着我们的工作、学习，甚至思维方式。

Intranet（内部网）是基于 Internet 标准、协议和技术，在一个协同作业的企业或者组织的内部建立的网络应用系统。它可以在企业内部原有的硬件、软件和服务器基础上，实现 Internet 上的几乎所有应用。因此，Intranet 可以看做 Internet 的企业版本，是一个企业内部的 Internet。Intranet 既可以局限在企业内部独立运行，也可以连接到 Internet，但 Intranet 上内部的、敏感的信息受到防火墙的保护，只有经过授权的用户才被允许进入企业内部 Web 站点。与 Internet 相比，Intranet 在网络安全方面提供了更加有效的控制措施，信息传输速度也更快。

Intranet 的核心在于采用了 Internet 的通信标准和 Web 信息流通模式。它还继承了 Web 的跨平台兼容性，为企业提供了十分方便的发布信息的机制。以 Intranet 为平台的信息管理系统以其特有的优势，可获得高效的开发和企业级应用，逐渐取代传统的 MIS 系统，成为企业管理信息系统的首选。

三、网络信息服务

1. 传统的网络应用

传统的网络应用包括远程登录、文件传输、电子邮件和电子公告板等。

远程登录（Telnet）提供远程连接服务的终端仿真协议，允许用户的计算机作为终端登录到远程主机系统。Telnet 是一种客户机/服务器处理方式，用户在本地系统生成 Telnet 应用，并和远程主机上运行的 Telnet 进程建立一条链路。大多数进程是在远程主机上运行的，它从用户的系统接收请求，并在它的工作空间内处理它们。通过远程登录，用户从自己的系统上就能够运行远程程序，共享远程主机上的资源。

文件传输协议（File Transfer Protocol ，FTP）允许用户在计算机之间传送文件，是一种实时的联机服务。FTP 在工作前必须首先登录到对方的计算机上，在登录时通常需要提供相应的用户名和口令，但一些信息服务机构也提供匿名登录的 FTP 服务。

电子邮件（E-mail）是通过 Internet 与其他用户进行联系的快速、可靠和廉价的现代化通信手段。E-Mail 系统由邮件服务器和邮件客户端组成。邮件服务器提供发送和接收邮件服务，其功能类似于邮局；客户端软件安装在客户计算机上，用于对 E-Mail 进行收发、编辑、存储和管理。电子邮件系统使用简单邮件传输协议（SMTP）、邮局协议（POP3）和 Internet 信息存取协议（IMAP）。一个完整的电子邮件地址，由用户账号和电子邮件域名两部分组成，中间用“@”分隔，如 user-ID@ domain。

电子公告板系统（Bulletin Board System，BBS）为用户开辟一块展示公告信息的公用存储空间，用户在这里可以围绕某一主题展开讨论。电子公告板涉及的主题相当广泛，如科学研究，时事评论等各个方面，世界各地的人们可以开展讨论，交流思想，或寻求帮助。

2. Web 信息服务

万维网（World Wide Web，WWW）是以超文本标记语言（Hyper Text Markup Language，HTML）定义信息表示、采用超文本传输协议（Hyper Text Transfer Protocol，HTTP）传输信息的 Internet 服务。HTML 可以定义格式化的文本、色彩、图像与超链接等，提供面向 Internet 服务的超媒体信息浏览系统。Web 服务采用超文本和超媒体技术，将不同文件通过关键字建立链接，提供一种交叉式查询方式，解决了网络上的信息搜索和传递问题。在一个超文本的文件中，一个关键字链接着与另一个关键字有关的文件，该文件可以在同一台主机上，也可以在网络上的另一台主机上，还可以是另一个超文本文件。

使用新一代的 Web 服务技术 Web2.0，用户可以在网上获得更多传播、分享、交流的自由。这些技术包括博客（Blog）、新闻聚合（RSS）、社会性网络（SNS）等。这意味着在 Internet 上可读、可写，具有更强的交互性。例如，用户可以在自己的博客上发布信息，这些信息可以被关心的用户订阅、修改和评价。新一代网络使沟通成本进一步降低。

博客一词来源于 Blog。Blog 是 Web Log（即网络日志）的简称，用户通过日志进行思想和信息交流。博客可以指网络日志，也可以指日志的撰写者。网络日志也是一个网页，它通常是由简短且经常更新的帖子（Post）构成，这些张贴的文章按照年份和日期倒序排列。日志的内容和目的有很大不同，多数只是记录个人的所见所闻所想，也有一些是一群人基于某个特定主题或共同利益领域的集体创作。有些专门的站点提供博客支持和服务，它们提供一个创建自定义博客的 Web 界面，定义完成后可以立即使用。要建立自己的博客，最简单的方法是到类似 blogger. com 这样的站点注册一个新用户。如果你想更多地控制网络日志的基础结构，也可以在自己的服务器上建立博客服务系统。

微博，即微型博客（Microblog）的简称，是一个基于用户关系信息的分享、传播以及获取平台，用户可以通过 Web、Wap 等各种客户端组建个人社区，以 140 字左右的文字更新信息，并实现即时分享。最早也是最著名的微博是美国 Twitter。2009 年 8 月，中国门户网站新浪推出“新浪微博”内测版，成为门户网站中第一家提供微博服务的网站，微博正式进入中文上网主流人群视野。2011 年 10 月，中国微博用户总数达到 2.498 亿，成了世界第一微博大国。随着微博在网民中的日益火热，与之相关的词汇如“微夫妻”也迅速走红网络，微博效应正在逐渐形成。

微博应用中信息获取具有很强的自主性、选择性，用户可以根据自己的兴趣偏好，依据对方发布内容的类别与质量，来选择是否“关注”某用户；微博宣传的影响力具有很大弹性，与内容质量高度相关；内容短小精悍，微博的内容限定为 140 字左右，门槛较低；信息共享便捷迅速，可以通过各种连接网络的平台，在任何时间、任何地点即时发布信息，其信息发布速度超过传统纸媒及网络媒体。

微博的代表主要有：Twitter、新浪微博、腾讯微博、网易微博、搜狐微博等。微博以其便捷性、背对脸、原创性等特性深受用户欢迎，微博草根性更强，且广泛分布在桌面、浏览器和移动终端等多个平台上，有多种商业模式并存，或形成多个垂直细分领域的可能。但无论哪种商业模式，都离不开用户体验的特性和基本功能。

RSS 是 Really Simple Syndication（真正简易聚合）的简称，它是一种用于网站内容集成的技术。RSS 会收集和组织定制的新闻，按照使用者希望的格式、地点、时间和方式，直接传送到使用者的计算机上。与信息浏览采用的“拉”技术不同，RSS 是一种“推”技术。例如，你关注某个旅游地的新闻，就可以在浏览器里订阅该地新闻的信息源（Feed），相关内容一旦有更新，会自动“推”送到你的浏览器里。用户只需在自己的浏览器里分门别类地收集各种感兴趣的 Feed，而不必一个一个地去访问这些网站。对于网站来说，聚合方式扩大了网站内容的传播面，也增加了网站访问量。

SNS 意为 Social Network Software（社会性网络软件）。1967 年，哈佛大学的心理学教授 Stanley Milgram（1933—1984）创立了六度关系理论，它可以简单地表述为，你和任何一个陌生人之间所间隔的人不会超过六个，换句话说，最多通过六个人你就能够认识任何一个陌生人。网络的发展让人的社交范围得到极大的扩张，电子邮件、即时通信软件、网络电话等使人际交流的成本变得极低，达成六度关系理论的条件已经到了临界点。社会性网络和真实世界一样，只不过是使用了新的交流工具，其最终目标是形成一个相对诚信的人际网络。对企业而言，丰富的人际资源意味着更有竞争力的品质和价格，更多的销售渠道和更大的市场商机。

3. 即时通信

即时通信（Instant Messaging，IM）是在网络上实现的实时通信，它已经成为最常见的网络沟通方式之一，并成为新一轮网络竞争的焦点。即时通信是以沟通为目的，通过跨平台、多终端的通信技术实现的以文字、声音、图像和视频为媒体的低成本、高效率的实时通信方式。即时通信拥有实时性、跨平台性、成本低和效率高等诸多优势，已经成为最常见的网络沟通方式之一，当初曾被视为浪费时间的聊天工具，如今成了新一轮网络竞争的焦点。

最早的网络即时通信软件是以色列特拉维夫的 Mirabils 公司（成立于 1996 年 7 月）开发的 ICQ。ICQ 是英文 I Seek You 的简写，这是一款网络即时信息传呼软件，支持在 Internet 上聊天，发送消息和文件。后来美国在线公司（America On Line，AOL）购买下 ICQ，在三年内共投入 4 亿多美元，使 ICQ 技术得到进一步发展和完善。到 2001 年 5 月时，全球 ICQ 的用户就已经达到了 1 亿。

现在即时通信已不再仅仅被看做一个沟通工具，而是一个巨大的集信息传播、交流互动、在线交易和休闲娱乐为一体的低成本的沟通平台，并迅速成为继电话、电子邮件之后的第三种现代通信方式，在个人应用和企业应用中发挥着日益重要的作用。除 ICQ 外，主流即时通信工具还有微软 MSN Messenger，雅虎 Messenger，腾讯 QQ，朗玛 UC 等。2006 年仅在中国即时通信用户就超过 1 亿。

四、通信技术

1844 年电报的发明，1876 年电话的出现，开启了近代电信事业。电信事业的发展大大地延伸了人类活动的空间，通信是现代社会人们从事经济活动和进行信息沟通必不可少的工具。

1. 移动通信技术

近几年来，全球移动通信市场经历了一个繁荣的发展时期，移动通信在通信市场的发展前景看好，市场的占有量不断上升。在用户数量上，到 2002 年年底，全球移动用户已经超过固定用户，我国在 2003 年 10 月移动用户数也超过了固定用户数。

根据世界银行 2012 年 7 月公布的一项名为“2012 年信息与通信发展”的研究显示，全球已有 3/4 的人口使用移动设备，而全球移动用户数已从 2000 年时的不到 10 亿上升至目前的超过 60 亿，而其中接近 50 亿移动用户位于发展中国家。而从 2000 年至 2010 年，中低收入国家的移动用户数增长了超过 15 倍，从 4% 上升至 72%。需要指出的是，手机用户量常常会超过人口数量，因为如果一个人拥有 2 部或更多部手机，就会被统计为 2 个或更多个用户。

第一代移动通信技术（1st Generation，1G）以模拟制式为特征，已经被市场淘汰。目前使用的第二代移动通信技术（2nd Generation，2G）的核心是数字语音传输技术，以 GSM 为代表。GSM（Global System for Mobile Communications，全球移动通信系统）是一个由欧洲开发的数字移动电话网络标准，它的目标是让用户使用一部手机就能行遍全球。GSM 系统的数据速率为 9.6 kbit/s，具有防盗能力强、网络容量大、手机号码资源丰富、通话清晰、稳定性好、手机耗电量低等特点。

第三代移动通信技术（3rd Generation，3G）是将无线通信与国际互联网等多媒体通信结合的新一代移动通信系统。它能够处理图像、音乐、视频流等多种媒体形式，为用户提供更好的语音、文本和数据服务，包括网页浏览、电话会议、电子商务等。在室内、室外和行车的环境中，3G 网络能够分别支持至少 2 Mbit/s、384 kbit/s 以及 144 kbit/s 的传输速率。3G 的主流技术为 CDMA（Code-Division Multiple Access，即码分多址技术），其代表有欧洲和日本的 WCDMA（Wideband CDMA），美国的 CDMA2000 和我国的 TD—SCDMA。第三代移动通信系统的网络和业务已逐步普及。为了提供这种服务，无线网络必须能够支持不同的数据传输速度，也就是说在室内、室外和行车的环境中能够分别支持至少 2Mbps、384kbit/s 以及 144kbit/s 的传输速度。

第四代移动通信技术（4th Generation，4G）也已在讨论中，虽然其定义还不明确，但一般认为 4G 是集 3G 与 WLAN 于一体，能够传输高质量视频图像，数据下载速率可达 100Mbit/s，上传速率也能达到 20Mbit/s，能够满足几乎所有用户对于无线服务要求的通信技术。

智能手机（Smartphone）是指“像个人电脑一样，具有独立的操作系统，可以由用户自行安装软件、游戏等第三方服务商提供的程序，通过此类程序来不断对手机的功能进行扩充，并可以通过移动通信网络来实现无线网络接入的这样一类手机的总称”。

智能手机具有以下五大功能：无线接入互联网的能力；PDA 的功能，包括 PIM（个人信息管理）、日程记事、任务安排、多媒体应用、浏览网页；开放性的操作系统，拥有独立的核心处理器（CPU）和内存，可以安装更多的应用程序，使智能手机的功能得到无限扩展；人性化，可以根据个人需要扩展机器功能；功能强大，扩展性能强，第三方软件支持多。

目前进入商业应用的 3G 移动通信技术通过与智能手机的配合，实现了移动通信突破性的发展，智能手机为用户提供了足够的屏幕尺寸和带宽，既方便随身携带，又为软件运行和内容服务提供了广阔的舞台，很多增值业务可以就此展开，如股票、新闻、天气、交通、商品、应用程序下载、音乐图片下载等。结合 3G 通信网络的支持，智能手机势必将成为一个功能强大，集通话、短信、网络接入、影视娱乐为一体的综合性个人手持终端设备。

与此同时，移动电话正在变成兼有照相机、MP3、视频、PDA、电子钱包等通信和娱乐功能的个人消费品。

2. 电话通信

在移动通信迅速发展的同时，传统的固定电话也被赋予了新技术特征，如公共电话新开发了增值服务，包括短信息服务、电话会议、无线市话等。固定电话不再仅仅是电话，也不再限于固定。

固定电话短信息服务是基于固定电话网的以中文短消息收发为主的信息服务。固定电话不再是传统意义上的单纯的通话工具，而是兼有通话服务、短消息收发、个人信息助理、信息查询订阅、信息发布收集、简单电子商务等功能的新型的信息工具。短消息可以通过信息电话机、互联网或人工台发送。信息电话机或普通电话可接收文字或语音短信。通过短信平台与 Internet 的连接，进入移动通信的短信网关，固定电话短信与手机短信和网络短信就可以实现互通。目前固定电话短信息服务的主要应用包括：①随时的短消息收发；②各类信息的查询和自由订阅，如天气预报、股市行情、交通旅游信息等；③政府信息或市场信息的发布；④民意调查或消费者信息的迅速采集；⑤商品订购、在线交易、个人金融服务、即时支付等安全快捷的电子商务活动；⑥其他可拓展的应用，如电子邮件、网上聊天、身份认证等。

交互式电话会议可以用于随时随地召开电话会议，无论与会者身在何处，只需拨打一个会议号码，就可以同时发言，自由交谈。交互式电话会议适用于管理总结会、紧急讨论会、项目研讨会、培训咨询会、信息交流会、定期例会、突发事件现场会等各种会议，特别是需要不同地点的远程用户参与的会议。

无线市话（即小灵通）业务，是一种个人无线接入系统，它使电话在无线网络覆盖的范围内可随身携带使用，随时随地接听、拨打任何人、任何地点的固定或移动电话，是市内电话的延伸和补充。无线市话具有可随身携带、一定范围内自动漫游通话、低辐射、绿色环保以及费用相对较低的优点。但随着智能手机的普及，该项通信业务已经被淘汰。

随着通信技术的进步，在一些发达国家或城市，许多公用电话亭已经成为集语音电话、视频电话、短消息收发、E-mail 收发和 Web 浏览器于一体的信息终端，人们随时随地进行信息沟通变成可能。

五、电子数据交换（EDI）

电子数据交换（Electronic Data Interchange，EDI）技术是一种利用计算机进行商务处理的新技术，是计算机、通信和现代化管理技术结合的产物。EDI 不是用户之间简单的数据交换，而是把贸易、运输、保险、银行和海关等行业的交易信息，如订单、发票、提货单、海关申报单、进出口许可证等，按照国际统一规定的协议，通过计算机通信网络，在企业或部门之间进行数据交换与处理，完成以贸易为中心的全部业务过程。由于 EDI 可以代替传统的纸张文件的交换，因此也被称为“无纸贸易”或“电子贸易”。国际标准化组织（ISO）把 EDI 定义为“将商务或行政事务处理按照一个公认的标准形成结构化的事务处理或信息数据格式，从计算机到计算机的电子传输”。国际电信联盟电信标准化机构（ITU—T）把 EDI 定义为“从计算机到计算机之间的结构化的事务数据互换”。

从 EDI 的定义可以看出，它包含了计算机应用、通信网络和数据标准化三个方面的内容。EDI 系统由报文生成和处理模块、格式转换模块、通信模块和联系模块四个功能模块组成。报文生成和处理模块接受来自用户联系模块或数据库接口的数据和指令，按照 EDI 标准生成各种 EDI 报文和单证，然后交由格式转换模块处理。格式转换模块的作用是对各种 EDI 报文进行结构化处理，然后提交给通信模块发送给其他 EDI 系统的用户，或者对经通信模块接收到的结构化的 EDI 报文作非结构化处理，对在格式转换中语法出错的 EDI 报文，应拒收并通知对方。通信模块是 EDI 系统与 EDI 通信网的接口，执行呼叫、应答、自动转发、地址转换、差错校验、出错报警、审计和确认、命名和寻址、合法化和完整性检查及报文传送等任务。联系模块包括用户联系模块和内部系统联系模块两部分。用户联系模块是 EDI 系统与用户的接口，内部系统联系模块是 EDI 系统和企业内的其他信息系统或数据库的接口。

EDI 的主要优势在于：①取代传统的纸面贸易，节约成本消耗；②大大提高了单证的传递速度，减少了传递环节和交换手续，加速了贸易过程中的结算和资金周转，促进了国际贸易的发展；③提高了工作效率和企业的竞争能力；④企业内部运作过程更加合理，提高了服务质量，有利于在贸易伙伴间建立更好的合作关系，增强企业自身的发展能力。

六、地理信息系统和移动位置服务

人类活动中有 80% 以上的信息属于具有空间位置特性的地理相关信息，旅游活动更是如此。从应用的角度看，地理信息系统（Geographic Information System，GIS）是以地理空间数据库为基础、采用地理模型分析方法、提供空间的和动态的地理信息的计算机技术系统。地理信息系统具有采集、管理、分析和输出地理信息的能力。20 世纪 80 年代末以来，随着计算机技术的发展，地理信息的处理、分析手段日趋先进，地理信息系统技术日益成熟，已被广泛地应用于资源调查、区域开发、环境评价、设施管理、旅游规划、信息服务等与地图应用相关的各个领域。

移动位置服务（Location Based Service，LBS）是通过无线通信技术为移动终端用户提供的基于位置的信息服务业务，它利用一定的技术手段通过移动网络获取移动终端用户的位置信息，在电子地图平台的支持下，为用户提供相应服务的一种增值业务。LBS 的工作原理是：用户终端（如手机、PDA、汽车电脑等各种移动终端）采用卫星定位等手段获取用户位置，并实时地把这一位置信息通过移动通信网上传至服务器；服务器根据用户发出的服务请求作出响应，并把响应的服务信息（如地图、文本等）通过移动通信网发布至用户终端。LBS 是卫星导航技术、GIS 技术和无线通信网络技术等相集成的产物，它实现了互联网与各类定位终端之间点对点、端对端的互动应用，通过无线通信技术为用户提供基于位置的信息服务。

地理信息系统和移动位置服务在旅游活动中具有广泛的应用。例如：

（1）地图绘制（Mapping）：根据用户的请求范围、图层、格式等返回相应的地图数据。地图数据可以是栅格形式的图片，也可以是矢量格式的图形，还可以在原始的地图上绘制各种几何元素或标记地理对象。

（2）路径搜索（Route）：提供两点之间的各种交通工具的行驶路线。路径搜索可按全路径、途经多点、给定排除条件、计算时间和距离等多种方式提供结果。路径搜索服务充分体现了移动网络的优势和特点，是实现导航服务的基础。路径搜索服务对地图数据的要求较高，如要有完全的和准确的路网数据，包括各种规则，如单行、禁左、车道数量等。

（3）导航（Navigation）：分成静态导航和动态导航。静态导航是指用户在出发前获取出发地和目的地的最佳路径信息，出发后不再有提示信息给用户；动态导航则是用户在行驶过程中由 GIS 系统（网络或用户本地）根据当前用户所在位置动态地提示用户前进的方向，如提前通知用户左转，地图上动态显示当前用户所在位置，以及与目的地在行驶路线上的距离等。导航服务也可以看做一种路径搜索服务。

（4）地理编码（Geocode）和逆地理编码（Reverse Geocode）：把一个街道地址或邮编编码成一个地理位置，或者把一个地理位置反编码成一个街道地址或邮编。

（5）量算（COGO）：进行几何要素的测算。例如，计算两点之间的直线距离，判定点是否在某个指定的区域内。

（6）目录服务（Directory）：主要是指兴趣点（Point Of Interesting，POI）的查找，包括最近距离查找、一定范围内查找和根据属性（如名称、电话号码等）查找等。查找的内容可以是酒店、商场、加油站等。

七、消费电子

“消费”是相对“生产”而言的。消费电子是指用于个人和家庭的生活、娱乐消费的电子产品，如数字电视、智能手机、可视电话、高保真音响、智能厨房电器、掌上电脑、MP3 播放器、数码相机和摄像机、便携游戏机、车载无线系统等。数字技术的发展，给消费者带来了丰富多彩的数码新产品和前所未有的视听享受。

3C 是计算机（Computer）、通信（Communication）和消费电子产品（Consumer Electrics）三类电子产品的简称。3C 融合是消费电子行业的发展趋势，其结果将使三种数字化电子产品的功能互相渗透、互相融合，使电子产品更加智能化、多元化，使用更方便。消费电子产品突出了应用功能，减少了人机之间的技术障碍，具有操作简单、性能稳定、价格低廉、维护简便的特点，又有数据处理和通信能力，对于一般信息需求的用户具有很大的吸引力。

由于电视是家庭获取信息和娱乐的中心，当它可以作为互联网接入设备时，它在个人和家庭信息处理中的作用要大于计算机。3C 电视兼备计算、通信和家用电器产品的特征，即使用电视产品的外在形态来包装计算、通信和消费电子的功能。它除了具备数字电视的功能以外，还具有通信类产品的强大交互性和计算机类产品在信息储存和处理方面的强大能力。3C 电视除了比现有的电视更清晰、收看的频道更多外，更重要的是，它传输和处理的都是数字信号，因此将成为家庭中互联网的接入终端和信息处理的主要平台，这就意味着具有 3C 功能的电视将充当家庭电子商务交易平台的角色。

智能手机具有典型的 3C 产品的特点，拥有强大的应用功能，可以成为个人移动信息处理终端，满足未来无线商用和娱乐等高端需求，成为未来手机市场主流形态产品。手机市场和通信服务将从以语音和短信为代表的传统移动通信时代演进和提升到多媒体数据服务沟通时代。融合了掌上计算机功能的智能手机，不仅具备与 PC 同步、收发邮件、观看电影、拍照、摄像、录音、移动 MSN、网络游戏等功能，还支持 Web 页面和 Word、Excel 等格式的文档的浏览，还能根据需要安装各类应用软件。它已打破了传统手机以语音通话为主的功能设计，开始成为体现 3C 融合的个人移动信息处理终端。

消费电子对人们的生活和娱乐方式的影响是巨大的，人们在信息使用和处理方式上的改变，将反过来引导和推动相关服务行业的信息化建设和市场开发。

第二节 信息技术在旅游业的应用

旅游业本质上是一个混合型产业，涉及从交通、住宿、餐饮到景区、游乐场所等各种旅游产品供应企业。旅游业作为信息密集型和信息依托型产业，也是较早应用信息技术的行业之一。信息技术作为生产力中最活跃的因素，正在日益渗透和改变着现代旅游业。旅游业通过应用信息技术来改进传统的经营方式，优化企业结构，加速经济增长，从而推动整个旅游业的健康发展。

一、信息技术在旅游交通业的应用

旅游交通是旅游活动的先决条件。计算机预订系统是旅游交通的技术关键所在。它不仅仅是一种销售工具，而且还具有办公自动化功能，能够通过预订情况分析并提炼出市场需求及其变化动态。

航空公司很早就在机票预订和销售业务中使用计算机系统。1959 年，美利坚航空公司与国际商用机器公司（IBM）联合开发了世界上第一个计算机订位系统 SABRE，后来逐步演变成为一个庞大的计算机预订系统（Computer Reservation System，CRS）。信息高速公路出现后，航空公司又开始研究利用 Internet 来取代 CRS，以更快的速度完成查询、预订和支付等全部工序。互联网、邮寄机票以及电子机票技术的发展正在改变航空公司的销售业务。1994 年年底，美国开始出现新式的电子机票，实现了无票旅行。现在许多航空公司增加了网络订位和预付款服务，世界各地的消费者足不出户就可以买到机票。目前我国各大航空公司的在全国各地的计算机预订服务已经实现了网络化，中国南方航空公司、中国国际航空公司、中国东方航空公司等六家航空公司开通了电子机票服务。网络订位和电子机票，是信息技术在航空销售业务中的成功应用。

陆路运输和水路运输也面临着与航空业同样的技术革新。铁路、公路、渡轮公司通过网络为旅客提供车、船班次信息，实现各种交通票务的预订和销售。

信息技术对于旅游交通企业的资源调配和内部管理同样十分重要。企业可以通过信息对交通工具的调度、营运，燃料、耗材、配件的供应，安全运行记录，财务、人事等各方面进行科学管理。旅游运输企业一些传统的运营和管理方法也正在因为信息技术的革新而发生变化，逐渐向高智能化、网络化和集团化转变。另外，采用现代信息技术开发出的车用电话系统、自动车辆监控系统、全球定位系统（Global Positioning System，GPS）、电子地图系统等，为旅游交通的准确、及时和高效管理提供了有力的技术支撑。

二、信息技术在饭店业的应用

饭店业是旅游业的主要支柱之一。早在 1963 年，美国的希尔顿饭店就安装了一台 IBM 小型计算机，用于饭店客房的自动化管理，标志着信息技术的应用开始进入饭店业。信息技术应用于饭店的管理和预订业务，为古老的饭店业带来了生机。

全球分销系统（Global Distributing System，GDS）是 20 世纪 90 年代以来获得迅速发展的新型旅游营销网络。加入全球分销系统组织的各个饭店集团或独立酒店，都可以使用 GDS 开展预订业务，这就使得中小型独立酒店与大型饭店集团一样，也能够利用网络系统开展预订业务。

Internet 的出现使饭店业的网络销售进入了新的阶段。由于互联网提供了方便、快捷的通信手段，丰富的信息资源，以及其低廉的费用，对旅游饭店的经营环境产生了重大影响。我国的旅游饭店在20世纪80年代初期，就开始应用计算机进行内部信息管理和业务操作。现在，从饭店管理信息系统到基于Internet的电子商务，信息技术在饭店业已经得到了普遍应用。

（一）饭店管理信息系统

按饭店管理活动的目标和数据流特点，可将饭店管理系统分为前台、后台和其他三个子系统。

1. 前台系统

前台系统统一管理入住客人的相关信息，包括预订、接待、收银、夜审、客房、报表、客史、协议单位、应收账、系统维护等模块，覆盖预售、销售、售后三个时期的客人信息、财务、客房、历史数据管理控制四大过程。整个数据流程以客人主单为主线。客人主单经预订或直接登记入住操作而产生，在客人离店后使用系统维护功能进行备份后清除。对应三个销售时期，客人主单以预订、在住、离店三种状态存在，系统对不同状态的主单信息及相关操作进行相应的管理控制。客人账户与客人主单一一对应。账务处理贯穿预售和销售期，对订金、押金、各类消费、付款进行管理控制。在售后期由应收账接替管理。客房控制主要是对客房房态的控制。登记入住、结账离店都会自动改变房态。系统自动核对客人主单与客房房态的关系，进行差异房警报。历史资料不是简单的资料转存，而是对相关数据的汇总和提取。

2. 后台系统

后台系统主要是指饭店财务管理系统，包括总账、应付账、财务报表、库存管理、采购管理等模块。该系统不是一个简单的账务处理系统，而是一个以核算为基础、以控制为重点的管理系统。总账是财务管理控制中心。销售收入、应收账、应付账、收货、发货等数据汇总到总账，经总账会计审核入账，从而使总账会计的工作重点从输入凭证、编制财务报表等账务处理工作转到财务管理。例如，审核其他财务岗位的工作，摊分和控制成本，核查现金、银行存款、库存实物与系统数据的差异，并依靠预算和历史数据进行财务分析。采购是饭店最大的成本，必须严格控制。因此使用采购、收货、应付账三个功能相互制约的系统形成饭店采购管理体系。

3. 其他系统

其他系统是指通过接口接入一些辅助系统，可扩展系统的功能及管理范围。例如，电话计费系统、POS系统、电子门锁系统、视频点播系统以及来自其他系统的预订数据接入系统等。电话计费系统不仅可以按照饭店的规定计算各类电话话费，同时可以自动控制客房电话的开启和关闭，自动叫早，控制留言等。POS

系统则可从前台系统得到客人签单消费授权，并将客人账目自动入账到前台客人账户。随着信息技术、自动控制技术和通信技术的发展，更多的新技术将会被应用到饭店管理系统中。

（二）Internet 在饭店业的应用

饭店提供的是以服务为主要内容的无形产品，它要求消费者来到产品的生产地消费，因此饭店要有强有力的促销手段。利用 Internet 进行促销，不仅覆盖面广，还可以免去印刷大量的宣传资料，从而大大节省促销成本。

顾客可以通过饭店网页上的宣传资料，在网上直接向饭店进行预订，或者通过电子邮件、电话、传真等发去订单，并提供信用卡号或其他信息作为支付保证，一次完成全部预订的手续。饭店企业在网上直接销售，不仅可以节省比较昂贵的业务系统费用，还可以绕过中间商，从而减少佣金支出。对旅游者而言，则意味着有更广泛的选择，预订过程更方便、更轻松。

Internet 接入也是现代饭店不可缺少的服务。一方面，Internet 作为客人与外界联系的重要通信工具，不但给客人带来方便，也大大节约了饭店和客人的通信费用；另一方面，商务客人可以在线处理业务，或进行贸易活动。

三、信息技术在旅行社的应用

旅行社是旅游活动的组织者，旅游产品的销售渠道，与其他旅游企业有着密切的联系，因此对信息技术有很强的依赖性。信息管理系统（Management Information System，MIS）在旅行社管理中发挥着重要作用。通过网络提供信息和销售服务，旅行社降低了成本，扩大了市场。

我国旅行社的信息技术应用起步于 20 世纪 80 年代初期。1981 年，中国国际旅行社引进美国 PRIME500 型超级小计算机系统，用于旅游团数据处理、财务管理、数据统计。随着信息技术的发展和计算机的普及，目前，我国旅行社已全面步入了信息管理系统时代。MIS 在旅行社管理中发挥着重要作用：在旅游信息管理及服务、外联销售、陪同管理、对外结算、对内拨款、财务管理、成本分析等方面，MIS 为旅行社提供了众多的便利，增强了服务的时效性，大大提高了工作效率；客户的信息存储在企业的数据库中，随时可供查阅、调用和修改，有助于旅行社加强客户管理和进行市场开发；系统信息来源广泛，信息量大，获取信息及时，为科学决策提供了基础。

我国的旅行社网络化发展起步较晚，但已有一些成功的尝试。1993 年，以中国旅行社总社为中心，由西安、桂林、广东、浙江、南京、无锡、苏州等国旅集团成员企业与航空公司、铁路、汽车公司、饭店、餐馆、商店等相关企业，组成了国内第一个以旅行社为龙头的跨地区、跨行业的经营性计算机预订网络，开创了我国旅行社使用网络经营的新局面。上海春秋旅行社在遍布各地的分社之间的协作、经营，首先实现了全国范围的联网，总社对分社和销售点实施统一管理和协调。该网络设一级网站（中心旅游城市分社网站）、二级网站（分社销售点网页），覆盖了全国的主要旅游城市。网络服务内容涉及旅游的各个方面，如旅游线路介绍、报价、订房、订餐、订票、订车等。顾客通过旅行社服务人员进入网络，访问目的地景点附近的分社网站，即可完成各种旅游项目的预订，价格、费用一目了然。上海春秋旅行社实现全国联网后，不仅加快了信息交流，提高了经营效率，有利于及时抓住客源，而且还节省了通信费用，通过集中采购获得优惠，降低了经营成本，取得了良好的效益。

四、信息技术在旅游地的应用

旅游地就是旅游目的地，包括各类自然的和人文的景区景点、博物馆、公园和度假中心等。旅游地对旅游者的来访起着一种激发和吸引的作用。

旅游地的管理信息系统通常包含宣传促销、信息服务、辅助经营管理、设施管理等方面。例如，信息服务子系统为旅游者提供有关游览路线、服务项目、交通、饭店和其他信息查询服务；经营管理子系统用于收费、领料、成本控制、查询、报表统计、运行维护等；设施管理子系统用于设施登记、查询、报废、固定折旧、统计报表、系统维护等；内务管理系统则用于旅游地内部的人事、工资、仓库、财务、客户管理以及经营查询和系统维护等。

区域化、国际化是旅游发展的主要趋势，在这种大环境下，使用现代化的信息技术手段进行旅游地的经营，建立自己的特色和品牌形象显得至关重要。一方面，在互联网上设立旅游地网站是非常重要的促销手段，它可以成为旅游产品的最佳信息展示台，向旅游者提供诸如名胜古迹、交通路线、饭店住宿、天气预报等各种信息服务。这些旅游信息以图、文、声、像并茂的多媒体形式展示，甚至可以提供虚拟旅游产品让潜在的消费者获得身临其境的感受。而借由电子商务提供的具有竞争力的优惠价格，也会受到旅游者的青睐。另一方面，在旅游景区售后服务中，通过网络技术收集反馈信息，并进行技术分析，可以有效地节约劳动成本，提高工作效率。作为旅游地信息化建设的例子，九寨沟景区以“数字九寨”作为提升景区品质和管理水平的突破口。

推荐阅读

虚拟技术与上海世博会的完美结合

继奥运会之后，举世瞩目的世博会终于开始了，2010上海世博会在“城市，让生活更美好”的主题下，运用了哪些新的技术呢？

一、网上世博会——多维立体网络体验展演方式

网上世博会作为中国2010上海世博会的网络展示平台，提供给各参展者在网络环境下建立虚拟展馆。内容是以2010上海世博会内容为基础，以不同的方式和技术在互联网上进行展现。

网上世博会中各参展者的展馆外形与内部结构、空间布局、展示内容等均与其实地展览的场地和展馆相同。同时，参展者可以在网上世博会展馆中利用网络信息技术的先进手段，选择采用更为创新和多样的展示方式，通过网络展现其参加中国2010上海世博会的精彩场面，如图7-1所示。

图7-1 网上世博会

二、玩家畅游“未来之城”——游戏与世博的完美结合

在网上世博会中，观众不但可以对展馆进行直观体验，还可以通过更多预设的栏目，进一步深入体验一个好看好玩的世博会。在游戏板块“未来之城”，观众可一边网上逛世博，一边扮演角色游览社区，边游戏边游园。

“未来之城”是一个以世博园场景为背景的虚拟平台，由世博组织者和网友一起参与建设并相互协作完成。这座“网上世博城”借鉴了网络游戏的模式，网友以第一视角在园内游走，接受各种游戏任务，寻人寻宝，揭开谜底。

三、没有演员的虚拟彩排

2008年，北京奥运会的开幕式进行虚拟彩排，而女足世界杯的开幕式也使用了虚拟彩排确定设计方案。继这之后，2010上海世博会的开闭幕式、文艺演出、展示展览都采取虚拟彩排的方式进行。而这种没有演员，不用真实的布景与

灯光，甚至无需置办服装和道具的大型虚拟彩排，被形容成一场“在计算机里上演的虚拟好戏”。

四、可模拟不同环境的三维监控系统

除了网上世博会、“未来之城”、虚拟彩排之外，世博会还采取三维监控系统监控世博辖区。这种监控系统利用三维虚拟仿真技术，结合辖区助航标志和船舶 AIS 动态数据，能逼真显示包括世博辖区在内的上海辖区（黄浦江、长江口和洋山港水域）水岸线、水上建筑和助航设施等的视景图像，并且可模拟白天、夜晚、能见度不良或不同级别风浪等复杂海况下的助航设施和周围海域环境的综合效果；可设定辖区的任何地方、任何角度，以多种运动方式（如定向定速、设计航线、自由航行等）观察该区域附近的助航设施、船舶动态和其周围景观。

资料来源：杨筱卿，www.chinadogame.com.cn.

五、信息技术在旅游市场营销中的应用

网络营销是旅游企业的现代营销方式，它能以最低的成本进行最大范围的市场推广，是旅游市场营销的重要手段。旅游企业的网络营销，是一种以信息技术为支撑的现代营销方式，目的是传播旅游目的地形象，推介旅游产品，促成和引导在线或离线交易的实现。旅游网络营销的内容主要有：网上市场调查、网上消费者行为分析、网络营销策略制定、网络产品开发和服务策略制定、网上渠道选择和直销、网上促销与网络广告以及网络营销管理和控制等。旅游企业网络营销能最大限度地满足网络用户搜索旅游信息的需求，增加旅游目的地的吸引力和竞争力，提高工作的效率，并通过与旅游者的网络互动及时掌握反馈信息，开拓新业务。网络营销特别有利于中、小型旅游企业以最低的成本进行最大范围的市场推广。

网络营销也是旅游者乐于接受的方式。旅游者可以在网上轻松地收集信息，进行充分的比较和选择，通过对旅游目的地的预览或从网上获得的感受，最后作出决策，并作好必要的旅行前准备。进一步地，旅游者还可以在线安排旅行计划，预订旅游目的地酒店和往返交通票，或者参加旅游团队，在线完成咨询、报名、支付等全部手续。

旅游目的地营销系统（Destination Marketing System，DMS）是世界旅游组织大力倡导的一种先进的旅游营销模式。它是一个利用互联网，应用数据库、多媒体、网络营销等技术手段，进行旅游目的地宣传促销和旅游服务的一个综合应用系统，已经逐步成为旅游行业的一个核心系统。旅游网络营销具有强大的生命力。它采用开放式的体系架构，集互联网旅游信息服务、网上旅游营销、互联网电子商务和旅游行业管理于一体，支持跨媒体宣传营销方式，并且拥有一个高档

次的配套服务体系支持，体现了旅游目的地全新的服务水平。DMS 在旅游目的地和客源地之间架设了一个通畅的桥梁，在提升目的地知名度、满足旅游者资讯需求、方便旅游交易、增加目的地旅游收入等方面起到了积极作用。

DMS 具有如下特点和优势：①通过网络传输，信息的传播具有广泛性和及时性；②以多媒体的形式集中展示一个国家和地区的整体形象，展示各地旅游目的地的特色，有助于树立旅游品牌；③提供行程设计、电子地图、市场调查、旅游社区等服务，能够建立起政府、企业和旅游者之间的沟通和互动渠道；④具备海量信息的存储和检索功能，通过信息收集系统、数据库和信息整理系统的加工整理，系统可以提供旅游目的地的基本信息和食、住、行、游、娱、购等各方面的旅游信息；⑤可以根据不同的区域、人群和时机，进行个性化营销。

DMS 在西欧、北美、大洋洲和亚洲的旅游发达国家或地区被广泛运用，显著提高了旅游营销效果，已经逐步成为旅游行业信息化的一个最核心系统。中国旅游目的地营销系统简称“中国 DMS”，是国家层次上的 DMS，它以国家旅游局“金旅工程”作为总体的框架规划，按照国际上成功的 DMS 营销模式，提供了国家级的旅游行业信息化和旅游目的地营销的完整解决方案。2002 年在广东南海完成了第一个 DMS 试点，之后逐步向全国推广，对提高我国的旅游营销水平起到了重要的促进作用。

作为新的营销方式，旅游网络营销具有强大的生命力，但它也受到网络的基础设施、旅游企业的信息化水平、互联网用户的数量、旅游者的消费习惯特别是网络信用机制等因素的制约，在我国目前环境下，网络营销还不会完全取代传统的旅游营销，二者还会长期并行，互相补充，逐步整合。

六、信息技术在旅游规划中的应用

旅游规划是一个地域综合体内旅游系统的发展目标和实现方式的整体部署，规划经审批后，是该地区各部门进行旅游开发、建设的法律依据。旅游规划强调系统性，着眼于整体优化，为旅游实现提供指导性方针。旅游业的快速发展对旅游规划提出了迫切要求，近年来我国的旅游规划进入了新一轮高潮，在技术上有显著的创新，增强了规划的科学性、可行性，提高了规划工作的效率和水平。

现代信息技术可以贯穿旅游资源的清查、市场调查分析、数据处理、模型建立和检验、规划制图等旅游规划的各个环节。在规划中使用数学和计算机模型、影像处理技术、3S（即 GIS，RS 和 GPS，分别指地理信息系统、遥感和全球定位）技术、虚拟现实（Virtual Reality，VR）技术以及 Internet 技术，把理论模型、专家经验、计算机智能技术和计算机仿真技术有机地结合起来，以寻求规划问题的正确答案。

例如，RS 技术与 GPS 技术相结合用于测定旅游区的地理位置和环境；遥感图像可用于清查旅游资源的数量、质量，并制作旅游规划的基础底图；利用 RS 与 VR 技术可以进行动态的旅游规划，建立虚拟旅游系统，让规划设计方案模拟运行，以检验规划方案的实施效果，必要时可以反复修改；使用 GIS 的空间分析技术，可以对旅游规划区的设施布局、游线选择、产业结构、土地利用、环境污染等进行动态评估，制定优化方案，提高旅游地的综合效益。此外，规划中的一些工作可以借助人工智能和自动制图系统自动完成。

第三节 旅游电子商务

一、旅游电子商务的概念

简单地说，电子商务就是利用计算机网络进行的商务活动。旅游电子商务是一种以信息网络为载体的旅游经济运作模式。目前对于旅游电子商务并无严格的定义，但是通常可以从两个方面来理解。狭义的旅游电子商务是指在互联网上在线实现的旅游商品和服务的交易活动；广义的旅游电子商务是指以网络为主体，以整个旅游市场为基础，以旅游信息库和电子银行为技术支撑，使用电子手段运作的旅游商务体系。世界旅游组织在其出版物“E-Business for Tourism”（旅游电子商务）中指出，旅游电子商务是通过先进的信息技术手段，改进旅游机构内部和对外的联系（Connectivity），即改进旅游企业之间、旅游企业与上游供应商之间、旅游企业与旅游者之间的交流与交易，改进旅游企业内部的业务流程，促进知识共享。

旅游电子商务的历史可以追溯到 20 世纪 60 年代美国为航空公司航班预订建立的计算机预订系统（CRS）。后来这一系统进一步发展，业务范围扩大到饭店、汽车、游轮、剧场和观光旅游团队等的预订，形成了现在仍被广泛应用的全球分销系统（GDS）。它们都是运行于专用网、基于 EDI 技术、在企业之间进行的（Business to Business，B2B）电子商务。随着互联网时代的到来，基于开放网络 Internet 的旅游电子商务正在蓬勃发展，出现了企业对消费者（Business to Customer，B2C）的商务运营模式。

二、计算机预订系统

计算机预订系统（CRS）在 20 世纪 60 年代开始用于航空公司的机票预订业务，加入系统的成员之间使用国际航空运输协会（IATA）的 BSP（Billing and Settlement Plan，开账和结算计划）进行费用结算。1978 年美国通过《航空管制取消法案》后，航空公司与旅行社开展合作，使该系统的应用延伸到旅行社代理商，CRS 的业务范围逐步扩大，包括订购机票、预订客房、租车等，成为一个庞大的计算机预订网络。CRS 是旅游业的第一代网上销售系统，它大大提高了旅游销售的效率，迄今仍是各国航空公司出售机票的主要工具。

CRS 的另一个含义是饭店的中央预订系统（Central Reservation System）。大型饭店集团的中央预订系统已有 40 多年的历史。最早的中央预订系统是由假日饭店集团（Holiday Inn）于 1965 年建立的假日电讯网 Holidex-Ⅰ，现在已升级为 Holidex-Ⅱ，并拥有自己的卫星。20 世纪 70 年代以后，美国喜来登、希尔顿，英国福特，法国雅高，我国香港的香格里拉等大型的酒店集团，都相继建立了自己的中央预订系统。全球最大的旅馆联合体最佳西方（Best Western International）就是一个主要通过全球的中央预订系统经营的例子。该品牌旗下的酒店数目多达 4200 家，遍布 80 个国家和地区，它们各自有独立产权，独立经营，有各自的独特风格，并融合了当地的特色。最佳西方就是通过其全球预订系统，把各个成员饭店联合起来，建立起战略联盟。成员饭店还可以针对商务、政府等不同的客源市场，利用专门的促销价格方案系统通过预订系统进行直销，提高市场占有率。

三、全球分销系统

全球分销系统（Global Distribution System，GDS）是由于旅游业的迅猛发展而从航空公司的计算机预订系统（CRS）分流出来的面向旅行服务的系统，它是 20 世纪 90 年代以来获得迅速发展的大型旅游营销网络，GDS 能够为旅游者提供及时、准确、全面的信息服务，满足旅游者从交通、住宿、娱乐、支付到其他后继服务的全方位需求。航空公司的 CRS 系统横向发展的结果是，业务范围扩大到饭店、汽车、游轮、剧场和观光团队的预订。GDS 中的卖方（即产品或服务的供应商，如航空公司、饭店、汽车租赁公司等）和代理方（即分布全球的旅行社）通过国际航空电讯协会（SITA）的通信专网连成一个专业网络系统，并通过代理方实现对最终用户（即旅游者）的销售。GDS 和大部分 CRS 是相连的，CRS 通过 GDS 进行全球更大范围的市场营销。GDS 能够为旅游者提供及时、准确、全面的信息服务，满足旅游者从交通、住宿、娱乐、支付到其他后继服务的全方位需求。目前市场上主要的 GDS 系统供应商有 Amadeus，Sabre，Galileo，Worldspan，Abacus 等。

CRS 和 GDS 都是计算机网络化的电子商务系统，与后来基于 Internet 的旅游电子商务的主要区别在于，它们运行在封闭的专用网络环境，商务活动限于旅游企业之间，并不直接面向最终用户。

四、基于 Internet 的旅游电子商务

随着 Internet 应用的迅速发展和普及，Internet 电子商务市场在全球急剧扩

大，逐渐成为拓展市场的重要手段。基于 Internet 的旅游电子商务的基本特征包括：在基于开放式标准的 Internet 上进行，采用浏览器/服务器（Browser/Server，B/S）体系结构，通过 Web 站点提供服务，可以在旅游企业和旅游者之间进行商务活动，通信费用低廉等。Internet 旅游电子商务的服务功能有：树立和宣传品牌形象，展示旅游产品和服务，发布各类旅游信息，进行网上销售，支持在线支付，提供客户服务，组织网上调查，管理客户资源，建立网上企业联盟等。

Internet 旅游电子商务系统中的主要角色有：①旅游企业，即通过电子商务系统出售产品和服务的供应方；②旅游者，即购买旅游商品和服务的购买方；③支付中心，为电子商务系统中供应方和购买方提供资金支付服务，通常由网上银行承担；④认证中心（CA），负责发放和管理数字证书的第三方机构，保证网上交易的各方能够相互确认身份。

企业与消费者是商务活动的直接参与者，根据二者的关系，Internet 旅游电子商务主要有企业对企业（B2B）、企业对消费者（B2C）和消费者对企业（C2B）等模式。

B2B 反映的是企业与企业之间的商务活动，包括企业与其供应商之间的采购，销售企业与其批发商、零售商之间的协调等。例如，旅游产品的代理（代订机票、客房、旅游线路等），旅行社之间的拼团，旅游公司向航空公司、酒店的直接订购，旅游组团社和地接社之间的商务关系等。

B2C 是企业对消费者的电子商务活动，以网上购物为典型代表，如旅游产品零售、拍卖等。在此模式下，企业利用网络基础设施、支付平台、安全平台、管理平台等共享资源进行经营。B2C 有效地减少了交易环节，减少了售后服务的技术支持费用，大幅度降低了交易成本，从而使商品价格更具竞争力。B2C 模式是近年来各类电子商务模式中发展最快的一个。

C2B 则是需求方主导型的交易模式，实质上是 B2C 模式的拓展。在这种模式下，消费者对商品或服务提出需求和报价，让商家决定是否接受，或由多个商家来竞争，给出更低的价格，即所谓反向拍卖。例如，旅游者自发组团，向旅游公司提出服务项目要求，给出最高限价，最后根据市场反应，由旅游者选择旅游公司。虽然这种交易模式目前仍不普遍，但它能够最大限度地满足消费者个性化的需求，具有一定的发展前景。

Internet 电子商务具有全球普遍性、方便快捷性、整体协调性和安全保障性等方面的优势。Internet 把全球的生产、流通、金融等各个行业及消费者都紧密地联系起来，促进了经济、贸易的全球化。在此环境下，商务活动不再受时间和地域的限制，商家和客户能够以非常简捷的方式完成交易。Internet 电子商务既提高了人力和物力的利用率，又提高了系统运作的协调性，包括商家、银行、配送中心、通信部门和技术部门的协同工作。网络安全解决方案，如加密机制、签名机制、存取控制、防火墙、防病毒等，能够保证商务环境的安全。

五、旅游电子商务网站

1. 中国主要旅游电子商务网站简介

电子商务网站2012年10月公布的排行榜数据显示，旅行综合Top10排行榜名单为：酷讯旅游网、去哪儿、携程旅行网、艺龙旅行网、同程网、驴妈妈旅游网、蚂蜂窝、途牛旅游网、欣欣旅游网、乐途旅游网。

第一名：酷讯旅游网。酷讯旅游搜索是中国领先的在线旅游搜索引擎，为用户实时提供特价机票、打折机票、特价酒店、火车票、度假等旅游信息，是旅游者找到特价旅行信息的最佳途径，也是旅游者出行的好助手。

第二名：去哪儿。去哪儿提供机票、特价机票、打折机票的购买全攻略，99元春秋航空特惠折扣机票，百元南航、海航惊喜特价机票任旅游者挑选，国航、深航1折特价机票和折扣机票一网打尽，更多打折机票尽在Qunar. com。同时，可通过此网站搜索携程、艺龙等上百家旅游预订网站机票报价和航空公司直销机票价格。

第三名：携程旅行网。携程旅行网是中国领先的在线旅行服务公司，向超过1400万的会员提供集酒店预订、机票预订、度假预订、商旅管理、特惠商户及旅游资讯在内的全方位旅行服务。

第四名：艺龙旅行网。艺龙旅行网（美国纳斯达克上市公司，股票代码NASDAQ：LONG）是中国领先的在线旅行服务提供商，致力于为消费者提供优质的酒店预订、机票查询预订服务。它可提供全国700个城市30 000多家国内酒店，以及全球60多个国家和地区的150 000多家海外酒店预订和酒店团购服务。

第五名：同程网。同程网是中国领先的一站式旅游预订平台，提供30 000多家特惠酒店、特价机票、景点门票、旅游度假、演出票务、租车预订服务。

第六名：驴妈妈旅游网。驴妈妈旅游网创立于2008年，是中国领先的新型B2C旅游电子商务网站，中国最大的自助游产品预订及资讯服务平台。成立之初，驴妈妈旅游网就以自助游服务商定位市场，经过数年发展，形成了以打折门票、自由行、特色酒店为核心，同时兼顾跟团游的巴士自由行、长线游、出境游等网络旅游业务，为旅游者出行提供一站式便利服务。截至目前，有5000多家景区、5000多家特色酒店、数百家国内外旅游局和航空公司等同驴妈妈旅游网开展合作，覆盖全国各省及直辖市，覆盖5大洲、50多个国家和地区。

第七名：蚂蜂窝。蚂蜂窝是一个相互协作、共同分享的旅游出行平台，创建者一直以来都非常感慨蚂蚁、蜜蜂社会的团结无私、相互协作与共同分享，这也是蚂蜂窝名字的来历。蚂蜂窝为旅游爱好者提供精彩的旅游攻略路书，收录了全球各地86 550个精彩旅行目的地，提供各种旅行资讯，包括目的地介绍、精美照片、游记、交通、美食、购物等信息。为旅游爱好者提供交流平台，结伴出游，交流摄影，寻找爱旅游和有共同爱好的朋友，一起分享旅行的乐趣。蚂蜂窝的用户热爱户外旅行，钟情于自驾游，拥有专业的摄影技术，因此，蚂蜂窝凝聚的是一个高质量的旅游爱好者群体。自2006年上线运营以来，凭借自身的优势，蚂蜂窝正吸引着更多的网友源源不断地加入蚂蜂窝旅游社区。蚂蜂窝已经收录了国内外众多旅游目的地。依靠注册用户提供的大量一手信息，蚂蜂窝已先后制作推出了各类目的地旅游攻略路书，路书设计精致、新颖，路书内容涵盖当地吃、住、行、游、娱、购等各方面丰富翔实的旅游信息，给无数自助游爱好者提供了方便快捷的旅行指南，受到了用户的普遍欢迎。

第八名：途牛旅游网。途牛旅游网提供旅游度假产品预订服务，产品全面，价格透明，全年365天400电话预订，并提供丰富的后续服务和保障。

第九名：欣欣旅游网。欣欣旅游网是中国最大的在线旅游超市，提供超过100万条周边、国内、出境旅游线路，特价机票、酒店、景点门票、签证等预订服务。此外，网站还提供详细的旅游景点介绍、旅游攻略。

第十名：乐途旅游网。乐途旅游网是专注于为个人旅游休闲消费服务的门户网站。它拥有最及时的旅游新闻资讯、最详尽的旅游目的地指南、最丰富的旅游产品超市、最活跃的旅游生活社区，为个人旅游消费者构建了一个产品质优价廉、社区真实专业、媒体诚信可靠的第三方开放平台。

2. *旅游电子商务网站案例分析*

携程旅行网（http：//www. ctrip. com）创立于1999年，总部设在中国上海。2000年11月携程并购了当时国内规模最大的订房网络北京现代运通，以后逐步发展成为目前国内规模最大的旅游电子商务网站。

携程的市场合作伙伴包括航空、金融、通信和旅游服务企业四大板块，具有丰富的产品资源和较强的竞争实力。携程的服务范围涵盖酒店预订、机票预订、商旅管理、休闲度假、旅游信息和打折商户等。作为目前国内领先的宾馆分销商，携程提供34个国家300多个城市5000多家合作酒店的预订服务；机票预订服务网络覆盖全国43个大、中城市，提供免费送票服务；此外，携程还提供以“机票加酒店”为主的自助度假业务。

携程旅行网属于B2C的电子商务模式，主要为商旅客户和休闲旅游者提供有针对性的服务。对于商旅客户，可以按企业的需求（如特殊的出差政策、结算方式、服务要求等）为其量身定制服务；企业可以通过商务旅行管理系统（TMS），实时获得公司全面详细的出差费用报告，实施有效的出差费用管理；企业可以随时享受服务。针对休闲旅游者，利用携程旅行网不同价位的产品库，可以根据客户的爱好定制一个如意的行程安排，提供完全个性化的服务；网站提供全面、实用的旅游信息，并为旅游者提供旅行、交友和娱乐等服务。目前携程旅行网接受信用卡、银行转账和现金等支付方式，并未把网上支付放在重要位置。

携程网站的信息内容主要有：①景点、饭店、旅游路线等信息；②与旅游相关的产品和服务信息；③各种优惠和折扣促销信息；④旅游工具箱：电子地图、天气预报、旅游常识、汇率查询、会展信息和列车时刻查询等；⑤会员的自助旅游倡议、旅游观感、游记、旅游问答等；⑥自助和主题旅游线路介绍等。携程将其网站综合定义为四种角色，即一站、一社、一区、一部。一站即携程网站；一社，是一个虚拟的网上旅行社，在网上提供食、住、行、游、娱、购等全方位的产品，客户可以在网上订票、订房、订餐、订旅游路线；一区，即虚拟的旅游社区，为用户发表点评、相互交流提供园地，包括结伴同行、热点推荐、自助游线路等；一部，即携程网友俱乐部。

携程旅行网实施的是宽深营销战略。通过与多家大型门户网站建立联盟等方式，拓宽消费者进入网站的渠道；通过大型数据库、预订中心等技术支持，加深网站的内容、服务项目与质量。携程通过与国内大多数航空公司、宾馆、景点、旅行社等机构和企业的合作，初步形成了以网上预订为基础，通过旅游信息吸引旅游者，通过社区留住旅游者，通过优惠的价格与便捷的预订方式促进旅游者上网消费的运营模式，是国内旅游电子商务运作比较成功的例子。

六、移动电子商务与智慧旅游

1. 移动电子商务与旅游业

移动电子商务就是利用手机、PDA 及掌上电脑等无线终端进行的 B2B、B2C 或 C2C 的电子商务。它将互联网、移动通信技术、短距离通信技术及其他信息处理技术完美地结合起来，使人们可以在任何时间、任何地点进行各种商贸活动，实现随时随地、线上线下的购物与交易、在线电子支付，以及各种交易活动、商务活动、金融活动和相关的综合服务活动等。

随着移动通信的迅速发展，包括智能手机、PDA 在内的各种其他移动接入用户，都有可能成为电子商务的使用者。移动电子商务极大地延伸了旅游电子商务的服务网络，其潜力甚至超过 Internet 用户。在智能网络技术支持下，真正以人为中心的旅游电子商务应用可以得以实现，移动电子商务可望成为未来旅游电子商务的主流。

对旅游业有重要影响的移动电子商务技术包括：①短信息服务。以极低的成本在旅游者、旅游中间商和旅游服务企业之间实现即时通信，预订的结果、航班的延迟等信息可以随时随地传送给旅游者。②移动支付。旅游者无论在何时何地，通过移动电话等终端就能够完成安全的资金支付。③位置服务（LBS）。根据旅游者通过手机、PDA 等移动信息终端发送的指令，向运动中的旅游者动态地提供餐馆、游乐场、影剧院等消费场所的位置，以及实时的交通状况、航班时刻等信息。

移动电子商务技术的应用将使旅游电子商务的服务网络得到极大的延伸，提供的服务更全面、更完善，应用也会更普及。

2. 智慧旅游简介

“智慧旅游”是一个全新的命题，它是一种以物联网、云计算、下一代通信网络、高性能信息处理、智能数据挖掘等技术在旅游体验、产业发展、行政管理等方面的应用，使旅游物理资源和信息资源得到高度系统化整合和深度开发激活，并服务于公众、企业、政府等面向未来的全新的旅游形态。它以融合的通信与信息技术为基础，以游客互动体验为中心，以一体化的行业信息管理为保障，以激励产业创新、促进产业结构升级为特色。智慧旅游，就是利用云计算、互联网等技术，借助便携的终端上网设备，主动感知旅游相关信息，并及时安排和调整旅游计划。简单地说，就是旅游者与网络实时互动，让游程安排进入触摸时代。

智慧旅游利用信息化的技术，把一些旅游资源进行整合，然后为广大旅游者量身定做，提供适销对路的旅游产品。例如，澳门 2012 年接待内地旅游者 1000 多万，它的信息平台能够体现各省的具体人数及排名。但在国内许多旅游城市每年接待的旅游者数量远高于澳门接待的旅游者人数，可他们分别来自哪里，各有多少人，不清楚。连客源地构成情况、旅游者指向及发展趋势都不了解，因此很难开发出具有针对性、适销对路的旅游产品。

从使用者的角度出发，智慧旅游主要包括导航、导游、导览和导购（简称“四导”）四个基本功能。智慧旅游的“智慧”体现 在“旅游服务的智慧”“旅游管理的智慧”和“旅游营销的智慧”这三大方面。

第四节 信息技术对未来旅游业的影响

现代信息技术已经成为影响人类生活和经济活动的重要力量。旅游业是信息依托型产业，信息技术的迅速发展和应用对未来旅游业有着深远的影响。正如 20 世纪 60 年代航空技术的商业化给旅游业带来的重大变革一样，现代信息技术的迅速发展正在引起旅游业的又一场深刻的变革。

一、旅游者使用信息技术

现代企业的管理和营销理念已经从生产导向和产品导向转变成需求导向和顾客导向，对于旅游企业来说更是如此。现代信息技术已经极大地改变了人类的生活和娱乐方式，人们要求足不出户或随时随地就可以享受到更加高效、优质和个性化的服务的愿望已经逐步成为现实。

互联网已深入到社会生活的方方面面，在经济活动中发挥着极其重要的作用，越来越多的人在作重要决定的时候借助于互联网。互联网正在逐步成为旅游者获取信息，选择产品，进行交易的主要手段。

一方面，旅游者使用信息技术将对旅游服务的个性化和高品质提出更高的要求；另一方面，信息技术突破了时间和空间限制，创造出以旅游者自我为中心的旅游消费方式。

旅游者通过使用信息技术，可以方便快捷地获取多种信息，充分比较、自由选择旅游目的地和旅行方式，自主地安排行程。因此根据不同旅游者的经济能力、个人爱好、年龄、职业等特点产生的个性化、多样化的需求将变得更加广泛和普遍。这种需求表现在旅游市场上，就是作为散客的旅游者的数量和比例都将大大增加。在20世纪80年代初期，我国团队游客数量与散客的比例是9:1。20世纪90年代以后，随着个人支付能力的提高和更多的人倾向于追求个性化，散客旅游的数量越来越大，现在已经占据了旅游市场约一半的份额。而在欧美发达国家，旅游市场份额的90%来自散客。

信息技术的广泛应用造就了具有更高服务需求的旅游消费者。在现代信息技术高度发达的社会里，人们必然要求享有高层次的旅游消费，而旅游需求的产生动机与旅游产品和服务的品质有直接的关系。信息技术的应用突破了旅游者的时间和空间限制，创造出以旅游者自我为中心的旅游消费方式。

二、信息技术对旅游企业的影响

信息技术不仅有助于企业实现科学管理，降低经营成本，提高劳动生产率，增强企业的竞争力，而且也是提高服务质量，开发新产品和服务，改革营销方式的重要手段。信息技术的应用，反过来也将促使企业进行组织结构改革和经营理念的创新，从而在经营、管理、产品和服务等方面建立优势，有效地增强企业的竞争力。

现代信息技术将帮助旅游企业进一步提升服务品质。信息技术的运用，提高了旅游服务的效率和准确性，并使个性化服务得以实现。例如，中央预订系统可以在瞬间让客人知道房间预订的结果，过去在预订、售票、日程安排等环节出现的差错现在可大大减少，可以根据每位旅游者的情况按需定制行程和服务项目。一些新的旅游增值服务也将出现。例如，旅行社可随时监控旅游团的行踪；旅游汽车可以通过其中安装的传感器，随时将行驶情况的数据传递给相关部门，由此进行车辆调度、维修；移动网络可以实时报告登山、探险旅游者的行踪，对遇到危险的旅游者，救援人员能迅速准确定位；在救援人员抵达之前，互联网也可通过测量血压脉搏的腕表等终端设备对他们进行远程监护。

个性化服务是服务业现代化的一个重要标志，信息技术的应用为个性化服务创造了条件。以酒店为例，酒店智能管理系统把客人的预订信息、前台的客人入住登记、结账，后台的设施管理、材料供应、财务管理、采购管理、人事管理等子系统都连接起来，实现自动管理、自动控制。当客人踏进酒店大堂的时候，就会看到打上自己名字的欢迎标语，计算机已经自动分配好房间。智能控制系统会迅速把房间的温度、音响的音量、灯光的亮度和浴室的水温等，调节到客人喜欢的状态。房间可以凭借识别客人的指纹或视网膜来开启。客人还可以通过房间内的信息终端进一步确认自己的个性化服务内容，如预约叫醒、送餐、洗衣、预订行程等。可视电话系统可以提供跨全球的同声传译，客人可以通过互联网进行业务联系、实现网上办公。个性化服务将改变旅游企业的商务管理模式。旅游企业传统的商务管理是以产品质量为中心的，质量标准化的产品被提供给不同的旅游者，旅游者处于被动接受的地位。信息技术的发展和应用，使旅游企业有条件根据旅游者的个人喜好，有针对性地提供个性化的服务，建立以旅游者满意度为中心的商务管理模式。

虚拟旅游服务是旅游营销方式的革命，也是旅游营销技术发展的方向之一。旅游产品具有无形性的特点，旅游者在选择这一产品之前，往往希望有一些预先的体验。通过网络先对旅游目的地作一个全面的了解，可以激发更多的潜在旅游者。世界各地的旅游资源以高清晰的图片、声音、视频，甚至实时播放等形式，生动地展示给旅游者，这使得扩大潜在客源市场更加容易。2006 年，艺龙公司与在线旅游公司 Expedia 合作，使用 Expedia 的技术平台，在网站上开通了 360°酒店虚拟旅游服务，将酒店图片全方位地展现出来，方便旅游者更好地选择，让旅游者领略了在线旅游的强大功能。

三、旅游产业结构调整

现代信息技术加快了全球经济一体化和国际贸易自由化的进程，扩大了旅游产品消费的需求，促进了旅游业的结构调整，使市场进一步细分，甚至引起旅游业的重组。这也是信息革命向深层次发展的必然结果。网络和通信技术正在消除公司内部、公司之间、行业之间和国家之间的界限，网络经济的发展使旅游市场面对着全球的开放与竞争。互联网和以电子商务为代表的网络应用，极大地扩展了旅游产品消费的需求，扩大了旅游产业的整体投入规模，推动了新型旅游消费产品市场的成长，在促使旅游业加速规模扩张的同时，也促使产业结构调整步伐加快和市场进一步细分，甚至引起旅游业的重组。

随着信息技术在旅游业的应用，一些新的企业将产生，一些原有的企业也要进行相应的变革。例如，全球分销系统（GDS）作为中介组织在旅游市场上的出现就是一个例证。GDS 的出现始于 20 世纪 80 年代中期，是航空公司的计算机预订系统（CRS）不断向各航空公司和旅游供应商延伸发展的结果，最终建立了全球的传播标准和新的旅游电子分销渠道。GDS之间继续进行一体化，导致了一些独立的GDS企业的出现，产生了新的经济实体。

网络旅游超市是一种新的旅游产品营销模式。与单个旅游企业的网络营销不同，网络旅游超市更接近于现实中的大卖场。它一般被定位为媒体平台，只收取开户客户的租金，本身不直接参与交易过程，不销售旅游商品，因此可以对多家品牌、多种产品进行有效分类和展示。国内网络旅游超市玩家旅游网于2006年3月开通，提供国内外线路、郊外度假、机票和酒店四类产品。旅游者可以在同一个网站上，挑选上百家旅游企业推出的旅游产品，可以使用网络旅游超市的搜索引擎，按旅游天数、出发日期、目的地和预算费用等条件进行查找、对比和选择，然后在旅行社报名参团。

另一方面，信息技术的应用也对现有的旅游企业产生了威胁。作为中间服务商的旅行社，为旅游者提供信息咨询、票务代理、旅游设计和旅游产品推销等服务。随着互联网的普及和信息技术的广泛应用，产品信息可以大量迅速地以极低的成本直接提供给消费者，消费者还可以非常方便地与企业进行沟通和互动，旅游中间商的存在受到了威胁，旅行社的传统职能将逐渐淡化。例如，信息咨询服务将被互联网的自动查询功能所替代；旅游产品的推销模式和手段将被网上营销方式所替代；很多旅游者在进行网上虚拟旅行后，自己设计出个性化的旅游线路，个性化旅游市场得以发展；旅游电子商务的普及使票务、酒店等预订业务更多地由旅游者自行完成。

现代信息技术为人类建立了一个虚拟的社会，影响并改变着人们的思想观念和生活方式，催生出许多新的商业模式和贸易方式。信息技术正在改变着旅游业的现状和未来，也使旅游业面临着空前的挑战和机遇。

本章回顾

本章主要阐述了信息技术是如何与现代旅游业进行结合并有力地促进现代旅游业发展的。本章第一节首先从信息与数据等最基本的概念开始讲起，进而分析了旅游信息的特征及其重要意义，然后从技术层面简要介绍了与旅游业相关的一系列信息技术手段，这包括网络信息技术、通信技术、电子数据交换、地理信息系统和位置服务以及消费电子等信息技术手段。第二节着重介绍了信息技术在旅游业中的应用，包括在交通业、饭店业、旅行社业、旅游目的地、旅游市场营销以及在旅游规划中的应用。第三节介绍了旅游电子商务的概念，旅游电子商务是一种以信息网络为载体的旅游经济运作模式。旅游电子商务最重要的几个方面包括计算机预订系统、全球分销系统、基于Internet的旅游电子商务、旅游电子商务网站实例以及移动电子商务。本章最后一节对信息技术对未来旅游业的影响进行了展望，未来信息技术的发展将对旅游者出行、旅游企业的发展以及旅游产业结构的调整产生重大影响，甚至变革。信息技术正在改变着旅游业的现状和未来，也使旅游业面临着空前的挑战和机遇。

关键概念

旅游信息　博客　微博　即时通信（IM）　第四代移动通信技术（4G）　智能手机　地理信息系统（GIS）　全球分销系统　前台系统　后台系统　旅游目的地营销系统（DMS）　旅游电子商务　计算机预订系统（CRS）　全球分销系统（GDS）　网络旅游超市　智慧旅游

复习与思考

1. 怎样解释旅游信息的共享性和商品性之间的矛盾？
2. 你使用 QQ 等聊天工具吗？你认为它对旅游电子商务有什么价值？
3. 你熟悉的现代信息技术和新产品有哪些？你认为它们在旅游活动中有什么用途？
4. 你认为应当怎样设计一个成功的旅游电子商务网站？
5. 试分析旅游移动电子商务对智慧旅游发展的促进作用？

知识拓展（阅读导航）

[1] 周贺来. 旅游信息化简明教程 [M]. 北京：中国水利水电出版社，2005.
[2] 黄顺基. 现代信息技术知识基础 [M]. 北京：北京邮电大学出版社，2001.
[3] 希德·拉曼，马赫胥·莱辛哈尼. 电子商务的机遇与挑战 [M]. 周伟民，吕长春，等译. 北京：华夏出版社，2001.

第八章 旅游的作用与影响

［学习目标］

- 掌握旅游活动对国民经济的六大积极影响和三大消极影响
- 掌握旅游活动对旅游目的地地区社会文化的积极、消极影响
- 掌握旅游发展对旅游目的地环境的积极和消极影响
- 了解旅游可持续发展的由来和内容
- 掌握实现旅游可持续发展的关键因素

◆［案例导入］

旅游活动影响下，西双版纳傣族“泼水节”的变迁

傣族泼水节又名“浴佛节”，傣语称为“比迈”（意为新年），在一般傣历的六月中旬，阳历4月13日至4月15日之间（即农历清明前后十天左右）举行，持续3~7天。泼水节有“文泼”和“武泼”之分。文泼就是用木盆装满清水，泼在人身上，以表达吉祥和祝福；武泼则包括赛龙舟（象征力量）、诵经、赞哈演唱、跳孔雀舞、跳白象舞、丢包（表达爱情）、放高升和放孔明灯（表达高升之意）等活动。到了节日，傣族男女老少就盛装上阵，参与到各个活动中去，使泼水节成了欢乐的海洋。

20世纪80年代开始，随着云南和西双版纳旅游业的发展，“泼水节”的名声也享誉海内外。1999年，在昆明世界园艺博览会的带动下，西双版纳的旅游业又上了一个台阶。“泼水节”的规模越来越大，节日的内容也越来越丰富多彩，逐渐成了融民俗、艺术、体育、经贸、旅游为一体的民族盛会，成为一个“国际化”的节日。因此，为了吸引更多的游客，根据旅游市场的需求，一方面，西双版纳州内一市（景洪市）二县（勐腊、勐海县）不

再依照傣历同一天开始，而是错位举行，变相延长泼水节的节期；另一方面，西双版纳傣族园的“泼水节”经过旅游开发则变为每天一次，一次一个下午，甚至一台旅游表演一次，使游客在很短的几个小时里体验傣族的“泼水节”。

这些措施每年为西双版纳吸引大量的国内外游客，促进了当地的经济发展，以及社会进步和民族文化的传承。但是，这些措施也带来了很多消极影响。例如，原来持续3～7天的活动，现在天天可以举办，原来每个活动或者仪式，需要几个小时甚至一天的时间，现在只需一两个小时，甚至更短，使泼水节失去了原来的文化寓意，甚至变成一种舞台表演或者没有内涵的符号。

由此可以看出，旅游活动的发展，对目的地的影响不仅仅局限于经济和环境领域，还包括社会文化方面；影响既有正面积极的影响，也有负面消极的影响。

第一节　旅游的经济效应

旅游活动在旅游目的地的影响不仅为当地的旅游企业提供了商机，还通过其带动功能对当地的其他产业产生间接的影响。实际上，旅游消费的经济影响是双方的，既会影响到旅游目的地的经济，也对旅游客源地的经济产生影响。就国际旅游而言，海外旅游者入境后的旅游消费构成了旅游接待国的国际旅游收入，而客源国居民出国旅游期间的旅游消费则构成了该国的国际旅游支出。就国内旅游而言，从将全国作为一个整体的角度看，似乎没有必要区分旅游目的地和旅游客源地，但旅游消费对两地经济的双向影响实际上同样存在。虽然如此，在旅游研究中，人们主要讨论的是旅游的发展有可能对旅游目的地的经济带来的各种影响。因此，本节主要讨论的也是一个国家的国内旅游和海外入境旅游对该国经济的影响。当然，这种影响有积极的和消极的两个方面。

一、积极方面的影响

旅游对经济的积极影响是目前国家和地区积极发展旅游的主要目的。旅游对经济的积极影响是复杂的，不仅对旅游目的地经济如国内生产总值（GDP）、居民收入等产生直接影响，还对旅游目的地经济有很强的间接效应和诱导效应。旅游间接效应是指旅游目的地用旅游直接收入购买旅游再生产所需的产品和服务等，促进旅游目的地经济产出、就业机会以及居民收入等进一步增加的现象；旅游诱导效应是指旅游目的地的相关人员工资因为旅游收入的增加而增加，收入水平的增加提高了其消费水平的提高，进一步刺激该地区的消费需求，增加该地的就业机会、居民收入等经济现象。旅游诱导效应的增收效应是间接效应的 3 倍。旅游间接效应和旅游诱导效应在一起被称为旅游继发效应。旅游继发效应和旅游的直接效应合在一起又称为旅游乘数效应，因此，旅游乘数效应是用旅游者在某一目的地停留期间的消费，即该目的地的旅游收入，为该地所带来的全部经济效应（直接效应 + 继发效应），如图 8-1 所示。

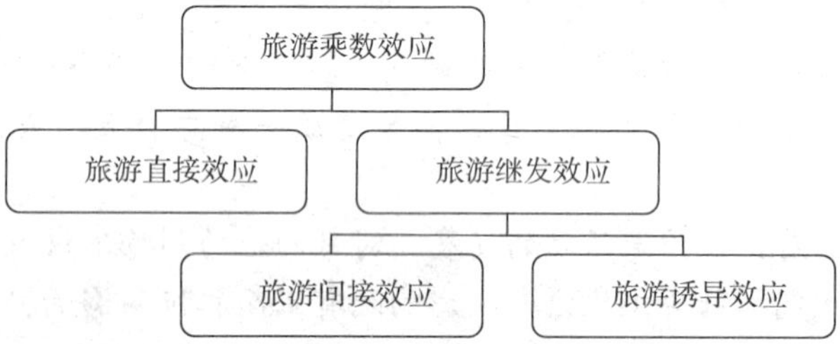

图 8-1　旅游乘数效应结构图

旅游对经济的积极影响具体如下：

（一）增加外汇收入，平衡国际收支

就接待国入境旅游而言，其最重要的经济作用之一便是可以增加一个国家的外汇收入，提高该国的国际支付能力，从而有助于平衡其国际收支。

1. 外汇与国际收支

外汇是用于国际间经济结算的以外币表示的一种支付手段。一个国家拥有外汇数量的多少体现着其经济实力的强弱和国际支付能力的大小。国际收支（Balance of International Payments）是指一个国家在一定时期内（通常为一年）同其他国家发生经济往来的全部收入和支出。当一个国家国际收入约等于国际支出时称之为国际收支平衡；当在规定时期内的国际收入多于国际支出时，称为顺差或剩余；反之，则出现逆差或不足。造成这种不平衡的原因是多方面的。对于大多数发展中国家来说，由于技术经济比较落后，物质商品出口量有限，但为了发展本国经济，又必须进口一些外国的先进技术和设备，因而往往造成国际收支平衡出现赤字。

国际收支通常由三部分组成，即贸易收支、非贸易收支和资本往来收支。对于发展中国家来说，赚取外汇收入主要有两条途径：一是对外贸易的外汇收入，二是非贸易外汇收入亦称无形贸易外汇收入。前者是指物质商品出口所带来的外汇收入，后者是指国际间有关保险、运输、旅游、利息、居民汇款、外交人员费用等方面带来的外汇收入。所以，在创汇的意义上，接待国际入境旅游同向海外出口商品没有什么区别，因而接待国入境旅游也是一种出口，通常称之为旅游出口。同传统的商品出口所不同的是，在旅游出口中，旅游者与支付款项的流动方向是相同的；而在传统的商品出口中，出口商品与支付款项的流动方向是相反的。

2. 旅游业增加外汇收入的特殊优越性

作为非贸易外汇创收的组成部分，旅游创汇具有传统商品出口所不具备的很多优点。主要表现在以下几个方面：

（1）旅游业是无形贸易，劳务（服务）是“不出境的出口”。旅游产品的换汇成本低于外贸商品的换汇成本，因而换汇率较高。旅游出口是一种无形贸易，是一种“不出境的出口”，旅游地在国内提供劳务服务就可以赚取外汇，旅游者必须到旅游产品的生产地点进行消费，所以可以节省掉商品外贸过程中所必不可少的运输费用、仓储费用、保险费用、有关税金等各项开支以及与外贸进口有关的各种繁杂手续。而且，它不存在外贸出口商品运输过程中的损耗问题，因此换汇成本较低。旅游风景出售的仅是观赏权而不是所有权，可重复多次出售，永续利用。

此外，在国际贸易市场上，生产和技术比较落后的发展中国家的出口商品在价格上常常处于不利地位。特别是在进口国家实行贸易关税壁垒的情况下，出口国为了获得外汇，有时甚至不得不以低于成本的价格出售。而国际旅游者在我国旅游时，其外币则须完全按我国公布的外汇牌价兑换成人民币。因此，同传统的商品出口换汇的情况相比，旅游产品的换汇要合算得多。

（2）旅游出口是现汇贸易，有利于旅游接待国的资金周转和安全。外贸商品出口从发货到结算支付往往要间隔很长时间，有的甚至会长达几年；而在旅游出口中，买方往往要采用预付或现付的方式结算，于是卖方即接待国能立即得到外汇。显而易见，同一数量的外汇收入，迟到与早到的意义不大相同。它们之间不但有利息差额问题，在接待国急需外汇的情况下尽早结算则可使得外汇发挥更大的效用。

（3）免受进口关税壁垒的影响。在传统的商品出口中，进口国往往会对进口商品实行配额限制，超过一定数额，便会提高进口商品的关税。此外，在对进口商品没有配额限制的情况下，为了控制商品进口量，进口国也会以提高进口关税为常用手段。这就是所谓的关税壁垒。而在旅游产品的出口方面，通常不存在客源国实行类似的关税壁垒问题。

由于旅游产品出口创汇具有上述优点，所以，通过发展旅游业来赚取外汇，对于支援国际贸易、弥补贸易逆差和平衡国际收支来说，是一种理想的方法。

（二）有助于货币回笼，促进社会繁荣

商品回笼（商品出售）、服务回笼（服务赚钱）、财政回笼（税收）、信用回笼（信贷）是国家回笼货币的四大渠道。就国内旅游而言，它对经济的重要作用之一便是有助于拓宽货币回笼的渠道，加速货币回笼的速度和扩大货币回笼量。任何实行商品经济的国家都必须有计划地投放货币和回笼货币，从而使整个社会经济得以正常运行。货币的投放量和回笼量大致应有一定的比例，即货币投放于社会之后，必须有一定数量的回笼。由于流通的货币数量必须与流通的商品数量相适应，所以如果在商品投放量不变或增加不大的情况下，社会上流通的货币量过多，则会出现通货膨胀，产生货币贬值的可能，因为随着人们手中货币量的增加，他们的购买需求也会相应提高。这种购买能力的增加将对有限的商品市场构成威胁，即使人们将积蓄的钱存入银行而暂不投入市场，由于这些钱可自由存取，所以仍会对市场构成一种潜在的威胁。如果有效的商品供给不能增加，则这种节余存款的数量会越来越大，其潜在的威胁也会越来越严重。鉴于上述原因，国家投放货币后都要设法将其回笼。回笼货币的方法一是要向市场投入相应数量的物质商品，再则是供应服务性消费品。在国家的物质商品生产能力有限、一时难以扩大国家的物质商品投放量的情况下，转移人们的购买去向、鼓励人们多消费服务性产品，如旅游和娱乐，则成为必要的回笼货币的渠道。在这个意义上，通过发展国内旅游来促进货币回笼，不仅可以起到稳定货币流通量和商品供应量比例的作用，同时也是稳定物价的一种手段。

如前所述，旅游活动是一种高层次的精神文化消费活动，旅游消费较普通消费要高。“不怕没钱花，就怕花不出，花不好”是旅游消费的普遍心理。所以，旅游业可以刺激消费，是回笼货币，缓解货币回笼压力，促进社会繁荣的有效手段。

（三）带动相关行业的发展

旅游业是一项综合性的产业，与相关行业之间既有依托性又有关联带动作用。旅游业的发展一方面有赖于旅游目的地的很多其他行业和部门的配合和支持，另一方面也可带动和促进其他经济部门或行业的发展。其根本原因在于，旅游消费需求需要旅游业提供足够的设施、设备和消耗物资，旅游业也因而成为许多行业产品的消费市场，从而刺激和促进这些行业的发展。此外，旅游的发展还可以扩大外界对旅游目的地的了解，有助于当地的招商引资工作，从而也可以促进其他行业的发展。发展旅游业还能有效地扩大和促进城镇化建设，带动相关产业的发展，在推动经济结构优化和调整方面起到重要作用。

（四）增加政府税收

无论是发展国际旅游接待业还是发展国内旅游业，都可起到增加国际税收的作用。国家的旅游税收目前主要来自两个方面：一是从国际旅游者获取的税收，主要包括入境签证费，出入境时交付的商品海关税、机场税和执照税等；再一方面是来自旅游业的各有关营业部门，包括各旅游企业的营业税和所得税等。此外，由于旅游业涉及许多其他有关产业部门的支援并可带动各经济部门的发展，当所有这些部门的生产和经营因旅游业的发展和带动而扩大业务量时，国家也可以从这些部门得到更多的税收。

（五）平衡地区经济发展，缩小地区差异

旅游的发展有助于平衡国内各有关地区经济发展，缩小地区差异。如果说国际旅游可将客源国的物质财富转移到接待国，在某种程度上起着对世界财富进行再分配的作用，那么国内旅游则可把国内财富从一个地区转移到另一个地区，起到将国内财富在有关地区间进行再分配的作用。如果把地区作为目的地或客源地的单位，那么国内旅游中也存在着“入境”和“出境”两种类型的旅游。对一个地区来说，出区旅游所产生的是该地区的旅游支出，入区旅游所带来的则是该地区的旅游收入。就一般情况而言，经济较发达地区的出区旅游人次较多，而经济落后地区的出区旅游人次较少。当经济落后地区的某些旅游资源足以吸引经济发达地区居民前去旅游时，这些旅游者在旅游目的地的消费，即经济落后地区的旅游收入，对当地来说显然也是一种外来的“经济注入”。这种外来的“经济注入”当然可以刺激和带动当地的经济发展，加速当地经济发展的步伐，从而有助于缩小地区差别。特别是那些因物质资源贫乏而限制了物质生产的发展但却拥有较好旅游资源的地区，发展旅游业在经济上尤其具有重要意义。旅游还为贫穷落后地区更新了观念，培育了新的经济增长点，改善了投资环境，促进了对外开放。

（六）扩大就业机会

最后，旅游和旅游业的发展还可带来就业机会的增加。安排国民就业的意义毋庸置疑，各国政府因此都十分关心。旅游业作为第三产业的重要组成部分，在提供就业机会和解决就业问题方面尤其具有重要意义。世界旅游理事会（WT-TC）在其《旅游业与世界经济——世界旅游理事会 1996 年研究报告》中指出，1996 年全世界旅游就业人数达 2.6 亿（每 9 个就业机会中就有一个旅游就业机会），未来 10 年，将增加 1.3 亿个新的就业机会。这些就业机会的存在使旅游业成为世界上最大的就业创造者。我们可以形象地说，全世界旅游业每 24s 就创造一个新的就业机会。

与其他产业相比，旅游业在提供就业方面的优势在于：

（1）旅游业属劳动密集型行业。在旅游接待工作中，许多工作都必须靠员工手工操作，而且需要面对客人提供富有人情味的直接服务，因而需要大量的劳动力。以饭店业提供就业的情况为例，《世界住宿业》杂志（Worldwide Lodging Industry）曾对分布在世界各地的 400 多家饭店的人员配备情况进行过调查统计，结果如表 8-1 所示。

表 8-1　各地区饭店人员配备情况

地区	平均每间客房员工数/人
全世界平均	1.02
欧洲	0.85
中东	1.32
亚洲	1.5
远东	1.93
大洋洲	0.90
夏威夷和太平洋群岛	0.73
地区	平均每间客房员工数/人
加拿大	0.77
美国	0.48
墨西哥	1.03
中美洲	1.26
南美洲	1.14
加勒比地区	1.12
非洲	1.92

资料来源：S Medlik. The Business of Hotels . Heinemann London，1980.

表 8-1 中的数字是对世界各地不同规模、不同类型、不同等级、不同经营方式的 400 家饭店人员配备情况进行调查后综合计算出来的平均数。其中高工资成本地区如欧美地区的饭店为了减少营业支出中的工资成本而往往采用节省人力的技术设备和经营方法，因而在这些地区的饭店中平均客房员工数较少。但在低工资成本地区，如在远东、亚洲和非洲，平均客房员工数则为 1.5 ~ 2.0 人不等。我国处在世界上饭店经营的低工资地区，目前有涉外饭店约 7035 家，客房总计约 89 万余间，按照亚洲地区的平均客房员工数 1.5 计算，涉外饭店就业人数约为 130 余万人，但这还仅是饭店业提供的直接就业人数。据许多地区的经验，饭店业每增加一间客房，其他直接旅游企业便可相应增加 2.5 ~ 3 人的就业机会。也就是说，整个旅游业的直接就业人数同当地饭店客房数的比例为 4.5∶1。如果再进一步考虑到其他非直接旅游企业或者与旅游有关的其他行业的情况，特别是由于旅游业职工及其家属又需要购买生活消费品、服务、教育等，从而进一步导致在当地工商及教育、卫生部门创造就业机会的情况，那么发展旅游业所提供的就业机会就更多了。

（2）旅游业的就业岗位层次众多，特别是很多工作并不需要很高的技术，所以可为广大的家庭妇女和尚不具备技术专长的青年提供就业机会。旅游业这种对低技能劳动力的大量吸纳的特点，同我国目前教育不发达的情况相适应，在解决我国社会大量富余劳动力就业方面作用巨大。当然，这并不是说旅游业就业不需要知识和技术。为了保证旅游产品的质量，也需要对从业人员进行适当的教育和训练。但是同技术程度要求较高的制造业就业相比，上述人员只需要接受短时间的培训便可胜任工作。

二、消极方面的影响

虽然旅游业的发展对国民经济有很大的促进作用，但是如果旅游接待国（或地区）不是量力而行，而是片面强调发展旅游经济，那么则会扩大发展旅游业所可能带来的副作用，甚至会得不偿失。

对旅游目的地经济有可能产生的不利影响包括以下几个方面：

1. 旅游者大量涌入引起物价上涨

就一般情况而言，由于外来旅游者的收入水平较高或者他们为了旅游而长期积蓄的缘故，因此旅游者的消费能力高于旅游目的地的居民。从供求关系看，旅游者的涌入，大大增加了需求的总量，引起旅游目的地商品价格上扬；在经常有大量旅游者来访的情况下，则难免会引起物价的上涨。这势必损害当地居民的经济利益。此外，随着旅游业的发展，地价也会迅速上升。很多国家的大量事实证明，在某些最初来访旅游者不多的地区兴建旅馆时，对土地的投资只占全部投资的1%。但是在这一地区旅游业发展起来之后，兴建旅馆地皮投资很快上升到占全部投资的20%。由此而造成的地价上涨，显然会影响到当地居民的住房建设与发展。

2. 使产业结构不合理

旅游业的快速发展会影响到旅游目的地的产业结构调整，尤其是在以旅游业为主导的部分国家和地区，甚至对其产业结构产生不利影响。例如，在有的原先以农业为主的国家或地区，由于从个人收入来看，从事旅游服务的所得税高于务农收入，因此常使得大量的劳动力弃田从事旅游业。这种产业结构不正常变化的结果是：一方面旅游业的发展扩大了对农副产品的需求，另一方面却导致农副产品产出能力的下降。当地居民失去了赖以生存的基本生产方式，一旦旅游业由于种种原因不能满足他们生活的基本需要，如果再加上前述农副产品价格上涨的压力，就会产生社会问题，还可能会影响到社会和经济的安定。

3. 过分依赖旅游业会影响国民经济的稳定

旅游业在国民经济各行业中不是关系国民生计的行业，一个国家或地区不宜过分依赖旅游业来发展自己的经济。对旅游业的过度依赖，将导致经济发展偏离良性循环的轨道。特别是对于像我国这样一个大国更是如此。这主要是因为：

（1）旅游活动有季节性。旅游业的季节性波动加大了供需之间的矛盾：劳动力闲置；当地物质剩余而导致大降价；居民收入减少。虽然需求方面的这种季节性波动有时可通过旅游业的营销努力减小，但毕竟不可能完全消除。因而，旅游接待国或地区在把旅游业作为基础产业的情况下，淡季时不可避免地会出现劳动力和生产资料闲置或严重的失业问题，从而给旅游接待国或地区带来严重的经济问题和社会问题。

（2）旅游活动受制于市场。旅游需求在很大程度上取决于旅游客源地居民的收入水平、闲暇时间和有关旅游的流行时尚，而这些都是旅游接待国或地区所不能控制的。如果旅游客源地经济不景气，其居民对外出旅游的需求势必会下降。在这种情况下，旅游接待地区很难保住或扩大市场。此外，一旦旅游客源地居民对某些旅游地的兴趣爱好发生转移，便会导致原接待地区旅游业的衰落，甚至是相当长一段时间的萧条。特别是从长远来看，这些问题都难免发生。

（3）旅游业是脆弱的产业。除上述情况外，从供给一方来看，它也是一种易受冲击的脆弱产业——政治、经济、社会等诸多因素都会引起旅游业的强烈波动。一旦这些旅游业所不能控制的因素发生不利变化，旅游需求便会大幅度下降，旅游业乃至整个经济都会严重受挫，造成严重的经济和社会问题。因此，任何一个大国的旅游业的发展都应适应经济发展的需要，而不能盲目开发。

上述可能性的存在从国家或地区安全的角度说明了旅游业的发展要加强宏观调控和总体规划的必要性。我国是社会主义市场经济国家，我国旅游业的发展也必须体现这一特点，对于应当开发和优先开发的地区应大力支持和扶植，对于不宜发展旅游业的地区则应加以限制。

第二节　旅游的社会文化效应

现代旅游业的蓬勃发展，对各旅游目的地乃至世界经济产生了巨大的影响，而且对旅游目的地乃至全人类的社会文化也具有不可忽视的影响。大量外来人口在接待地之间流动，在与当地主人的接触中产生了一系列交流活动和复杂的人际关系。这些活动和关系对客人和主人两方面都将产生影响。然而由于客人在接待地活动的时间短暂而分散，对外来旅游者及其所属社会产生的影响远不如接待地居民和社会所受影响那样集中和深刻。旅游活动的开展之所以会对社会文化具有影响作用，主要是因为：

其一，旅游活动是一种以不同地域、不同民族、不同社会以及具有不同文化传统的人群之间的相互接触为其根本特征的活动。接触和了解异域社会和文化既是某些旅游者外出旅游的重要动机，同时也是所有旅游者访问异国他乡的客观结果。与此同时，旅游者在旅游目的地的活动过程中，由于同当地居民的直接和间接交往接触的存在，也会以其有意和无意的“示范”行为影响着当地居民。

其二，现代旅游活动发展的规模之大，已使其成为重要的社会现象。虽然就单个旅游者而言，同旅游目的地居民之间的接触是短暂的，似乎不足以对当地的社会和文化产生实质性的影响，但是随着成千上万的旅游者的不断来访，旅游者与当地居民之间的个体接触便会演化成为群体性的社会接触，其规模之大、历时之久，使得旅游活动的开展对社会文化产生了重要的影响。

旅游活动带来的社会接触和文化交流对旅游者和目的地社会文化的影响既有其积极的一面，也有其消极的一面。

一、积极方面的影响

1. 有助于提高国民素质

这一点主要是针对国内旅游而言的。其一，旅游活动具有促进人们身体健康的作用。旅游活动适应现代人的消费需求，调剂生活内容，缓解现代城市生活的紧张和压力，调节生活节奏。在城市化程度不断提高的现代社会中，都市紧张的工作和生活节奏迫使人们更加向往能够经常地适时地改变一下生活环境，回到安谧、优美的大自然中去，以便重新“充电”，恢复体力，焕发精神，增加人们对人生的热爱。这一方面是大众旅游的重要动机之一。其二，旅游活动的开展有助于突破惯常环境对思维的束缚，使人们开阔眼界、增长知识。事实表明，在古今中外各个领域的伟人中，几乎没有哪一位不曾有旅行或旅游的经历。对于青年人来说，外出旅游更是学习和接受新事物启发的有效途径。他们通过旅游，可以了解世界，熟悉社会，增长知识和才干。正因为如此，人们才有了“行万里路，读万卷书”的经验总结。其三，在自然美景、人文历史和艺术中去获得审美享受，提高审美鉴赏能力，获得极大的精神享受。其四，旅游的开展有助于培养人们的爱国主义情感。无论是在国内旅游时亲眼目睹的各地的自然名胜、历史文化和建设成就，还是在国外旅游时看到或听到对祖国历史和建设成就的称颂，都会激发和增强人们的民族自尊心和自豪感，从而加深人们对自己祖国的热爱。

2. 有助于增进国际间的相互理解

（1）国际旅游活动的开展客观上具有人民外交的作用。由于旅游是不同国度、不同民族、不同信仰以及不同生活方式的人们之间直接交往，而不是以文字媒体或者以个别人为代表而进行的信息传递和间接沟通，因而更有助于增进不同国家人民之间的相互了解，增强国际间的和平友好关系。在这个意义上，国际旅游活动的开展在缓和国际关系以及促进在国际事务中实行人类和平共处方面起着非常重要的作用。这并非只是学术认识上的假设。旅游是文化传播的重要形式。旅游是大众化的文化传播形式，它为异质文化的融合提供了机缘。旅游者是文化传播的主要导体。人际交往是人类信息交流不可替代的主要形式，因为这是人类的基本需求。人际传播的主要特点可以在旅游交流中体现出来。实际上，只要人们通过旅游交往，彼此能更好地相互理解，人类整体和世界大同的观念便会随之加深。此外，旅游也是接待国对外树立国家形象的有效手段。由于旅游者在接待国旅游过程中亲眼目睹了该国的情况，因而其宣传的可信度大，外界很少会有人对他们所作的情况介绍表示怀疑。不仅如此，旅游者访问接待国的观感和体会还会通过他们的亲友传递到更大范围。所以，国际旅游的开展在这些方面所起的作用比传统的外交手段要有效得多。

（2）旅游的交往形式反映了三方面特点：①打破了人与人之间的身份界限，参与旅游的阶层成分广泛，身份平等，是一种多层次、全方位、少限制、无顾忌的自由民间外交。②自由灵活，无私坦陈。旅游是“暂时的自由”，没有了平时的身份、上下级关系、利益关系、竞争关系，所以自由、坦诚而灵活。③互相善待，关系融洽。旅游是人类寻求愉快的外出活动。旅游交往向人们公平地提供了充分表现自己善良品质的机缘。

（3）“文化漂移”现象。在短期接触中，主客双方都会在表面的行为上有所改变，但这种表面行为对主人社会文化方面的影响可能是持久的，而对客人社会文化方面的影响是暂时的。文化漂移在外来游客行为上的表现，常常体现为在旅游过程中对接待地某种文化要素的偏爱：穿文化衫、戴文化帽、租当地的服装照相；在日常生活中穿着在旅游地购买的服饰、买纪念品等。文化漂移在接待地表现为：模仿客源地风格的建筑；乡土餐饮城市化；本国餐饮西餐化；语言“外语”化，等等。他们回到日常生活中即恢复本性。“文化漂移”现象是旅游民间文化交流的独特形式。

3. 有助于促进民族文化的保护和发展

民族文化是一个国家或地区的重要旅游资源。随着旅游业的发展和接待外来旅游者的需要，当地一些原先几乎被人们遗忘了的传统习俗和文化活动重又得到开发和恢复；传统的手工艺品因市场需要的扩大重又得到发展；传统的音乐、舞蹈、戏剧等重又受到重视和发掘；长期濒临湮灭的历史建筑重又得到维护和管理，等等。所有这些原先几乎被抛弃的文化遗产不仅随着旅游的开发而获得了新生，而且成为其他旅游接待国或地区所没有的独特文化资源。它们不仅受到旅游者的欢迎，而且使当地人民对自己的文化增添了新的自豪感。旅游需要民族文化，具有个性特征的民族文化构成了旅游吸引物。旅游促进了不同民族文化的融合，旅游促进了民族文化的保护与发展。

4. 有助于推动科学技术的交流和发展

科学技术的发展是旅行和旅游产生和发展的前提条件，这一点已为历史的发展所证实，但是在另一方面，旅游也是科学研究和技术传播交流的重要手段。在旅游发展的各个阶段，都曾有人以科学考察为主要目的，客观上也起到了传播和交流知识与技术的作用。现代商务旅游、专业会议旅游以及消遣旅游中的访问同行活动，都使得交流的广度和深度不断获得新的发展。此外，旅游在发展过程中也不断对科学技术提出新的要求，尤其是在交通运输工具、通信以及旅游服务设施和设备方面，要求更加快速、便利、舒适和安全，从而推动了有关领域科学技术的发展。

5. 有助于促进旅游目的地生活环境的改善

为了适应客观上旅游业发展的需要，旅游接待地区的基础设施会得以改进，生活服务设施和其他方便旅游者的设施也会有所增加。虽然这一切都始自发展旅游业的需要，但在客观上也改善了当地居民的生活环境，方便了当地人民的生活。

二、消极方面的影响

1. 产生不良的“示范效应”

旅游者前往目的地旅游，在“文化涵化”现象影响下，必然会对目的地的社会文化产生影响。“文化涵化”现象是指两种文化相互接触时，不论时间长短，都会产生相互借鉴的过程的现象。旅游者将自身的生活方式引入到旅游目的地社会中，引起当地居民思想的变化，对当地居民的意识形态、生活方式、价值标准和道德观念产生各种影响，这种作用称为示范效应。

虽然文化的影响和作用是相互的，但是这种相互影响并不是对称的，而是受双方的个人或团体相互作用的社会与经济背景及人口差异性质的影响。通常其趋势是强势文化涵化弱势文化，新潮时尚文化涵化传统文化，发达国家的文化涵化发展中国家的文化，主体民族的文化涵化少数民族的文化，而且这种“以强凌弱”“喜新厌旧”的趋势是十分明显的。

在旅游活动中，旅游者不可避免地会将自己的生活方式带到旅游目的地。特别是在国际旅游方面，旅游者来自世界各地，他们身上表现的不同的价值标准、道德观念和生活方式，会在旅游目的地无形地传播和渗透，对旅游目的地社会产生“示范效应”。旅游者与当地人的接触是短暂的，接触的范围也十分有限，他们与当地人的接触是一种相对肤浅的经历。而对于当地居民来说，他们同旅游者的接触是长期不断的，他们接触的是持续不断前来访问的旅游者群体。所以，旅游者所带来的思想和文化对当地社会的影响是一种潜移默化的长期影响。这种影响会给当地的社会文化，特别是对发展中国家的社会文化带来较大的不利影响。具体表现在：

（1）良莠不分。当地居民，尤其是青少年，在生活方式上盲目地模仿外来的游客，尤其是发达国家、地区的游客，逐渐在思想和行为上发生消极变化。他们开始对自己的传统生活方式感到不满，先是在装束打扮和娱乐方式上消极模仿，继而发展到有意识地追求，从而使赌博、卖淫、投机诈骗、贪污受贿、走私贩私等犯罪和不良社会现象增多，影响社会的安定。

（2）崇洋媚外。在发展中国家，旧时代“洋人”、富人的特权、高傲、种族优越的遗毒仍未完全灭绝。受旅游者“奢侈”生活方式的诱导，有些人认为，西方旅游者乃是发达资本主义国家经济财富力量的象征，是资本主义成功的物质证明，从而在过高地评价西方资本主义的同时，贬低本国社会，认为外国的一切都好，自己国家的一切都不如外国。外国文化的入侵，也会冲淡当地文化的特色，损耗其文化价值和民族特色，使其失去旅游吸引力——传统朴实的乡风民俗被不正当地商业化，逐步失去了传统的意义和价值。

2. 干扰旅游目的地居民的生活

任何旅游目的地的承载能力都是有限的。随着外来旅游者的大量拥入和游客密度的增大，当地居民的生活空间相对缩小，因而会干扰当地居民的正常生活，侵害当地居民的利益。更为严重的是，有些地区出现了一些愿意支付高额地价和赋税的外来定居者，而曾长期生活在那里的人们被迫离家而去。这种情况发展到一定程度时，当地居民在旅游发展初期阶段中对外来游客热情欢迎的友好态度便会转化为不满甚至怨恨。不容否认，旅游者所希望得到的是某种特定的经历并要求享受符合其本国水准的生活条件，而目的地旅游业在很大程度上所看中的是经济利润，在当地物质供应能力优先的情况下，往往把质量上乘的旅游消费品优先供应给肯出高价并且以外汇支付的旅游者，水电供应也优先保证旅游者的需要。这种直接同当地居民争夺有限数量消费品的情况，加之某些旅游者高傲自得和对当地风俗不屑一顾的蔑视态度，难免会激发当地居民的怨恨，甚至产生对旅游的抵制，从而造成旅游者与当地居民之间人际关系的紧张。

3. 传统文化过度地商品化，失去本真性

本真性（Authenticity）一词源于希腊语的“Authentes”，意为“权威者”或“某人亲手制作”。在旅游研究中，本真性最初关注博物馆语境下的本真性。比如说，判断旅游工艺品、节庆、仪式、饮食、服装等的“真实”或“不真实”，其标准往往是它们是否是由当地人根据其习俗和传统来制造或表现的，从这个意义上说，“本真性意味着传统的文化及其起源，意味着一种纯真（Genuine）、真实（Real）与独特（Unique）”（Sharpley，1994）。因此，旅游文化本真性是指旅游活动中的文化，从形式、内涵和意义上，还和原来的传统文化保持一致，没有失去其独特的纯真本性。但当面对外来旅游者时，为了适合旅游者的口味，很多民族传统文化和地方传统文化被大规模地修改，旅游中的传统文化仪式会被删减、修饰，而成为“伪文化”，使传统文化失去本真性。

（1）文化的商品化现象。传统的民间习俗和庆典活动都是在传统特定的时间、传统特定的地点，按照传统规定的内容、程式和方式举行的。但是，很多这种活动随着旅游业的开展逐渐被商品化，它们不再按照传统规定的时间和地点举行，为了接待旅游者，随时都会被搬上“舞台”，为了迎合旅游者的观看兴趣，活动的内容也往往被压缩，并且表演的节奏明显加快。因此，这些活动虽然被保留下来，但在很大程度上已失去了其传统的意义和价值。此外，为了满足旅游者对纪念品的需要，当地工艺品被大量生产，很多粗制滥造的产品充斥于市，这些产品实际上已不能表现传统的风格和制造技艺。对于只求价廉而不求货真的旅游者来说，这也许算不了什么。但是，一旦旅游者误以为他们所购买的就是反映当地传统工艺和地方特色的真正艺术品，并将它们带回本国向亲友展示时，便会使当地文化的形象和价值受到损害和贬低。

（2）商品化的实质。商品化是一个过程，在这个过程中，事物（或服务）以它的交换价值衡量其价值，而成为商品出现在市场上，交换价值通常以价格的形式表现。从这个意义上说，旅游活动实际上是一种商品化的文化过程。在这个过程中，任何可以合法地吸引外来旅游者的文化因素，都可以作为商品提供给旅游者。文化商品化过程最终会反过来对文化本身造成影响。当这种文化越来越以外来旅游者为表演对象时，一些表演内容就会与真实活动有所区别，而失去或降低其原来的文化价值。也可能因此整理成另类成熟的东西——精致化、没落化、简单化。对于恢弘肃穆的山东曲阜的祭孔大典表演，外国人很感兴趣，当地人的表演从过去的弘扬传统、追慕伟人演变为表演挣钱。场面华丽了，程序简单了，其文化的精髓却不知不觉地被悄悄抽去了。所以文化的商品化，是旅游现象的重要特征。

三、正确认识旅游的社会文化影响

1. 旅游的文化影响是自然而有限的

旅游活动对目的地社会文化的影响是自然而有限的。开展国际旅游的国家，给旅游者留下的印象并非总是自己期望宣传的形象。这一点在很大程度上要取决于国际旅游者在接待国旅游期间是否实现了自己预期的愿望，取决于他们是否通过旅游产生或加深了对接待国的好感。如果他们在旅游期间没有获得预期的满意，甚至发生了不愉快的经历，那么他们带回本国的不但不是对接待国的好感，甚至是牢骚、怨恨和批评。

同样，外出旅游也未必都能获得理论上预见的效果——陶冶情操和增长知识。早在18世纪时，亚当·斯密在观察了当时欧洲青年学生的修学“大旅游”（Grand Tour）之后便曾指出，“人们通常认为，这些年轻人通过旅游，回来以后会有很大的长进”。但是实际上，这种“大旅游”的结果是令人失望的。虽然在这些年轻人的旅行过程中，他们通常都会学到一两门外语知识，但其掌握程度之肤浅使他们很少有能力正确地用来谈话或写作。在其他方面，他们旅行归来之后，世界旅游组织对青年旅游的研究也曾指出，虽然青年旅游作为一种教育手段可起到开阔眼界、学习知识、了解世界、培养和增强个人习惯与社会习惯的作用，但在现实生活中，如果计划不周或采取的形式有误，青年旅游同样可能导致产生反面的教育结果。所以，青年旅游能否产生积极的作用在很大程度上取决于外出旅游的主旨和具体的旅游方式。用以比照我国的一些“素质教育旅游”“革命传统教育旅游”，往往是以此为借口，流于形式，期望与结果大相径庭。

2. 旅游对文化的消极影响并非必然结果

旅游对目的地社会文化产生消极影响，并非是发展旅游的必然结果。西方很多社会学家在论及旅游对目的地社会文化的影响时，往往偏重于消极的一面，并且以已经发生的大量事实作为结论的依据。事实上，在世界各地旅游发展过程中，特别是在一些发展中国家，的确也因此出现了这样或那样的消极问题，但是，这些问题的形成和严重化不是没有条件的，也并不是不可克服或不可控制的。任何问题的形成都有一个从量变到质变的发展过程。在这个意义上，旅游对社会文化的消极影响一般是针对其潜在性或可能性而言。这些消极影响在某些旅游接待国或地区导致了社会问题的形成，而在其他一些旅游目的地则可能并未形成社会问题。这些情况说明，如果说旅游对社会文化的潜在影响是绝对的，那么它们能否在当地形成社会问题则至少是有条件的，否则便不能解释为什么在某些地方形成了社会问题，而在另外一些地方则没有。

3. 旅游规划是减少旅游消极影响的有效途径

当然，促使旅游的消极影响形成社会问题的条件是多种多样的。但不可否认的一点是这同旅游接待国或地区的旅游规划工作有很大的关系。随着旅游者的大量拥入和旅游者的密度不断增加，旅游带给目的地社会的消极影响的程度也会随之加深。旅游者来访的数量一旦超过当地的承载能力，这些消极影响的增长速度便会成倍地增加。这些社会心理问题的膨胀和加剧会进一步造成真正的社会问题。所以，根据当地的自然条件和社会经济条件制定相应的旅游规划，防止和控制接待量饱和或超负荷是非常重要的。它并非单纯的经济问题，更重要的是要通过制订量力而行的发展计划，既要尽量缩小和纠正大规模旅游所带来的消极影响，同时又要保证和维护扩大旅游者与当地居民之间的文化接触与交流所带来的好处。

古今中外的历史证明，一个国家或地区的文化需要得到外来文化的促进才能不断完善、发展和前进。面对大规模旅游带来的消极影响，我们不能因噎废食而反对发展旅游。其主要原因：一是因为旅游对经济和社会文化毕竟有其众多的积极作用；二是因为很多消极问题的产生未必是发展旅游的必然结果；三是因为一些消极问题是可以通过我们的努力去控制和改变的。

认识旅游对社会文化的影响，主要目的是要在澄清问题的基础上采取措施，发展旅游对社会文化的积极作用，抵制和最大限度地缩小其消极影响。我国是社会主义国家，完全有条件使自己的旅游业沿着健康的道路发展。这不仅是发展旅游业的需要，同时也是社会主义精神文明建设的需要。

第三节 旅游的环境效应

环境是相对于某一个中心事物或者活动而言的，是指该中心事物或者活动周围一切与之相关的事物或者现象活动。在论及旅游对目的地环境的影响时，所谓的环境既包括目的地与旅游活动产生关系的自然环境，也包括经人工改造的社会生活环境，又称为人文环境。

一、旅游与环境的关系

旅游与环境之间有着非常密切的联系，是一种相互依赖又相生相克的关系。一方面，环境资源为旅游产品的生产提供了最基本的成分。由于大多数旅游资源，无论是自然资源，还是历史遗留下来的和当代新建的人造资源，其本身就是目的地环境的组成部分，加之旅游者的访问活动的开展无一不是以目的地的环境为依托，所以目的地的环境是构成当地总体旅游资源最基本的要素。它不仅是吸引旅游者来访的重要决定因素，而且其质量还将影响来访旅游者的访问经历和满意程度。

另一方面，随着目的地旅游业的发展，旅游活动也会对环境产生诸多影响，这些影响会导致目的地某些环境要素发生改变，并进而影响旅游资源的存在状况以及旅游活动能否顺利展开。换言之，旅游活动的开展会对环境产生影响，变化了的环境反过来会进一步影响将来的旅游活动能否顺利展开，以及旅游业是否可以实现可持续发展。

旅游对环境影响的速度较慢，影响周期较长，因而在旅游发展的初期，旅游对环境的影响，特别是负面影响，并没有引起人们的重视，旅游业在比较长的一个时期内也被冠以“无烟工业”等美誉。但是随着产业的发展，旅游对环境带来的各种影响逐渐显露出来，目的地为旅游发展而付出的环境代价也越来越沉重，人们开始重新审视旅游发展与环境质量之间的关系。例如，旅游业生产出了诸多“副产品”——垃圾、废气、废水等。随着旅游业的开发和旅游者的来访，一些旅游带来的副产品被直接排放到环境中去，旅游目的地的环境因此不可避免地会发生变化。这种旅游对目的地环境的影响从一开始就不是潜在性的影响，而是事实上的影响。正因为如此，随着大众旅游的发展，人们对于旅游对环境的影响也愈加关注。时至今日，在不少国家中，保护环境和有助于改善环境已经成为进行旅游开发决策时首先要考虑的问题。

但是，旅游发展给目的地的环境造成的影响是多方面的，而且是十分复杂的：既有其积极的影响，也有其消极的影响；既有其直接的影响，也有其缓慢和诱导的影响。

二、积极方面的直接影响

1. 使目的地环境得到改善

因为旅游活动总是在一定的环境中进行，因此环境是旅游质量的一个不可忽略的重要组成部分，成为影响旅游者整体感受的重要因素。目的地为了发展旅游，实现效益最大化，常常会努力改善当地旅游环境，如维护、恢复和改善历史建筑和古迹遗址；增加和完善休闲娱乐场所、道路交通、医疗卫生等基础设施；对目的地的自然环境进行整治和保护等。

2. 提高人们的环境保护意识

良好的环境是目的地发展旅游的重要条件，那些景色优美、环境质量较好的目的地可以吸引旅游者前来观光，进行旅游消费，从而增加地方经济收入，改变目的地民众贫穷落后的面貌。在体会到良好的环境给自己的生活带来的好处后，目的地政府和居民的环保意识会大大增强，并且会采取积极的行动。同时，在整个旅游活动过程中，目的地良好的环境会给旅游者留下深刻的印象，让他们感受到环境保护与提高生活质量之间的密切关系，进而强化环保意识，注意环境保护。近年来流行于世界各地的生态旅游活动，就是人们的环保意识整体提高后，在旅游消费方面新的发展趋势。

3. 为环保提供资金

全球环境恶化是一个不争的事实，而环境的恶化除了人为原因之外，还有大自然自身的原因。环境是一个庞大的系统工程，它的投资周期长、投资数量巨大，所需资金额庞大。巨额资金给环境保护，特别是发展中国家和地区的环境保护工作带来了巨大的障碍和困难。而旅游带来的经济收入可以为目的地环境保护带来资金投入，很好地缓解环境保护的资金压力。

上述积极举措虽然在主观上可能都是出于发展旅游业的需要，都是为了造就和维持良好的旅游环境以吸引旅游者前来访问，但是在客观上能起到改善目的地物质环境的作用。

当然，上述各项能否构成目的地环境的积极影响，最终应取决于当地社会的认同。一般来讲，旅游研究者乃至旅游者对上述方面的环境变化都会给予积极的肯定。而当地社会对此是否认同，则可能会因地而异。例如，英国苏格兰地区的旅游协调委员会在其 1992 年提交的环境影响报告中，列举了旅游的开展对当地的物质环境带来的一系列具体影响，其中积极的影响基本上都将前述各项包括在内。然而，在非洲的一些地区，野生动物园的设立在当地居民中不仅不被看做对当地环境具有保护作用的积极之举，反而被认为限制了当地游牧部落放牧的土地，制约了当地的食物生产能力。因而，因设立野生动物园带来的环境改变对于这些地区而言具有消极作用。

三、消极方面的影响

1. 环境污染

随着旅游的深入发展，旅游的“无烟工业”美誉也引起了人们的重新思考。旅游是一把双刃剑，大量事实表明，和其他行业一样，旅游的生产—消费整个环节也会对旅游目的地的环境产生全方位的污染。由于大量的旅游者涌入，使得目的地人口激增，为了保证旅游者的生活消费需求，需要生产大量的服务产品和物质产品，如交通服务的生产、食品工业的生产。在此过程中，会产生大量的污染。此外，旅游者自身的消费行为也会对旅游地产生环境污染。旅游对环境的污染具体体现在以下几个方面：

(1) 空气污染。旅游目的地空气污染主要来自各种机动旅游交通工具排放的有害气体过多和维持目的地旅游接待运行所需产品而产生的废气污染两个方面，如发电过程中煤炭燃烧所生成的二氧化碳等。旅游交通工具排放的废气是导致目的地空气质量下降的主要原因，这已经引起了我国的旅游管理部门的高度重视。目前，很多旅游目的地的交通工具都已经改用清洁能源，在景区内，推行环保的专用交通工具，以有效地降低空气污染程度。

(2) 噪声污染。旅游目的地噪声污染也主要源自两个方面：一方面是各种旅游交通工具在运行过程中所产生的噪声污染；另一方面是目的地的旅游企业，诸如夜总会、食品生产企业等在生产、经营过程中所产生的污染。噪声污染会随着到访者的增加而趋于严重，会严重干扰目的地居民的正常生活，使其身心健康受到影响。

(3) 水体污染。旅游企业在生产经营活动过程中产生的废水未经处理便排入河流或者渗入地下，严重影响旅游目的地水体的质量。

(4) 固体废弃物污染。旅游目的地固体废弃物污染主要是由两方面造成的：一是旅游企业在生产经营活动过程中产生的废渣和旅游者消费后的垃圾，未经处理或者超过了该地的垃圾处理能力；二是部分旅游者自身素质不高，随地乱扔垃圾所造成的。

2. 生态破坏

事物都是一分为二的，旅游活动可以改善目的地的整体环境，也会对目的地的生态系统造成破坏，如不当的开发、旅游活动超过当地旅游环境容量、旅游者的不文明行为等都可能给目的地的生态系统造成意想不到的后果。

旅游环境容量，又称旅游容量，是指在目的地旅游环境不遭到不可逆转的破坏、旅游质量不因旅游者过多而下降到不可承受的程度，以及目的地社会系统不遭到不可承受的破坏的前提下，旅游区内能够容纳的最大游客量。旅游资源的环境容量常常表现为在一定时间内，目的地能够接待的最大游客量。它包括旅游资源容量、旅游心理感知容量、旅游生态容量、旅游经济发展容量和旅游地域社会容量等基本容量，也包括旅游极限容量和旅游合理容量以及既有容量和期望容量等非基本容量。通常，旅游环境容量并不是静止不变的。它一方面受到旅游资源性质的制约，如博物馆类旅游资源因空间环境的可恢复性，所容纳的旅游者密度就高，而部分自然景观类旅游资源容纳的旅游者密度就很低；另一方面也会受到目的地的旅游接待能力和管理水平的影响。随着接待设施不断改善，管理水平不断提高，旅游环境容量会呈现不断增大的趋势。如果旅游者数量超出了目的地的旅游容量，就会对目的地的生态造成不同程度的破坏。具体来说，目的地生态系统遭到破坏主要体现在以下几个方面：

（1）植被破坏。大量的旅游者活动于景区景点，不停的践踏会使景区景点的泥土板结，透水性降低，以致目的地的植被因缺水而逐渐枯竭；某些旅游者的不文明行为，如任意攀摘花草、采集标本也会破坏目的地的植被。

（2）野生动物受到威胁。旅游者的渔猎活动会影响野生动物的生存。大多数野生动物都有其固定的生活环境，而且对环境的依赖程度相当高，旅游者的活动会有意无意地侵入野生动物生活的领地，扰乱野生动物的生活规律，它们被迫迁移或者改变其原有的生活习惯，从而增加野生动物消亡的可能性。

（3）危及历史古迹，破坏原始风貌。旅游者接待量的增大本身会侵害历史古迹的存在寿命；此外，部分旅游者的触摸攀爬以及乱刻乱画等不文明旅游行为也会带来文物古迹的直接破坏。例如，在北京八达岭长城，特别是好汉坡处就刻满了很多名字和“某某到此一游的”字样。

（4）盲目开发和过度开发破坏自然景观。这方面最典型的例子莫过于在海滨沙滩的近水地段建造高层饭店。在20世纪80年代以前，这种事例在欧美国家中多有发生，曾成为媒体批评和报道的热点问题。尽管这类事例在今天的发达国家中已比较少见，但是在不少发展中国家，特别是在其旅游业的迅速兴起时期，这类事例依然是比较常见的问题。例如，我国海南文昌的椰树林几乎被一哄而上的饭店占满了。正因为如此，很多国家对此都采取了控制措施。在毛里求斯，政府规定在海滩地区兴建有关设施时，其建筑物的高度不得超过当地椰树的高度。在印度的某些地区，政府规定建筑物的兴建必须退后于海滨沙滩一定的距离。

第四节　旅游的可持续发展

旅游活动对目的地环境产生的影响，既有直接影响，也有间接影响。由于旅游业的综合性特征，它的影响和被影响都有波及性和多因性。所以说旅游业是“脆弱的”行业。旅游业的发展和来访旅游者的增多必然会扩大其对其他行业或服务的需求，很多其他行业因此而需要扩大其生产和再生产。这些活动的发生必然会对当地的环境产生这样或那样的影响，这些影响虽然不是旅游业或旅游者直接造成的，但追根溯源都与旅游的发展有关。所以，旅游发展必须考虑与环境、相关行业、社会的发展协调同步，走可持续发展的道路。

一、可持续发展理论

1. 可持续发展理论的发展历程

可持续发展是人类社会新的发展概念，新的发展思想，新的发展战略。它的形成与发展经历了漫长的时间。在人类发展问题上，一个战略性的基本问题是：如何认识环境与发展之间的关系。传统的发展观认为“有经济就有一切”，把经济发展、国民生产总值的增长视为发展的基本指标，甚至是唯一的指标。其结果是全球环境问题的日益严重，并向人类疯狂报复。这种报复逐步为人们所觉察，并且引起了人们的反思：

（1）美国女海洋生物学家蕾切尔·卡逊在1962年出版了《寂静的春天》一书，是人类对生态环境问题开始关心的标志。从20世纪50年代末开始，蕾切尔·卡逊用了4年的时间调查研究美国官方和民间关于使用杀虫剂造成污染危害的情况，而后写成了《寂静的春天》一书。该书详细描述了滥用化学农药造成的生态破坏，指出有机氯农药不仅危及了许多生物的生存，而且正在危害人类自己。蕾切尔·卡逊从污染生态学的角度，阐明了人类同大气、海洋、河流、动植物之间的密切关系，并且提出了人类必须与其他生物共同分享地球，在人与生物之间建立合理的协调，才能维持人类健康生存的看法。这本书引起了全世界的强烈反响，它使得人们改变了对环境问题的认识，极大地推动了保护环境运动的发展。

（2）1972年3月，罗马俱乐部发表了由D. 米都斯主持的第一个研究报告《增长的极限》，该书列举了经济增长所引发的种种环境和资源问题，深刻阐明了环境的重要性以及资源与人口之间的基本联系。它所提出的合理、持久、均衡发展思想，成为可持续发展思想的萌芽，在国际社会引起强烈反响。

（3）1972年6月5—14日，联合国在斯德哥尔摩召开了第一次人类环境会议，这次会议是可持续发展史上的第一座里程碑。这次会议产生了大会秘书长委托完成的非正式报告《只有一个地球》，通过了《联合国人类环境宣言》，并将6月5日确定为世界环境日。这次会议唤起了各国政府共同对环境问题，特别是对环境污染的觉醒和关注，标志着全人类对环境问题的觉醒。

（4）1983年12月，联合国成立了世界环境与发展委员会。该委员会在挪威前首相布伦特兰夫人的领导下，于 1987 年向联合国提供了一份引起了巨大反响的研究报告——《我们共同的未来》（又称《布伦特兰报告》（The Brundtland Report））。该报告于同年 12 月，在联合国第 42 届大会通过。报告中首次使用“可持续性”和“可持续发展”的概念，并把环境问题同经济和社会发展结合起来。

（5）1992 年 6 月，联合国环境与发展大会（UNCED）在巴西的里约热内卢召开。这次会议取得了重大的成果，通过了《21 世纪议程》和《里约热内卢环境与发展宣言》（又名《地球宪章》）两个纲领性文件，签署了《关于森林问题的框架声明》《生物多样性公约》和《气候变化框架公约》。会上，国际社会就“环境与发展密不可分”“为生存必须结成新的全球伙伴关系”等问题达成共识。大会充分体现了当今人类社会可持续发展的新思想，为人类高举可持续发展旗帜，走可持续发展道路做了总动员，成为人类环境与发展史上又一座重要的里程碑。

2. 可持续发展理论的基本思想

可持续发展的定义很多，不过最为各方所公认的还是 1987 年《我们共同的未来》（又称《布伦特兰报告》（The Brundtland Report））中提出的概念界定：“既满足当代人的需求，又不损害后代人满足其需求能力的发展。”也就是说，可持续发展既要以满足当代人的需求为目的，同时也要以不损害后代人为满足其自身需求而进行发展的能力为原则。所以，就其所主张的社会发展观而言，可持续发展强调的是代际公平分配，以使当代及未来人类的需求都能够有条件得到满足；就其经济观而言，强调经济发展和增长必须建立在维护地球自然系统这一基础之上；就其生态环境观而言，强调人类应与大自然和谐相处，使人类赖以生存的自然环境能够切实得到保护等。由此可见，可持续发展观念的提出是对传统发展模式的挑战，是为谋求新的发展模式而创立的新的发展观。

二、旅游业可持续发展理论

（一）旅游业可持续发展理论的发展

由于人们对环境与发展关系的认识有限，再加之旅游发展所带来的负面效应显示缓慢，长期以来，旅游业一直被誉为“无烟工业”“最干净的产业”等。因此，在大众旅游兴起之后相当长的时间内，人们对旅游的关注主要集中在旅游带给目的地的经济收益。旅游和旅游业发展较早的发达国家尚且如此，出于发展经济和创汇目的而发展旅游业的发展中国家的情况更不必说。

这些情况到了 20 世纪 80 年代初出现了较为明显的变化。特别是 1987 年《我们共同的未来》报告发表以后，可持续发展观的提出正值人们对旅游的作用和影响进行全面评价之时，因而很快为人们所接受，并成为对旅游发展进行重新评价的中心议题，“可持续旅游”（Sustainable Tourism）一语也因此而产生。伴随着对可持续发展理论的深入探讨，对可持续旅游的研究达到了前所未有的高度。随着旅游活动规模的扩大和一些旅游接待地区接待能力饱和现象的出现，人们开始关注旅游活动的消极影响，并逐渐有了较为全面的了解和认识。20世纪80年代中后期，环境保护主义的兴起与“绿色”意识的形成和普及，进一步提高了人们对环境问题的关注程度。所有这一切都使得人们开始重新评价旅游对目的地的作用和价值，也正是在这一重新评价过程中，人们发现并引进了“可持续发展”这一概念。

20世纪70年代开始，探讨旅游对环境和生态影响的学者日渐增多。1985年《国际环境研究杂志》出版了《旅游与环境》专辑。1987年《旅游研究纪事》第一期出版了《旅游与物质环境》专辑。1990年在加拿大温哥华召开了“全球可持续发展大会”，其中，旅游小组的行动策划委员会提交了《旅游业可持续发展行动战略》，阐述了可持续旅游发展的主要目标和基本理论框架。1993年，《可持续旅游》开始发行，该学术刊物的研究对象是可持续旅游。1995年4月24—28日，联合国教科文组织、联合国环境规划署、世界旅游组织和岛屿发展国际科学理事会，在西班牙加那利群岛的兰沙罗特岛联合召开了专门的“可持续旅游发展世界会议”，大会通过了《可持续旅游发展宪章》和《可持续旅游发展行动计划》两个文件，对旅游可持续发展的基本理论观点作了说明，为可持续旅游的发展提供了一套行为规范和具体的推广操作程序，标志着可持续旅游研究已进入了实践性阶段。

可持续旅游的提出，要求人们以长远的眼光从事旅游经济开发活动并对经济不断增长的必要性提出质疑，以及要求确保旅游活动的开展不会超过旅游接待地区吸引和接待旅游者来访的能力。

（二）可持续旅游发展理论的基本内容

1. 可持续旅游发展的定义

与可持续发展一样，可持续旅游发展的定义界定很多。在国际上，比较权威的可持续旅游发展的定义有三个：第一个是1990年可持续发展大会通过的《旅游业可持续发展行动战略》所提出的，认为可持续旅游发展是在保持和增强未来发展机会的同时满足目前旅客和旅游地居民的需要；第二个是世界旅游组织（WTO）顾问爱德华·英斯基普的定义，他认为可持续旅游就是要“保护旅游业赖以发展的自然资源、文化资源、其他资源，使其为当今社会谋利同时也能为将来所用”；第三个是世界旅游组织（WTO）在1993年出版的《旅游与环境丛书》中提出的：“指在维护文化完整、保持生态环境的同时，满足人们对经济、社会和审美的要求。它能为今天的主人和客人们提供生计，又可保护和增进后代人的利益并为其提供同样的机会。”三者之间的相同之处在于对可持续旅游发展的实质的揭示，也就是1995年《可持续旅游发展宪章》中所指出的："可持续旅游发展的实质，就是要求旅游与自然、文化和人类生存环境成为一个整体"，即旅游、资源、人类生存环境三者统一，以形成一种旅游业与社会经济、资源、环境良性协调的发展模式。因此，对资源和环境的保护成为可持续旅游发展的基本出发点。

综上所述，可持续旅游发展的概念可以概括为：在充分考虑旅游与自然资源、社会文化和生态环境相互作用下，把旅游开发建立在生态环境承受能力之上，努力谋求旅游业与资源、人类生存环境的协调发展，并能造福于后代子孙的一种旅游经济发展模式。

2. 可持续旅游发展的内容

关于可持续旅游发展的内容，根据1990温哥华"全球可持续发展大会"和1992年"可持续旅游发展世界会议"所提出的目标，可以归纳如下：

（1）增进人们对旅游所产生的环境影响与经济影响的理解，加强人们的生态意识。

（2）促进旅游的公平发展。

（3）改善旅游接待地区的生活质量。

（4）向旅游者提供高质量的旅游经历。

（5）保护未来旅游开发赖以生存的环境质量。

从这些目标可以看出，可持续旅游发展的含义是多层面的。但其最核心的一点，便是要确保在从事旅游开发的同时，不损害后代人为满足其旅游需求而进行旅游开发的可能性。换言之，就是要从长远观点出发，全面认识旅游的影响，在满足人们开发旅游业和开展旅游活动的需求方面，实现代际平衡。

三、实现可持续旅游发展的关键

旅游目的地实现可持续旅游发展关键在于把握可持续旅游发展的核心问题——旅游承载力，以及基于此基础上的旅游管理能力。

1. 旅游承载力

旅游承载力是指一个旅游目的地在不至于导致当地环境和来访游客旅游经历的质量出现不可接受的下降这一前提之下，所能吸纳外来游客的最大能力。旅游承载力所涉及的内容很多。综合国际学术界的普遍看法，一个旅游目的地的承载力由多个方面共同构成和确定，其中主要包括：

（1）旅游设施用地的承载力，是指适合用于建造旅游设施的土地数量以及这些设施的最大综合接待能力。

（2）物质环境承载力，是指在不至于导致当地旅游环境的对外吸引力出现下降的前提下，所能接待来访游客的最大数量。

（3）生态环境承载力，是指在不至于导致当地的生态环境和生态体系发生不可接受的变化这一前提下，所能接待来访游客的最大数量。

（4）社会承载力，也称社会心理承载力，是指在不至于导致社会公众的生活和活动受到不可接受的影响这一前提下，所能接待来访旅游者的最大数量。

显然，旅游承载力决定着可持续旅游发展的规模极限。由于随着旅游者来访数量的增加，旅游带给目的地环境和社会文化的消极影响的程度也会随之加深，因而，旅游者来访量的增加一旦超过当地的旅游承载力，这些消极影响的程度便会突破当地环境和社会文化的自净或免疫能力，从而极易使原来的潜在影响转化成为现实的严重问题。在这个意义上我国在发展旅游业之初所提出的关于"量力而行"的发展原则——不论当时人们怎样去理解——在推行可持续发展的今天，仍然具有重要的指导意义。

旅游承载力在理论上不难为人们所理解，但在实践中往往不大容易被重视。这主要是由于环境质量下降到何种程度才是"不可接受的"，以及旅游经历的质量下降于何时发生等问题是由旅游目的地的管理者和旅游者来决定的。换言之，一个旅游目的地的承载力水平既取决于该地的客观条件，在一定程度上也取决于该地管理者的决策。

2. *旅游管理能力——旅游影响是消极结果还是积极结果转化的关键因素*

导致旅游的潜在消极影响转化为严重的现实问题的又一影响因素是旅游接待地区的旅游管理能力。有些目的地的旅游接待量可能并未超越当地的旅游承载力，但旅游的消极影响已经转化为严重的现实问题，这很大程度上在于当地的旅游管理能力较差。

预防和控制旅游的消极影响扩大化的一般措施有：

（1）端正认识。不能单从经济的观点看待旅游业的发展，对旅游的经济效应和环境影响应有全面的理解和认识，在追求经济收益的同时，强化环境意识和可持续发展思想。

（2）加强旅游规划，防止超负荷发展。为了防止旅游消极影响的扩大，必须量力而行地进行旅游开发，将开发规模和旅游接待量控制在旅游承载力容许的范围之内。在制定规划时，应注意旅游开发的合理布局。在实施规划时，应注意根据情况的发展变化，行使有效的控制。

（3）健全法制，加强管理。目的地政府和旅游行政部门要建立和健全有关法律和法规，将旅游企业和旅游者有害于环境的行为置于法律和法规的监督之下。

（4）加强宣传教育，进行旅游伦理建设。旅游接待地区应向旅游从业人员和当地居民进行环境保护的宣传教育，应使他们明白，如果当地人自己不注重和爱护环境，则无理由要求外来旅游者爱护当地环境。同时，旅游接待地区应通过旅游企业向旅游者告知有关的法律法规和注意事项，使其了解哪些事情不可以做，以避免其危害环境行为的发生。

本章回顾

本章通过案例导入，说明了旅游活动的发展对目的地的影响不仅仅局限在经济和环境领域，还包括社会文化领域；不仅仅只有积极影响，还有消极影响。然后，按照这一思路的指引，对旅游对目的地的经济、环境、社会文化的影响一一展开阐述，并且分别详细地论述了各自的积极影响和消极影响，还专门阐述了如何正确看待旅游对社会文化的影响。接着，通过对旅游对目的地经济、社会和文化影响的全面分析，提出了发展旅游的正确思路，即走可持续旅游发展的道路，并且详细地论述了可持续旅游发展的情况、内涵和关键等，还简要探讨了旅游承载力的问题。整章内容思路清晰，文字通俗易懂。

关键概念

旅游乘数效应　国际收支　“文化涵化”现象　示范效应　旅游文化本真性　旅游环境容量　可持续旅游发展　旅游承载力

复习与思考

1. 试述旅游的经济作用及其对目的地国家经济的积极和消极影响。
2. 试述旅游活动对目的地国家社会文化的积极和消极影响。
3. 如何正确认识旅游对社会文化的影响？
4. 请分析旅游对环境的影响。
5. 试述可持续旅游发展的概念及主要内容。

知识拓展（阅读导航）

[1] 库珀（Cooper，C.），等. 旅游学——原理与实践［M］. 张俐俐，蔡利平，等译. 北京：高等教育出版社，2004.
[2] 李永文. 旅游地理学［M］. 北京：科学出版社，2004.
[3] 李肇荣，曹华盛. 旅游学概论［M］. 北京：清华大学出版社，2006.
[4] 唐宇. 旅游学概论［M］. 北京：北京大学出版社，2007.
[5] 李天元. 旅游学概论［M］. 天津：南开大学出版社，2009.

[6] 马勇. 旅游学概论 [M]. 北京：旅游教育出版社，2004.
[7] 谢彦君. 基础旅游学 [M]. 3 版. 北京：中国旅游出版社，2011.
[8] 苏勤. 旅游学概论 [M]. 北京：高等教育出版社，2001.
[9] J C 霍洛. 论旅游业：二十一世纪旅游教程 [M]. 孔祥义，等译. 北京：中国大百科全书出版社，1997.
[10] Boorstin D J. The Image：A Guide to Pseudo-Events in America [M]. New-York：Atheneum，1964.
[11] Wang N. Tourism and Modernity：A Sociological Analysis [M]. Oxford：Pergamon Press，2000.
[12] Sharpley R. Tourism，Tourists & Society [M]. Huntingdon：Cambridgeshire，1994.

参考文献

[1] 李天元. 旅游学 [M]. 北京：高等教育出版社，2005.
[2] 李天元. 旅游学概论 [M]. 5 版. 天津：南开大学出版社，2003.
[3] 谢彦君. 基础旅游学 [M]. 北京：中国旅游出版社，2004.
[4] 王兆明. 旅游学基础 [M]. 北京：人民教育出版社，2007.
[5] 吴必虎，宁子千. 旅游学概论 [M]. 北京：中国人民大学出版社，2011.
[6] 马勇，周霄. 旅游学概论 [M]. 北京：旅游教育出版社，2009.
[7] 黄福才. 旅游学概论 [M]. 厦门：厦门大学出版社，1998.
[8] 高国兴，高尚卿. 旅游学概论 [M]. 北京：中国金融出版社，1994.
[9] 王洪滨. 旅游学概论 [M]. 北京：中国旅游出版社，2004.
[10] 利克里什，詹金斯. 旅游学通论 [M]. 程尽能，等译. 北京：中国旅游出版社，2009.
[11] 李云霞，李洁，董立昆，等. 旅游学概论：理论与案例 [M]. 北京：高等教育出版社，2008.
[12] 张俐俐，蔡利平. 旅游学：原理与实践 [M]. 北京：高等教育出版社，2004.
[13] 田里. 旅游经济学 [M]. 北京：高等教育出版社，1994.
[14] 甘枝茂，马耀峰. 旅游资源与开发 [M]. 天津：南开大学出版社，2000.
[15] 林正秋. 中国旅游与民俗文化 [M]. 杭州：浙江人民出版社，2000.
[16] 和金生. 企业战略管理 [M]. 天津：天津人民出版社，1994.
[17] 林南枝，陶汉军. 旅游经济学 [M]. 天津：南开大学出版社，1994.
[18] 赵黎明. 市场营销学 [M]. 武汉：湖北人民出版社，1992.
[19] 甘枝茂，等. 旅游资源与开发 [M]. 天津：南开大学出版社，2004.
[20] 林南枝，李天元. 旅游市场学 [M]. 天津：南开大学出版社，1995.
[21] 蔡万坤. 餐饮管理 [M]. 北京：高等教育出版社，2005.
[22] 丁林. 饭店管理概论 [M]. 郑州：河南人民出版社，2009.
[23] 傅殷才. 经济学基本理论 [M]. 北京：中国经济出版社，1995.
[24] 周游. 公共经济学概论 [M]. 武汉：武汉出版社，2002.
[25] 吴铀生. 旅游市场营销 [M]. 成都：四川人民出版社，1996.